国家出版基金项目
NATIONAL PUBLICATION FOUNDATION

新中国法制建设与法治推动丛书（第一辑）

丁伟 著

自贸试验区法治创新与实践探索

——以上海自贸试验区的实践为视角

上海人民出版社

前　言

2013年9月29日,我国第一个自由贸易试验区——上海自由贸易试验区挂牌,揭开了我国新一轮改革开放的序幕。在党中央、国务院的坚强领导下,在中央各相关部门的全力支持下,上海市不辱使命,奋楫争先,积极贯彻"大胆闯、大胆试、自主改"的要求,始终遵循"先立后破"、"立法先行"、"重大改革必须于法有据"的原则,努力践行改革决策与立法决策协调同步,在不到一年的时间内形成了首批可复制、可推广的经验。上海自贸试验区的先行先试是一项国家试验,涉及国家事权、中央专属立法权限,实施这一重大国家战略既需要国家层面提供有效的法律支撑,也需要上海地方立法机关在法治层面进行顶层设计。上海市在遵循国家法制统一原则的前提下,在我国现行法律制度的框架下,探索出了一条具有上海特色的自贸试验区法治保障的路径。作为上海自贸试验区法治发展的见证者以及参与上海地方层面法治路径设计和组织、推动工作的立法工作者,笔者幸逢其时,亲身参与、见证了这一历史性的过程,深切感受到上海自贸试验区法治保障工作的挑战性、艰巨性和开创性。2015年10月至12月,笔者不揣浅陋,撰写了《上海自贸试验区法治创新的轨迹——理论思辨与实践探索》一书,由上海人民出版社出版。该书作为2014年国家社会科学基金重大项目"法治引领推动自贸试验区建设的难点与路径研究"的中期成果,以实证的笔触对上海自贸试验区初创时期法治创新的轨迹进行了描绘,正面回应了上海自贸试验区法治路径探索过程中以立法引领和推动改革发展亟须澄清的立法学理论层面的问题以及立法实践层面亟须破解的难题,再现了上海自贸试验区初创期上海立法工作者披坚执锐、攻坚克难、积极探索上海自贸试验区法治路径的艰难历程。

国务院批准的《中国(上海)自由贸易试验区总体方案》提出,上海自贸试验区要力争建设成为具有国际水准的投资贸易便利、货币兑换自由、监管高效便捷、法制环境规范的自由贸易试验区,为我国扩大开放和深化改革探索新思路和新途径,更好地为全国服务。2013 年 9 月 18 日《国务院关于印发中国(上海)自由贸易试验区总体方案的通知》(国发〔2013〕38 号)明确要求:建设具有国际水准的投资贸易便利、监管高效便捷、法制环境规范的自由贸易试验区,使之成为推进改革和提高开放型经济水平的"试验田",形成可复制、可推广的经验,发挥示范带动、服务全国的积极作用,促进各地区共同发展。经过 7 年的实践探索,上海自贸试验区的星星之火已呈燎原之势,先行先试的成功经验有效地复制、推广,自贸试验区的制度创新已成为我国新一轮对外开放的重要标志。经过历次扩容,我国已经形成"1+3+7+1+6+3"以上海自贸试验区为领头的雁式矩阵,覆盖从南到北、从沿海到内陆 21 个自贸试验区,几十个片区,形成"沿海无缺口,内地有重点"的崭新格局。

值得关注的是,在上海自贸试验区设立之初,"自贸试验区"是点击率很高的热词,引起了各行各业的高度关注,有关自贸试验区法治保障问题的研究更是法学界追捧的热点,成为各法学专业学科理论研究新的增长点,各种研讨、论坛蔚为大观,各种研究成果精彩纷呈。然而,近年来,随着自贸试验区的数量不断增多,法学理论界却渐渐沉寂下来了,以往那种理论研究争相斗艳的繁荣景象不复存在。出现这一现象的原因是多方面的:经过"七年之痒",自贸试验区的议题已经失去昔日的"光环",一度吸引学术界眼球的自贸试验区制度创新"合法性"、"正当性"与否的疑虑随着上海自贸试验区法治保障的成功实践已经烟消云散,不少专家学者感到自贸试验区法治保障领域的研究已经"触底",因而失去了研究动力。与此同时,尽管我国自贸试验区不断扩大、增容,但各自贸试验区先行先试的任务、措施大同小异,而且自贸试验区的绝大部分做法已经在全国复制、推广,该领域理论研究的必要性、独特性、新颖性已大打折扣。其实,这是一种认识上的误区,随着自贸试验区的先行先试向纵深发展,新情况、新问题不断出现,法治保障的难度也相应增加,需要在法治保障上不断研究新问题、满足新需求、引领新发展。

以上海自贸试验区为例,作为全国首个自贸试验区,最早起步,也最先触碰问题。回溯上海自贸试验区 7 年来的发展历程,犹如发射一枚由多节火箭助推的探测卫星,制度创新的要求平均每两年提升一个高度:2013 年

7月国务院原则同意《中国(上海)自由贸易试验区总体方案》(以下简称《总体方案》),上海自贸试验区点火升空进入创出期;2015年4月8日国务院印发《进一步深化中国(上海)自由贸易试验区改革开放方案》(以下简称《2.0版方案》),扩展了自贸试验区的范围,上海自贸试验区二次点火进入了"老片区"与"扩展区"并存的过渡期;2017年3月30日国务院公布《全面深化中国(上海)自由贸易试验区改革开放方案》(以下简称《3.0版方案》),上海自贸试验区三次点火进入了全面深化自贸试验区改革的发展期;2019年8月6日国务院印发《中国(上海)自由贸易试验区临港新片区总体方案》,上海自贸试验区再次点火如同进入了大气层外的宇宙空间,在更深层次、更宽领域,以更大力度推进全方位高水平开放,上海由此形成自贸试验区与自贸试验区临港新片区"双区并存"的新格局。可以说,上海自贸试验区每一次换挡提速,都对法治保障工作提出新的挑战,自贸试验区的改革开放越向纵深推进,法治保障的难度就越大,面临的挑战也越严峻,自贸试验区滚动推进、持续深入的制度创新为法学理论研究提供了广阔的舞台,进入改革开放深水区的自贸试验区的实践探索也呼唤立法实务部门、法学理论工作者不断总结经验,推陈出新,提供更有力的法治支撑。

上海人民出版社申报并已获批的国家出版基金项目——"新中国法制建设与法治推动丛书(第一辑)"将本书列入其中,使我有幸再次提笔追踪自贸试验区法治保障的实践探索,续写新时代改革决策与立法决策同频共振的新篇章。本书以上海自贸试验区的实践为视角,以法治引领、法治保障为切入口,对我国自贸试验区制度创新的时代背景与艰巨使命,法治保障的实现路径,法治创新的实践探索,全面深化改革开放新形势下自贸试验区、自由贸易港法治保障存在的新问题、新需求及其实现路径等问题作全景式的描述。鉴于上海自贸试验区起步最早,触碰问题也最早,且发展变化最大,其法治保障的实践探索具有引领、示范作用,本书以上海自贸试验区的法治保障为重点,对上海自贸试验区各发展阶段法治保障的需求、立法难点、实现路径作全面系统的总结、分析。这部分的内容以写实的笔触真实记录了笔者作为一名法学理论工作者的所思所想,作为一名立法人的所作所为,写作过程不啻是对这些年来自己立法生涯的回顾与反思。考虑到陆续设立的各自贸试验区总体方案确定的任务、措施大同小异,相关的自贸试验区条例虽各具特色,但相当部分的内容大致相同,本书仅作概要提示,着重分析、评论各自贸试验区条例的差异性规定、相关制度创新的亮点。鉴于上海自贸试验区《3.0 版方案》面临升级,临港新片区的法治保障尚处于调研、论证与积极推进阶段,本书以问题和需求为导向,就各种方案的优劣、可行性及可供选择的建议方案进行学理分析,提出前瞻性的意见、建议,该部分的内容仅属笔者个人的观点。

上海世纪出版集团、上海人民出版社对本书的出版给予了大力支持,曹培雷副总编辑、秦塑编辑、夏红梅编辑更是不辞辛劳,仔细审阅文稿,在此一并表示衷心的感谢。

丁　伟

2020 年 8 月 11 日初稿于天目山麓菩提谷

目 录

第 一 章
导　论

　　2013年是具有中国特色的自由贸易试验区起步之年,这一年初春,党中央、国务院审时度势,决定在上海浦东先行先试自贸试验区。经过半年多的紧张筹备,我国首个自贸试验区——中国(上海)自由贸易试验区破茧成蝶,于当年9月29日在上海浦东原外高桥保税区正式挂牌,上海浦东又一次成为中国改革开放的新地标,成为撬动中国新一轮改革开放的支点。肩负着改革开放排头兵、创新发展先行者这一特殊使命的上海自贸试验区,奋楫争先,勇立潮头,不辱使命,砥砺前行,经过一年多的探索形成了首批可复制、可推广的经验,为党中央、国务院决定分批在其他省市设立自贸试验区提供了重要决策依据,上海自贸试验区总结、探索的法治保障模式、路径成功地被其他自贸试验区所复制,成为上海自贸试验区可复制、可推广经验的重要组成部分。经过7年的实践、探索,上海自贸试验区的星星之火已成燎原之势,中国自贸试验区已经形成"1+3+7+1+6+3"的雁式矩阵,覆盖从南到北、从沿海到内陆21个自贸试验区,几十个片区,[①]形成了"沿海无缺口,内地有重点"的崭新格局。自贸试验区无疑已成为新时代中国全面深化改革、进一步扩大开放的重要象征。

---

　　①　继2013年8月上海自贸试验区正式设立,国务院分别于2015年4月20日决定扩展上海自贸试验区范围,并批复成立广东、天津、福建3个自贸试验区;于2017年3月31日批复成立辽宁、浙江、河南、湖北、重庆、四川、陕西自贸试验区;于2018年10月16日批复成立海南自贸试验区,实施范围为海南岛全岛;于2019年8月2日批复成立山东、江苏、广西、河北、云南、黑龙江自贸试验区。于2020年8月30日批复成立北京、湖南、安徽自由贸易试验区及浙江自贸区扩展区域。

■ 第一节　自贸试验区制度创新的时代背景与艰巨使命

一、自贸试验区制度创新的时代背景

（一）自贸试验区的概念辨析

自贸试验区是全面深化改革新时期我国进一步扩大开放的崭新载体，属于国际通行的"自由贸易区"的范畴。在国际经济法上，"自由贸易区"有单边的自由贸易区（Free Trade Zone，FTZ）和双边或多边自由贸易区（Free Trade Area，FTA）两种法律模式。单边的自由贸易区是指划定在一国关境以外，免于实施惯常的海关监管制度，以贸易为主的多功能经济性特区。通常有两个特点：一是单向性，即由一国或一地区政府单独决定设立，只解决进口商品的关税豁免问题，不解决出口商品享有同等的进口关税问题；二是不特定性，即向非特定的所有国家或地区的商品开放。所谓双边或多边自由贸易区指两个或两个以上的国家，通过缔结双边或多边协定作出地区性贸易安排，实现相互之间贸易自由化。这种自由贸易区也有两个特点：一是双向或多向性，即在两个或两个以上关税领土之间建立；二是特定性，即只在两个或两个以上特定成员之间相互取消关税或其他贸易限制。从泛全球化的《关税及贸易总协定》（GATT）、世界贸易组织（WTO）、跨太平洋伙伴关系协定（TPP）、跨大西洋贸易与投资伙伴协定（TIPP）到国家之间的双边、多边协定，都归属于此类。如 2010 年 1 月 1 日全面启动的中国—东盟自由贸易区（China-ASEAN Free Trade Area，CAFTA），涵盖 11 个国家、19 亿人口、GDP 达 6 万亿美元，是目前世界人口最多的自贸区，也是发展中国家间最大的自贸区。在双边领域，中韩自贸区（China Korea Free Trade Area）谈判于 2012 年 5 月正式启动，2015 年 6 月 1 日正式签署协定，标志着中韩自贸区建设正式完成制度设计，即将进入实施阶段。为避免两者混淆，商务部等部门 2008 年专门提出将 FTZ 和 FTA 分别译为"自由贸易园区"和"自由贸易区"，以示区分。中国（上海）自由贸易试验区及后续设立的其他自由贸易试验区均属于单边的自由贸易区，无论是《关税及贸易总协定》还是世界贸易组织规则，对此类自由贸

易区的设立均无限制,只要成员在设立这种自由贸易区时遵守世界贸易组织的基本原则。《中国入世议定书》第 2 条(B)关于"特殊经济区"的规定,可视为建立单边自由贸易区的法律依据和条件。[①]

值得一提的是,作为一种全新的制度创新的模式,我国对自贸试验区的先行先试采取了既积极又审慎的态度,国务院批准的各个自贸试验区总体方案均采用"自贸试验区"的称谓,而非"自由贸易园区"。这一我国扩大开放新模式最为显著的特征是采用国外自由贸易园区通用的"境内关外"的监管方式,实行海关监管上的"一线放开、二线管住"的管理体制。所谓"一线放开"是指境外的货物进入自由贸易区、自由贸易区的货物运往境外,不受海关监管。所谓"二线管住"是指自由贸易区内和非自由贸易区之间的货物进出,视为进出口,海关依法行使海关税收、查验、统计以及知识产权保护和贸易安全等职能。在自贸试验区内,简化海关监管手续,一概免除繁杂的常规手续,运作手续更为简化,交易成本更低。而同样属于海关特殊监管区域的保税区、出口加工区、保税物流园区、跨境工业园区、保税港区、综合保税区则采用"境内关内"的监管方式,无法实现"一线放开",国家海关总署对保税区实际上是当作放大了的保税仓库区来监管的,区内仓库与卡口同时监管,没有真正地放开一线,造成了监管手续烦琐。通俗地说,自贸试验区可以视为现行保税区等传统海关特殊监管区域的"升级版"。

(二)自贸试验区先行先试的复杂国际背景

近年来,世界经济风云变幻,波诡云谲,国际贸易竞争日趋加剧,中国经济发展面临严峻挑战。在 WTO 多哈回合谈判久拖未决的情况下,美国等发达国家改弦易辙,积极主导和力推跨太平洋伙伴关系协定(Trans-Pacific Partnership Agreement,TPP)、[②]跨大西洋贸易与投资伙伴协定(Transatlantic Trade and Investment Partnership Agreement,TTIP)、国

---

① 参见丁伟:《上海自贸试验区法治创新的轨迹:理论思辨与实践探索》,上海人民出版社 2016 年版,第 3—4 页。

② 2017 年 1 月美国总统特朗普宣布退出 TPP 后,澳大利亚、文莱、加拿大、智利、日本、马来西亚、墨西哥、新西兰、秘鲁、新加坡和越南 11 国于 2018 年 3 月签署《全面与进步跨太平洋伙伴关系协定》(Comprehensive Progressive Trans-Pacific Partnership,CPTPP)。

际服务贸易协定（Trade in Service Agreement，TISA）的谈判，该"3T 协定"旨在推行更高标准的贸易自由化、投资自由化、服务贸易自由化，更加强调所谓"公平竞争"和"权益保护"，力图形成新一代高规格的全球贸易和服务规则，来取代目前的世界贸易组织规则，并意图借助新的多边投资与贸易制度安排对中国形成战略包围。目前，在这些贸易谈判国中，都不包括中国。一旦上述谈判按计划完成，中国将面临严峻的"二次入世"的危险。在国际贸易和投资规则的新载体有可能发生对我国不利的重大变化的情况下，主动顺应国际经贸规则发展的新趋势，建立中国自贸试验区，先行试验国际经贸新规则、新标准，有助于转危为机，增强我国在国际经贸规则制定过程中的话语权，打破部分发达国家意图对我国设立的战略包围。

就双边投资关系而言，中美投资协定（Bilateral Investment Treaty，BIT）谈判 2008 年开始启动，2013 年 7 月 11 日，在第五轮中美战略与经济对话过程中，中方宣布以"准入前国民待遇和负面清单"为基础与美方进行投资协定的实质性谈判。与此同时，在全球化遇阻，自由贸易受到质疑的时候，中欧也从 2013 年开始就双边投资协定进行磋商，欧方希望以负面清单方式和准入前国民待遇原则为基础，就投资保护和市场准入两方面与中国谈判双边投资协定。为有效应对多边、双边谈判的严峻挑战，需要通过设立自贸试验区，对以"准入前国民待遇和负面清单"为核心的投资制度进行先行先试，为与美国等发达国家开展相关谈判提供实证样本和依据参考，进而为我国参与国际经贸规则的制定提供有力支撑。

近年来美国挑起的中美贸易摩擦旷日持久，且愈演愈烈，"去全球化"、"中美脱钩论"甚嚣尘上。面对"百年未有之大变局"下的国际贸易战，我国需要保持战略定力，善于化危为机，化被动为主动。一方面，在反击美国的同时，顺应全球化趋势，高举自由贸易大旗，反对贸易保护主义，加快对外开放步伐，采用合纵连横的战略，进一步孤立逆全球化潮流而动的美国，在应对贸易摩擦过程中获得更大的回旋余地。截至 2018 年 1 月，我国已经与 24 个国家和地区签订了 16 个自由贸易协定。另一方面，发挥自身优势，练好内功，强筋健骨，通过自贸试验区的先行先试，推动贸易、投资、金融等领域的制度创新，实现资源高效率配置，经济高质量发展，不断释放市场经济的活力，进一步增强国际竞争能力，为打赢美国发动的中美贸易摩擦不断积聚能量。

（三）自贸试验区先行先试的深刻国内背景

2013年是全面贯彻落实党的十八大精神的开局之年,是实施"十二五"规划承前启后的关键一年,同时也是中国经济转型的关键一年,面对复杂严峻的国际经济形势和国内改革发展的繁重任务,需要以更大的决心扩大开放,以开放倒逼改革提速。其一,30多年来,中国走上了现代化、市场化、城市化、全球化的发展轨道。然而,尽管中国经济运行总体平稳,稳中有进,但改革过程中积累的一些问题逐渐显现,如持续依赖货币政策和财政政策过度刺激经济已力不从心,地方政府依赖土地财政也已走到尽头,需要针对性地加强和改善宏观调控,加快转变经济发展方式和调整经济结构,通过相应的税收政策、金融政策构建扩大内需长效机制,促进经济增长依靠消费、投资、出口协调拉动转变。其二,面对发达经济体的新一轮贸易保护主义,中国要想突出重围,继续保持强劲的发展势头,必须从自身出发,顺应全球化经济治理的格局,进一步加大市场化改革的力度,积极推进金融、税收、贸易、政府管理等一系列改革,通过减少和削弱过度管制的措施,进一步释放"制度红利",提升中国在全球贸易竞争中的实力。其三,市场化改革的关键在于加快政府职能的转变,推动我国行政体制改革,将市场行为的主导权归还给市场主体。作为自贸试验区先行先试的"准入前国民待遇加负面清单"这一制度创新的要义就在于政府职能的转变。

自贸试验区建设是经历了30多年的改革开放,中国主动选择的一个新的开放试点,其核心是以开放倒逼改革提速,自贸试验区有关投资、贸易、金融、政府管理方式等制度创新可为全国性的改革提供巨大的示范效应,在这个进程中,改革红利将会逐步释放出来,最终推动中国经济实现转型升级,这一改革开放与国内积极推进的简政放权、加快政府职能转变的改革举措相契合。中央决策层因势利导、乘势而为,于2013年3月下出设立上海自贸试验区这盘大棋。自贸试验区经过历次扩容,功能已不仅是对外开放的前沿阵地,更是以开放促改革,实现中国经济高质量发展的重要载体。

二、自贸试验区制度创新的核心内容

自贸试验区建设肩负着我国在新时期加快政府职能转变、积极探索管理模式创新、促进贸易和投资便利化,为全面深化改革和扩大开放探索新途径、积累新经验的重要使命,是重要的国家战略。关于自贸试验区制度创新的核心内容,国务院批准的《总体方案》作出了明确规定。在上海自贸试验区先行先试的过程中,国务院对于深化各项制度创新提出了阶段性的要求。各批次设立的自贸试验区各具独特定位,从不同角度进行探索创新,但中央要求以现有自贸区试验内容为主题,结合地方特点与战略需要增加差异化试点任务。因此,各自贸试验区的制度创新总体要求大致相同。《总体方案》确定的上海自贸试验区的总体目标是:经过两至三年的改革试验,加快转变政府职能,积极推进服务业扩大开放和外商投资管理体制改革,大力发展总部经济和新型贸易业态,加快探索资本项目可兑换和金融服务业全面开放,探索建立货物状态分类监管模式,努力形成促进投资和创新的政策支持体系,着力培育国际化和法治化的营商环境,力争建设成为具有国际水准的投资贸易便利、货币兑换自由、监管高效便捷、法制环境规范的自由贸易试验区,为我国扩大开放和深化改革探索新思路和新途径,更好地为全国服务。

围绕这一总体目标,《总体方案》要求上海自贸试验区应当紧紧围绕面向世界、服务全国的战略要求和上海"四个中心"建设的战略任务,按照先行先试、风险可控、分步推进、逐步完善的方式,把扩大开放与体制改革相结合、把培育功能与政策创新相结合,形成与国际投资、贸易通行规则相衔接的基本制度框架。《总体方案》为此设定以下主要任务和措施:

(一)加快政府职能转变

要求自贸试验区深化行政管理体制改革,加快转变政府职能,改革创新政府管理方式,按照国际化、法治化的要求,积极探索建立与国际高标准投资和贸易规则体系相适应的行政管理体系,推进政府管理由注重事先审批转为注重事中、事后监管。建立一口受理、综合审批和高效运作的服务模式,完善信息网络平台,实现不同部门的协同管理机制。建立行业信息跟踪、监管和归集的综合性评估机制,加强对试验区内企业在区外经营活动全过程的跟踪、管理和监督。建立集中统一的市场监管综合执法体系,在质量技术监督、食品药品监管、知识产权、工商、税务等管理领域,实现高效监管,积极鼓励社会力量参与市场监督。提高行政透明度,完善体现投资者参与、符合国际规则的信息公开机制。完善投资者权益有效保障机制,实现各类投资主体的公平竞争,允许符合条件的外国投资者自由转移其投资收益。建立知识产权纠纷调解、援助等解决机制。

(二)扩大投资领域的开放

要求自贸试验区采取以下措施:一是扩大服务业开放,选择金融服务、航运服务、商贸服务、专业服务、文化服务以及社会服务领域扩大开放,暂停或取消投资者资质要求、股比限制、经营范围限制等准入限制措施(银行业机构、信息通信服务除外),营造有利于各类投资者平等准入的市场环境。二是探索建立负面清单管理模式。借鉴国际通行规则,对外商投资试行准入前国民待遇,研究制定试验区外商投资与国民待遇等不符的负面清单,改革外商投资管理模式。对负面清单之外的领域,按照内外资一致的原则,将外商投资项目由核准制改为备案制(国务院规定对国内投资项目保留核准的除外),由上海市负责办理;将外商投资企业合同章程审批改为由上海市负责备案管理,备案后按国家有关规定办理相关手续;工商登记与商事登记制度改革相衔接,逐步优化登记流程;完善国家安全审查制度,在试验区内试点开展涉及外资的国家安全审查,构建安全高效的开放型经济体系。在总结试点经验的基础上,逐步形成与国际接轨的外商投资管理制度。三是构筑对外投资服务促进体系。改革境外投资管理方式,对境外投资开办企业实行以备案制为主的管理方式,对境外投资一般项目实行备案制,由上海市负责备案管理,提高境外投资便利化程度。创新投资服务促进机制,加强境外投资事后管理和服务,形成多部门共享的信息监测平台,做好对外直接投资统计和年检工作。支持试验区内各类投资主体开展多种形式的境外投资。鼓励在试验区设立专业从事境外股权投资的项目公司,支持有条件的投资者设立境外投资股权投资母基金。

(三)推进贸易发展方式转变

要求自贸试验区采取以下措施:一是推动贸易转型升级。积极培育贸易新型业态和功能,形成以技术、品牌、质量、服务为核心的外贸竞争新优势,加快提升我国在全球贸易价值链中的地位。鼓励跨国公司建立亚太地区总部,建立整合贸易、物流、结算等功能的营运中心。深化国际贸易结算中心试点,拓展专用账户的服务贸易跨境收付和融资功能。支持试验区内企业发展离岸业务。鼓励企业统筹开展国际国内贸易,实现内外贸一体化发展。探索在试验区内设立国际大宗商品交易和资源配置平台,开展能源产品、基本工业原料和大宗农产品的国际贸易。扩大完善期货保税交割试点,拓展仓单质押融资等功能。加快对外文化贸易基地建设。推动生物医药、软件信息、管理咨询、数据服务等外包业务发展。允许和支持各类融资租赁公司在试验区内设立项目子公司并开展境内外租赁服务。鼓励设立第三方检验鉴定机构,按照国际标准采信其检测结果。试点开展境内外高技术、高附加值的维修业务。加快培育跨境电子商务服务功能,试点建立与之相适应的海关监管、检验检疫、退税、跨境支付、物流等支撑系统。二是提升国际航运服务能级。积极发挥外高桥港、洋山深水港、浦东空港国际枢纽港的联动作用,探索形成具有国际竞争力的航运发展制度和运作模式。积极发展航运金融、国际船舶运输、国际船舶管理、国际航运经纪等产业。加快发展航运运价指数衍生品交易业务。推动中转集拼业务发展,允许中资公司拥有或控股拥有的非五星旗船,先行先试外贸进出口集装箱在国内沿海港口和上海港之间的沿海捎带业务。支持浦东机场增加国际中转货运航班。充分发挥上海的区域优势,利用中资"方便旗"船税收优惠政策,促进符合条件的船舶在上海落户登记。在试验区实行已在天津试点的国际船舶登记政策。简化国际船舶运输经营许可流程,形成高效率的船籍登记制度。

(四)深化金融领域的开放创新

要求自贸试验区采用以下措施:一是加快金融制度创新。在风险可控的前提下,可在试验区内对人民币资本项目可兑换、金融市场利率市场化、人民币跨境使用等方面创造条件进行先行先试。在试验区内实现金融机构资产方价格市场化定价。探索面向国际的外汇管理改革试点,建立与自由贸易试验区相适应的外汇管理体制,全面实现贸易投资便利化。鼓励企业充分利用境内外两种资源、两个市场,实现跨境融资自由化。深化外债管理方式改革,促进跨境融资便利化。深化跨国公司总部外汇资金集中运营管理试点,促进跨国公司设立区域性或全球性资金管理中心。建立试验区金融改革创新与上海国际金融中心建设的联动机制。二是增强金融服务功能。推动金融服务业对符合条件的民营资本和外资金融机构全面开放,支持在试验区内设立外资银行和中外合资银行。允许金融市场在试验区内建立面向国际的交易平台。逐步允许境外企业参与商品期货交易。鼓励金融市场产品创新。支持股权托管交易机构在试验区内建立综合金融服务平台。支持开展人民币跨境再保险业务,培育发展再保险市场。

(五)完善法制领域的制度保障

要求自贸试验区加快形成符合试验区发展需要的高标准投资和贸易规则体系。针对试点内容,需要停止实施有关行政法规和国务院文件的部分规定的,按规定程序办理。其中,经全国人民代表大会常务委员会授权,暂时调整《外资企业法》《中外合资经营企业法》和《中外合作经营企业法》规定的有关行政审批,自 2013 年 10 月 1 日起在三年内试行。各部门要支持试验区在服务业扩大开放、实施准入前国民待遇和负面清单管理模式等方面深化改革试点,及时解决试点过程中的制度保障问题。上海市要通过地方立法,建立与试点要求相适应的试验区管理制度。

此外,《总体方案》要求自贸试验区营造相应的监管和税收制度环境,适应建立国际高水平投资和贸易服务体系的需要,创新监管模式,促进试验区内货物、服务等各类要素自由流动,推动服务业扩大开放和货物贸易深入发展,形成公开、透明的管理制度。同时,在维护现行税制公平、统一、规范的前提下,以培育功能为导向,完善相关政策。

概而言之,自贸试验区的制度创新体现为五大制度创新,即投资管理制度创新、贸易管理制度创新、金融监管制度创新、政府管理制度创新及法律制度创新。

三、自贸试验区制度创新的艰巨性

自贸试验区的改革创新是一项无先例可循的探索性工作,2013 年 8 月 27 日中央政治局会议听取中国(上海)自由贸易试验区筹备工作汇报时,习近平总书记作了重要讲话,要求全国人大常委会做好对相关法律暂停实施的授权工作,国务院要加强领导,国家各部门都要全力支持。上海市要承担起试验区的主体责任,精心组织实施,做好各项工作,重大事项及时向中央请示、汇报。①自贸试验区的制度创新具有全局性、稳定性和根本性，其艰巨性主要体现在以下几方面：

（一）需要及时破除传统思维定势的束缚

改革开放 30 多年来，对外开放往往与经济特区、经济开发区、保税区、税收优惠等特定概念联系在一起。然而，自贸试验区的建设与 20 世纪我国改革开放所采用的"政策优惠型"的模式不同，不是沿袭传统的优惠政策，挖掘"政策洼地"，而是要形成"制度创新池"，打造制度创新的高地。②上海自贸试验区先行先试初期，"自贸试验区"成为点击率最高的热词，一如十多年前中国入世前后，各行各业都在谈论自贸区，但对于自贸试验区的理解朦朦胧胧，似是而非，对制度创新的艰巨性认识不足。推进自贸试验区的先行先试，首先必须走出认识上的误区，破除投资驱动型、优惠政策驱动型的传统思维定势的束缚。

随着我国社会主义市场经济体制的不断完善，传统的政策优惠已无法适应法治化、透明化、统一化的投资、贸易规则的要求，唯有通过制度创新，发挥制度高效配置资源的基础性作用。就资源配置、资源要素流通而言，如同在高速公路上行驶，政策洼地越多，障碍越大，困难越多，越容易发生事故。③当然，与投资驱动型、优惠政策驱动型发展模式相比，制度创新难度大。其一，制度红利无法简单地用 GDP、税收的增长来检验，有的制度红利是间接的、潜在的，看不见，无法量化，投资者对于制度红利的感受度不高，一些企业的经营决策和执行预期不太稳定。其实，制度创新的目的在于固本培元，真正以企业为市场主体，用市场来配置资源。如投资自由化、贸易便利化的制度创新降低了交易成本，提高了交易效率，优化了营商环境。其二，自贸试验区的先行先试是以制度创新来推动发展，按照中央的要求，自贸试验区要形成可复制、可推广的经验。因此，自贸试验区的建设不是"栽盆景"，而是"种苗圃"，凡是无法复制、推广的，即使能取得眼前

---

① 参见政治局会议听取中国（上海）自由贸易试验区筹备工作汇报，http://ent.163.com/13/0828/09/97BUIVQI00032DGD.html，访问时间：2020 年 6 月 6 日。

② 参见丁伟：《中国（上海）自由贸易试验区法制保障的探索与实践》，《法学》2013 年第 11 期。

③ 参见《韩正就上海自贸试验区运行接受人民日报新华社等集体采访》，《解放日报》2013 年 11 月 7 日。

利益、短期收益,也不应开展。这意味着各级领导干部既不能等、靠、要,依赖传统的优惠政策,又不能急功近利,追求眼前利益,这对领导干部树立科学的政绩观以及科学执政、依法执政、高效执政提出了新的要求。

（二）需要勇于突破利益固化的藩篱

自贸试验区制度创新是一场触及政府相关部门权力的深刻变革,无论是以"准入前国民待遇加负面清单"为标志的投资管理制度的改革创新,还是以"事中事后监管"为特征的政府管理制度的创新,无不触动相关政府管理部门的"奶酪",剑指作为政府核心权力、核心利益的行政审批制度。利益固化藩篱作为一种体制机制上的顽瘴痼疾,是历史上遗留下来的现实难题,已成为横亘在改革路上的险滩障碍。值得关注的是,自 2003 年《行政许可法》颁布以来,经过多轮行政许可的清理,各领域的行政许可事项大幅度地废止、下放,但是外资领域具有特殊性,涉及国家经济安全,历次清理几乎未涉及这一特殊领域的行政许可。按照我国相关法律、行政法规,由改革与发展部门依法对外商投资项目的立项进行核准,由商务部门对外商投资合同、协议、章程进行审批。为推进自贸试验区的制度创新,必须以更大的政治勇气和智慧,以壮士断腕的决心,不失时机地深化重要领域的改革,攻克体制机制上的顽瘴痼疾,突破利益固化的藩篱,进一步解放和发展社会生产力,进一步激发和凝聚社会创造力。为此,全国人大常委会作出《关于授权国务院在中国（上海）自由贸易试验区暂时调整有关法律规定的行政审批的决定》,授权国务院在中国（上海）自由贸易试验区内,对国家规定实施准入特别管理措施之外的外商投资,暂时调整"外资三法"规定的有关行政审批。国务院印发《关于在中国（上海）自由贸易试验区内暂时调整有关行政法规和国务院文件规定的行政审批或者准入特别管理措施的决定》《关于在中国（上海）自由贸易试验区内暂时调整实施有关行政法规和经国务院批准的部门规章规定的准入特别管理措施的决定》。这一系列举措彰显了党中央、国务院破除利益固化藩篱与体制机制弊端的坚定信心和无畏勇气。

（三）需要保持攻坚克难的韧劲

任何改革都是突破性的实践活动,需要革故鼎新,破除陈规戒律,自贸试验区的先行先试属于更具挑战的制度创新,这一制度变革是在改革涉入

11

深水区,社会转型、矛盾凸显的新时期启动的,涉及多年遗留下来的经济与社会发展中出现的深层矛盾和冲突,难以摆脱利益失衡、体制失灵、机制惰性、法制滞后的掣肘,需要进一步解放思想,以更大的决心和勇气,甚至自我牺牲精神,改革闯关。习近平总书记强调,上海自贸试验区要牢牢把握国际通行规则,大胆闯、大胆试、自主改,尽快形成一批可复制、可推广的新制度,加快在促进投资贸易便利、监管高效便捷、法制环境规范等方面先试出首批管用、有效的成果。[①]

自贸试验区的制度创新涉及深层次的体制机制变革,不可能一蹴而就,需要循序渐进,逐步深入,同时还需要提升改革创新的整体性和协同性,在制度设计上注重系统集成,协同推进不同改革领域的各项制度创新。譬如,准入前国民待遇加负面清单这一制度改革的关键在于负面清单的编制与动态调整,每一次负面清单的编制与调整都涉及各种利益关系的博弈,需要与各相关部门反复协商、沟通,形成共识。再如,在政府管理制度创新领域,政府管理职能转变的关键在于如何加强事中事后监管。转变政府职能,简政放权,管和放同等重要,缺一不可。在大力简政放权,不断取消行政审批事项以后,政府管理由事前审批更多地转为事中事后监管,实行"宽进严管",如何加强事中事后监管,对政府转变管理理念、转变方式是重大考验。自贸试验区事中事后监管无先例可循,需要在实践中摸索,既要"放""管"两手抓,避免"摁下葫芦起了瓢",又要强化政府相关部门事中事后的监管责任,避免"一讲转变职能就想卸责,一讲全面履行职能就要扩权"。上海自贸试验区积极开拓、锐意进取,在不到一年的时间内就建立了行政监管、行业自律、社会监督、公众参与的综合监管体系,探索出国家安全审查工作机制、反垄断工作机制、信用管理制度、企业年度报告公示和经营异常名录制度、监管信息共享制度、社会力量参与市场监督的机制六大事中事后监管制度。实践证明,自贸试验区的制度创新需要保持"咬定青山不放松"的韧劲,释放"撸起袖子加油干"的激情,绵绵用力,久久为功。

---

① 参见《习近平谈自贸区建设:大胆闯、大胆试、自主改》,中国新闻网,http://www.chinanews.com/gn/2014/03-05/5915523.shtml,访问时间:2020 年 6 月 7 日。

■ 第二节　自贸试验区制度创新孕育着中国法治创新

自贸试验区的先行先试是一项全新的探索,既无先例可循,又无法照搬、移植国外的经验,先行先试的探索性、前瞻性决定了法治保障工作的艰巨性、复杂性,同时也决定了法治创新的必要性、必然性。按照中央的要求,上海要当好全国改革开放排头兵、创新发展先行者,上海自贸试验区又是我国首个自贸试验区的所在地,这就决定了上海在自贸试验区的法治创新方面肩负特殊使命。严格来说,自贸试验区的法治保障与法治创新是两个不同的概念,法治保障是各自贸试验区面临的共同任务,并贯穿各自贸试验区制度创新的全过程;自贸试验区的法治创新则是指法治保障中所体现的立法思路、立法方式、立法内容的变革创新,这一创新具有阶段性的特征,集中发生在自贸试验区起步之初。①按照国务院批准的上海自贸试验区《总体方案》,"完善法制领域的制度保障"是制度创新的任务之一,上海在法治创新方面所作的一系列探索也已成为上海自贸试验区可复制、可推广的经验之一。

一、法治创新需要解析"法治先行"的理论与实践命题

（一）自贸试验区法治保障的特殊性

自贸试验区制度创新所处的法制背景具有特殊性,全然不同于以往几次重大改革开放所处的背景。当代中国的改革开放发轫于 20 世纪 70 年代末、80 年代初,几乎与当代中国民主法制建设同时起步。在这一特定历史时期,法制建设百废待兴,对外开放重大举措的依据主要是政策,而非法律法规。以当年"改革开放之窗"深圳特区的设立为例,改革开放总设计师邓小平当年在听取广东省领导关于试办出口加工区的汇报后说:"还是叫

---

① 自贸试验区先行先试的法律障碍集中体现在准入前国民待遇加负面清单的先行先试需要暂时调整适用"外资三法"等法律、行政法规中有关外资审批的规定,对此,在上海自贸试验区启动前后,全国人大常委会、国务院分别作出相关授权决定。上海市人大常委会创造性地作出全国首个暂时停止适用相关地方性法规的决定,上海法治创新的经验得到复制、推广。随着上海自贸试验区投资管理制度的先行先试获得成功,全国人大常委会在授权决定三年有效期届满前,于 2016 年 9 月作出修改《中外合资经营企业法》等法律中有关外资审批规定的决定,在此之后新设立的自贸试验区就不存在该领域法治创新的需求。

特区好,过去陕甘宁就是特区嘛。中央没有钱,可以给一些政策,你们自己去搞,杀出一条血路来!"①1980 年 8 月 26 日,第五届全国人大常委会第十五次会议批准《广东省经济特区条例》,这一天即为深圳经济特区成立日。1981 年 11 月 26 日第五届全国人大常委会第二十一次会议审议国务院关于建议授权广东省、福建省人民代表大会及其常务委员会制定所属经济特区的各项单行经济法规的议案,通过《全国人民代表大会常务委员会关于授权广东省、福建省人民代表大会及其常务委员会制定所属经济特区的各项单行经济法规的决议》。为了使广东省、福建省所属经济特区的建设顺利进行,使特区的经济管理充分适应工作需要,更加有效地发挥经济特区的作用,决定授权广东省、福建省人民代表大会及其常务委员会,根据有关的法律、法令、政策规定的原则,按照各该省经济特区的具体情况和实际需要,制定经济特区的各项单行经济法规,并报全国人民代表大会常务委员会和国务院备案。简而言之,这一时期法律制度还未形成,改革开放并不存在法律障碍,即使在相关改革开放举措需要明确法律依据的情况下,由全国人大常委会作出立法授权即可。

20 世纪 90 年代初,邓小平南方谈话掀起了中国第二轮改革开放的高潮。1992 年 10 月,党的十四大明确提出我国经济体制改革的目标是建立社会主义市场经济体制。党的十四大提出,建立社会主义市场经济体制需要高度重视法制建设,"加强立法工作,特别是抓紧制定与完善保障改革开放、加强宏观经济管理、规范微观经济行为的法律和法规,这是建立社会主义市场经济体制的迫切要求"。在这一历史时期,我国社会主义法律体系尚在形成过程中,且不少法律、法规产生于计划经济的土壤,与市场经济的要求不尽吻合,在推进改革的过程中,由立法机关对相关法律进行修改完善。1993 年 3 月第八届全国人大第一次会议提出:"本届全国人大常委会要把加快经济立法作为第一位的任务,尽快制定一批有关社会主义市场经济方面的法律。"在第八届全国人大常委会提出的制定 152 项法律的五年立法规划中,与市场经济有关的立法项目被列为主要内容。从 1993 年开始,制定一系列规范市场主体、市场行为、宏观调控、对外经济贸易等方面

---

① 参见秦功:《经济特区 继续充当排头兵》,《环球人物》2007 年第 4 期。

的重要法律。①在 1992 年年底中国决定实行社会主义市场经济之前,十几年间,在全国人大及其常委会审议通过的 200 余件法律和有关法律性问题决定中,第五届全国人大期间为 60 件,第六届全国人大期间为 63 件,第七届全国人大期间为 87 件。1993 年决定实行社会主义市场经济之后,立法进入高速发展阶段,第八届全国人大期间猛增到 118 件,第九届全国人大期间增至 124 件。尤其是 1995 年 2 月第八届全国人大第十二次会议更是创下我国立法史的空前纪录,一天就出台 7 部法律。据测算,进入 20 世纪 90 年代中期以后,全国人大及其常委会平均每 13 天制定一部法律,国务院平均每 6 天制定一部行政法规。世纪之交中国入世前后,为及时应对"入世"对我国的挑战,我国积极部署法律、法规清理工作,掀起 21 世纪前十年第一波大规模的法律、法规清理的浪潮,针对有关或者影响货物贸易、服务贸易、与贸易有关的知识产权以及确保贸易法律制度的透明和统一实施等方面的法律、法规、规章和其他政策措施,制订了详细的立、改、废计划,并确定了各项计划完成的具体时间表。简而言之,这一时期中国特色社会主义法律体系尚在形成过程中,改革开放中遇到问题由立法机关及时开展相关法律制度的立、改、废予以解决,改革举措并不触碰法律禁区。

2013 年开始的以自贸试验区的制度创新为标志的先行先试被视为中国第三轮改革开放,与前两轮改革开放不同的是,这一轮改革开放是在中国特色社会主义法律体系已经形成的情况下进行的。中国特色社会主义法律体系有一个渐进式的形成过程。1992 年党的十四大明确提出建立社会主义市场经济体制,随之提出要加快经济立法,在 20 世纪末初步建立适应社会主义市场经济的法律体系。这是党首次提出建立法律体系,全国人大及其常委会为此加快立法步伐,到 20 世纪末,初步构建了社会主义市场经济法律体系框架。1997 年 9 月,党的十五大明确提出依法治国,建设社会主义法治国家,并正式提出到 2010 年形成中国特色社会主义法律体系。这是党治国方略的重大发展,表明党的领导方式和执政方式从过去主要依靠政策转向既依靠政策又依靠法律。2002 年,党的十六大对建设成中国特色社会主义法律体系的目标作了重申。2007 年党的十七大提出,要坚

---

① 引自邢会强:《经济立法的供需分析》,《南都学坛》(人文社会科学学报)2004 年第 5 期。

持科学立法、民主立法,完善中国特色社会主义法律体系。2010 年,具有中国特色的社会主义法律体系正式建成,自贸试验区需要先行先试的投资、贸易、金融、政府职能转变等事项,现行法律、法规都有了明确规定,且这些事项均属于《立法法》第 8 条规定的由全国人大及其常委会行使立法权的事项。这意味着自贸试验区任何实质性的制度创新都需要突破现行法律、行政法规的相关规定。为此,自贸试验区的先行先试首先需要从理论层面、实践层面解析改革决策与立法决策如何协调同步的重大命题。

(二)改革开放法治保障的传统路径

回顾 40 年来中国改革开放与民主法制建设的历程,改革开放与民主法制建设同步发展,同频共振,立法积极回应实践的需求,及时总结实践经验,通过立法程序,将行之有效的改革开放成功经验制度化、法律化。以"外资三法"的发展为例,中国外资立法就是在改革开放过程中逐步推进的,立法过程表现为"三步曲":

1978 年,党的十一届三中全会确立了改革开放的战略方针,把对外开放作为我国必须长期坚持的一项基本国策。1979 年 7 月 1 日第五届全国人大第二次会议通过《中外合资经营企业法》,允许外国公司、企业和其他经济组织或个人按照平等互利原则,经中国政府批准,在中国境内同中国的公司、企业或者其他经济组织共同举办合营企业。该法第 4 条规定:"合营企业的形式为有限责任公司。在合营企业的注册资本中,外国合营者的投资比例一般不低于百分之二十五。合营各方按注册资本比例分享利润和分担风险及亏损。合营者的注册资本如果转让必须经合营各方同意。"这种合营企业被称为"股权式合营企业"(equity joint venture),中外合营双方的权利义务由法律作出规定,其基本特征是"共同投资、共同经营、共负盈亏、共担风险"。《中外合资经营企业法》的出台及时为探索中的中外合资经营企业颁发了"准生证",为蓬勃发展的中外合资经营企业提供了法律依据。该法实施一段时间后,国务院于 1983 年发布《中外合资经营企业法实施条例》。

《中外合资经营企业法》引发 20 世纪 80 年代初中国吸引外资的热潮,广东省经济特区成为当时我国对外开放的热土。细心且善于捕捉商机的港澳地区的投资者敏锐地发现,《中外合资经营企业法》第 4 条仅规定了"在合营企业的注册资本中,外国合营者的投资比例一般不低于百分之二十五",并未规定外资的上限,这意味着中国法律并不禁止外资占注册资本百分之一百的全外资企业,于是,在广东省经济特区出现了外商独资企业(sole venture)。在中国内地也陆续出现了这类外商独资企业。[①]为规范这类利用外资的新形式,1986 年 4 月 12 日第六届全国人大第四次会议通过《外资企业法》,该法所称的外资企业是指依照中国有关法律在中国境内设立的全部资本由外国投资者投资的企业,不包括外国的企业和其他经济组织在中国境内的分支机构。该法实施一段时间后,国务院于 1990 年发布《外资企业法实施细则》。

　　资本总是趋利避害的,股权式合营企业的不足在于中外合营各方的权利义务紧紧捆绑在一起,缺乏灵活性,其优势在于中国法律准予投资的范围优于外商独资企业,商业意识强烈的经济特区的港澳地区投资者又探索出一条既不同于股权式合营企业,又有别于外商独资企业的新模式——中外合作经营企业,其特征是:可以一方投资,另一方不投资或象征性投资;一方负责管理,另一方不负责经营管理;一方负责盈亏,另一方获取约定的利润,提前收回投资;一方承担风险,另一方不承担风险。这种双方权利义务均由合同约定(而非法律规定)的合营方式又称"契约式合营企业"(contractual joint venture)。鉴于这种灵活多样、不拘一格的投资方式受到投资者的青睐,在广东省经济特区风靡一时,正可谓"有心栽花花不开,无心插柳柳成荫"。为规范这类利用外资的新形式,1988 年 4 月 13 日,第七届全国人大第一次会议通过《中外合作经营企业法》。该法第 2 条规定:"中外合作者举办合作企业,应当依照本法的规定,在合作企业合同中约定投资或者合作条件、收益或者产品的分配、风险和亏损的分担、经营管理的方式和合作企业终止时财产的归属等事项。合作企业符合中国法律关于法人条件的规定的,依法取得中国法人资格。"该法实施一段时间后,国务院于 1995 年发布《中外合资经营企业法实施细则》。

---

　　①　1983 年,笔者有幸参与设立在上海浦东民生路的 3M 中国有限公司这一经济特区外中国内地首家外商独资企业的谈判。

上述三部法律实施后,根据对外开放实践发展的需要适时进行了修改。譬如,2002 年 12 月 11 日我国正式成为世界贸易组织的成员,为适应加入世界贸易组织的需要,2000 年 10 月 31 日,第九届全国人大常委会第十八次会议通过《关于修改〈中华人民共和国中外合作经营企业法〉的规定》和《关于修改〈中华人民共和国外资企业法〉的规定》。2001 年 3 月 15 日,第九届全国人大第四次会议通过《关于修改〈中华人民共和国中外合资经营企业法〉的决定》。2001 年 4 月 12 日和 7 月 22 日,国务院先后公布修改《外资企业法实施细则》和《中外合资经营企业法实施条例》的决定。修改后的三大外商投资法及其实施细则或条例删除了其中有关对外资实行外汇平衡要求、当地成分要求("尽先在中国购买")、出口实绩(义务)要求、"企业生产计划备案"要求的条款。这些构成"次国民待遇"规定的删除,保证了中国外资立法与国民待遇原则并行不悖。

简而言之,中国外资立法的产生与演变的路径符合渐进式改革法治保障的规律,即改革实践在前,法治保障在后,立法总是对不同时期改革开放的实践成果进行事后追认。

(三)"法治先行"的理论与实践命题

党的十八大以来,执政党对"法治先行"的时代要求有一个顶层设计。2012 年 11 月 8 日举行的党的十八大提出了"科学立法、严格执法、公正司法、全民守法"新十六字方针,提出"法治是治国理政的基本方式",要"提高领导干部运用法治思维和法治方式深化改革、推动发展、化解矛盾、维护稳定能力"。而"法治先行"、"发挥立法对经济与社会发展的引领和推动作用"是党的十八大以后全国人大常委会委员长张德江 2013 年 3 月在第十二届全国人大第一次会议的讲话中首次正式提出的。[①]这一有别于"发挥立法对经济与社会发展的规范和保障作用"的传统提法,引起了立法理论与实务部门的关注。当时正值上海自贸试验区筹备进入紧锣密鼓阶段,上海市人大常委会法制工作委员会作为上海自贸试验区领导小组成员单位之一与上海市人民政府法制办公室共同承担了上海自贸试验区的法治保

---

① 2013 年 3 月 17 日,张德江委员长在第十二届全国人大第一次会议闭幕会上提出:"充分发挥立法的引领和推动作用,加强重点领域立法,促进社会主义经济建设、政治建设、文化建设、社会建设、生态文明建设。"

障工作,如何确保自贸试验区的先行先试在法治轨道上运行是我们当时的首要工作目标。2013 年 11 月,党的十八届三中全会通过《中共中央关于全面深化改革若干重大问题的决定》,为全面深化改革吹响号角。该决定提出了 60 项、336 条改革并设定了 2020 年取得决定性成果的时间表。在当年 11 月举行的全国地方立法工作研讨会上,笔者结合上海自贸试验区先行先试法治保障的实践,就如何把握好重大改革于法有据交流学习党的十八届三中全会决定的体会,引起与会同行的共鸣。

就改革与法治的关系,习近平总书记 2014 年 2 月 28 日在中央全面深化改革领导小组第二次会议上强调,凡属重大改革都要于法有据。在整个改革过程中,都要高度重视运用法治思维和法治方式,加强对相关立法工作的协调。①2014 年 11 月,党的十八届四中全会通过《中共中央关于全面推进依法治国若干重大问题的决定》,明确提出:"实现经济发展、政治清明、文化昌盛、社会公正、生态良好,实现我国和平发展的战略目标,必须更好发挥法治的引领和规范作用。""立法主动适应改革和经济社会发展需要。""建设中国特色社会主义法治体系,必须坚持立法先行,发挥立法的引领和推动作用。""需要先行先试的,要按照法定程序作出授权。对不适应改革要求的法律法规,要及时修改和废止。"《决定》还提出 180 余项法治领域的改革举措,这是历史上第一个以法治为主题的中央全会。习近平所作的《关于〈中共中央关于全面推进依法治国若干重大问题的决定〉的说明》指出:"党的十八届三中全会对全面深化改革作出了顶层设计,实现这个奋斗目标,落实这个顶层设计,需要从法治上提供可靠保障。""要推动我国经济社会持续健康发展,不断开拓中国特色社会主义事业更加广阔的发展前景,就必须全面推进社会主义法治国家建设,从法治上为解决这些问题提供制度化方案。"2014 年 10 月 27 日,习近平在中央全面深化改革领导小组第六次会议上强调:党的十八届四中全会通过了全面推进依法治国的决定,与党的十八届三中全会通过的全面深化改革的决定形成了姊妹篇。可以说,有关改革与法治的关系,党的十八大报告是总纲领,十八届三中全会《决定》与四中全会《决定》是姊妹篇。

---

① 参见《习近平:凡属重大改革都要于法有据》,载《新京报》2014 年 3 月 1 日。

坚持立法先行,发挥立法的引领和推动作用,党的十八届四中全会《决定》对国家治理体系与治理能力进行了顶层设计和战略谋划,这是我们党站在时代的高度,以更大的政治智慧和勇气促进国家治理模式的现代转型。《决定》关于"法治先行"的新观点、新提法反映了我们党治国理政认识论上的升华、方法论上的创新。法律作为治国重器,对于其功能与作用的认识有一个逐步深化的过程。与政策及其他社会规范相比,稳定性、规范性、滞后性是法律规范的固有特征,法律总是对已有改革经验的总结、固化、事后追认,长期以来,强调法律对经济和社会关系的规范和保障作用已成为一种惯性思维。然而,任何真理都是相对的,诚如列宁所言:"真理与谬误只有一步之遥。"夸大真理的绝对性,将一定历史条件下有限的认识凝固化,就会陷入教条主义的泥淖。法律作为上层建筑随着经济基础的变化而变化,但是当上层建筑适合经济基础的要求时,可以对巩固经济基础、促进生产力发展产生积极的反作用。从法律发展的自身规律来看,法律是实践经验的总结,实践没有止境,法律制度需要与时俱进,在"立、改、废"的动态过程中保持稳定性与变动性、阶段性与前瞻性相统一的状态,对经济与社会发展起到引领和推动作用。

"立法先行"同时也凸显了新时期治国理政的新常态。在全面深化改革、全面依法治国的新时期,多年遗留下来的经济与社会发展中出现的问题大多触及深层矛盾和冲突,难以摆脱利益失衡、体制失灵、机制惰性、法制滞后的掣肘。部分现行法律与经济社会发展不相适应的矛盾突出,立法不能再仅仅是对现有社会关系的确认,充分发挥改革发展的引领作用,对改革发展作出顶层设计已成为新时期立法的主要功能,立法先行已成为治国理政的新常态。党的十八届四中全会《决定》审时度势,在提出坚持立法先行,发挥立法的引领和推动作用的同时,明确要求立法要主动适应改革和经济社会发展需要,并对完善立法体制机制,坚持立改废释并举,增强法律法规的及时性、系统性、针对性、有效性提出了一系列具体的推进举措,确保善治具备良法的前提。①

① 参见丁伟:《良法是善治之前提》,《文汇报》2014 年 10 月 31 日。

二、法治创新需要树立与国家法"不抵触"的底线思维

（一）地方立法与国家法"不抵触"的判断标准

中国实行中央领导下的统一而分层次的立法体制，地方立法与国家法律、行政法规"不抵触"是地方立法的生命线，也是"法治创新"、"法治先行"的重要前提。《宪法》（2018 年修正）第 100 条规定："省、直辖市的人民代表大会和它们的常务委员会，在不同宪法、法律、行政法规相抵触的前提下，可以制定地方性法规，报全国人民代表大会常务委员会备案。"《立法法》（2015 修正）第 72 条规定："省、自治区、直辖市的人民代表大会及其常务委员会根据本行政区域的具体情况和实际需要，在不同宪法、法律、行政法规相抵触的前提下，可以制定地方性法规。"由于《宪法》《立法法》采用抽象的概括式方式仅对地方立法权作出原则性规定，实践中如何把握"不抵触"缺乏显性的判断标准，一些地方立法将触角伸到属于中央立法权限范围，地方立法僭越中央专属立法权的现象也时有发生。[1]对于"不抵触"的含义，在地方立法的实践中大致有四种理解：其一，"不抵触"是指地方性法规不得作出与上位法的基本原则相抵触的规定，但不拘泥于其具体条文是否与上位法十分一致；其二，"不抵触"既包括地方性法规不得与上位法的基本原则和精神相抵触，也包括不得与上位法的具体条文相抵触，即地方性法规不得与上位法直接抵触和间接抵触；其三，"不抵触"除了地方性法规不得与上位法直接抵触和间接抵触外，还不得超越地方立法的权限；其四，除了上述三层含义外，地方性法规必须具有上位法的依据，不得钻上位法的空子，在上位法规定的范围外作出规定。[2]

尽管《宪法》《立法法》仅对地方立法权作原则性规定，但《立法法》第 8 条以列举式的方式明确规定了地方立法不得超越的中央专属立法权。"法治创新"应当严守底线、慎重决策，既要防止曲解和规避上位法，在中央立法的禁区内"剑走偏锋"，寻求地方立法的空隙，甚至直接僭越中央专属立

---

[1] 参见汪自成：《地方立法僭越中央专属立法权的实证分析——以某省征兵工作条例为例》，《人大研究》2006 年第 9 期。

[2] 参见王财锡：《地方立法要正确理解不抵触原则》，辽宁省人大法制委员会编印《地方立法研究文选》第 4 辑，2006 年。

法权;又要防止故步自封,思想僵化,在片面理解"不抵触"的情况下"作茧自缚",使地方立法失去应有的活力。克服这两种倾向的关键在于深刻领会《立法法》有关"不抵触"的精神实质,在地方立法工作中要深入上位法的内部,准确把握上位法的立法精神与原则,结合本地区的实际对上位法作出实施性、补充性的规定,使中央和地方立法相互配合、协调统一。鉴于全国人大常委会对"不抵触"没有作出具体规定,上海市人大常委会法工委经过认真研究,并请示了全国人大法工委后,将"不抵触"确定为地方立法与上位法不一致的三种情况:一是法权相抵触,即超越地方立法的权限;二是法条相抵触,即与上位法的具体条文相抵触;三是法意相抵触,即与上位法的基本原则和精神相抵触。上海确定的三项标准得到了国内地方立法界的高度认同。①

(二)自贸试验区的"国家试验"面临的特殊挑战

鉴于《立法法》明确界定了中央和地方立法权的边界,从应然角度看,地方立法不应插手中央立法事项。然而,从实然角度看,自贸试验区肩负的"国家试验"的特殊使命决定了在坚守"不抵触"的底线上面临特殊挑战。这一挑战基于以下几个特殊因素:

其一,自贸试验区的先行先试是"国家战略"、"国家试验"。纵览国务院批准的《总体方案》,自贸试验区肩负制度创新的特殊使命,其内容涉及税收、海关、金融、外资、外贸等国家事权。

其二,从立法角度来看,上述试点事项涉及国家民事基本制度、基本经济制度,属于《立法法》第 8 条列举的民事基本制度、基本经济制度以及财政、税收、海关、金融和外贸等领域的基本制度等中央专属立法权限。②换言之,该等事项不属于地方立法的事项。

其三,鉴于自贸试验区的先行先试涉及国家事权、中央专属立法权限,应由法律、行政法规对上述事项行使立法权,由全国人大或者全国人大常

---

① 参见丁伟:《与改革发展同频共振:上海地方立法走过三十八年》,上海人民出版社 2018 年版,第 141—144 页。

② 《立法法》第 8 条列举了只能由全国人大及其常委会制定法律的 11 项立法事项,其中包括:第(六)项税种的设立、税率的确定和税收征收管理等税收基本制度;第(八)项民事基本制度;第(九)项基本经济制度以及财政、海关、金融和外贸的基本制度。

委会制定自贸试验区法，或者由国务院制定自贸试验区条例，也可以采用当年《广东省经济特区条例》的立法模式，由广东省制定条例，全国人大批准后实施。但国家层面未考虑制定此类法律、行政法规。

其四，国家层面既不制定相应的法律、行政法规，又无法授权地方开展相应的立法。在 2015 年《立法法》修正前，当时有效的《立法法》第 9 条规定："本法第八条规定的事项尚未制定法律的，全国人民代表大会及其常务委员会有权作出决定，授权国务院可以根据实际需要，对其中的部分事项先制定行政法规，但是有关犯罪和刑罚、对公民政治权利的剥夺和限制人身自由的强制措施和处罚、司法制度等事项除外。"而事实上国家法律、行政法规对上述自贸试验区先行先试领域均有明确规定。该条也未规定可以授权地方先行制定地方性法规。

由此可见，自贸试验区的法治创新既要解放思想、大胆探索，又要严格遵循法制统一原则，不僭越立法权限，这对地方立法来说，不啻是一场严峻的考验。

（三）变"破法改革"为"变法改革"

鉴于自贸试验区的先行先试需要触及法律、行政法规的相关规定，上海自贸试验区筹备之初，有关"破法改革"的呼声不绝于耳，一些学者提出自贸试验区的建立要以建立"法律特区"为前提，否则无法建树。但上海自贸试验区从一开始就改变了"破法改革"的模式。[①]应该说"破法改革"观点的出现具有历史原因。按照过去的认识和做法，改革是对已有法律规定的突破，一说到改革，自然而然就会有"破法改革"、"踩着法律改革"之类的说法。[②]实践中存在一种根深蒂固的观念，即不破不立，不"破法"就无法改革，过分强调于法有据必然会阻碍改革发展，持这种观点的人并不在少数，而且言之凿凿。但是，主流观点还是主张以法治创新应对各种挑战甚至阻力。[③]

改革开放之初，法制不健全、法治观念尚未形成，改革创新往往就是对法

---

① 参见龚柏华：《中国自贸试验区需试验法治新思维》，《人民法治》2016 年第 12 期；季卫东：《金融改革与"法律特区"——关于上海自贸区研究的一点刍议》，《政治与法律》2014 年第 2 期。

② 参见杨小军：《消除"破法改革"的误区》，《环球时报》2014 年 10 月 23 日。

③ 参见：《上海法律界动作频频　多角度聚焦自贸区制度创新》，中新社，http://www.chinanews.com/fz/2013/11-10/5483512.shtml，访问时间：2020 年 6 月 6 日。

律的不断突破，社会对"踩着法律改革"习以为常，这种现象情有可原。然而，时过境迁，在全面依法治国的新时期，自贸试验区的法治创新必须严格贯彻"重大改革于法有据"的要求。自贸试验区的法治创新首先应当走出认识上的误区，摒弃将改革创新与两者截然对立的零和思维。用辩证思维来思考，改革创新与于法有据并不总是此长彼消的，两者是一种对立统一的辩证关系，在一定条件下可以形成相辅相成、相得益彰的"正和博弈"状态。法律作为上层建筑根植并受制于特定历史时期的经济基础，具有稳定性、阶段性、滞后性、抽象性的固有特征，但是当上层建筑适合于经济基础的要求时，可起到巩固经济基础和促进生产力发展的作用。40 年来中国的法制建设与改革开放波澜壮阔的伟大实践相伴而生，相互促进，改革开放为法制建设提供了丰富的实践基础、内在需求和动力，法制建设的不断完善也对深化改革、扩大开放起到了促进、规范、指引和保障作用。从法律发展的自身规律来看，法律是实践经验的总结，实践没有止境，法律制度需要与时俱进，在"立、改、废"不断循环往复、螺旋式上升的动态过程中保持稳定性与变动性、阶段性与前瞻性相统一的状态，对经济与社会发展起到引领和推动作用。①

围绕上海自贸试验区的先行先试，全国人大常委会、国务院先后作出相关法律、行政法规暂时调整适用的决定，上海市人大常委会及时作出上海市相关地方性法规暂时停止适用的决定，这些法律性问题的决定并没有破除法律、法规的规定，而是通过法定程序改变了现行法律、法规的效力，即变"破法改革"为"变法改革"。②

三、法治创新需要及时回应特殊时期对立法的特殊需求

（一）法治创新对把握立法时机的特殊需求

自贸试验区肩负着国家战略先行先试的特殊使命，其特殊性之一在于各项先行先试任务的紧迫性。各自贸试验区的总体方案均明确了阶段性的试验任务，且相关的试验成果需要复制、推广，这就要求各自贸试验区及时创造性地开展相关的法治保障工作，准确把握相关的立法时机。以当时

---

① 参见丁伟：《以法治思维法治方式推进改革创新》，《文汇报》2013 年 6 月 17 日。
② 参见《上海人大常委会法工委主任丁伟：自贸区立法工作挑战最为严峻》，《第一财经日报》2013 年 11 月 1 日。

社会广为关注的《中国(上海)自由贸易试验区条例》(以下简称《上海自贸试验区条例》)为例,这部堪称上海地方立法史上最具影响的"第一法"的条例是上海自贸试验区的"基本法",按照上海市人大常委会的年度立法计划,安排在 2014 年 4 月提请人大常委会审议,于同年 7 月表决,确保 8 月 1 日开始施行,这意味着上海自贸试验区必须在 2013 年 9 月挂牌后不到一年的时间内完成立法调研、起草、审议修改、表决的整个立法过程。鉴于上海自贸试验区的先行先试刚刚起步,相关制度创新尚待实践检验,国家有关部门的支持性政策正在持续推出,条例的立法条件是否具备,立法时机是否成熟,需要立法决策者冷静思考、准确把握。

鉴于上海自贸试验区当时先行先试的依据均为政策性规定,缺乏相应的法律、法规依据,且一批经初步试验已经获得成功的可复制、可推广的经验亟须上升为法规制度层面,需要立法决策者审时度势,敢于担当,在遵循立法科学规律的前提下,以与时俱进的科学态度积极回应特殊时期对立法的特殊需求,及时启动立法程序,确保条例如期出台,确保重大改革于法有据。值得关注的是,从各批次设立的自贸试验区法治保障的情况来看,九成以上的自贸试验区均制定了自贸区条例,且绝大多数自贸试验区都是在挂牌后一年左右的时间启动立法程序。这说明及时回应特殊时期立法的特殊需求已经成为上海自贸试验区可复制、可推广的经验之一。

(二)法治创新对变革立法方式的特殊需求

中国的自贸试验区有别于国外通行的自由贸易园区,其另一显著特殊性在于各项制度创新具有"试验"的性质,在先行先试的过程中不断进行压力测试,唯有经过检验行之有效,且可复制、可推广的经验,才能上升为制度层面。与此同时,在自贸试验区先行先试的不同阶段,国家对自贸试验区相关制度创新的深度、广度、着力点会提出新的要求,国家层面需要在自贸试验区暂时调整适用的法律、行政法规的种类、范围上具有一定的可变性和不可预见性,不排除在自贸试验区各项先行先试事项推进过程中相关法律、行政法规将作出进一步调整的可能性。[1]自贸试验区先行先试的这

---

[1] 《国务院关于印发中国(上海)自由贸易试验区总体方案的通知》(国发〔2013〕38 号)指出:"根据《全国人民代表大会常务委员会关于授权国务院在中国(上海)自由贸易试验区暂时调整有关法律规定的行政审批的决定》,相应暂时调整有关行政法规和国务院文件的部分规定。具体由国务院另行印发。"

一特殊性对立法方式提出了特殊需求,既要确保自贸试验区现阶段的先行先试于法有据,又要未雨绸缪,满足未来先行先试法治保障的不时之需;既要确保法律制度的稳定性、规范性,又要使相关的制度性规定具有一定的灵活性,保持适当的张力,为未来的先行先试的立法需求预留空间。

以上海自贸试验区法治保障为例,为确保自贸试验区依法有序运行,上海针对自贸试验区不同阶段的法治保障需求及制度供给的可行性,设计了不同阶段的法治保障方式。鉴于在先行先试工作尚未开展之前难以针对性地开展地方性法规的立法工作,上海设计了"先制定规章作为过渡,后制定地方性法规"的分两步走的工作方案。在自贸试验区挂牌之日,上海市人民政府同步推出《中国(上海)自由贸易试验区管理办法》,以"短平快"的方式回应过渡时期的立法需求,有效填补上海自贸试验区起步阶段相关立法的空白,并为制定《上海自贸试验区条例》积累了宝贵的经验。鉴于作为市政府规章的该管理办法可能存在与上海地方性法规不相一致的地方,需要理顺政府规章与地方性法规之间的关系,且自贸试验区先行先试还需要理顺上海地方性法规与国家法律、行政法规之间的关系,在上海自贸试验区挂牌之前,上海市人大常委会作出《上海市人民代表大会常务委员会关于在中国(上海)自由贸易试验区暂时调整实施本市有关地方性法规规定的决定》(以下简称《上海授权决定》)。当时面临的立法难题是:先行先试尚未开始,国家层面可能暂时调整适用的上位法不确定、调整时间不确定、调整内容亦不确定,在这种情况下,常规的立法表述方式难以适应自贸试验区先行先试的特殊需求,需要独辟蹊径,采用非典型性的立法表述方式。《上海授权决定》为此设计了一条兜底性的条款:"凡有关法律、行政法规在中国(上海)自由贸易试验区调整实施有关内容的,本市有关地方性法规作相应调整实施。"这一条款一劳永逸地消除了当前及未来在自贸试验区先行先试过程中上海地方性法规与国家法律、行政法规可能存在的现实与潜在冲突的风险。

(三)法治创新对转变立法理念的特殊需求

理念决定行动,思路决定出路。自贸试验区法治创新关键在于立法理念的转变,应对自贸试验区法治保障的特殊需求,立法决策者需要以与时俱进的科学态度准确识变、积极应变、主动求变。上海自贸试验区作为我国首个自贸试验区,在法治保障方面积极开拓进取,勇于探索创新,无论是准确把握立法时机,还是大胆创新立法方式,归根到底在于在尊重立法科学规律的前提下,努力实现立法观念的变革。

上海自贸试验区在为先行先试提供法治保障的过程中着力从以下几方面转变立法理念:其一,大胆破除"毕其功于一役"的思维定势。按照传统的立法理念,立法应当建立在充分调研的基础上,以《上海自贸试验区条例》的立法为例,常规情况下的立法轨迹应该是一年观察,第二年开始调研,第三年起草,这样一个周期下来至少三年时间。为此,笔者提出了"非毕其功于一役"的立法思路。①由于改革创新只有进行时,没有完成时,立法总是改革发展阶段性的产物,满足阶段性的法治需求,这种"非毕其功于一役"的立法方式更加符合改革发展型立法的规律。其二,勇于树立"负面清单"的立法理念。在《上海自贸试验区条例》草案的审议修改过程中,对于如何处理好条例与《总体方案》、相关政策之间的关系,存在较大分歧。相关部门起草的条例草案秉持了"正面清单"的思维定势,即只有法规中列明的事项才可为。草案在很大程度上属于《总体方案》及相关政策的"翻版"。笔者提出应当更新观念,采用"负面清单"的立法理念,秉持"法无禁止皆可为"的法治精神,充分赋予市场主体参与自贸试验区建设的广阔空间。按照这一思路,条例仅需作出方向性规定,凡条例没有限制性、禁止性规定的,都可以探索,这样有助于在地方立法的权限范围内充分释放创新的制度空间。②其三,敢于采用"宜粗不宜细"的立法思路。具有中国特色的社会主义法律体系形成后,全国人大积极倡导立法精细化的发展方向,传统的立法"宜粗不宜细"的指导思想已演变为"宜细不宜粗",增强法律的可执行性、可操作性。针对一些法律规定比较原则、需要制定的配套法规和规章过多等问题,强调要科学严密设计法律规范,能具体就尽量具体,能明确就尽量明确,努力使制定和修改的法律立得住、行得通、切实管用。③

---

① 丁伟:《以法治引领和推动自贸试验区先行先试》,《文汇报》2014 年 7 月 29 日。

② 丁伟:《〈中国(上海)自由贸易试验区条例〉立法透析》,《政法论坛》(中国政法大学学报)2015 年第 1 期。

③ 参见《张德江:推进科学立法民主立法 着力提高立法质量》,中国新闻网,http://www.chinanews.com/gn/2014/03-09/5927724.shtml,访问时间:2020 年 6 月 17 日。

笔者认为,这种常态化的立法指导思想并不适合改革发展型的立法。在《上海自贸试验区条例》草案起草、审议过程中,政府相关部门强烈建议维持条例草案对适用范围的表述,该表述是:"本条例适用于经国务院批准设立的中国(上海)自由贸易试验区(以下简称'自贸试验区')。自贸试验区涵盖上海外高桥保税区、上海外高桥保税物流园区、洋山保税港区和上海浦东机场综合保税区。"笔者据理力争,主张将该条表述为:"本条例适用于经国务院批准设立的中国(上海)自由贸易试验区。"删除草案中"自贸试验区涵盖上海外高桥保税区、上海外高桥保税物流园区、洋山保税港区和上海浦东机场综合保税区"的表述。其法律意义在于应对可能出现的上海自贸试验区扩区的不时之需,以增强立法的稳定性、前瞻性。果不其然,《上海自贸试验区条例》实施才两个月,在上海自贸试验区先行先试一周年之际,中央原则同意上海自贸试验区扩区。实践证明,改革发展型立法具有其固有的规律:条文越是原则,改革发展的空间越大,适应性越强。

■ 第三节 改革决策与立法决策协调同步的试验田

一、"两个决策"协调同步的时代要求

(一)中国法制化发展的必然选择

法治作为一种治国方略,与人治相对而言,是人类社会文明发展的成果。在中国这一特定的国度,人治有着根深蒂固的传统与思想基础。中国儒家的政治思想就是人治,主张依靠道德高尚的圣贤通过道德感化来治理国家。儒家重视人治,主张为政在人;法固然不可缺,但执政者"其身正,不令而行,其身不正,虽令不从"。主张君主以身作则,施德行仁,并尚贤使能,任用得力官吏推行礼治,以达"文武之治,布衣方策,其人存,则其政举,其人亡,则其政息"的境界。我们党对于执政规律的认识经历了一个逐步深化的历史过程。党的十五大确立了"依法治国"的基本方略,十六大则将"依法治国基本方略得到全面落实"列入全面建设小康社会的重要目标,十七大明确提出"加快建设社会主义法治国家",十八大报告进而提出要"全面推进依法治国",强调"法治是治国理政的基本方式","更加注重发挥法

治在国家治理和社会管理中的重要作用","提高领导干部运用法治思维和法治方式深化改革、推动发展、化解矛盾、维护稳定能力"。从传统的非法治形态的统治形式最终走向"法治"的现代治理模式,表明了我们党对社会政治发展的规律有了新的认识,同时也彰显了我国政治文明水准的跃升。

党的十八届三中全会通过的《中共中央关于全面深化改革若干重大问题的决定》提出:"全面深化改革的总目标是完善和发展中国社会主义制度,推进国家治理体系和治理能力现代化。"将国家治理体系和治理能力现代化作为全面深化改革的总目标,是我们党基于对改革开放以来治国理政规律性的认识所作出的战略决策,表明了我们党站在时代的高度,对国家治理体系与治理能力进行顶层设计和战略谋划,以更大的政治智慧和勇气促进国家治理模式的现代转型。国家的治理体系是一个完整的制度系统,涵盖"五位一体"的总体布局,是国家治理能力孕育的基础。实现这一总目标首先需要明确国家治理体系、治理能力现代化的实现路径。鉴于党的十八大报告明确提出"法治是治国理政的基本方式",作为治国理政基本方式的法治不仅是国家治理体系现代化的核心,也是实现国家治理体系、治理能力现代化的必然路径。[①]

党的十八届四中全会通过的《中共中央关于全面推进依法治国若干重大问题的决定》描绘了法治中国的宏伟蓝图,吹响了全面推进依法治国的结集号。《决定》明确提出:"法律是治国之重器,良法是善治之前提。建设中国特色社会主义法治体系,必须坚持立法先行,发挥立法的引领和推动作用。""立法先行"揭示了法治体系内部科学严密的逻辑关系,从哲学角度看,立法是"源",执法、司法、守法是"流","源"正才能"流"清,离开了立法,执法、司法、守法就成了无源之水、无本之木。"立法先行"提出了重大改革必须于法有据,改革决策与立法决策协调同步的要求,反映了执政党治国理政认识论的升华,方法论的创新。

党的十九大将坚持全面依法治国作为新时代坚持和发展中国特色社会主义的基本方略之一,提出全面依法治国是国家治理的一场深刻革命,必须坚持厉行法治,推进科学立法、严格执法、公正司法、全民守法。与此

---

① 参见丁伟:《法治是实现国家治理体系现代化的必然路径》,《上海人大月刊》2014年第3期。

同时,2018 年《宪法修正案》将宪法序言第七自然段中"健全社会主义法制"修改为"健全社会主义法治"。①从健全社会主义法制到健全社会主义法治,是我们党依法治国理念和方式的新飞跃。做这样的修改,有利于推进全面依法治国,建设中国特色社会主义法治体系,加快实现国家治理体系和治理能力现代化,为党和国家事业发展提供根本性、全局性、稳定性、长期性的制度保障。

总之,将法治作为治国理政的基本方式,作为实现国家治理体系、治理能力现代化的必然路径,是中国法治化发展的必然选择。实现重大改革于法有据,立法决策与改革决策协调同步,是全面深化改革新时期中央提出的新要求,凸显了新时期治国理政的新常态,弘扬了依宪治国、依法治国的时代精神。

(二)自贸试验区制度创新的内在要求

鉴于自贸试验区的制度创新是一项全新的探索,这项国家试验涉及中央事权和全国人大及其常委会的专项立法权,而承担自贸试验区先行先试主体责任的是省级人民政府,为确保重大改革于法有据,国务院批准的各自贸试验区《总体方案》均对自贸试验区制度创新必须恪守的法治原则提出明确要求。以上海自贸试验区为例,《总体方案》提出了法治化的建设目标,要求"着力培育国际化和法治化的营商环境,力争建设成为具有国际水准的投资贸易便利、货币兑换自由、监管高效便捷、法制环境规范的自由贸易试验区",并且将完善法制保障作为制度创新的重要任务,要求:"针对试点内容,需要停止实施有关行政法规和国务院文件的部分规定的,按规定程序办理。""各部门要支持试验区在服务业扩大开放、实施准入前国民待遇和负面清单管理模式等方面深化改革试点,及时解决试点过程中的制度保障问题。上海市要通过地方立法,建立与试点要求相适应的试验区管理制度。"上海自贸试验区《2.0 版方案》对健全法制保障体系提出了进一步的要求,要求"加强地方立法,对试点成熟的改革事项,适时将相关规范性文件上升为地方性法规和规章"。上海自贸试验区《3.0 版方案》提出,要"率

---

① 法制是一种社会制度,将法律视作统治工具,是静态的,强调有法可依。法治则是一种与"人治"相对应的治理社会的理论、原则、理念和方法,是一种社会观念,是动态的,强调有法必依,执法必严,违法必究,重视社会治理主体的自觉性、能动性。

先形成法治化、国际化、便利化的营商环境和公平、统一、高效的市场环境"。"对涉及法律法规调整的改革事项,及时强化法制保障,做好与相关法律立改废释的衔接,共同推进相关体制机制创新,并注意加强监管、防控风险。"上海自贸试验区临港新片区总体方案也要求:"新片区参照经济特区管理。国家有关部门和上海市要按照总体方案的要求,加强法治建设和风险防控,切实维护国家安全和社会安全,扎实推进各项改革试点任务落地见效。""新片区的各项改革开放举措,凡涉及调整现行法律或行政法规的,按法定程序经全国人大或国务院统一授权后实施。"

二、"两个决策"协调同步的实现路径

(一)国家层面法治保障的路径

在自贸试验区先行先试的过程中,全国人大常委会、国务院针对各阶段先行先试法治保障工作的需求,采用了"立、改、废、释、授"的方式,对相关法律、行政法规及相关规范性文件的适用作出调整,确保自贸试验区的先行先试于法有据,自贸试验区的各项改革决策与立法决策协调同步。

1. 全国人大及其常委会的立法举措

以时间先后为序,全国人大及其常委会相继采取以下相关立法举措:

自贸试验区的核心制度创新之一是探索建立以准入前国民待遇和负面清单为核心的投资管理新体制,建立以事中、事后监管为重点的综合监管新体制。为确保这一改革举措于法有据,在上海自贸试验区挂牌前夕,第十二届全国人大常委会第四次会议于2013年8月30日通过《关于授权国务院在中国(上海)自由贸易试验区暂时调整实施有关法律规定的行政审批的决定》。《决定》授权国务院在上海自贸试验区内,对国家规定实施准入特别管理措施之外的外商投资,暂时调整实施《外资企业法》《中外合资经营企业法》《中外合作经营企业法》3部法律中的11项行政审批规定。

为支持上海自贸试验区试行注册资本认缴登记制,决定不再登记公司实收资本。并放宽注册资本登记条件,取消注册资本最低限额,第十二届全国人大常委会第六次会议于2013年12月28日通过关于修改《公司法》等7部法律的决定。根据本次修改的规定,除法律、行政法规以及国务院决定对有限责任公司或者股份有限公司的注册资本最低限额另有规定外,

取消有限责任公司最低注册资本 3 万元、一人有限责任公司最低注册资本 10 万元、股份有限公司最低注册资本 500 万元的限制。与此同时,取消对公司注册资本实缴的限制,取消对公司货币出资的比例限制,取消公司登记提交验资证明的要求,公司营业执照不再记载"实收资本"事项。

为确保《公司法》的上述修改内容与《刑法》中的虚报注册资本罪和虚假出资、抽逃出资罪的适用相衔接,2014 年 4 月 24 日第十二届全国人大常委会第八次会议通过《全国人民代表大会常务委员会关于〈中华人民共和国刑法〉第一百五十八条、第一百五十九条的解释》。全国人民代表大会常务委员会讨论了《公司法》修改后《刑法》第 158 条、第 159 条对实行注册资本实缴登记制、认缴登记制的公司的适用范围问题,解释如下:《刑法》第 158 条、第 159 条的规定,只适用于依法实行注册资本实缴登记制的公司。

2014 年 12 月 28 日,第十二届全国人大常委会第十二次会议通过《全国人民代表大会常务委员会关于授权国务院在中国(广东)自由贸易试验区、中国(天津)自由贸易试验区、中国(福建)自由贸易试验区以及中国(上海)自由贸易试验区扩展区域暂时调整有关法律规定的行政审批的决定》,授权国务院在中国(广东)自由贸易试验区、中国(天津)自由贸易试验区、中国(福建)自由贸易试验区以及中国(上海)自由贸易试验区扩展区域内,暂时调整《外资企业法》《中外合资经营企业法》《中外合作经营企业法》和《台湾同胞投资保护法》规定的 12 项行政审批规定。《决定》的授权目的、立法结构、被授权主体、授权时限的表述与前一个《授权决定》完全相同,只是将授权范围确定为新增的三个自贸试验区及上海自贸试验区的扩展区域,在授权内容上增加《台湾同胞投资保护法》第 8 条第 1 款的内容。

前述全国人大常委会 2013 年 8 月 30 日通过的《关于授权国务院在中国(上海)自由贸易试验区暂时调整有关法律规定的行政审批的决定》规定,暂停实施相关法律在 3 年内试行,对实践证明可行的,应当修改完善有关法律;对实践证明不宜调整的,恢复施行有关法律规定。鉴于该授权决定自 2013 年 10 月 1 日起施行,2016 年 9 月 30 日届满,2016 年 9 月 3 日第十二届全国人大常委会第二十二次会议通过《全国人民代表大会常务委员会关于修改〈中华人民共和国外资企业法〉等四部法律的决定》。《决定》一揽子修改了《外资企业法》《中外合资经营企业法》《中外合作经营企业法》

《台湾同胞投资保护法》中审批事项的规定,将原来法律规定的相关审批事项改为适用备案管理,即规定除实行负面清单管理的领域外,对外商投资不再实施行政审批。《决定》草案审议过程中,全国人大常委会组成人员普遍认为,根据全国人大常委会的授权,4 个自由贸易试验区创新管理模式,积极进行相关改革试点,形成了可复制、可推广的经验,在此基础上,对《外资企业法》等 4 部法律的相关规定进行修改,是必要的。鉴于《外资企业法》等 4 部法律经本次会议修改并实施后,全国人大常委会 2013 年 8 月和 2014 年 12 月作出的两个关于自由贸易试验区的授权决定的内容已经被全部吸收,授权的目的已经实现,两个授权决定的效力应当相应终止。① 为此,《决定》规定:自修改《外资企业法》等 4 部法律的决定施行之日起,全国人大常委会 2013 年 8 月 30 日、2014 年 12 月 28 日通过的两个《授权决定》的效力相应终止。

2019 年 3 月 15 日,第十三届全国人大第二次会议表决通过《外商投资法》。该法的核心制度之一是全面复制自贸试验区准入前国民待遇加负面清单的投资管理制度。该法第 28 条第 1 款规定:"外商投资准入负面清单规定禁止投资的领域,外国投资者不得投资。"第 2 款规定:"外商投资准入负面清单规定限制投资的领域,外国投资者进行投资应当符合负面清单规定的条件。"第 3 款规定:"外商投资准入负面清单以外的领域,按照内外资一致的原则实施管理。"该法草案说明报告称:根据全面深化改革、扩大对外开放的需要,全国人大常委会于 2013 年、2014 年两次作出决定,授权在有关自由贸易试验区内暂时调整"外资三法"关于外商投资企业审批等规定,试行准入前国民待遇加负面清单管理方式。2016 年,根据自由贸易试验区取得的可复制、可推广的经验,全国人大常委会对"外资三法"作出修改,在法律中确立外商投资企业实行准入前国民待遇加负面清单管理制度,将自由贸易试验区的改革试点经验推广到全国。②《外商投资法》第 42 条第 1 款规定:该法自 2020 年 1 月 1 日起施行。《中外合资经营企业法》

---

①　参见 2016 年 9 月 2 日在第十二届全国人大常委会第二十二次会议上,全国人民代表大会法律委员会关于《〈中华人民共和国外资企业法〉等四部法律的修正案(草案)》审议结果的报告。

②　参见 2019 年 3 月 8 日在第十三届全国人大第二次会议上,全国人大常委会副委员长王晨关于外商投资法草案的说明。

《外资企业法》《中外合作经营企业法》同时废止。

为进一步优化营商环境,激发市场活力和社会创造力,加快政府职能转变,2019 年 10 月 26 日第十三届全国人大常委会第十四次会议通过《全国人民代表大会常务委员会关于授权国务院在自由贸易试验区暂时调整适用有关法律规定的决定》,授权国务院在自由贸易试验区内,暂时调整适用《对外贸易法》《道路交通安全法》《消防法》《食品安全法》《海关法》《种子法》的有关规定。《决定》明确规定:上述调整在三年内试行。对实践证明可行的,国务院应当提出修改有关法律的意见;对实践证明不宜调整的,在试点期满后恢复施行有关法律规定。

为支持海南全面深化改革开放,推动中国(海南)自由贸易试验区试点政策落地,2020 年 4 月 29 日第十三届全国人大常委会第十七次会议通过《全国人民代表大会常务委员会关于授权国务院在中国(海南)自由贸易试验区暂时调整适用有关法律规定的决定》,授权国务院在海南自贸试验区暂时调整适用《土地管理法》《种子法》《海商法》的有关规定,暂时调整适用的期限至 2024 年 12 月 31 日。《决定》明确规定:暂时调整适用有关法律规定,必须建立健全事中事后监管制度,有效防控风险,国务院及其有关部门要加强指导、协调和监督,及时总结试点工作经验,并就暂时调整适用有关法律规定的情况向全国人民代表大会常务委员会作出中期报告。对实践证明可行的,修改完善有关法律;对实践证明不宜调整的,恢复施行有关法律规定。

2. 国务院的有关举措

党中央、国务院作出设立、增设自贸试验区的决定,或者调整已有自贸试验区先行先试的任务,均由国务院批准印发各自贸试验区的总体方案,明确各自贸试验区建设的总体目标、工作任务及相关改革开放措施。该等总体方案系各自贸试验区先行先试的主要政策依据。与此同时,根据全国人大及其常委会上述"立、改、废、释、授"的举措,并针对自贸试验区不同阶段先行先试法治保障的需求,国务院也相继采取了一系列法治保障的举措。

2013 年 12 月 21 日,国务院发布《关于在中国(上海)自由贸易试验区内暂时调整有关行政法规和国务院文件规定的行政审批或者准入特别管理措施的决定》(国发〔2013〕51号),根据《全国人民代表大会常务委员会关于授权国务院在中国(上海)自由贸易试验区暂时调整有关法律规定的行政审批的决定》和《中国(上海)自由贸易试验区总体方案》的规定,决定在中国(上海)自由贸易试验区内暂时调整相关行政法规和国务院文件规定的行政审批或者准入特别管理措施。其中,在改革外商投资管理模式方面,对国家规定实施准入特别管理措施之外的外商投资,暂时调整《外资企业法实施细则》《中外合资经营企业法实施条例》《中外合作经营企业法实施细则》《指导外商投资方向规定》《外国企业或者个人在中国境内设立合伙企业管理办法》《中外合资经营企业合营期限暂行规定》《中外合资经营企业合营各方出资的若干规定》《〈中外合资经营企业合营各方出资的若干规定〉的补充规定》《国务院关于投资体制改革的决定》《国务院关于进一步做好利用外资工作的若干意见》规定的有关行政审批;在扩大服务业开放方面,暂时调整《船舶登记条例》《国际海运条例》《征信业管理条例》《营业性演出管理条例》《娱乐场所管理条例》《中外合作办学条例》《外商投资电信企业管理规定》《国务院办公厅转发文化部等部门关于开展电子游戏经营场所专项治理意见的通知》规定的有关行政审批以及有关资质要求、股比限制、经营范围限制等准入特别管理措施。《决定》要求:国务院有关部门、上海市人民政府要根据法律、行政法规和国务院文件调整情况,及时对本部门、本市制定的规章和规范性文件作相应调整,建立与试点要求相适应的管理制度。决定附件为《国务院决定在中国(上海)自由贸易试验区内暂时调整有关行政法规和国务院文件规定的行政审批或者准入特别管理措施目录》。决定同时明确:根据《全国人民代表大会常务委员会关于授权国务院在中国(上海)自由贸易试验区暂时调整有关法律规定的行政审批的决定》和试验区改革开放措施的试验情况,本决定内容适时进行调整。

为适应在中国(上海)自由贸易试验区进一步扩大开放的需要,2014年9月4日,国务院发布《关于在中国(上海)自由贸易试验区内暂时调整实施有关行政法规和经国务院批准的部门规章规定的准入特别管理措施的决定》(国发〔2014〕38号),决定在试验区内暂时调整实施《国际海运条例》《认证认可条例》《盐业管理条例》以及《外商投资产业指导目录》《汽车产业发展政策》《外商投资民用航空业规定》规定的有关资质要求、股比限制、经营范围等准入特别管理措施。决定要求国务院有关部门、上海市人民政府要根据上述调整,及时对本部门、本市制定的规章和规范性文件作相应调整,建立与进一步扩大开放相适应的管理制度。决定同时规定:国务院将根据试验区改革开放措施的实施情况,适时对本决定的内容进行调整。

2015年4月8日,国务院办公厅以国办发〔2015〕23号印发《自由贸易试验区外商投资准入特别管理措施(负面清单)》(以下简称《自贸试验区负面清单》)。负面清单列明了不符合国民待遇等原则的外商投资准入特别管理措施,适用于上海、广东、天津、福建四个自由贸易试验区(以下统称自贸试验区)。《自贸试验区负面清单》自印发之日起30日后实施,并适时调整。该负面清单每年更新,最新版是自2019年7月30日起施行的《自由贸易试验区外商投资准入特别管理措施(负面清单)(2019年版)》。

为做好上海自贸试验区、广东自贸试验区、天津自贸试验区、福建自贸试验区等自贸试验区对外开放工作,试点实施与负面清单管理模式相适应的外商投资国家安全审查措施,引导外商投资有序发展,维护国家安全,2015年4月8日国务院办公厅印发《自由贸易试验区外商投资国家安全审查试行办法》(国办发〔2015〕24号),要求各省、自治区、直辖市人民政府,国务院各部委、各直属机构认真贯彻执行,对影响或可能影响国家安全、国家安全保障能力,涉及敏感投资主体、敏感并购对象、敏感行业、敏感技术、敏感地域的外商投资进行安全审查。

为保障自贸试验区有关改革开放措施依法顺利实施,经李克强总理签批,2018年1月10日国务院印发《关于在自由贸易试验区暂时调整有关行政法规、国务院文件和经国务院批准的部门规章规定的决定》,在自贸试验区暂时调整11部行政法规、2件国务院文件、2件经国务院批准的部门规章的有关规定。11部行政法规为:《船舶登记条例》《船舶和海上设施检验条例》《印刷业管理条例》《认证认可条例》《娱乐场所管理条例》《中外合作办学条例》《旅行社条例》《直销管理条例》《国际海运条例》《外资银行管理条例》《营业性演出管理条例》;2件国务院文件为:《国务院办公厅转发国家计委关于城市轨道交通设备国产化实施意见的通知》《国务院办公厅关于加强城市快速轨道交通建设管理的通知》;2件经国务院批准的部门规章为：《外商投资产业指导目录（2017年修订）》《外商投资民用航空业规定》。国务院要求国务院有关部门和各自贸试验区所在地的省、市人民政府根据有关行政法规、国务院文件和经国务院批准的部门规章的调整情况，及时对本部门、本省市制定的规章和规范性文件作相应调整，建立与试点要求相适应的管理制度。

2018年11月7日，国务院印发《关于支持自由贸易试验区深化改革创新若干措施的通知》（国发〔2018〕38号），《通知》围绕自贸试验区建设发展需要，在营造优良投资环境、提升贸易便利化水平、推动金融创新服务实体经济、推进人力资源领域先行先试等方面，加大改革授权和开放力度，给予政策扶持，体现特色定位，提出53项切口小、见效快的工作措施，着力打通有关工作的"堵点"和"难点"，推动自贸试验区更好地发挥示范引领作用。具有五方面的特点，一是加大改革授权力度。在风险可控前提下，通过下放相关权限，支持自贸试验区大胆试、大胆闯、自主改。二是开展试点探索。推动相关措施在自贸试验区先行先试，在契合自贸试验区发展定位的关键领域开展探索，进一步发挥自贸试验区试验田作用。三是进一步推动对外开放。在现有外商投资负面清单基础上，提出有关开放举措，打破准入后的"玻璃门"。如，进一步放宽外商投资建设工程设计企业、人才中介机构等方面的资质限制。四是给予政策扶持。给予自贸试验区有针对性的扶持政策，补齐功能短板，促进新产业、新业态、新模式发展，培育发展新动能。五是体现特色定位。根据各自贸试验区的特色功能定位，提出不同的深化改革创新措施，引导各自贸试验区有针对性地开展探索，53项支持措施中有14项适用于特定自贸试验区。

2019年12月26日，国务院第七十四次常务会议通过《中华人民共和国外商投资法实施条例》。《条例》细化了《外商投资法》的规定，其第49条规定："本条例自2020年1月1日起施行。《中华人民共和国中外合资经营企业法实施条例》、《中外合资经营企业合营期限暂行规定》、《中华人民共和国外资企业法实施细则》、《中华人民共和国中外合作经营企业法实施细则》同时废止。"

为保障自贸试验区有关改革开放措施依法顺利实施，2020年1月15日国务院印发《关于在自由贸易试验区暂时调整实施有关行政法规规定的通知》(国函〔2020〕8 号),决定在自贸试验区暂时调整实施《营业性演出管理条例》《外商投资电信企业管理规定》和《印刷业管理条例》3 部行政法规的有关规定。通知要求国务院有关部门和各自贸试验区所在地的省、市人民政府要根据上述调整,及时对本部门、本地区制定的规章和规范性文件作相应调整,建立与试点要求相适应的管理制度。《通知》同时规定,根据自贸试验区改革开放措施的试验情况,本通知内容适时进行调整。

(二)地方层面法治保障的路径

在国家层面未就自贸试验区先行先试制定法律、行政法规的情况下,各自贸试验区根据国务院批准的自贸试验区总体方案,在遵循《立法法》的基本原则,恪守重大改革于法有据的前提下,创造性地开展地方层面的法治保障工作。以率先开展自贸试验区先行先试的上海市为例,在实践中探索了一条具有上海特色的自贸试验区法治保障的路径。这一法治保障路径可概括为"三步曲":

第一步是理顺上海地方性法规与国家法律、行政法规之间的关系,上海市的政府规章、其他规范性文件与上海市地方性法规的关系。具体方式是在自贸试验区挂牌之前,由上海市人大常委会作出《关于在中国(上海)自由贸易试验区暂时调整实施本市有关地方性法规规定的决定》,《决定》规定:根据《全国人民代表大会常务委员会关于授权国务院在中国(上海)自由贸易试验区暂时调整有关法律规定的行政审批的决定》的规定,在中国(上海)自由贸易试验区内,对国家规定实施准入特别管理措施之外的外商投资,停止实施《上海市外商投资企业审批条例》。凡法律、行政法规在中国(上海)自由贸易试验区调整实施有关内容的,上海市有关地方性法规作相应调整实施。上海市其他有关地方性法规中的规定,凡与《中国(上海)自由贸易试验区总体方案》不一致的,调整实施。上述有关地方性法规的调整实施在三年内试行。

第二步是以"短平快"的方式为上海自贸试验区运行初期的先行先试提供临时性的制度依据。具体方式是在上海市人大常委会作出前述决定的前提下,在自贸试验区挂牌当日,由上海市人民政府一揽子出台《中国(上海)自由贸易试验区管理办法》《中国(上海)自由贸易试验区外商投资项目备案管理办法》《中国(上海)自由贸易试验区境外投资项目备案管理办法》《中国(上海)自由贸易试验区外商投资企业备案管理办法》《中国(上海)自由贸易试验区境外投资开办企业备案管理办法》《中国(上海)自由贸易试验区外商投资准入特别管理措施(负面清单)》。这些应急性、过渡性的管理规定及时弥补了上海自贸试验区运行初期的制度空白。

第三步是适时将自贸试验区的先行先试纳入地方立法的范围。具体方法是以国务院批准的上海自贸试验区《总体方案》、国务院相关部门陆续出台的支持上海自贸试验区先行先试的各项政策性规定为依据,在评估《中国(上海)自由贸易试验区管理办法》等规范性文件的施行情况、总结上海自贸试验区先行先试实践经验的基础上,由上海市人大常委会制定《中国(上海)自由贸易试验区条例》。

上海自贸试验区法治保障的路径反映了法治引领自贸区先行先试的一般规律,相关的法治保障模式在第一批增设的天津、福建自贸试验区得到复制、推广。值得一提的是,不同时期设立的自贸试验区面临的法制环境不同、法治需求也各不相同,其法治保障的路径存在一定的差异。鉴于全国人大常委会已于2016年9月3日通过《关于修改〈中华人民共和国外资企业法〉等四部法律的决定》,一揽子修改了《外资企业法》《中外合资经营企业法》《中外合作经营企业法》《台湾同胞投资保护法》中审批事项的规定,2016年9月3日之后新设的自贸试验区不再需要参照上海模式制定暂时调整实施本省市有关地方性法规规定的决定。与此同时,经过各自贸试验区几年的探索,由地方人大常委会制定自贸试验区条例的立法经验趋于成熟,成为常态化的法治保障方式,新增设的一些自贸试验区跨越了制定自贸试验区管理规定的过渡性制度安排,采取一步到位的方式,直接制定自贸试验区条例。

三、"两个决策"协调同步的成功演绎

(一)"两个决策"协调同步的表达载体

2013年9月18日国务院发布的《关于印发中国(上海)自由贸易试验区总体方案的通知》(国发〔2013〕38号)明确要求:上海自贸试验区应当"建设具有国际水准的投资贸易便利、监管高效便捷、法制环境规范的自由

贸易试验区,使之成为推进改革和提高开放型经济水平的'试验田',形成可复制、可推广的经验,发挥示范带动、服务全国的积极作用"。上海自贸试验区《总体方案》明确的上海自贸试验区的主要任务和措施是:"紧紧围绕面向世界、服务全国的战略要求和上海'四个中心'建设的战略任务,按照先行先试、风险可控、分步推进、逐步完善的方式,把扩大开放与体制改革相结合、把培育功能与政策创新相结合,形成与国际投资、贸易通行规则相衔接的基本制度框架。"该总体方案同时要求"上海市要通过地方立法,建立与试点要求相适应的试验区管理制度"。

在上海自贸试验区先行先试过程中,中央反复要求上海自贸试验区尽快形成可复制、可推广的经验。2014 年 3 月 5 日,习近平总书记在第十二届全国人大第二次会议上海代表团审议时强调,建设上海自由贸易试验区要大胆闯、大胆试、自主改,尽快形成一批可复制、可推广的新制度,加快在促进投资贸易便利、监管高效便捷、法制环境规范等方面先试出首批管用、有效的成果。[①]在上海自贸试验区运行三周年之际,习近平总书记对上海自贸试验区建设作出重要指示,强调三年来上海市、商务部等不负重托和厚望,密切配合、攻坚克难,紧抓制度创新这个核心,主动服务国家战略,工作取得多方面重大进展,一批重要成果复制推广到全国,总体上实现了初衷。望在深入总结评估的基础上,坚持五大发展理念引领,把握基本定位,强化使命担当,继续解放思想、勇于突破、当好标杆,对照最高标准、查找短板弱项,研究明确下一阶段的重点目标任务,大胆试、大胆闯、自主改,力争取得更多可复制推广的制度创新成果,进一步彰显全面深化改革和扩大开放的试验田作用。中共中央政治局常委、国务院总理李克强指出,三年来,上海市、商务部会同有关部门锐意改革,勇于创新,扎实进取,上海自贸试验区建设取得重大进展,为全面深化改革、推动高水平对外开放积累了宝贵经验。上海自贸试验区建设三年来,以建设开放度最高的自由贸易园区为目标,把制度创新作为核心任务,把防范风险作为重要底线,在建立与国际通行规则相衔接的投资贸易制度体系、深化金融开放创新、加快政府职

---

① 参见《习近平参加上海团审议:自贸区要大胆闯大胆试》,新华网,http://www.xinhuanet.com/politics/2014-03/05/c_119627165.htm,访问时间:2020 年 6 月 22 日。

能转变和构建开放型经济新体制方面,取得了重要成果。广东、天津、福建自贸试验区以上海自贸试验区试点内容为主体,结合自身特点在促进内地与港澳经济深度合作、推进京津冀协同发展、深化两岸经济合作等方面积极开展差别化探索,形成了各具特色、各有侧重的试点格局。自贸试验区累计总结了100多项制度创新成果,分领域、分层次在全国进行了复制推广。①

从法律角度来理解,自贸试验区先行先试哪些事项,通过什么方式先行先试,都需要上升到制度层面,固化为相关的法律制度,因此,中央要求自贸试验区形成的"可复制、可推广"的"创新成果"实际上是自贸试验区先行先试相关的法律模式、法律制度。②换言之,"两个决策"协调同步的表达载体实际上就是自贸试验区法治创新的成果,集中体现为各自贸试验区制定的自贸试验区条例以及相关法律制度实施的情况。

(二)"两个决策"协调同步的成果巡礼

1. 上海自贸试验区首批先行先试成果的复制、推广

在上海自贸试验区运行一周年之前,有关部门对看得准、效果好的试点事项,陆续在全国或部分地区复制推广,共有27项。其中,涉及投资管理体制改革共13项,包括注册资本认缴制、境外投资项目备案管理制度、企业年报公示制度、经营异常名录制度等;涉及贸易便利化改革共10项,包括"先进区、后报关"、保税展示交易、集中汇总纳税等;涉及金融改革开放举措共4项,包括取消境外融资租赁债权审批、取消对外担保行政审批等。③

在上海自贸试验区运行一周年之际,国务院于2014年12月21日发布《关于推广中国(上海)自由贸易试验区可复制改革试点经验的通知》(国发〔2014〕65号)。在全国范围内复制推广的改革事项有28项,涉及五个方面:一是投资管理领域,包括税务登记号码网上自动赋码、组织机构代码实

---

① 参见《习近平对上海自贸试验区建设作重要指示:勇于突破大胆试大胆闯自主改》,新华网, http://www.xinhuanet.com/politics/2016-12/311c_1120225926.htm,访问时间:2020年6月22日。

② 参见丁伟:《中国(上海)自由贸易试验区法制保障的探索与实践》,《法学》2013年第11期。

③ 参见《国务院关于自由贸易试验区工作进展情况的报告》,中国人大网,http://www.npc.gov.cn/zgrdw/npc/zxbg/node_27514.htm,访问时间:2020年6月22日。

时赋码、企业设立实行"单一窗口"等9项;二是贸易便利化领域,包括检验检疫通关无纸化、第三方检验结果采信等5项;三是金融领域,包括个人其他经常项下人民币结算业务、外商投资企业外汇资本金意愿结汇等4项;四是服务业领域,包括允许设立股份制外资投资性公司、允许内外资企业从事游戏游艺设备生产和销售等5项;五是事中事后监管方面,包括社会信用体系、信息共享和综合执法制度、社会力量参与市场监督制度等5项。

在全国其他海关特殊监管区域复制推广的改革事项共6项,包括期货保税交割海关监管制度、融资租赁海关监管制度、进口货物预检验等。此外,国务院结合上海自贸试验区的试验,积极推动各级政府和有关部门转变观念,提高认识。法无授权不可为、法无禁止皆可为、法定职责必须为的理念逐渐深入人心,权力清单、负面清单、责任清单体系初步建立,对全面深化改革、扩大开放也产生了深远影响。

2. 各自贸试验区先行先试成果的复制、推广

2016年11月2日,国务院印发《关于做好自由贸易试验区新一批改革试点经验复制推广工作的通知》(国发〔2016〕63号),《通知》总结了上海、广东、天津、福建自贸试验区一年多来的先行先试情况,指出4省市和有关部门按照党中央、国务院部署,以制度创新为核心,简政放权、放管结合、优化服务,推动自贸试验区在投资、贸易、金融、事中事后监管等多个方面进行了大胆探索,形成了新一批改革创新成果。经党中央、国务院批准,自贸试验区可复制、可推广的新一批改革试点经验将在全国范围内复制推广。《通知》明确,复制推广的改革事项共19项,其中,在全国范围内复制推广的改革事项有3个领域:(1)投资管理领域:"负面清单以外领域外商投资企业设立及变更审批改革"、"税控发票领用网上申请"、"企业简易注销"3项。(2)贸易便利化领域:"依托电子口岸公共平台建设国际贸易单一窗口,推进单一窗口免费申报机制"、"国际海关经认证的经营者(AEO)互认制度"、"出境加工监管"、"企业协调员制度"、"原产地签证管理改革创新"、"国际航行船舶检疫监管新模式"、"免除低风险动植物检疫证书清单制度"7项。(3)事中事后监管措施:"引入中介机构开展保税核查、核销和企业稽查"、"海关企业进出口信用信息公示制度"2项。在海关特殊监管区域复制推广的改革事项包括:"入境维修产品监管新模式"、"一次备案,多次

使用"、"委内加工监管"、"仓储货物按状态分类监管"、"大宗商品现货保税交易"、"保税展示交易货物分线监管、预检验和登记核销管理模式"、"海关特殊监管区域间保税货物流转监管模式"7项。《通知》要求各地区、各部门深刻认识复制推广自贸试验区改革试点经验的重大意义,将复制推广工作作为贯彻落实创新、协调、绿色、开放、共享的发展理念,推进供给侧结构性改革的重要举措,积极转变政府管理理念,提高政府管理水平,着力推动制度创新,深入推进简政放权、放管结合、优化服务改革,逐步构建与我国开放型经济发展要求相适应的新体制、新模式,持续释放改革红利,增强发展新动能、拓展发展新空间。《通知》附件为《自由贸易试验区改革试点经验复制推广工作任务分工表》,进一步明确各改革事项的负责部门、推广时限等内容。

2018年5月3日,国务院印发《关于做好自由贸易试验区第四批改革试点经验复制推广工作的通知》(国发〔2018〕12号),《通知》指出,11个自贸试验区所在省市和有关部门结合各自贸试验区功能定位和特色特点,全力推进制度创新实践,形成了自贸试验区第四批改革试点经验,将在全国范围内复制推广。其中,在全国范围内复制推广的改革事项为:(1)服务业开放领域:"扩大内地与港澳合伙型联营律师事务所设立范围"、"国际船舶运输领域扩大开放"、"国际船舶管理领域扩大开放"、"国际船舶代理领域扩大开放"、"国际海运货物装卸、国际海运集装箱场站和堆场业务扩大开放"5项。(2)投资管理领域:"船舶证书'三合一'并联办理"、"国际船舶登记制度创新"、"对外贸易经营者备案和原产地企业备案'两证合一'"、"低风险生物医药特殊物品行政许可审批改革"、"一般纳税人登记网上办理"、"工业产品生产许可证'一企一证'改革"6项。(3)贸易便利化领域:"跨部门一次性联合检查"、"保税燃料油供应服务船舶准入管理新模式"、"先放行、后改单作业模式"、"铁路运输方式舱单归并新模式"、"海运进境集装箱空箱检验检疫便利化措施"、"入境大宗工业品联动检验检疫新模式"、"国际航行船舶供水'开放式申报+验证式监管'"、"进境保税金属矿产品检验监管制度"、"外锚地保税燃料油受油船舶'申报无疫放行'制度"9项。(4)事中事后监管措施:"企业送达信息共享机制"、"边检服务掌上直通车"、"简化外锚地保税燃料油加注船舶入出境手续"、"国内航行内河船舶进出港管理新模式"、"外锚地保税燃料油受油船舶便利化海事监管模式"、"保税燃料油供油企业信用监管新模式"、"海关企业注册及电子口岸入网全程无纸化"7项。在特定区域复制推广的改革事项为：(1)在海关特殊监管区域复制推广："海关特殊监管区域'四自一简'监管创新"、"'保税混矿'监管创新"2项。(2)在海关特殊监管区域及保税物流中心(B型)复制推广："先出区、后报关"。通知要求各省(自治区、直辖市)人民政府要将自贸试验区改革试点经验复制推广工作列为本地区重点工作，加强组织领导，加大实施力度，强化督促检查，确保复制推广工作顺利推进，改革试点经验落地生根、取得实效。国务院各有关部门要主动作为，做好细化分解，完成复制推广工作。需报国务院批准的事项要按程序报批，需调整有关行政法规、国务院文件和部门规章规定的，要按法定程序办理。国务院自由贸易试验区工作部际联席会议办公室要适时督查复制推广工作进展和成效，协调解决复制推广工作中的重点和难点问题。复制推广工作中遇到的重大问题，要及时报告国务院。通知将《自由贸易试验区第四批改革试点经验复制推广工作任务分工表》列为附件。

2019年4月14日，国务院印发《关于做好自由贸易试验区第五批改革试点经验复制推广工作的通知》(国函〔2019〕38号)，《通知》指出，按照党中央、国务院决策部署，自贸试验区所在省市和有关部门结合各自贸试验区功能定位和特色特点，全力推进制度创新实践，形成自贸试验区第五批改革试点经验，将在全国范围内复制推广。其中，在全国范围内复制推广的改革事项为：(1)投资管理领域："公证'最多跑一次'"、"自然人'一人式'税收档案"、"网上办理跨区域涉税事项"、"优化涉税事项办理程序，压缩办理时限"、"企业名称自主申报制度"5项。(2)贸易便利化领域："海运危险货物查验信息化，船舶载运危险货物及污染危害性货物合并申报"、"国际航行船舶进出境通关全流程'一单多报'"、"保税燃料油跨港区供应模式"、"海关业务预约平台"、"生产型出口企业出口退税服务前置"、"中欧班列集拼集运模式"6项。(3)事中事后监管措施："审批告知承诺制、市场主体自我信用承诺及第三方信用评价三项信用信息公示"、"公共信用信息'三清单'(数据清单、行为清单、应用清单)编制"、"实施船舶安全检查智能选船机制"、"进境粮食检疫全流程监管"、"优化进口粮食江海联运检疫监管措施"、"优化进境保税油检验监管制度"6项。在自贸试验区复制推广的改革事项为:投资管理领域:"推进合作制公证机构试点"。通知要求各省(自治区、直辖市)人民政府要将自贸试验区改革试点经验复制推广工作列为本地区重点工作,加强组织领导,加大实施力度,强化督促检查,确保复制推广工作顺利推进,改革试点经验落地生根、取得实效。国务院各有关部门要主动作为,完成复制推广工作。需报国务院批准的事项要按程序报批,需调整有关行政法规、国务院文件和部门规章规定的,要按法定程序办理。国务院自由贸易试验区工作部际联席会议办公室要适时督查复制推广工作进展和成效,协调复制推广工作中的重点和难点问题。复制推广工作中遇到的重大问题,要及时报告国务院。《通知》亦将《自由贸易试验区第五批改革试点经验复制推广工作任务分工表》列为附件。

据统计,截至2019年7月,我国自贸试验区设立近6年来,累计202项制度创新成果得以复制推广,切实发挥了全面深化改革和扩大开放试验田的作用。6年来,以国务院发函等方式集中复制推广的自贸试验区改革试点经验共五批、合计106项;由国务院自由贸易试验区工作部际联席会议办公室总结印发供各地借鉴的"最佳实践案例"共三批、合计43个。其中,自贸试验区第三批"最佳实践案例"31个,包括上海、广东、浙江、湖北、陕西、辽宁等自贸试验区案例均入选其中;各部门自行复制推广的改革试点经验53项。从试点经验产生的领域、类型和效果看,投资便利化涉及81项,贸易便利化64项,金融开放创新23项,事中事后监管34项。其中,既有外商投资准入负面清单、国际贸易"单一窗口"等基础性制度变革,也有"海关通关一体化"监管模式等系统性制度创新,还有投资管理体制改革"四个一"等全流程的制度优化,体现了自贸试验区聚焦市场主体关切、对标高标准国际经贸规则、构建开放型经济新体制的成功实践。[1]

3. 上海自贸试验区7年来制度创新的显著成果

上海自贸试验区自2013年9月29日挂牌以来,在党中央、国务院的领导下,在国务院各有关部门的大力支持下,坚持以制度创新为核心,聚焦

---

[1]　参见《202项!自贸试验区形成大批制度创新成果复制推广》,新华网,http://www.xinhuanet.com/2019-07/23/c_1124789317.htm,访问时间:2020年6月22日。

投资、贸易、金融和事中事后监管等领域,形成一批基础性制度和核心制度创新,315 项制度创新成果复制推广到全国。上海自贸试验区 7 年来制度创新的成果主要体现在以下五个方面:

1. 投资管理制度的创新成果

确立了以负面清单管理为核心的投资管理制度,形成与国际通行规则一致的市场准入方式。主要做法是对标国际通行规则,制定和完善负面清单,开展了外商投资、境外投资管理和商事登记等方面的系列制度创新,进一步扩大服务业和制造业对外开放。一是全面实施外商投资和境外投资备案管理。外商投资方面,2013 年制定发布全国首份负面清单,2014 年发布了第二份负面清单,清单外实施备案制,外商投资的办理时间由 8 个工作日缩减到 1 个工作日,申报材料由 10 份减少到 3 份。95% 以上的投资项目都是负面清单以外的,以备案方式设立。境外投资管理方面,改核准为备案管理,办结时间从 3—6 个月缩短至 3 天。二是进一步扩大服务业制造业领域开放。率先推出 2 批 54 项扩大开放措施,在外商独资医院、外商独资汽车制造、认证机构、职业技能培训等 54 个开放领域实现一批全国首创项目落地,并在医疗服务、增值电信、国际船舶管理、职业技能培训、演出经纪、旅游服务、外资工程设计等已开放领域,由点及面,引进一批领军企业,形成集聚效应。三是深化商事登记制度改革。在全国率先开展注册资本"实缴制"改为"认缴制"、"先证后照"改为"先照后证",推动从办事大厅"一门式"办理到单一窗口"一口式"办理,推进"多证合一"和全程电子化登记,开展从"一址一照"到"一址多照"集中登记,深化网上自主申报等企业名称登记改革。率先在临港新片区探索实施商事主体登记确认制,在浦东全境启动实施企业名称登记告知承诺制,登记机关对申请人提交的登记材料实行形式审查,审查通过后及时予以登记确认。

2. 贸易监管制度的创新成果

确立了符合高标准贸易便利化规则的贸易监管制度,形成具有国际竞争力的口岸监管服务模式。主要做法是借鉴国际经验,口岸监管部门积极探索建立具有国际先进水平的贸易监管制度,促进区内货物、服务等各类要素自由流动。一是进一步深化"一线放开、二线安全高效管住"贸易便利化措施。海关等口岸监管部门推出了"先进区、后报关报检"、

"批次进出、集中申报"、"采信第三方检验结果"、"十检十放"、"通关无纸化"等 100 多项创新举措。货物进出口海关通关时间压缩了近二分之一,物流成本平均降低约 10%。在新片区内设立洋山特殊综合保税区,在全面实施综合保税区政策的基础上,取消不必要的贸易监管、许可和程序要求,实施更高水平的贸易自由化便利化政策和制度。二是探索建立货物状态分类监管模式。采用信息围网技术,实现了保税、非保税货物同仓存储、分类监管。三是实施国际贸易"单一窗口"管理制度。率先整合口岸管理资源,打破信息孤岛壁垒,探索一个平台、一次提交、结果反馈数据共享的管理新模式。目前已经建成 3.0 版,包括 10 个功能模块,覆盖 22 个口岸和贸易监管部门,实现了与国家"单一窗口"标准版全面融合对接。上海口岸 100% 的货物申报、全部的船舶申报和出口退税业务都已通过"单一窗口"办理,船舶离港办理时间从 2 天减至 2 小时,进口货物申报从 1 天缩短至半小时。

3. 金融创新制度的成果

确立了适应更加开放的环境和有效防范风险的金融创新制度,形成与上海国际金融中心建设的联动机制。主要做法是围绕服务实体经济发展,以自由贸易账户为载体,促进投融资汇兑便利化,深入推进自贸试验区金融创新和上海国际金融中心建设联动,并建立完善金融监管和防范风险的机制。一是金融创新框架体系基本形成。2013 年"一行三会"等国家金融管理部门发布金融支持上海自贸试验区建设的 51 条政策意见("金改 51 条"),2015 年 10 月 29 日,"一行三会"等国家金融管理部门发布《进一步推进中国(上海)自由贸易试验区金融开放创新试点加快上海国际金融中心建设》("金改 40 条"),2020 年 2 月中国人民银行等部门印发《关于进一步加快推进上海国际金融中心建设和金融支持长三角一体化发展的意见》("新 30 条"),这些规定共同构成自贸试验区金融制度创新框架体系。按照"成熟一项、推动一项"的原则推进金融改革,已发布 9 批 110 个自贸试验区金融创新案例。二是本外币一体化运作的自由贸易账户功能进一步拓展。三是人民币跨境使用和外汇管理创新进一步深化。跨境人民币结算、跨国公司总部外汇资金集中运营、本外币双向资金池等金融创新试点规模化运作。四是一批面向国际的金融交易平台已运行。境外机构通过黄金国际板进行国际黄金交易的规模不断扩大,"上海金"的国际定价话语权不断增强。原油期货上市交易以来,市场运行整体平稳,市场参与者稳步增加,首次交割顺利完成,日均成交量已跃居全球第三,功能发挥效应逐步显现。上海保险交易所、中国信托登记有限责任公司、中央国债登记结算有限责任公司上海总部挂牌成立。

4. 事中事后监管制度的创新成果

确立以规范市场主体行为为重点的事中事后监管制度,形成透明高效的准入后全过程监管体系。主要做法是加快以自贸试验区理念推进政府职能转变,探索在一个完整行政区域内一级地方政府的管理新体制、监管新模式,努力做到放得更活、管得更好、服务更优。一是深化"证照分离"改革试点。国务院批复的第一批 116 项、第二批 47 项和浦东新区自主改革的 35 项,共 198 项"证照分离"改革试点已全部实施。2019 年 8 月,国务院已部署自 12 月起在全国自贸试验区开展"证照分离"改革全覆盖试点。在"证照分离"基础上,浦东率先探索"一业一证"试点,将一个行业准入涉及的多个审批事项整合到一张"行业综合许可证"上。二是进一步深化事中事后监管体系。进一步完善市场主体自律、业界自治、社会监督、政府监管"四位一体"的综合监管体系。创新建立以"六个双"为核心的政府监管闭环("双告知、双反馈、双跟踪"许可办理机制和"双随机、双评估、双公示"监管协同机制),在浦东新区实现经济领域全覆盖,在事中事后综合监管平台实现全链条贯通,对市场主体行为实现全生命周期跟踪。三是全面推进"一网通办"。按照上海市全力打响"一网通办"政务服务品牌的总体部署,着重对线上线下政务服务进行流程再造、数据共享、业务协同,做到一网受理、只跑一次、一次办成,从群众跑腿转向数据跑路,加快实现"一网通办"。目前,企业办事"一网通办"在 327 项涉企审批事项全覆盖的基础上,实现 100% 全程网上办理,实际办理时间压缩 85%。

5. 法律制度的创新成果

运用法治思维推进改革创新,进一步强化法治保障。主要做法是根据上海自贸试验区先行先试不同阶段的法治需求,及时提供法治支撑。一是在自贸试验区挂牌前夕,由上海市人大常委会作出《上海市人民代表大会常务委员会关于在中国(上海)自由贸易试验区暂时调整实施本市有关地方性法规规定的决定》。二是在自贸试验区挂牌当日,由上海市人民政府出台《中国(上海)自由贸易试验区管理办法》等一揽子规章、规范性文件。三是在自贸试验区运行 10 个月之际,由上海市人大常委会制定并施行《中国(上海)自由贸易试验区条例》。四是为推进简政放权,优化行政服务,根据国务院批准的《上海市开展"证照分离"改革试点总体方案》,由上海市人大常委会于 2015 年 12 月 30 日通过《上海市人民代表大会常务委员会关于开展"证照分离"改革试点在浦东新区暂时调整实施本市有关地方性法规规定的决定》。五是为明确上海自贸试验区临港新片区的管理体制机制,全面体现新片区改革亮点,衔接国家授权改革措施,为新片区顺利运作提供法治保障,由上海市人民政府于 2019 年 7 月 30 日颁布《中国(上海)自由贸易试验区临港新片区管理办法》。六是在上海浦东新区改革开放 30 周年之际,由上海市人大常委会于 2019 年 7 月通过《关于促进和保障浦东新区改革开放再出发实现新时代高质量发展的决定》。《决定》在遵循国家法制统一原则的前提下,综合、集成多种上海首创并已成功复制、推广的地方立法授权方式,为浦东改革开放再出发实现新时代高质量发展当前及今后一段时间的法治保障提供一整套方案,确保国家重大战略任务和市委决策部署落地实施,确保重大改革于法有据。

第 二 章

法治引领自贸试验区
先行先试的首要举措

自贸试验区的先行先试是一项全新的探索,上海自贸试验区作为首个自贸试验区,其筹备阶段的一举一动受到社会各界的高度关注。鉴于上海自贸试验区的建立与运行必须突破现有国家法律、行政法规的相关规定,必须获得全国人大常委会、国务院的"双授权",作出相关法律、行政法规在自贸试验区暂时停止适用的决定,而在国家层面未针对自贸试验区制定专门法律、行政法规的情况下,作出授权决定是确保自贸试验区的先行先试在法治的轨道上运行的必由之路。为此,2013 年 8 月 30 日,第十二届全国人大常委会第四次会议通过《关于授权国务院在中国(上海)自由贸易试验区暂时调整有关法律规定的行政审批的决定》(以下简称《授权决定》)。《授权决定》授权国务院在上海自贸试验区内,对国家规定实施准入特别管理措施之外的外商投资,在为期三年的时间内暂时调整适用"外资三法"规定的有关行政审批的部分条款。全国人大常委会作出的这一《授权决定》是上海自贸试验区法治保障的首要举措,由此拉开自贸试验区法治保障的帷幕。随着三年试验期限届满,上海自贸试验区有关准入前加国民待遇的投资管理制度的先行先试取得圆满成功,全国人大常委会于 2016 年 9 月对"外资三法"等法律进行修改,并同时废止这一《授权决定》,该《授权决定》如期完成其重要的历史使命。《授权决定》的重要意义不仅在于及时为自贸试验区投资管理制度的先行先试提供了法律依据,推动了我国外资管理制度的成功转型,[①]更在于直接

---

① 《授权决定》实施三年,自贸试验区以准入前国民待遇加负面清单为标志的投资管理制度的改革创新取得成功,全国人大常委会 2016 年 9 月对"外资三法"及《台湾同胞投资保护法》进行修改,并废止《授权决定》。2019 年 3 月,第十三届全国人大第二次会议表决通过《外商投资法》。至此,投资管理制度的先行先试落下帷幕,我国成功完成投资管理制度的转型。

推动了 2015 年《立法法》的修改,确立了关于授权立法的新制度,《授权决定》首创的特殊的授权立法模式无疑在中国立法史留下了浓墨重彩的一页。

在充分肯定《授权决定》对于自贸试验区法治保障不可或缺的重要作用的同时,应当正视这一《授权决定》出台之初所引发的争议。在《授权决定》草案审议过程中,全国人大常委会组成人员讨论热烈。《授权决定》出台后,《授权决定》采用的"变法模式"、授权主体及被授权主体的"合法性"、授权内容的"正当性"等问题,在法学界掀起一股研究热潮,且多数学者对相关问题持否定的立场。应该说,对于改革中遇到的新情况、新问题,在认识上有一个渐进的过程,鉴于这些问题涉及法治引领自贸试验区先行先试的法治路径,事关改革决策与立法决策协调同步的重大原则问题,需要正本清源,在理论、实践层面对这些问题予以澄清。

■ 第一节　全国人大常委会《授权决定》"变法模式"的创新

一、关于《授权决定》采用的"变法模式"的不同认识

上海自贸试验区先行先试涉及重大制度创新,其中唯一涉及国家层面法律、行政法规调整的是以准入前国民待遇加负面清单为标志的投资管理制度的创新,这一制度创新与当时还有效的"外资三法"有关行政审批事项的规定不一致,需要全国人大常委会及时"变法",依法排除这一法律障碍。对于全国人大常委会采用的作出《授权决定》这一"变法模式",学术界的认识不尽一致,有关这一"变法模式"的属性、"暂时调整"法律适用的性质,主要有以下几种认识:

1. "法律修改"说

有的学者认为,如果对法律的部分条款的效力加以变更,当然属于法律的修改。法律修改的基本含义就是指国家立法机关依照法定程序对现行法律的某些部分加以变更、删除或补充的立法活动。"暂时停止实施"意味着被停止实施的个别法律条款在一定期限内在特定区域不再发生效力,或是对原有的法律条款的适用条件作出了某些限制。具体到上海自贸试

验区,全国人大常委会对涉及《外资企业法》《中外合资经营企业法》和《中外合作经营企业法》共 11 条关于行政审批的事项由事前行政审批改为备案管理,以放宽对外资进入中国市场准入的限制。这显然是对全国人大通过的上述三部法律相关条款的变更,属于法律的修改。只是这种修改是附加条件的修改,即"上述行政审批的调整在三年内试行,对实践证明可行的,应当修改完善有关法律;对实践证明不宜调整的,恢复施行有关法律规定"。因此,全国人大常委会可以"决定"的方式对全国人大通过的法律进行修改。①

2."非法律修改"说

有的学者认为,全国人大常委会所作的《授权决定》不属于对法律的修改,其理由之一是:该《授权决定》不符合法律修改的形式。我国立法实践中修改法律主要采用修订、修改决定、修正案三种方式,其中,对法律的部分修改通常采用修改决定的方式。在具体操作上,通常由全国人大常委会作出修改某项法律的决定,指明修改的具体内容,与此同时,将被修改的法律文本作出相应的修改。然而,全国人大常委会作出该《授权决定》之后,被其暂时调整的三部法律在文本表述内容上却并未作任何修改,依然保持先前的形貌。该种情形与法律修改的常规做法显然是不一致的。理由之二是:该《授权决定》不足以产生法律修改的效力。法的修改是指立法主体依据法定程序对现行法律的某些内容加以变更、删除和补充的活动,从性质上讲与法的制定和废止一样,是立法主体立法活动系统工程的组成部分,因而属于严格意义上的立法的范畴,修改决定一经作出,即产生法律效力,自此以后,被调整的三部法律将停止实施。但是从《授权决定》内容来看,三部法律的停止实施却是暂时性的,而不是永久性的。因此,在 2015 年《立法法》修改之前,该授权决定也缺乏法律依据。②

3."特殊修改方法"说

有的学者认为,《授权决定》决定三部法律中的个别条款在自贸试验区

---

① 参见范进学:《授权与解释:中国(上海)自由贸易试验区变法模式之分析》,《东方法学》2014 年第 2 期。

② 参见刘志刚:《暂时停止法律实施决定的正当性分析》,《苏州大学学报(法学版)》2015 年第 4 期。

停止实施,从性质上说,是对三部法律进行修改的特殊方式。全国人大常委会对法律的某个条款进行修改,既包括对该条款的内容进行全部修改,也包括对该条款的内容进行部分修改。既包括全国人大常委会自己直接修改,也包括授权国务院及其部门或者地方有关国家机关进行修改;既包括现在将该条款的内容全部或者部分删除和废止,也包括将来某一时期再将该条款的内容全部或者部分恢复。此次全国人大常委会授权国务院对三部法律中个别条款在自贸试验区内停止实施的行为,实际上就是对三部法律中个别条款的修改,这种修改有几个特殊性:一是仅是对个别条款的部分修改,即将某些条款中的行政审批改为备案管理;二是全国人大常委会自己没有直接修改,而是授权国务院以停止实施的方式进行修改;三是这种修改带有试验性、试行性;四是这种修改具有明确的时效性,即修改的期限为三年;五是这种修改具有"改过去,再改过来"的可能,即现在将审批改为备案管理,三年之后可能将备案管理修改完善成为正式的法律条文,但也可能将备案管理再恢复为现在的行政审批。①有的学者认为,"暂时调整法律规定"并非法律修改。从某种意义上而言,全国人大常委会决定中所提及的授权国务院调整法律某些条款在自贸试验区实施并试行期为三年的规定,可以理解为废止某些条款的效力,并对其他条款的适用添加了一个为期三年的附期限和附条件的补充规定,从而形成一部修订后的法律。从本质上说,对法律个别条款的暂停实施,是一种特殊的修法方式。但是仅在上海自贸试验区内暂停实施法律若干条款,说明不是严格意义上的修改法律。修改意味着无论修改前后,都不会出现两部从名称和内容上大部分重叠的法律,所以此种调整行为不宜认定为法律的部分修改。②

4."部分补充"说

有的学者认为,按照学理通说和实践惯例,狭义的"修改"指的是对部分规范提供替代性内容,从而使被修改内容自此丧失效力的方式。而上海自贸试验区设立中"暂停法律实施"显然不产生"替代性立法内容使被修改

① 参见刘松山:《自贸区不具有独立的法治意义及几个相关法律问题》,《政治与法律》2014年第2期。
② 参见刘沛佩:《对自贸区法治创新的立法反思——以在自贸区内"暂时调整法律规定"为视角》,《浙江工商大学学报》2015年第2期。

内容丧失效力"的法律效果,被暂停实施的规范内容依然享有在全国适用的法律效力,即使在上海自贸试验区范围内,根据全国人大常委会的《授权决定》,"被暂停实施的法律"在上海自贸试验区内效力待定:有可能被修改取代,有可能恢复施行。那么,只是在上海自贸试验区内"暂停实施"相关法律可以理解为是"部分补充","部分补充"仅仅涉及全国人大所制定的法律而言。根据学理和惯常做法,"部分补充"是指把补充内容列入相关法律规范之中,从而使被补充内容自此获得法律效力的方式。而上海自贸试验区设立过程中的"暂停实施法律"不是使补充内容自此获得效力,而恰恰是使部分规范被"冻结效力"。①

5."停止实施权"说

有的学者认为,在《授权决定》审议过程中先后使用了"停止适用"、"暂时停止实施",最后修改为"暂时调整",以期与既有的授权立法制度相吻合,但其正文中的表述仍然是"暂时停止实施该项行政审批"。按照文义解释的方法,"授权立法"理解为授权制定法律,而不包括授权停止适用现行有效的全国性法律。退一步而言,即使将其中的"立法"解释为法的"制定、修改和废止",并将授权停止适用现行有效的全国性统一立法解释为一种特殊的法的修改技术,也不属于授权立法。按照《立法法》第9条规定,只有当尚未就中央专属立法事项制定法律时,才符合授权立法的条件。事实恰恰相反,相关事项已经制定了法律,而所采取的措施则是要停止其实施,故《授权决定》并不符合授权立法制度的适用条件。《授权决定》虽然用词是"暂时调整"而不是"修改",但暂时调整实施法律的行为实质上已经构成对现行法律的变动,只是要待将来视具体情况,再行决定是否需要在法律文本中对这种变动予以进一步确认是否正式修改。因此,全国人大常委会授权国务院暂时调整实施法律的行为本质上是一种探索性的法的修改行为,此举属于一种实践创新,具有试验性、局部性等特殊性。全国人大常委会授权国务院暂时调整实施法律的行为属于一项主动推进立法进化和完善的措施——一种特殊的法的修改技术。《授权决定》此番授予国务院的其实是一种法律的暂时"停止实施权"。当然,授予国务院暂时"停止实施

① 参见傅蔚冈、蒋红珍:《上海自贸区设立与变法模式思考》,《东方法学》2014年第1期。

权"的根本目的在于为修改法律服务,因而可以被视为全国人大常委会行使立法修改权的一个特殊环节。①

6."试验模式"说

有的学者认为,授权地方改革试点决定不是授权立法,也不是法律修改。《授权决定》不符合立法授权的特征,"暂时调整"或"暂时停止"与《立法法》中的"变通规定"类似,被暂时调整的法律条文在试点地区内的效力处于待定状态而非失效状态。因此,授权地方改革试点决定并非法律修改。虽然授权地方改革试点决定不是法律修改,但与法律修改紧密关联,这种关联性主要表现为试点将产生法律修改的可能性,这种可能性表现为一种试验性,而试验性在授权地方改革试点决定的具体文本和试验实践中,集中表现为"暂时性"与"局部性"。《授权决定》以授权地方改革试点决定的方式在某区域内进行法律修改的地方试验。《授权决定》暂时性和局部性的特点反映出授权地方改革试点决定带有强烈的试验性质,也使授权地方改革试点决定区别于法律修改。因此,授权地方改革试点决定并非法律修改,而是法律修改的"试验模式"。②

二、如何正确评价《授权决定》采用的"变法模式"

就特定的改革事项以"授权决定"的模式作出决定,是近年来全国人大常委会采用的一项有效做法,严格来说,采用这一"变法模式"不是从上海自贸试验区法治保障开始的。2012 年 8 月 22 日召开的国务院第214 次常务会议批准广东省"十二五"时期在行政审批制度改革方面先行先试,对其中涉及法律规定的 25 项行政审批,国务院提请全国人大常委会授权国务院在广东省暂时调整部分法律规定的行政审批,在三年内试行。2012 年 12 月 28 日,第十一届全国人大常委会第三十次会议通过《全国人民代表大会常务委员会关于授权国务院在广东省暂时调整部分法律规定的行政审批的决定》,该决定授权国务院在广东省暂时调整部分法律规定的行政审批。该等行政审批的调整,在三年内试行,对实践

---

① 参见蔡金荣:《授权国务院暂时调整法律实施的法理问题——以设立中国(上海)自由贸易试验区为例》,《法学》2014 年第 12 期。

② 参见彭浩:《授权地方改革试点决定的性质与功能探析》,《法制与社会发展》2018 年第 1 期。

证明可行的,应当修改完善有关法律;对实践证明不宜调整的,恢复施行有关法律规定。①尽管全国人大常委会的这一"授权决定"开了《立法法》实施后暂时调整法律适用这一"授权立法"的先河,但这一"授权立法"的新模式似乎未引起学术界应有的重视,而一年后全国人大常委会围绕自贸试验区先行先试所作出的《授权决定》却引起学术界的广泛关注。之所以出现这种"冷热不均"、"厚此薄彼"的现象,很大程度上与自贸试验区这一改革开放的全新模式受到社会广为关注密切相关。应当说,全国人大常委会以《授权决定》的方式对自贸试验区的立法需求予以支持是一种新的探索,学术界对这一崭新的"变法模式"的认识有一个渐进的过程,提出不同观点、见解情有可原。正确评价《授权决定》采用的"变法模式"应当把握好以下几点:

1. 科学看待自贸试验区的"变法"需求

相关专家学者在讨论全国人大常委会《授权决定》立法模式时,均以我国 2000 年《立法法》的规定为依据,试图在现有的法律框架内解读"变法模式",这无疑是尊重依法立法的要求。然而,《立法法》施行十多年来新情况、新问题不断出现,改革发展中出现新的法治需求有时很难"对号入座",在《立法法》中不能找到为这种需求量身打造的法条。因此,研究问题的思维方式不能囿于《立法法》的现有规定,而应该以与时俱进的科学态度看待自贸试验区的"变法"需求,准确理解《立法法》的原则、精神。准确地说,自贸试验区的"变法"需求,不是改变现行法律规定的内容,而是依法改变法律的效力范围,因而与通常意义上的"法律修改"当然不同,讨论这一"变法模式"是否属于"法律修改"并不具有显著的理论意义、实践价值。只要《授权决定》采用的立法方式不违背《宪法》《立法法》的原则、精神,能够为自贸试验区的先行先试及时提供有效的法治保障,就是有效、管用的"变法模式"。

---

① 在该项《授权决定》施行三年之际,2015 年 12 月 27 日第十二届全国人大常委会第十八次会议通过《全国人民代表大会常务委员会关于授权国务院在广东省暂时调整部分法律规定的行政审批试点期届满后有关问题的决定》,决定:《全国人民代表大会常务委员会关于授权国务院在广东省暂时调整部分法律规定的行政审批的决定》中调整的行政审批,尚未修改有关法律规定的,在广东省继续试行。对实践证明可行的,由国务院提出修改有关法律的议案。2018 年 1 月 1 日前未提出修改有关法律的议案的,恢复施行有关法律规定。

2. 正确理解《授权决定》的立法本意

如前所述,全国人大常委会的《授权决定》不在于改变现行法律规定的内容,而是依法改变法律的效力范围,这一立法行为不同于通常意义上的"法律修改"。由于这一"变法模式"与 2000 年《立法法》第 9 条规定的授权国务院制定行政法规的情形不尽一致,有的学者认为《授权决定》不符合"授权决定"的要求。也有的学者认为,《授权决定》属于全国人大常委会作出的"重大事项的决定",不属于"授权立法"的范畴。对此,需要正确理解《授权决定》的立法本意。其一,从《授权决定》的标题来看,采用了"授权"的法律用语;其二,从《授权决定》的实体内容来看,是授权国务院在中国(上海)自由贸易试验区内暂时调整实施有关法律规定的行政审批;其三,从《授权决定》草案审议的程序来看,采用的是法律性问题决定的立法程序,由全国人大法律委员会进行统一审议。在立法实践中,"授权立法"通常以法律性问题的决定为载体,其条文简洁,内容单一,在立法程序上通常采用"一审一表决"的简易程序。值得一提的是,不少人对于全国人大及其常委会作出的"重大事项决定"与"法律性问题的决定"的界限不甚清楚。重大事项决定权是法律赋予全国人大及其常委会的重要职权之一,但作出"法律性问题的决定"属于全国人大及其常委会立法权的范畴。"法律性问题的决定"所调整的内容固然也属于"重大事项",但更凸显法律要素,判断一个决定是否属于"法律性问题的决定",关键看该决定中是否具有法律授权的内容。①鉴于《授权决定》的核心内容是法律授权,是全国人大常委会根据《宪法》《立法法》的规定创制的一种特殊的授权立法的模式。

3. 充分认识自贸试验区法治保障的紧迫性

评价《授权决定》采取的"变法模式"不应脱离当时的特定背景——上海自贸试验区法治保障的紧迫性。上海自贸试验区法治保障问题的研究与自贸试验区的各项筹备工作同步进行,但真正的法治保障需求取决于国务院批准的自贸试验区的《总体方案》明确的先行先试的具体事项是如何规定的。2013 年 7 月 3 日,国务院总理李克强主持召开的国务院常务会议

---

① 参见丁伟:《与改革发展同频共振:上海地方立法走过三十八年》,上海人民出版社 2018 年版,第 117 页。

原则通过《中国(上海)自由贸易试验区总体方案》。2013 年 8 月 27 日,中共中央政治局召开会议,听取了中国(上海)自由贸易试验区筹备工作汇报。2013 年 9 月 27 日,国务院发布《关于印发中国(上海)自由贸易试验区总体方案的通知》(国发〔2013〕38 号),2013 年 9 月 27 日上海自贸试验区正式挂牌。按照重大改革必须于法有据的要求,国务院于 2013 年 8 月中旬向全国人大常委会提出作出《授权决定》的议案,建议将该议案列入将于 2013 年 8 月 26 日至 8 月 30 日举行的第十二届全国人大常委会第四次会议审议并表决。按照全国人大常委会的议事规则,在人大常委会举行前一个星期由委员长会议研究决定常委会的议程。这意味着全国人大常委会必须在非常有限的时间内选择并决定其应采取的"变法模式"。鉴于时间紧迫,不可能按照一些专家学者设计的"变法模式",启动召开人代会修改"外资三法",更何况当时情况下修改"外资三法"的条件并不成熟,需要由自贸试验区进行压力测试,自贸试验区的法治保障需求只是"外资三法"关于行政审批的相关规定在一定的时间内暂时调整适用。由此可见,采取《授权决定》这一"短平快"的"变法模式"是当时情况下最佳的选择。

第二节 全国人大常委会《授权决定》的"合法性"

一、关于《授权决定》"合法性"的不同认识

此次全国人大常委会为上海自贸试验区作出的《授权决定》,不是通常意义上的赋予被授权主体制定法律、法规的权力,而是授予被授权主体在特定的时期内暂时停止适用国家现行有效的法律的权力。改革开放初期,国家法律尚不完善,在本身无法可依、无章可循的情况下,对于国家尚未制定法律的事项,国家立法机关授权经济特区根据实际需要先行先试,其合法性、必要性、合理性容易达成共识。而时至今日,中国特色社会主义法律体系已经形成,在国家现有法律、行政法规对自贸试验区试点所涉及的事项均有明确规定的情况下,授权地方暂时停止适用现行有效的法律,在认识上不尽一致,授权的相关法律依据也不清晰。一些专家学者提出了"自贸试验区有违公平改革"、"将形成法律豁免区"、"挑战法律"、"在经济领域

形成事实上的治外法权"等命题，一定程度上扰乱了人们的思想。^①在全国人大常委会审议《授权决定》的过程中，一些委员对这一问题也感到困惑不解。2013 年 8 月 30 日第十二届全国人大常委会第四次会议审议《授权决定》草案，授权国务院在上海自贸试验区对国家规定实施准入特别管理措施之外的外商投资，暂时调整"外资三法"规定的有关行政审批的部分条款。一石激起千层浪，全国人大常委会的这一重大立法举措受到学术界的热切关注，引发了有关"合法性"问题的热议，其中多数意见对《授权决定》的"合法性"持质疑的态度。关于《授权决定》"合法性"的各种观点主要表现在以下几个问题上：

1. 关于《授权决定》的法律依据

上海自贸试验区的先行先试首先表现为法律制度层面的先行先试，对此学术界广为关注。有的学者认为，全国人大常委会的《授权决定》只是停止三部法律中的个别条款在自贸试验区内实施，而不是要停止三部法律的全部内容在自贸试验区内实施。现在，有的观点将个别条款的停止实施与整部法律的停止实施等同起来，甚至认为全国人大常委会既然能让个别条款停止实施，就有可能让整部法律停止实施。这种理解没有任何根据。全国人大常委会如果决定对代表大会制定的整部法律在自贸试验区内停止实施，就属于严重的违宪行为，但决定对个别条款的停止实施，则是完全合宪的。^②有的学者认为，综观《立法法》，并未就"暂停法律实施"这一特殊的立法权运作形式作明确规定，而只是在第 7 条第 3 款中授予全国人大常委会"制定和修改其他法律"，以及在全国人大闭会期间对全国人大立法进行"部分补充和修改"的权力。^③也有学者对全国人大常委会《授权决定》的变法模式提出了质疑，认为《授权决定》与《立法法》规定的全国人大常委会可以授权的情形是不一致的，法无授权不得逾越。^④有的学者认为，《立法法》修改之前的第 9 条不足以成为支撑该项《授权决定》的法律依据，该《授权

---

① 参见丁伟：《中国(上海)自由贸易试验区法制保障的探索与实践》，《法学》2013 年第 11 期。
② 参见刘松山：《自贸区不具有独立的法治意义及几个相关法律问题》，《政治与法律》2014 年第 2 期。
③ 参见傅蔚冈、蒋红珍：《上海自贸区设立与变法模式思考》，《东方法学》2014 年第 1 期。
④ 参见范进学：《授权与解释：中国(上海)自由贸易试验区变法模式之分析》，《东方法学》2014 年第 2 期。

决定》也不足以产生法律修改的效力。①也有一些学者从宪法角度对全国人大常委会《授权决定》的变法模式提出了质疑。如有的学者认为,在上海自贸试验区设立的过程中,无论是《宪法》《立法法》,还是《全国人民代表大会组织法》,均未规定全国人大常委会在调整法律规定暂停法律实施上具有授权权限,全国人大常委会对国务院法律调整事宜作出的决定并非源于法律对全国人大常委会的授权,而只是基于全国人大常委会的立法机关属性,将其自身担负的部分立法权转授给了国务院,但是全国人大常委会自身是否拥有暂停某法律实施的权力是有疑问的,法律并未直接赋予全国人大常委会可以授权某一主体决定暂停实施法律。②

有的学者认为,《宪法》第89条列举了国务院的18项职权,其中第18项职权是全国人民代表大会和全国人民代表大会常务委员会授予的其他职权,这是立法中的兜底条款,是一项经授权可以取得的权力,且这一授权是不确定的和开放性的,根据这一规定,国务院有权要求全国人大及其常委会作出授权决定。但这并不意味着全国人大常委会作出这一决定具有宪法依据。从研究的规范性角度看,授权立法作为一项相对成熟的法律制度,相关讨论应当以《立法法》所框定的特定内涵为准,不能将除此之外的事项亦冠名为"授权立法",更不能将其牵强纳入既有授权立法制度的范畴。作为兜底条款的"全国人民代表大会和全国人民代表大会常务委员会授予的其他职权"是一项义务性规范,充其量只能成为国务院可以行使全国人大及其常委会授予的其他职权的合宪依据,而不能成为"国务院有权要求人大及其常委会作出授权决定"的宪法依据,更不能反其道而行之,将其视作全国人大及其常委会可以向国务院作出授权的宪法依据。因此,《宪法》第89条并不能成为《授权决定》授权的实质性宪法依据,更不能据此证明《授权决定》属于授权立法。③在全国人大常委会审议《授权决定》草案的过程中,也有委员对作出该项决定的依据存有疑问。

---

① 参见刘志刚:《暂时停止法律实施决定的正当性分析》,《苏州大学学报(法学版)》2015年第4期。

② 参见刘沛佩:《对自贸区法治创新的立法反思——以在自贸区内"暂时调整法律规定"为视角》,《浙江工商大学学报》2015年第2期。

③ 参见蔡金荣:《授权国务院暂时调整法律实施的法理问题——以设立中国(上海)自由贸易试验区为例》,《法学》2014年第12期。

2. 关于全国人大常委会对全国人大通过的法律之效力进行调整的依据

这一问题既涉及全国人大常委会作出《授权决定》的依据,同时也涉及作出《授权决定》的全国人大常委会自身的主体资格。有的学者认为,全国人大常委会有权通过修改法律的方式,决定某一法律条款在全国范围内停止实施。可以设想,全国人大常委会连决定某一法律条款在全国范围内停止实施的权力都有,为什么就不能有决定某一法律条款在自贸试验区这一局部范围内停止实施的权力呢?[1]有的学者则认为,查阅现行《宪法》《全国人民代表大会组织法》《立法法》等法律,都没有授权全国人大常委会具有"授权国务院暂停法律实施"的相关权限。全国人大常委会既缺乏实体法意义上可以"授权国务院暂停实施法律"的权限依据;也无法从既有的法律框架中推导出全国人大常委会自身具有决定"暂停法律实施"的权限。全国人大常委会自身是否具有"暂停法律实施"的权限在法律解释上尚存在疑问。对于一项连自身都不具有的职权,通过一揽子授权决定,授予其他主体(例如国务院)来暂停全国人大制定的法律,更是存在合法性上的疑问。既然没有明确的权限规定,就不能将"暂停法律实施"的权限在已有的立法框架内作扩张解释。[2]

3. 关于以非制定法律的方式调整相关法律之效力的依据

此次全国人大常委会采用的"变法模式"既不是制定新的法律,也不是对现有的法律进行修改,而是在不触及现有法律规定的情况下以作出"授权决定"的方式在特定范围内调整实施法律的部分规定。有的学者认为,在法律没有赋予全国人大常委会具有授予某一机关行使暂停法律实施的权力的前提下,全国人大常委会以授权决定的方式来暂停全国人大制定的法律在某一非法定享有立法特权的区域实施的做法,存在合法性上的疑问。按照这一观点,在法律没有明确规定的情况下,不经体现为国家意志的全国人民代表大会制定的法律授权,而直接以全国人大常委会这一代议制下立法机关的意志和身份通过决定赋予自身以在自贸试验区

---

① 参见刘松山:《自贸区不具有独立的法治意义及几个相关法律问题》,《政治与法律》2014年第2期。

② 参见傅蔚冈、蒋红珍:《上海自贸区设立与变法模式思考》,《东方法学》2014年第1期。

这一非法定实施特殊法治的区域暂停法律条款实施的权力,未免有逾越法治的人治之嫌。[1]这一论述包含了多层意思:其一,法律没有赋予全国人大常委会具有授予某一机关行使暂停法律实施的权力;其二,法律未规定全国人大常委会可以授权决定的方式来暂停实施法律;其三,全国人大常委会无权暂停实施全国人民代表大会制定的法律;其四,上海自贸试验区并非法律规定的具有暂停法律条款实施权力的特殊法治区域。

4. 关于被授权主体的资格

有的学者认为,《宪法》第 89 条规定,国务院有权"领导和管理经济工作"。这里的"经济工作",既包括全国范围内的经济工作,也包括一个地方、一个区域的经济工作;这里的"领导和管理",既包括制定全国统一实施的经济政策,采取全国统一实施的经济管理措施,也包括在个别地方制定特殊的经济政策,采取特殊的经济管理措施。因此,国务院在自贸试验区总体方案中提出的各种经济政策和措施,属于宪法赋予它的职权。国务院通过领导它的组成部门和上海市政府,在自贸试验区内实行一系列行政管理方面的特殊措施,也完全符合宪法的规定。所以,国务院批准设立自贸试验区的行为,以及决定在自贸试验区实施的总体方案,不存在违宪问题,更不存在侵犯全国人大及其常委会职权的问题。[2]有的学者认为,《授权决定》通篇没有任何要授权国务院进行立法的意思表示,即使《授权决定》所涉事项因相关立法被暂时停止实施而需要进行立法规范,也必须由全国人大常委会根据授权立法程序另行作出明确授权。国务院作为最高国家权力机关的执行机关,必须全面实施全国人大及其常委会制定的法律,这是一项不可放弃的职责,除非相关法律被废止或者得到全国人大及其常委会的授权。现行法制之下的授权立法制度不是支撑全国人大常委会授权国务院暂时调整实施法律之举合法化的制度基础。[3]有的学者认为,"暂时调整法律规定"与国务院立法职能相冲突。根据《立法法》第 8 条的法律保留

① 参见刘沛佩:《对自贸区法治创新的立法反思——以在自贸区内"暂时调整法律规定"为视角》,《浙江工商大学学报》2015 年第 2 期。

② 参见刘松山:《自贸区不具有独立的法治意义及几个相关法律问题》,《政治与法律》2014 年第 2 期。

③ 参见蔡金荣:《授权国务院暂时调整法律实施的法理问题——以设立中国(上海)自由贸易试验区为例》,《法学》2014 年第 12 期。

原则,涉及国家主权、基本政治制度、经济制度、司法制度以及财政、税收、海关、金融和外贸的基本制度等事项,只能由全国人民代表大会及其常务委员会制定法律来确定。《立法法》第9条又进一步将第8条所述的法律保留范围进行了区分规定,对于除有关犯罪和刑罚、对公民政治权利的剥夺和限制人身自由的强制措施和处罚、司法制度等事项以外的法律保留事项,法律赋予了全国人大及其常委会以授权立法的职能。与此同时,法律又对本条所称的授权立法作了范围上的框定,仅限于"尚未制定法律"的情形,且国务院在授权范围内所享有的也只是"先行制定行政法规"的职能,并不具有授权范围外的职能。①也有的学者对国务院作为被授权主体的"转授权"资格与方式的合法性提出质疑,认为全国人大常委会授权国务院在上海自贸试验区内暂停实施"外资三法"相关行政审批工作,再由国务院将此授权转授地方。这种授权方式也被称为"双层授权"、"二次授权"或"转授权"。我国《立法法》第8条规定,"基本经济制度以及财政、海关、金融和外贸的基本制度"只能由全国人大及其常委会制定法律予以规范。"外资三法"的内容显然属于"外贸基本制度",全国人大常委会通过《授权决定》授予国务院对"外贸基本制度"暂停实施,从法定职能和立法权限上讲国务院难当此重任,而且这种"转授权"方式与《立法法》规定相违背。按照《立法法》第12条规定,"被授权机关应当严格按照授权决定行使被授予的权力。被授权机关不得将被授予的权力转授给其他机关"。②

5. 关于授权国务院在自贸试验区事实上不适用现行有效法律的依据

在有关《授权决定》"合法性"问题上对传统法律观念最具颠覆性的疑问,无疑是授权国务院在自贸试验区事实上不适用现行有效法律是否具有法律依据,是否符合法治精神。自贸试验区的先行先试是一项全新的探索,需要突破现行法律、行政法规的一些规定。这一问题属于立法学理论上和实践中的"新问题"。尽管《授权决定》避免了采用"停止实施有关法律规定"这一敏感的措辞,但仍引起一些人士的担忧,认为有损于国家法律的完整性、有效性和稳定性。

---

① 参见刘沛佩:《对自贸区法治创新的立法反思——以在自贸区内"暂时调整法律规定"为视角》,《浙江工商大学学报》2015年第2期。

② 参见饶常林:《我国自由贸易区(港)的模式转变与法治一体建设》,《行政管理改革》2019年第5期。

二、如何正确认识《授权决定》的"合法性"

全国人大常委会作出《授权决定》既是给自贸试验区先行先试发放"准生证",为先行先试奠定法律基础,又是上海自贸试验区筹备阶段首项立法举措,标志着上海自贸试验区的法制保障工作开启破冰之旅。在当时的立法框架下,这一破冰之旅并非一帆风顺,无论是在理论层面还是在实践操作层面,都存在一些需要破解的难点问题,其中,"合法性"的问题尤为引人瞩目,直接关系到自贸试验区制度创新的成果是否于法有据,是否能够有效地复制、推广。

1. 充分认识先行先试"立法授权"的复杂性、艰巨性

坦率地说,上述有关《授权决定》"合法性"的质疑均能在宪法学、立法学理论中找到相应的依据,这是先行先试"立法授权"无法回避的难题。在当时情况下,"立法授权"遇到的难题还不仅仅限于缺乏直接依据。其一,应当正视先行先试"立法授权"当时尚无《立法法》直接依据的客观事实。2000年颁布实施的《立法法》第9条规定:全国人民代表大会及其常务委员会专属立法的事项尚未制定法律的,全国人民代表大会及其常务委员会有权作出决定,授权国务院可以根据实际需要,对其中的部分事项先制定行政法规,但是有关犯罪和刑罚、对公民政治权利的剥夺和限制人身自由的强制措施和处罚、司法制度等事项除外。第65条规定:"经济特区所在地的省、市的人民代表大会及其常务委员会根据全国人民代表大会的授权决定,制定法规,在经济特区范围内实施。"鉴于《立法法》厘清了国家专属立法权限与地方立法的权限,故仅对授权国务院制定行政法规作出规定。对于授权经济特区以外的地方人大及其常委会制定地方性法规未作出规定。换言之,我国经济特区以外的地方人大及其常委会非属全国人大及其常委会的立法授权主体。此次上海自贸试验区先行先试的立法授权由国务院向全国人大常委会提交《授权决定》草案,被授权主体是国务院,符合《立法法》第9条的规定,但是有关授权内容与《立法法》第9条有关"制定行政法规"的规定不吻合。全国人大常委会作出这一授权既无先例,也缺乏直接的《立法法》其二,在上海自贸试验区先行先试之前,已有多个省市要求全国权,是一个一个授权,还是国家层面作出整体考虑,适时

修改《立法法》的相关规定，立法机关需要深入研究，谋定而动。其三，自贸试验区的先行先试呈现出开放性、动态性的发展趋势，无法通过一个《授权决定》一劳永逸地解决先行先试的立法需求，尤其是在行政法规层面，需要暂时调整适用的法规面广量大，这无疑增加了"授权立法"的复杂性。

2. 应该以更为宽广的视野疆域审视《授权决定》的法律依据

鉴于学术界已将该授权决定的"合法性"问题上升到宪法的高度，有必要从宪法层面追根溯源，廓清《授权决定》的立法依据。应该说，全国人大及其常委会对立法授权向来慎之又慎，现行《立法法》第9条仅规定国务院是唯一的经全国人大及其常委会授权可以制定行政法规的主体，且这一授权必须符合一系列条件：一是属于中央专属立法的事项尚未制定法律的；二是具有制定行政法规实际需要的；三是不属于有关犯罪和刑罚、对公民政治权利的剥夺和限制人身自由的强制措施和处罚、司法制度等事项的。对照这一规定，《授权决定》作出授权与第一项条件并不吻合。更有甚者，《授权决定》授权的内容不是授权制定行政法规，而是授权停止适用现行有效的法律，这在现有法律中找不到直接的依据。笔者在与全国人大相关委员会的领导沟通时就该问题作了说明：法律对于法律关系的调整、规范是多元的，有关授权立法的规定并不囿于《立法法》的规定，可以从《宪法》第89条中寻找相关依据，该条列举了国务院的18项职权，其中第18项是："全国人民代表大会和全国人民代表大会常务委员会授予的其他职权。"宪法赋予国务院的这项职权属于一项经授权国务院可以取得的权力，且这一职权是不确定的、开放性的。根据这一规定，国务院有权要求全国人大及其常委会作出授权决定，因此，全国人大常委会作出这一决定具有宪法依据，授权依据不存在法律上的问题，国务院原则批准并正式公布《总体方案》并不超越宪法赋予国务院的职权范围。从多年来的授权立法实践看，全国人大及其常委会均作出过相关的立法授权决定。①这表明在全国人大

---

①　依据宪法的该项规定，全国人民代表大会曾于1985年4月通过关于授权国务院在经济体制改革和对外开放方面可以制定暂行规定或者条例的规定。全国人大常委会曾于1984年9月通过关于授权国务院改革工商税制发布有关税收条例草案试行的决定。2012年12月第十一届全国人大常委会第三十次会议通过《关于授权国务院在广东省暂时调整部分法律规定的行政审批的决定》。此次自贸试验区的立法授权采用的是2012年全国人大常委会授权国务院在广东省暂时调整部分行政审批事项的模式。

常委会授权决定方面,自贸试验区既非首次,也非最后一次。值得关注的是,全国人大常委会对于类似授权立法的依据高度重视,为了顺应新形势下改革开放的现实需要,为自贸试验区先行先试成功经验的复制、推广扫清法律障碍,2015年3月15日第十二届全国人大第三次会议通过的《关于修改〈中华人民共和国立法法〉的决定》对适合于自贸试验区先行先试的立法授权事项作了针对性的规定。

3. 依法厘定全国人大与全国人大常委会的立法权限

学者质疑全国人大常委会暂时停止实施全国人大制定的基本法律在某一特定区域内效力的主要理由是:《宪法》第67条第1款至第4款详细列明了全国人大常委会有关制定法律方面的职权,该条款并没有授予全国人大常委会暂停某部法律在某些区域实施的职权。[①]我国在相当长的时间内实行由全国人民代表大会单独行使立法权的立法体制,《宪法》第58条规定了"双立法权"的体制,由全国人民代表大会和全国人民代表大会常务委员会共同行使国家立法权,但两者的立法事项不同,根据《宪法》第62条、第67条的规定,全国人民代表大会制定和修改刑事、民事、国家机构的和其他的"基本法律",全国人大常委会制定和修改除应当由全国人民代表大会制定的法律以外的"其他法律";在全国人民代表大会闭会期间,对全国人民代表大会制定的法律进行部分补充和修改,但是不得同该法律的基本原则相抵触。2000年《立法法》第7条也规定基本法律由全国人大制定,基本法律之外的其他法律由全国人大常委会制定。在全国人民代表大会闭会期间,全国人大常委会可以对全国人民代表大会制定的法律进行部分补充和修改,但是不得同该法律的基本原则相抵触。但是如何对两者进行界定,缺乏具体、明确的标准。按照《中华人民共和国立法法释义》,"基本法律"指的是"在国家和社会生活中应当具有全局的、长远的、普遍的和根本的规范意义"的法律,其范围包括刑事的基本法律、民事的基本法律、国家机构的基本法律和其他基本法律。由于全国人大常委会具有广泛的立法权,有权对全国人大制定的法律进行补充和修改,因此,两者的立法权限

① 参见范进学:《授权与解释:中国(上海)自由贸易试验区变法模式之分析》,载《东方法学》2014年第2期。

经常是重叠和交叉的。①值得关注的是,近年来我国先后对多部重要法律进行修正,立法决策者在确定修法主体时似乎无规律可循。②因此,不宜笼统地讨论全国人大常委会是否有权以《授权决定》方式调整法律适用的合法性,而是应当研究《授权决定》调整适用的三部法律的属性,这里涉及两个关键问题:第一个问题是该三部法律是否属于"基本法律"? 第二个问题是判断是否属于"基本法律"的标准是什么?《授权决定》调整适用的《中外合资经营企业法》《中外合作经营企业法》《外资企业法》均由全国人民代表大会通过。鉴于我国现行法律对何为"基本法律"没有明确规定,故仅以全国人大通过的法律作为"基本法律"似乎难以服人,从全国人大及其常委会的立法实践来看,《物权法》由全国人民代表大会表决通过,其属于"民事基本制度"当属无疑,而《侵权责任法》由全国人大常委会表决通过,其法律属性与《物权法》并无二致,两者都列入《民法典》,都应视为"民事基本制度"。鉴于这两部法无质的区别,很难得出前一部法律是"基本法律",后一部法律是"非基本法律"。倘若"外资三法"均为"非基本法律",根据《宪法》第 67 条规定全国人大常委会以《授权决定》方式调整适用不存在任何法律障碍;倘若"外资三法"均为"基本法律",全国人大常委会对其通过的法律进行调整更无法律障碍,唯一的疑问是全国人大常委会能否对貌似"基本法律"的"外资三法"调整适用? 根据《宪法》第 67 条的规定,全国人大常委会在与"基本法律"的基本原则不相抵触的前提下,可以对"基本法律"进行补充和修改。有鉴于此,判断《授权决定》是否符合《宪法》规定的标准在于其是否与"外资三法"的基本原则相抵触。从"外资三法"的具体规定来看,《中外合资经营企业法》《中外合作经营企业法》《外资企业法》的第 1 条均确立了相同的立法目的:"为了扩大国际经济合作和技术交流",而《授权决定》开宗明义地阐明了立法目的:"为加快政府职能转变,创新对外开放模式,进一步探索深化改革开放的经验。"这表明《授权决定》与《中外合资经营企业法》《中外合作经营企业法》《外资企业法》的基本原则完全吻合。由此可以

① 参见张春生主编:《中华人民共和国立法法释义》,法律出版社 2000 年版,第 24—27 页。
② 以《物权法》和《侵权责任法》为例,虽然两者均在 2002 年初审的《民法》(草案)的基础上形成,且均属"民事的基本法律",但前者由第十届全国人大第五次会议通过,后者则由第十一届全国人大常委会第十二次会议通过。

得出结论：全国人大常委会对全国人大通过的法律之效力进行调整符合宪法的规定。

4. 正确理解法律性问题决定的法律属性

全国人大常委会以作出《授权决定》而非制定法律的方式调整相关法律之效力，这一非典型的"变法模式"受到关注。尽管全国人大常委会的《授权决定》在遣词造句上独具匠心、慎之又慎，将国务院提交的《授权决定》草案中"停止实施有关法律规定"的表述修改为"暂时调整实施有关法律规定"，但《授权决定》所规定的三部法律中的特定条款三年内在自贸试验区不予适用的法律效力意味着《授权决定》的内容事实上是对现行有效法律的修改，作出《授权决定》事实上是一种立法活动，该《授权决定》属于"有关法律性问题的决定"。鉴于我国《宪法》《立法法》《全国人民代表大会组织法》《全国人民代表大会议事规则》《监督法》都没有对"有关法律性问题的决定"的法律属性、法律效力、制定程序等作出规定，学者提出质疑情有可原。在现有的制度性规定中，唯有《全国人民代表大会常务委员会议事规则》第 15 条的规定涉及了有关法律性问题决定的议案的审议程序，该条第 1 款规定了法律草案的审议程序，第 2 款规定了有关法律问题决定议案的审议程序，两者虽然在审议程序上有区别，但都应由负有法律统一审议职责的法律委员会审议，因此都是全国人大常委会行使立法权的一种方式。学者质疑"有关法律性问题的决定"是否具有与"法律"同等的效力，主要是基于两者的审议程序不同，根据 2000 年《立法法》第 29 条第 1 款规定：列入常务委员会会议议程的法律案，一般应当经三次常务委员会会议审议后再交付表决。而有关法律性问题的决定通常采用一次审议交付表决的方式。其实，审次多寡不是衡量法律文件效力高低的标准，并非所有法律都需经过三次审议。① 从全国人大常委会作出的有关法律性问题决定的内容来看，一般涉及法定授权、法律效力问题，② 其产生的法律效果是对

---

① 2000 年《立法法》第 30 条规定："列入常务委员会会议议程的法律案，各方面意见比较一致的，可以经两次常务委员会会议审议后交付表决；调整事项较为单一或者部分修改的法律案，各方面的意见比较一致的，也可以经一次常务委员会会议审议即交付表决。"

② 如《全国人民代表大会常务委员会关于授权国务院在广东省暂时调整部分法律规定的行政审批的决定》《全国人民代表大会常务委员会关于废止有关劳动教养法律规定的决定》。

相关法律或其中的相关规定的效力作出调整,也有警示约束、制裁惩罚性内容的,①直接影响公民权利义务。这些法律性问题的决定也具有抽象性和普遍适用性,在功能、作用上与法律并无二致。为此,全国人民代表大会及其常务委员会通过的法律和有关法律问题的决定同样被收录在全国人大常委会法工委编辑出版的《中华人民共和国法律汇编》之中。因此,全国人大常委会以作出《授权决定》而非制定法律的方式调整相关法律之效力既有相关依据,也早有先例,并不存在合法性的问题。值得关注的是,《立法法》修正案草案在起草过程中曾考虑顺应新时期立法工作的新要求,将法律性问题的"决定"列为《立法法》规范的"法"的名称之一。②

5. 善于抓住问题本质,将复杂问题简单化

《授权决定》授权国务院在自贸试验区事实上不适用现行有效法律,这对传统观念带来了很大冲击。应该说,任何法律都是特定时期的产物,相对滞后是法律的固有特征,但是法律的运用是充满活力的创造性活动,法律人不应是墨守成规、机械地理解、适用、解释法律的"法匠",在全面深化改革、全面依法治国的新时期,法律人应该以与时俱进的科学态度努力适应立法实践发展、变化的新常态,及时更新立法理念,积极发挥立法智慧,正确诠释自贸试验区法制保障方面先行先试的重大举措。对授权国务院在自贸试验区事实上不适用现行有效法律的依据的理解,应当采用由此及彼、由表及里的方式,对《授权决定》涉及的诸方面问题进行抽丝剥茧的分析。前文确定了讨论这个问题的几个前提:一是全国人大闭会期间,全国人大常委会在不违反全国人大制定的法律的基本原则的情况下可以对该法律进行修改;二是《授权决定》所采用的法律性问题的决定与法律具有同等的效力;三是《授权决定》的内容与"外资三法"的立法目的、基本原则一致。从立法角度进一步分析,调整"三资企业"的法律由一般规定与特殊规定所构成,就整体而言,"外资三法"是我国规范外商投资企业的一般规定,具有普适性的效力,在没有例外规定的情况下应该一体适用。而《授权决

---

① 如《全国人民代表大会常务委员会关于加强反恐怖工作有关问题的决定》《全国人民代表大会常务委员会关于加强网络信息保护的决定》。

② 《立法法》修正案草案起草时曾考虑对法律名称作出规范,规定:全国人民代表大会及其常务委员会制定的法律的名称,一般称"法",也可以称"决定"、"修正案"、"规则"。

定》则是立法机关对于外商投资企业的特别规定、例外规定和补充规定,即对"外资三法"的适用范围、适用对象、适用期限上的例外规定。《授权决定》系全国人大常委会依照法律程序作出的法律性问题的决定,与法律具有同等的法律效力。按照 2000 年《立法法》第 92 条规定,同一机关制定的法律,特别规定与一般规定不一致的,适用特别规定,新的规定与旧的规定不一致的,适用新的规定。鉴于《授权决定》也是我国有关外商投资法律的组成部分,适用《授权决定》的规定同样是适用《外商投资法》的规定,只是按照《立法法》的规定优先适用特别规定、新的规定。可见,我国作为单一制的国家,法律应当普遍适用,统一实施,这是基本原则,但是,针对特定地区改革创新先行先试需求,法律因时调整、因地调整可以成为一个必要的例外。①因此,自贸试验区并不存在所谓的"法律豁免"、"治外法权",也不存在所谓"破法"改革开放的问题,而是"变法"改革开放,即由国家立法机关启动法律程序,依法调整现行法律的效力。由此可见,适用《授权决定》与有法必依的法治要求并行不悖,完全符合法律逻辑,在法理上也经得起推敲。②"一般法与特别法"、"新法与旧法"这一谜底其实不难揭开,给我们的有益启示是,对复杂法律问题的研究,不要被表面现象所迷惑,而需要独具慧眼,善于抓住问题本质,将复杂问题简单化。

■ 第三节　全国人大常委会《授权决定》的"正当性"

一、关于《授权决定》"正当性"的不同认识

围绕《授权决定》的争论不仅限于"合法性"问题,还涉及"正当性"问题,这方面的代表性观点主要有以下几方面:

1. 有关作出《授权决定》方式的"正当性"

有的学者认为,全国人大常委会作出《授权决定》缺乏宪法文本、法律文本上的直接依据,将其作为法律修改的理由不足,既缺乏直观层面的正

---

① 参见刘华:《中国(上海)自由贸易试验区法律问题研究管理创新、"法律绿灯"与地方先行立法》,《东方法学》2014 年第 2 期。

② 参见丁伟:《以法治方式推动先行先试》,《解放日报》2013 年 9 月 2 日。

当性,更缺乏宪制原理上的正当性。由于宪法没有授权全国人大及其常委会可以根据改革发展的需要作出决定的权力,该项权力的行使必须经由宪法解释机关作出明确的宪法解释之后,方可行使,否则,将有可能造成全国人大权力的滥用。如果将《授权决定》视为一种"良性违宪"的话,其正当性自不待言。但是良性违宪、良性违法是在中国特殊的历史背景和法治不健全环境下产生的一种有悖法治精神的观念,在当下中国所处的法制环境下不能成立。[1]

2. 有关《授权决定》内容的"正当性"

有关《授权决定》"正当性"的质疑集中体现在《授权决定》的实体内容上,主要表现为暂时调整(停止)法律适用是否影响法律的普适性及平等原则等方面。有的学者认为,在现有法律框架下,一经制定被公布实施的法律,产生属地范围内的普遍约束力。而通过"在特定地区暂时停止法律实施"的方式建立自由贸易区,就意味着这个地区获得和其他地区不同的法律待遇。所谓的平等原则,并不仅仅适用于自然人之间,也包含着各个行政区域具有平等的法律地位。换言之,若非法律特别规定,任何地区都不得具有超越法律的特权。[2]有的学者认为,全国人大常委会有权决定法律条款在全国范围内停止实施,并不足以得出其有权决定法律在不同地域的差异化适用这个结论。除非属于法定的实施特殊法律制度的区域,各地区在法律适用上应当一律平等。无论是三年试行的期限还是暂停某些条款实施,在法律适用上都会存在区内和区外不平等的现象。被暂时实施的条款在境内区外依然是有法律效力的事实,说明了全国人大常委会暂时调整法律规定的决定并非对法律的修改,而是在自贸试验区内赋予市场参与者一个法律适用的"豁免特权"。自贸试验区并非法定实施特殊法治的区域,如果全国人大常委会有权以决定、通知等形式决定非法定实施特殊法治的区域可以差异化适用法律的话,那么法律的普遍性何在,指引作用何在,平等性更是毫无疑问地会遭到践踏。[3]

① 参见刘志刚:《暂时停止法律实施决定的正当性分析》,《苏州大学学报(法学版)》2015 年第 4 期。

② 参见傅蔚冈、蒋红珍:《上海自贸区设立与变法模式思考》,《东方法学》2014 年第 1 期。

③ 参见刘沛佩:《对自贸区法治创新的立法反思——以在自贸区内"暂时调整法律规定"为视角》,《浙江工商大学学报》2015 年第 2 期。

3. 有关国务院作为被授权主体的"正当性"

有的学者认为,我国确实存在着有些地区实行特殊的经济制度,并且也没有产生违反法律普遍性原则的先例。如经济特区可以对法律、行政法规和地方性法规作变通规定,而上海自贸试验区就不可以。从形式来看,上海自贸试验区由国务院批准设立,而经济特区是由全国人大及其常委会设立;形式背后则反映出权力来源的区别,而立法权让渡只属于全国人大及其常委会,国务院则不存在这样的主体正当性。从上海自贸试验区批准成立主体的角度看,国务院也缺乏创设针对特定区域就现行法律"豁免适用"的正当性依据。从决定由国务院在上海自贸试验区"暂停法律实施"的具体内容看,国务院不仅将改革和创新的触角伸向具有羁束性作为义务的规范形式,并且还试图触及已经被法律所明文禁止的规范形式。①也有的学者认为,全国人大常委会授权国务院暂时调整实施法律这一特殊的法的修改技术,虽然在客观上一定程度有损于法的普遍性,但这种损害是暂时的和局部的,相较于其目的上的正当性而言,应当是可以承受的。易言之,从利弊衡量的角度看,该授权行为是符合比例原则的,因而在法理上具有正当性。②

4. 有关上海自贸试验区地位的"正当性"

有的学者认为,从自贸试验区核心建设的"负面清单"制度看,清理和颁布主体究竟是自贸试验区管委会,还是自贸试验区所在的上海市政府,还是应当统归到国务院,不甚明了。从2013年负面清单发布主体看,上海市政府有权决定负面清单内容,这就意味着实际上"暂停法律实施"的决定主体既非全国人大常委会,也非国务院,而转而成为地方政府。这使得上海自贸试验区设立本身在授权主体合法性之上的质疑,转向更为棘手的合法性解释困境。③也有的学者认为,自贸试验区发展涉及投资、贸易、金融等多领域,为了改革的推进,在很多方面需要对既有法律进行突破,而相关法律法规的修订又必然有一个滞后过程,如何在自贸试验区建设的过程中确保法律的统一实施,是自贸试验区法治创新无法回避的重大课题,作为

①③ 参见傅蔚冈、蒋红珍:《上海自贸区设立与变法模式思考》,《东方法学》2014年第1期。
② 参见蔡金荣:《授权国务院暂时调整法律实施的法理问题——以设立中国(上海)自由贸易试验区为例》,《法学》2014年第12期。

上海自贸试验区建设的推进方,地方政府作出的每项改革创新提案都可能找不到既有法律的支撑,甚至与现有法律相冲突。他们虽然有动力去改革,但受制于立法权的限制,只能去最高权力机关、最高行政机关游说,使之能获得调整法律的授权。自贸试验区创新需要的法律改革成本与收益是否匹配? 如果维持现有法律不变,以最高层决定的方式为自贸试验区法律创新开道,这究竟是一种法治的创新还是倒退? 在自贸试验区法治创新的背后,我们面临的不是出台一部新的规范或者调整某一部法律的问题,或许在承担高额的法律变革成本与强行突破既有法治框架的抉择这一点上更需要我们加以反思。有的专家学者质疑自贸试验区"将形成法律豁免区","在经济领域形成事实上的治外法权","有违公平改革"。①

二、如何正确认识《授权决定》的"正当性"

正当性概念是法哲学、政治学的总概念。从正当性到合法性是法哲学史上最具深刻意义的转变。②什么是法的正当性? 如何证成? 诸如此类的问题直接关乎法律的性质、法律价值、法理理念、法律文化、法律权威、法律方法等一系列重大理论问题。对于《授权决定》"正当性"这一抽象问题的认识既要遵循法哲学的一般原理,同时又要积极回应自贸试验区先行先试丰富、鲜活的实践对于法治保障的特殊需求。

1. 全面、准确把握"正当性"的内涵

"正当性"一词来源于拉丁文"legitimare",对应法文中的"légitimité",德文中的"legitimität"以及英文中的"legitimacy"。中国学者多将这些词汇译为"正当性"、"正当的"、"正当化",但是将其译为"合法性"的亦不在少数。合法性与正当性这两个概念在中国时常都被说成是"合法性"。③对于什么是法的正当性的问题,学者从不同的角度提出了不同的看法:从法的合理性角度看,法的正当性在一定意义上与法的合理性等同。即法的正当

---

①　参见蔡金荣:《授权国务院暂时调整法律实施的法理问题——以设立中国(上海)自由贸易试验区为例》,《法学》2014年第12期。

②　参见邵蓉蓉、蔡普民:《正当性与合法性概念辨析》,《东方教育》2017年第1期。

③　实际上合法性与正当性这两个概念是有区别的,在西语中分别对应两个不同的用语,英语上前者是 legality,后者是 legitimacy。

性的概念和合理性可以互换。从法的良善性角度看,法的实质良善性即法的实体正义,蕴含法的人文性、价值性、合理目的性。法的形式良善性,范围更广,一般是指立法、执法、守法和护法各环节中应当普遍遵守的基本原则。从法本身的规律性来看,法作为一种上层建筑时不断随着经济基础的变化而发展变化,法的正当性理论本身关注的领域也有一个不断变化、发展的过程。①按照现代宪法理论,在实行成文宪法国家,实质正当性是宪法,宪法是正当性的根基,是国家法律秩序的基础和最高准则。从法律规范正当性的生成机制来说,法律规范具有正当性首先需要保证立法主体具有正当性,只有获得法律授权的机关才能制定法律规范,否则不具有正当性。与此同时,立法主体在法律规范形成过程中应当保证立法目的的正当性、立法内容的正当性、立法程序的正当性。鉴于《授权决定》的立法主体为《宪法》《全国人民代表大会组织法》《立法法》规定的具有最高立法权的全国人大常委会,其立法目的在于保证自贸试验区的先行先试于法有据,且严格遵循了《立法法》规定的立法程序,这就从根本上保证了《授权决定》的合法性、合理性和正当性。

2. 充分认识自贸试验区制度创新的特殊背景

毋庸讳言,一些对国务院作为被授权主体"正当性"提出质疑的学者在认识上具有一定的局限性,其目光聚焦在立法理论层面,对自贸试验区先行先试的特殊性认识不足。事实上,《授权决定》剑指相关管理部门的核心利益。上海自贸试验区的先行先试涉入我国改革的深水区,以国际倒逼国内、经济倒逼政治的方式反向拉动政治体制改革,其核心就必然是"简政放权",无疑触及很多早已被法律固化的体制之殇。②这一现象集中体现在投资管理新体制的探索创新上。上海自贸试验区的核心制度创新之一是探索建立以准入前国民待遇和负面清单为核心的投资管理新体制,建立以事中、事后监管为重点的综合监管新体制。这些制度创新的核心是取消相关部门的行政审批,涉及有关部委的核心权力,这些审批权已经过相关法律固化。《中外合资经营企业法》及其实施条例均规定,中外合资经营企业的

---

① 参见陈源:《浅析法之正当性》,《法制与社会》2009年第8期。
② 参见杨力:《中国改革深水区的法律试验新难题和基本思路——以中国(上海)自由贸易试验区的制度体系构建为主线》,《政法论丛》2014年第1期。

设立以及协议、合同、章程应报国家对外经济贸易部门审查批准,合同终止应报请审查批准机关批准。此外,注册资本的增加与减少、股权转让、外国投资者的技术出资、场地使用、开立外汇账户、企业解散与清算等事项均应经有关管理机关审查批准。《中外合作经营企业法》《外资企业法》及其实施条例也作出了与《中外合资经营企业法》及其实施条例相同的规定。《指导外商投资方向规定》规定:根据现行审批权限,外商投资项目按照项目性质分别由发展计划部门和经贸部门审批、备案。《国务院关于投资体制改革的决定》规定:对于外商投资项目,政府还要从市场准入、资本项目管理等方面进行核准。一言以蔽之,有关行政审批事项几乎无处不在,贯穿外商投资企业各个环节。值得关注的是,2004 年 7 月 1 日《中华人民共和国行政许可法》开始实施,这是我国政府职能转变和行政法治建设进程中的一个里程碑。该法围绕有效解决过多、过滥的行政许可严重制约社会转型的问题,从立法宗旨到制度安排、从基本原则的确立到行为模式的设定、从实体到程序,在不同层面、以不同方式放松规制、规范许可,兼顾公益与私益,保障公平竞争,提高行政效率,优化资源配置。同年,国务院颁布《全面推进依法行政实施纲要》,从政府职能转变与行政管理体制改革、制度建设、法律实施、科学民主决策和政府信息公开、纠纷解决机制、行政监督、提高行政机关工作人员依法行政的观念和能力七个方面提出了具体目标、任务和措施。从 2004 年开始,国务院全方位、多层次地推动行政管理体制改革和政府职能转变,连续开展清理、取消、下放行政审批的工作。然而,历次清理工作均未触及外商投资领域的行政审批事项,外商投资领域的行政审批制度长期以来一直处于超稳定的状态。而此次全国人大常委会的《授权决定》首次剑指外商投资领域的行政审批制度,触及相关管理部门的核心利益。尽管中央强调新一轮政府改革创新的核心是简政放权,进一步削减行政审批事项,这无疑是一场触及政府机关及其工作人员灵魂的自我革命,需要攻克体制机制上的顽瘴痼疾,突破利益固化的藩篱,不但要有敢于担当的责任意识,敢于创新的进取精神,同时要有敢于触碰权力、敢于触碰利益的决心和魄力,更要有敢于自我革命、敢于自我削权、壮士断腕的决心和勇气。鉴于中央要求上海自贸试验区要成为推进改革的"试验田",形成可复制、可推广的经验,发挥示范带动、服务全国的积极作用,有关部门充分认识到上海自贸试验区的先行先试将产生的示范效应,对这一场变革及其产生的深刻影响有一个逐步适应的过程。

3. 客观、公允、理性看待上海自贸试验区肩负的特殊使命

有的学者认为,有关自贸试验区的不少研讨中,似乎出现两种倾向,一种倾向是对自贸试验区法治建设给予了过度的解读和期待,过高地估计甚至夸大了自贸试验区法治建设的特殊性和独立意义,一些观点甚至提出了超越现行宪法制度的设想。而另一种倾向是对自贸试验区的法治建设持怀疑和否定态度。①前述有关《授权决定》采用的"变法模式"、"合法性"、"正当性"等问题的观点中确实存在一些过度学理化、理想化的单一思维、钻牛角尖思维和偏执思维。如质疑自由贸易试验区"将形成法律豁免区","在经济领域形成事实上的治外法权"完全是一种主观臆断,与事实完全不符。质疑上海自贸试验区享受与其他地区不平等的优越地位也失之偏颇,因为自贸试验区不是上海的,而是国家的。自贸试验区的先行先试是国家试验,上海承担了阶段性的压力测试的重大使命,更为重要的是,党中央、国务院反复强调,上海自贸试验区要形成可复制、可推广的经验,这意味着自贸试验区的改革成果终将惠及全国。以《授权决定》的授权事项为例,经过上海自贸试验区三年的探索,投资管理领域的制度创新取得圆满成功,相关法律制度完成立、改、废,自贸试验区所谓的"特殊地位"已经不复存在。因此,应该避免思维方式的局限性、封闭性和狭隘性,以更为开放、包容、理性、公允的思维方式看待自贸试验区的先行先试,为自贸试验区的制度创新提供更具说服力的理论支撑。

■ 第四节　全国人大常委会《授权决定》的解读

全国人大常委会的《授权决定》是全面深化改革新时期立法引领改革发展的成功实践,这一立法创新也凸显了全国人大常委会对立法工作的主导作用。除了前文述及的立法依据外,《授权决定》草案的审议修改反映了授权立法中存在的一些倾向性问题。

① 参见刘松山:《自贸区不具有独立的法治意义及几个相关法律问题》,《政治与法律》2014年第2期。

一、《授权决定》的授权目的

根据《立法法》第 10 条的规定，授权决定应当明确授权的目的、范围。《授权决定》在正文部分开宗明义阐明了其授权目的："为加快政府职能转变，创新对外开放模式，进一步探索深化改革开放的经验。"国务院的草案说明进一步阐明了作出《授权决定》的目的：在中国（上海）自由贸易试验区等国务院决定的试验区内取消部分外商投资企业设立及变更审批、允许外商投资拍卖企业从事文物拍卖业务等 12 项开放措施，与《外资企业法》《中外合资经营企业法》《中外合作经营企业法》以及《文物保护法》4 部法律的有关规定不一致，建议依照法定程序，提请全国人大常委会授权国务院在试验区内暂时停止实施上述法律的有关规定。

解读《授权决定》的授权目的并不应囿于《授权决定》的文字表述，全国人大法律委员会对《授权决定》草案的审议结果报告也是反映授权目的的重要载体。该审议结果报告提出：按照党的十八大关于创新开放模式，全面提高开放型经济水平的要求，授权国务院在上海自由贸易试验区内调整部分法律规定的行政审批，是落实全面实施依法治国基本方略要求，以法治方式推进和保障改革的重要举措。①与国务院有关《授权决定》草案说明报告相比，全国人大法律委员会的审议结果报告有关《授权决定》授权目的的诠释立意更高，凸显了法治先行、立法引领改革的法治思维。

二、《授权决定》的立法结构

《授权决定》由正文和作为附录的《授权国务院在中国（上海）自由贸易试验区暂时调整有关法律规定的行政审批目录》两部分内容组成。正文部分言简意赅，不足 300 字，但内涵丰富，在全国人大常委会的审议过程中，对国务院提出的《授权决定》草案作了多处实质性的修改。作为附录的《授权国务院在中国（上海）自由贸易试验区暂时调整有关法律规定的行政审批目录》列明了需要暂时调整适用的"外资三法"中 11 项行政审批事项，分

---

① 摘自《全国人民代表大会法律委员会对〈关于授权国务院在中国（上海）自由贸易试验区等国务院决定的试验区内暂时停止实施有关法律规定的决定（草案）〉审议结果的报告》。

列了每一项行政审批事项的名称、法律规定、调整内容。这种正文部分概括式表述与附录部分列举式相结合的立法结构使得《授权决定》的正文部分简洁明了，附录部分细致入微，不厌其详，具有很强的针对性、操作性，完全符合《立法法》规定的授权决定必须有明确的"授权事项"、"授权范围"的要求。

三、《授权决定》的被授权主体

鉴于前述《宪法》《立法法》的相关规定仅规定国务院及经济特区所在地的人大及其常委会可以成为全国人大及其常委会立法授权的被授权主体，全国人大及其常委会尚无授权地方立法权的法律依据与先例，此次《授权决定》的授权对象即被授权机关是国务院，由国务院提请人大常委会作出《授权决定》。

值得一提的是，在上海自贸试验区筹备及运行初期，部分专家学者认为，上海自贸试验区可以理解为进行制度创新的"法律特区"，建议赋予上海自贸试验区"立法特别权"和"行政自治权"，即自贸试验区应享有全国人大赋予的特别立法权，以进行真正的顶层设计和基层推动，同时，自贸试验区应拥有适当行政自治权，建立独立而公正的司法制度，以便推行与国际社会接轨的现代治理方式。《授权决定》的目的在于确保自贸试验区的先行先试于法有据，确保上海自贸试验区的先行先试在法治的轨道上推进，在现行法律框架下运行，首先应当确保授权行为本身合法，这也是上海自贸试验区先行先试的经验能否复制、推广的前提条件和法律底线。

四、《授权决定》的授权范围

国务院此次提请全国人大常委会审议的《授权决定》草案的名称是《关于授权国务院在中国（上海）自由贸易试验区等国务院决定的试验区内暂时停止实施有关法律规定的决定（草案）》（以下简称《授权决定》草案），其适用范围是"中国（上海）自由贸易试验区等国务院决定设立的试验区"。根据国务院的提案说明，除上海自由贸易试验区外，国务院考虑将根据进一步深化改革、扩大开放的需要，按照从严从紧的原则，确定少数具备条件的区域进行类似的试验。①鉴于《授权决定》草案中"等"字后面的区域不确定,"有关法律规定"的提法不清晰,"中国(上海)自由贸易试验区"的四至范围不明确,审议中不少委员认为该《授权决定》存在不确定的因素,属于"一揽子授权",与《立法法》的规定不尽一致。②为此,全国人大常委会表决通过的《授权决定》删除了草案中"国务院决定设立的试验区"的表述,对《授权决定》名称也作了相应的修改。与此同时,将《授权决定》草案中"有关法律规定"限定为"有关法律规定的行政审批",并将《授权决定》草案中的"中国(上海)自由贸易试验区"严谨地表述为"国务院在上海外高桥保税区、上海外高桥保税物流园区、洋山保税港区和上海浦东机场综合保税区基础上设立的中国(上海)自由贸易试验区内"。全国人大常委会的修改意见既体现了其在立法工作中的主导作用,同时也反映了其一丝不苟、科学严谨的工作态度。

五、《授权决定》的授权内容

国务院此次提请全国人大常委会审议的《授权决定》草案提出的授权内容有两项,一是对负面清单之外的外商投资暂时停止实施《中外合资经营企业法》等三部法律的有关规定;二是暂停实施《文物保护法》的有关规定。

就第一项授权内容而言,与授权目的完全吻合,在全国人大常委会审议中认识高度统一。审议中有些人大常委会组成人员认为,《授权决定》草案中表述的"负面清单"含义不清楚,建议用法律语言予以明确。《授权决定》表决稿将"负面清单"表述为"对国家规定实施准入特别管理措施之外的外商投资";因《授权决定》草案采用的"停止适用"一词过于刺眼,为避免不必要的误解,此次国务院在提请人大常委会审议作出相关授权决定的说明中改用较为中性的"暂时停止实施",而全国人大常委会通过的《授权决

---

① 参见高虎城 2013 年 8 月 26 日在第十二届全国人大常委会第四次会议上所作的《关于〈关于授权国务院在中国(上海)自由贸易试验区等国务院决定的试验区内暂时停止实施有关法律规定的决定(草案)〉的说明》。

② 根据 2000 年《立法法》第 10 条的规定,授权决定应当明确授权的目的、范围,被授权机关应当严格按照授权目的和范围行使该项权力。

定》表决稿将这一表述修改为"暂时调整"。为了使《授权决定》的文字表述更加规范严谨,表决稿将草案中"《中外合资经营企业法》等三部法律的有关规定"的表述修改为"《外资企业法》《中外合资经营企业法》和《中外合作经营企业法》规定的有关行政审批"的规定。

国务院提出的决定草案的第二项内容是暂停实施《文物保护法》第55条第3款有关禁止设立中外合资、中外合作和外商独资的文物商店或者经营文物拍卖的拍卖企业的规定,目的在于进一步推进服务业扩大开放,允许符合条件的外资拍卖企业从事文物拍卖业务。商务部部长高虎城受国务院委托作了《授权决定》草案的说明称:国务院批准的上海自贸试验区《总体方案》提出,允许符合条件的外商独资或中外合资、中外合作拍卖企业在试验区内从事文物拍卖业务,其文物拍卖资质申请及拍卖标的审核工作纳入现行管理体制。此项开放试验措施需要在试验区内暂停实施《文物保护法》第55条第3款中关于禁止设立中外合资、中外合作和外商独资的经营文物拍卖的拍卖企业的规定。该说明同时称:中国(上海)自由贸易试验区试点只允许符合条件的外商投资拍卖企业在试验区从事文物拍卖业务,其他针对文物经营活动的管理制度保持不变,对文物拍卖资质申请及拍卖标的审核、文物出入境监管等均由文物主管等部门依法监管。

全国人大法律委员会的审议结果报告称:有些常委会组成人员提出,设立中国(上海)自由贸易试验区主要目的是为加快政府职能转变、创新对外开放模式探索和积累经验,对放开外商投资文物拍卖企业的市场准入应当慎重;2002年《文物保护法》修改时增加规定禁止设立外商投资文物拍卖企业,是适应市场经济发展新形势,加强文物保护的举措,这些年来发挥了积极作用,我国文物保护仍然面临着严峻局面,不宜仓促放开。法律委员会经同国务院法制办公室研究,建议将《授权决定》草案中的"暂时停止实施《中华人民共和国文物保护法》的有关规定"一句删去,并对目录作相应修改。对此,有的学者认为,《中外合资经营企业法》等三部法律的有关规定属于义务性规范,《授权决定》授权国务院调整适用表明全国人大常委会对义务性规范暂时调整适用持比较宽容的态度,而《文物保护法》禁止设立中外合资、中外合作和外商独资的经营文物拍卖的拍卖企业的规定属于禁止性规范,《授权决定》未授权国务院调整适用表明全国人大常委会对禁止性规范暂时调整适用采用了更为严格的审查标准。

六、《授权决定》的授权时限与起算日期

2000 年《立法法》未对授权时限作出明确规定,其第 11 条规定:"授权立法事项,经过实践检验,制定法律的条件成熟时,由全国人民代表大会及其常务委员会及时制定法律。法律制定后,相应立法事项的授权终止。"这意味着立法授权有时限的要求。国务院提请全国人大常委会审议的《授权决定》草案的表述是:暂停实施相关法律在三年内试行,对实践证明可行的,应当修改完善有关法律;对实践证明不宜调整的,恢复施行有关法律规定。暂时停止实施的具体日期,由国务院作出决定。鉴于《授权决定》草案采用这一表述的原因是"等"字后面的其他试验区的设立尚无时间表,人大常委会组成人员关注的问题是,一旦其他试验区设立后,是否每个试验区都可以享受自设立之日起算的三年试行期?换言之,上海自贸试验区实施《授权决定》若干年后,后设立的其他自贸试验区就同一授权事项为期三年的时限中是否应扣除上海自贸试验区已经实施过的日期?相关部门未能作出令人满意的答复。这无疑是表决稿删除《授权决定》草案中"等"字的重要因素之一。与此同时,有些常委委员提出,暂时调整有关行政审批的实施日期,应在本决定中予以明确。法律委员会经同国务院法制办公室研究,建议将《授权决定》草案中的"暂时停止实施的具体日期,由国务院作出决定",修改为:"本决定自 2013 年 10 月 1 日起施行"。

第五节　授权立法的制度化发展

全国人大常委会的此次立法授权意义重大,影响深远,体现了新时期立法工作认识的深化、方式的创新,践行了中央强调的凡是重大改革要于法有据,需要修改法律的可以先修改法律,先立后破,有序推进。该《授权决定》更为重大的意义在于直接推动了《立法法》有关"授权立法"规定的修改,进一步完善了我国"授权立法"制度。

一、《授权决定》的示范效应

全国人大常委会的《授权决定》不但拉开了上海自贸试验区先行先试法治保障工作的序幕,更是为立法引领以自贸试验区的先行先试为标志的我国新一轮改革开放指明了法治路径。《授权决定》为自贸试验区的"授权立法"提供了范本,对于各层次的自贸试验区"授权立法"产生了积极的示范效应,催生了一批自贸试验区"授权决定"群。

1. 全国人大常委会关于自贸试验区的后续授权决定

在暂时调整国家法律层面,继 2013 年 8 月 30 日第十二届全国人大常委会第四次会议通过《全国人民代表大会常务委员会关于授权国务院在中国(上海)自由贸易试验区暂时调整有关法律规定的行政审批的决定》,2014 年 12 月 28 日第十二届全国人大常委会第十二次会议通过《全国人民代表大会常务委员会关于授权国务院在中国(广东)自由贸易试验区、中国(天津)自由贸易试验区、中国(福建)自由贸易试验区以及中国(上海)自由贸易试验区扩展区域暂时调整有关法律规定的行政审批的决定》,授权国务院在中国(广东)自由贸易试验区、中国(天津)自由贸易试验区、中国(福建)自由贸易试验区以及中国(上海)自由贸易试验区扩展区域内,暂时调整《外资企业法》《中外合资经营企业法》《中外合作经营企业法》和《台湾同胞投资保护法》规定的有关行政审批。该授权决定的授权目的、立法结构、被授权主体、授权时限的表述与前一个《授权决定》完全相同,只是将授权范围确定为新增的三个自贸试验区及上海自贸试验区的扩展区域,在授权内容上增加了《台湾同胞投资保护法》第 8 条第 1 款,该款的规定是"设立台湾同胞投资企业,应当向国务院规定的部门或者国务院规定的地方人民政府提出申请,接到申请的审批机关应当自接到全部申请文件之日起四十五日内决定批准或者不批准"。授权决定授权国务院在授权范围内暂时停止实施该项行政审批,改为备案管理。该授权决定自 2015 年 3 月 1 日起施行。

2. 国务院关于自贸试验区的授权决定

在暂时调整行政法规层面,国务院于 2013 年 12 月 21 日发布《国务院关于在中国(上海)自由贸易试验区内暂时调整有关行政法规和国务院文件规定的行政审批或者准入特别管理措施的决定》(国发〔2013〕51 号),根据《全国人民代表大会常务委员会关于授权国务院在中国(上海)自由贸易试验区暂时调整有关法律规定的行政审批的决定》和《中国(上海)自由贸易试验区总体方案》的规定,决定在中国(上海)自由贸易试验区内暂时调整相关行政法规和国务院文件规定的行政审批或者准入特别管理措施。其中,在改革外商投资管理模式方面,对国家规定实施准入特别管理措施之外的外商投资,暂时调整《外资企业法实施细则》《中外合资经营企业法实施条例》《中外合作经营企业法实施细则》《指导外商投资方向规定》《外国企业或者个人在中国境内设立合伙企业管理办法》《中外合资经营企业合营期限暂行规定》《中外合资经营企业合营各方出资的若干规定》《〈中外合资经营企业合营各方出资的若干规定〉的补充规定》《国务院关于投资体制改革的决定》《国务院关于进一步做好利用外资工作的若干意见》规定的有关行政审批;在扩大服务业开放方面,暂时调整《船舶登记条例》《国际海运条例》《征信业管理条例》《营业性演出管理条例》《娱乐场所管理条例》《中外合作办学条例》《外商投资电信企业管理规定》《国务院办公厅转发文化部等部门关于开展电子游戏经营场所专项治理意见的通知》规定的有关行政审批以及有关资质要求、股比限制、经营范围限制等准入特别管理措施。该决定要求:国务院有关部门、上海市人民政府要根据法律、行政法规和国务院文件调整情况,及时对本部门、本市制定的规章和规范性文件作相应调整,建立与试点要求相适应的管理制度。决定附件为《国务院决定在中国(上海)自由贸易试验区内暂时调整有关行政法规和国务院文件规定的行政审批或者准入特别管理措施目录》。决定同时明确:根据《全国人民代表大会常务委员会关于授权国务院在中国(上海)自由贸易试验区暂时调整有关法律规定的行政审批的决定》和试验区改革开放措施的试验情况,本决定内容适时进行调整。

　　为适应在中国(上海)自由贸易试验区进一步扩大开放的需要,2014年 9 月 4 日,国务院发布《关于在中国(上海)自由贸易试验区内暂时调整实施有关行政法规和经国务院批准的部门规章规定的准入特别管理措施的决定》(国发〔2014〕38 号),决定在试验区内暂时调整实施《国际海运条例》《认证认可条例》《盐业管理条例》以及《外商投资产业指导目录》《汽车产业发展政策》《外商投资民用航空业规定》规定的有关资质要求、股比限制、经营范围等准入特别管理措施。决定要求国务院有关部门、上海市人民政府要根据上述调整,及时对本部门、本市制定的规章和规范性文件作相应调整,建立与进一步扩大开放相适应的管理制度。决定同时规定:国务院将根据试验区改革开放措施的实施情况,适时对本决定的内容进行调整。

3. 省市级人大常委会关于自贸试验区的授权决定

在地方性法规暂时调整层面,上海市人大常委会于 2013 年 9 月 26 日通过《上海市人民代表大会常务委员会关于在中国(上海)自由贸易试验区暂时调整实施本市有关地方性法规规定的决定》,该决定规定:根据《全国人民代表大会常务委员会关于授权国务院在中国(上海)自由贸易试验区暂时调整有关法律规定的行政审批的决定》的规定,在中国(上海)自由贸易试验区内,对国家规定实施准入特别管理措施之外的外商投资,停止实施《上海市外商投资企业审批条例》。凡法律、行政法规规定在中国(上海)自由贸易试验区调整实施有关内容的,上海市有关地方性法规作相应调整实施。上海市其他有关地方性法规中的规定,凡与《中国(上海)自由贸易试验区总体方案》不一致的,调整实施。上述有关地方性法规的调整实施在三年内试行。

2015 年 3 月 31 日,福建省人大常委会通过《福建省人民代表大会常务委员会关于在中国(福建)自由贸易试验区暂时调整实施本省有关地方性法规规定的决定》。2015 年 1 月 15 日,天津市人大常委会通过《天津市人民代表大会常务委员会关于在中国(天津)自由贸易试验区暂时调整实施本市有关地方性法规规定的决定》。

二、授权立法的制度化发展

全国人大常委会围绕上海自贸试验区授权立法的实践为相关立法制度的完善奠定了扎实的基础,2014 年 8 月,全国人大常委会启动《立法法》(修正案)的立法程序,修正案(草案)将实现立法和改革决策相衔接作为工作的重要内容之一。2015 年 3 月 8 日,第十二届全国人大第三次会议对《立法法》(修正案)草案进行审议,该修正案(草案)的说明称:实现立法和改革决策相衔接,做到重大改革于法有据,立法主动适应改革和经济社会发展需要,实践条件不成熟的、需要先行先试的,要按照法定程序作出授权。按照这一要求,总结近年来的实践,修正案(草案)增加了作出类似上海自贸试验区《授权决定》的相关规定,并对《立法法》原有的授权立法的相关规定作了修改和完善。①3 月 15 日,《立法法》修正案高票通过。

1. 关于授权立法的立法体例

我国《立法法》在第一章总则部分规定了授权立法的一般规定,第 4 条规定:"立法应当依照法定的权限和程序,从国家整体利益出发,维护社会主义法制的统一和尊严。"第二章为有关"法律"的立法程序部分,在该章第一节"立法权限"中,对各类授权立法作出具体规定。

2. 关于授权国务院先行制定行政法规的规定

《立法法》第 9 条规定:"本法第八条规定的事项尚未制定法律的,全国人民代表大会及其常务委员会有权作出决定,授权国务院可以根据实际需要,对其中的部分事项先制定行政法规,但是有关犯罪和刑罚、对公民政治权利的剥夺和限制人身自由的强制措施和处罚、司法制度等事项除外。"该条所指的第 8 条规定的事项是指"只能制定法律"的事项。此次《立法法》修改维持了这一传统授权立法的规定,未作修改。

3. 关于授权决定的法定要求

修改前的《立法法》第 10 条第 1 款规定:"授权决定应当明确授权的目的、范围。"第 2 款规定"被授权机关应当严格按照授权目的和范围行使该项权力"。第 3 款规定:"被授权机关不得将该项权力转授给其他机关。"按照前述《立法法》修正案(草案)的说明,这些规定比较原则,以往有些授权范围过于笼统,缺乏时限要求,需要增加相关规定,明确授权的目的、范围、授权事项、期限、被授权机关实施授权决定应当遵循的原则等。

修改后的《立法法》第 10 条分三款,在《立法法》修改前第 10 条原有条款的基础上,作了针对性的修改和完善:

第 1 款规定:"授权决定应当明确授权的目的、事项、范围、期限、被授

---

① 参见李建国副委员长 2015 年 3 月 8 日在第十二届全国人大第三次会议上所作的关于《中华人民共和国立法法修正案(草案)》的说明。

权机关实施授权决定的方式和应当遵循的原则等。"该款在原有的基础上增加了授权"期限"的规定,并明确要求"被授权机关实施授权决定的方式和应当遵循的原则等"。应该说增设授权"期限"的规定画龙点睛,是此次《立法法》修改的一大亮点,从立法制度上防止出现一经授权就变为"无期限授权",长期有效的现象。根据法不溯及既往原则,关于授权期限的规定,不适用于《立法法》修改前已经作出的决定。①

第 2 款规定:"授权的期限不得超过五年,但是授权决定另有规定的除外。"该款是本次修改新增的规定,原则规定授权的期限不得超过五年,同时对特殊情况下需要延长授权期限作出了例外规定,体现了适当的灵活性。

第 3 款规定:"被授权机关应当在授权期限届满的六个月以前,向授权机关报告授权决定实施的情况,并提出是否需要制定、修改或者废止法律的意见;需要继续授权的,可以提出相关意见,由全国人民代表大会及其常务委员会决定。"该款规定系本次修改的新增款项,与授权目的、授权期限的规定相呼应,对被授权机关的相关义务作出规定。该款规定不仅是指引性的规定,更是义务性的规定,增强了第 1 款有关授权期限规定的刚性。

4. 关于授权终止的规定

《立法法》第 11 条规定:"授权立法事项,经过实践检验,制定法律的条件成熟时,由全国人民代表大会及其常务委员会及时制定法律。法律制定后,相应立法事项的授权终止。"该条规定系《立法法》修改前原有的规定,此次修改予以维持。

5. 关于授权决定行使的规定

修改后的《立法法》第 12 条第 1 款规定:"被授权机关应当严格按照授权决定行使被授予的权力。"第 2 款规定:"被授权机关不得将被授予的权力转授给其他机关。"该两款规定系修改前《立法法》第 10 条第 2 款、第 3 款的规定。此次修改《立法法》就授权决定的行使专设一条,反映了此次修改《立法法》对授权决定的行使更加趋严的立法本意。

---

① 参见乔晓阳主编:《〈中华人民共和国立法法〉导读与释义》,中国民主法制出版社 2015 年版,第 101 页。

6. 关于授权在部分地方暂停适用法律的部分规定的规定

修改后的《立法法》第 13 条规定："全国人民代表大会及其常务委员会可以根据改革发展的需要,决定就行政管理等领域的特定事项在部分地方暂停适用法律的部分规定。"该条规定是此次《立法法》修改的新增规定,也是贯彻"实现立法和改革决策相衔接,做到重大改革于法有据,立法主动适应改革和经济社会发展需要"的关键制度、核心条款。该条规定无疑源自上海自贸试验区《授权决定》的立法实践,为实现立法和改革决策相衔接提供了《立法法》的法源根据,并回应了法学理论界围绕上海自贸试验区《授权决定》"合法性"的质疑。在《立法法》修正案(草案)审议过程中,有的人大代表提出,近年来全国人大常委会通过的决定,既有"暂时调整实施"的表述,也有"暂时停止适用"的表述,应当将这两种情形都在《立法法》中予以体现。法律委员会经研究,采用了"暂停适用法律"的表述。①从文字表述看,"暂时调整实施"似缺乏立法条文规范化、确定化的要求,相比之下,"暂停适用法律"的表述更加科学、规范。

三、授权立法的常态化发展

自贸试验区先行先试过程中密集使用"授权决定",为 2015 年《立法法》的修改提供了丰富的实践基础。2015 年是全面深化改革关键之年、全面依法治国开局之年,这一年多个领域的多项改革举措被推出,为国家发展注入了新活力。根据"法无授权不可为"的原则,突破法律规定的改革需要得到法律授权。这是新时期改革应当遵守的基本原则。为确保改革举措在法治框架内推进,全国人大常委会开展了一系列立法工作。其中,"授权决定"这一较为灵活的立法方式的运用越来越频繁,为一系列的重大改革及时提供了法律支撑。

2015 年 2 月 27 日,第十二届全国人大常委会第十三次会议表决通过《关于授权国务院在北京市大兴区等 33 个试点县(市、区)行政区域暂时调整有关法律规定的决定》。根据该决定,北京市大兴区、天津市蓟县、河北

---

① 参见《第十二届全国人民代表大会法律委员会关于〈中华人民共和国立法法修正案(草案)〉审议结果的报告》。

省邓州市等33个县(市、区),暂时停止实施《土地管理法》和《城市房地产管理法》关于集体建设用地使用权不得出让等的规定。此调整在2017年12月31日前试行。这一授权决定为土地制度的深层次改革提供了法治保障,将确保改革在法治路径上运行。

2015年4月24日,第十二届全国人大常委会第十四次会议表决通过《关于授权在部分地区开展人民陪审员制度改革试点工作的决定》。授权最高人民法院在北京、河北、黑龙江、江苏、福建、山东、河南、广西、重庆、陕西10个省(区、市)各选择5个人民法院(含基层人民法院及中级人民法院)开展人民陪审员制度改革试点工作,试点地区对人民陪审员选任条件、选任程序、参审范围、参审机制、参审职权、退出和惩戒机制、履职保障制度等进行改革。为此,授权决定规定在试点地区暂时调整适用《人民法院组织法》《全国人民代表大会常务委员会关于完善人民陪审员制度的决定》《刑事诉讼法》《民事诉讼法》的部分规定。

2015年7月1日,第十二届全国人大常委会第十五次会议表决通过《关于授权最高人民检察院在部分地区开展公益诉讼改革试点工作的决定》,授权最高人民检察院在生态环境和资源保护、国有资产保护、国有土地使用权出让、食品药品安全等领域开展提起公益诉讼试点。该授权决定为加强对国家利益和社会公共利益的保护,为依法有序推进司法体制改革工作提供了必要的法律依据和支持。

2015年11月4日,第十二届全国人大常委会第十七次会议表决通过《关于授权国务院在部分地方开展药品上市许可持有人制度试点和有关问题的决定》,授权国务院在北京、天津、河北、上海、江苏、浙江、福建、山东、广东、四川10省市,开展为期三年的药品上市许可持有人制度试点。

2015年12月27日,第十二届全国人大常委会第十八次会议表决通过《关于授权国务院在北京大兴区等232个试点县(市、区)、天津市蓟县等59个试点县(市、区)行政区域分别暂时调整实施有关法律规定的决定》,授权国务院在北京市大兴区等232个试点县(市、区)行政区域,暂时调整实施《物权法》《担保法》中关于集体所有的耕地使用权不得抵押的规定,允许以农民承包土地(指耕地)的经营权抵押贷款;在天津市蓟县等59个试点县(市、区)行政区域,暂时调整实施《物权法》《担保法》中关于集体所有的宅基地使用权不得抵押的规定，允许以农民住房财产权（含宅基地使用权）抵押贷款。上述调整在 2017 年 12 月 31 日前试行。

2018 年 12 月 29 日，第十三届全国人大常委会第七次会议通过《关于延长授权国务院在北京市大兴区等三十三个试点县（市、区）行政区域暂时调整实施有关法律规定期限的决定》，将《全国人民代表大会常务委员会关于授权国务院在北京市大兴区等三十三个试点县（市、区）行政区域暂时调整实施有关法律规定的决定》规定的调整实施有关法律规定的期限延长至 2019 年 12 月 31 日。

2019 年 10 月 26 日，第十三届全国人大常委会第十四次会议通过《关于授权国务院在自由贸易试验区暂时调整适用有关法律规定的决定》，授权国务院在自由贸易试验区内，暂时调整适用《对外贸易法》《道路交通安全法》《消防法》《食品安全法》《海关法》《种子法》的有关规定。上述调整在三年内试行。对实践证明可行的，国务院应当提出修改有关法律的意见；对实践证明不宜调整的，在试点期满后恢复施行有关法律规定。

2020 年 4 月 29 日，第十三届全国人民代表大会常务委员会第十七次会议通过《关于授权国务院在中国（海南）自由贸易试验区暂时调整适用有关法律规定的决定》。该决定为支持海南全面深化改革开放，推动中国（海南）自由贸易试验区试点政策落地，授权国务院在中国（海南）自由贸易试验区暂时调整适用《土地管理法》《种子法》《海商法》的有关规定，暂时调整适用的期限至 2024 年 12 月 31 日。该决定同时规定，暂时调整适用有关法律规定，必须建立健全事中事后监管制度，有效防控风险，国务院及其有关部门要加强指导、协调和监督，及时总结试点工作经验，并就暂时调整适用有关法律规定的情况向全国人民代表大会常务委员会作出中期报告。对实践证明可行的，修改完善有关法律；对实践证明不宜调整的，恢复施行有关法律规定。

全国人大常委会的立法实践表明，"立改废释授"多措并举已成为近年来全国人大常委会立法工作的显著特点，"授权立法"已成为全面深化改革新时期立法工作的新常态。[1]

---

[1]　参见张宝山：《授权决定：引领改革，形成立法新常态》，《中国人大》2016 年第 3 期。

第 三 章
自贸试验区地方授权
决定的创新举措

在临近上海自贸试验区挂牌前夕,上海市人大常委会独辟蹊径,于 2013 年 9 月 26 日作出《上海市人民代表大会常务委员会关于在中国(上海)自由贸易试验区暂时调整实施本市有关地方性法规规定的决定》(以下简称《上海授权决定》)。如果说全国人大常委会作出的《授权决定》拉开了自贸试验区法治保障的序幕,创立了新型的"变法模式",《上海授权决定》则开了地方立法层面"授权立法"的先河。与国家层面的授权立法相比,地方层面的授权立法难度更大,涉及的法律问题更为复杂,面临的挑战更为严峻。

■ 第一节 《上海授权决定》的立法难点

按照中央的要求,上海市要承担起试验区的主体责任,精心组织实施,要以如履薄冰、如临深渊的态度去做好各项工作。为确保上海自贸试验区的各项先行先试举措从一开始就在法治的轨道上运行,上海市人大常委会法工委、市政府法制工作部门成立了上海自贸试验区法治保障工作组,全程研究、谋划自贸试验区各阶段的法治保障工作。自贸试验区是"国家试验",涉及国家事权、中央专属立法权,在国家层面未授权的情况下需要地方提供法治保障;自贸试验区先行先试的任务具有"试验性"、不确定性,而法治保障刻不容缓,立法工作需要未雨绸缪,需要先行一步,引领先行先试实践。可以说,在笔者 18 年地方立法工作生涯中,自贸试验区的法治保障工作难度最大,面临的挑战最为严峻。

一、作出授权决定的紧迫性

（一）作出授权决定的特殊背景

在上海自贸试验区各项法治举措推进的时间表上，全国人大常委会于2013年8月30日通过《授权决定》，授权国务院在上海自贸试验区暂时调整实施"外资三法"有关行政审批的相关规定；国务院于2013年9月18日发布《国务院关于印发中国（上海）自由贸易试验区总体方案的通知》（国发〔2013〕38号），社会瞩目的《总体方案》正式公开亮相；2013年9月29日，上海自贸试验区挂牌，上海市人民政府同日将出台《中国（上海）自由贸易试验区管理办法》及一批管理性的规范性文件。法治保障工作组密切关注上海自贸试验区筹备工作的一举一动，根据自贸试验区不同阶段先行先试的立法需求及时调整思路，确定阶段性工作目标。

2013年9月中旬，在上海自贸试验区挂牌在即，各项准备工作紧锣密鼓进行的时刻，笔者敏锐地觉察到，上海市地方法治保障似存在亟须弥补的法律漏洞：在全国人大常委会《授权决定》授权国务院在上海自贸试验区暂时调整实施"外资三法"有关行政审批的相关规定的情况下，上海市有关外商投资企业审批管理的地方性法规并未采取相应的跟进措施，这一地方性法规普遍适用于上海整个行政区域，自然适用于上海自贸试验区，显然与全国人大常委会《授权决定》授权国务院在上海自贸试验区暂时调整"外资三法"中行政审批规定的要求不符。这一现象可谓"前有堵截"。与此同时，上海市人民政府将在自贸试验区挂牌当日出台的《中国（上海）自由贸易试验区管理办法》及一批管理性的规范性文件有关自贸试验区管委会管理体制、执法体制、相关审查制度改备案的规定与作为上位法的上海市众多地方性法规的相关规定不一致，倘若市人大常委会没有一个说法，上海地方立法没有相应的"变法"举措，作为市政府规章的暂行办法及法律位阶更低的相关规范性文件一出台，在合法性问题上将存在问题。这种政府规章及规范性文件欲冲到地方性法规前面的现象可谓"后有追兵"。可以说，在当时情况下，上海地方立法处于"腹背受敌"的两难境地。

（二）作出授权决定刻不容缓

值得一提的是，前述全国人大常委会表决通过的《授权决定》删除了国务院提出的《授权决定》草案中"等国务院决定设立的试验区"的表述,上海自贸试验区成了"众矢之的",上海先行先试的任何举措国内外都十分关注,专家学者更是拿着"显微镜"、"放大镜"观察上海自贸试验区法治保障工作的每一个细节。在这种情况下,任何一点疏忽都可能被放大。这就要求在法制保障方面同样要以如履薄冰、如临深渊的态度做好各项工作,做到未雨绸缪,防微杜渐,尽可能避免差错。为此,笔者提出急需作相应的立法技术处理,建议上海市人大常委会迅速启动地方立法程序,赶在全国人大常委会《授权决定》2013 年 10 月 1 日生效之前及上海自贸试验区 2013 年 9 月 29 日挂牌之前,及时通过《上海授权决定》,一是理顺上海地方性法规作为下位法与作为上位法的国家法律、行政法规的关系;二是理顺作为下位法的上海市政府规章、其他规范性文件与作为上位法的上海市地方立法的关系。倘若不弥补这一法律上的漏洞,学界一定会议论,在上海自贸试验区法治保障方面,上海市人大常委会存在"不作为"、上海市人民政府存在"乱作为"之嫌。所幸的是这一建议得到采纳,上海市人大常委会法工委立即着手《上海授权决定》的起草工作。

二、授权内容的不确定性

(一)关于授权决定的应然要求

按照 2000 年《立法法》第 10 条的规定,授权决定应当明确授权的目的、事项和范围。换言之,授权内容的"确定性"是作出授权决定的法定要求。上海作为我国改革开放的前沿之一,始终注重以法治思维、法治方式引领改革发展,上海市人大常委会在依法开展授权立法,引领、规范、保障改革发展等方面率先进行探索,曾出台全国第一个支持改革创新的地方授权决定。2005 年 6 月,国务院正式批准上海浦东新区进行综合配套改革试点,这一重大改革旨在变革制约经济社会发展的体制机制。为支持、促进、引导和规范这项改革试点,2007 年 4 月,上海市第十二届人大常委会通过《关于促进和保障浦东新区综合配套改革试点工作的决定》。这一决定对在法定权限范围内授权浦东综合配套改革变通执行地方性法规和先行先试作出规定,其授权事项明确:"在坚持国家法制统一原则和本市地方性法规基本原则的前提下,市人民政府和浦东新区人民政府可以就浦东新区综合配套改革制定相关文件在浦东新区先行先试,并报市人民代表大会常务委员会备案;浦东新区人民代表大会及其常务委员会可以就推进浦东新区综合配套改革试点工作作出相关决议、决定,并报市人民代表大会常务委员会备案。"这一授权内容开了地方立法的先河。①在长效制度建设方面,2013 年 6 月 19 日,上海市第十四届人大常委会第四次会议以高票表决通过《促进改革创新的决定》,该决定总结了上海近年来改革创新的经验,对存在法律制度障碍的改革创新,明确了三条法治路径:第一,涉及国家事权的改革创新,积极申请国家授权试点,包括争取国家改革创新试点和申请国家授权先行先试。第二,积极发挥先行先试平台作用,充分发挥浦东新区综合配套改革试点平台的作用,也鼓励其他区县开展各类专项改革创新试点。第三,积极发挥上海市制度保障作用,要求市人大、市政府应当根据改革创新需要及时制定、修改、废止、解释地方性法规或者政府规章;改革创新工作确需在相关地方性法规、规章修改、废止之前先行先试的,有关部门可以提请市人大、市政府批准后实施。②应该说,在授权立法方面,上海不但有实践探索,而且有相应的制度性要求。

(二)关于授权内容难以确定的实然状况

然而,此次起草《上海授权决定》遇到前所未有的新情况——授权内容的不确定性。在笔者提出此项立法建议时,市人大常委会主要领导提出:你是否知道在上海自贸试验区先行先试方面,全国人大常委会还将针对哪些法律作出调整适用的授权决定?国务院将在何时、就何些行政法规作出调整适用的授权决定?你要想清楚,只能给你们一次机会,不能国家层面每出台一个授权决定,上海跟着调整相应的地方性法规。这些问题无疑体现了科学立法的要求,非常合理、中肯。立法是国家机关非常严肃的履职行为,必须经过深思熟虑,切忌随意为之。但是回答这些问题,尤其是在《上海授权决定》中妥善解决这些问题并不容易,这是《上海授权决定》起草中遇到的最棘手的难题。由于自贸试验区的各项制度创新具有"试验"的

---

① 参见丁伟:《与改革发展同频共振:上海地方立法走过三十八年》,上海人民出版社 2018 年版,第 119—121 页。

② 参见丁伟:《与改革发展同频共振:上海地方立法走过三十八年》,上海人民出版社 2018 年版,第 295—301 页。

性质,在先行先试的过程中不断进行压力测试,在自贸试验区先行先试的不同阶段,国家对自贸试验区相关制度创新的深度、广度、着力点会提出新的要求,国家层面需要在自贸试验区暂时调整适用的法律、行政法规的种类、范围具有一定的可变性、不可预见性,不排除在自贸试验区各项先行先试事项推进过程中相关法律、行政法规将作出进一步调整的可能性。①

自贸试验区先行先试的这一特殊性对立法方式提出了特殊需求,在可能暂时调整适用的上位法不确定、调整时间不确定、调整内容不确定的情况下,显然无法按照传统的立法思路、采用常规的立法表述方式解决自贸试验区先行先试法治保障中出现的这一新情况、立法新需求。《上海授权决定》既要确保自贸试验区现阶段的先行先试于法有据,又要未雨绸缪,满足未来先行先试法治保障的不时之需;既要确保法律制度的稳定性、规范性,又要使相关的制度性规定具有一定的灵活性,保持适当的张力,为未来的先行先试的立法需求预留空间。

三、授权决定的合法性

（一）关于《上海授权决定》"合法性"的争议

鉴于自贸试验区的制度创新事项涉及《立法法》第8条规定的全国人大及其常委会专属立法的事项,《上海授权决定》旨在解决重大改革于法有据的问题,其本身亦难以逾越"合法性"的问题。从总体上说,就《上海授权决定》的授权内容而言,与全国人大常委会作出的《授权决定》相比,地方作出授权决定的难度更大。根据前述《立法法》确定的处理"一般法与特别法""新法与旧法"关系的原则,全国人大常委会作出的《授权决定》作为"特别法""新法",具有优先适用的效力,且不存在与其可能相冲突的"上位法",亦不存在立法权限的问题。地方作出授权决定则不但要考虑立法权限问题,同时还需妥善处理好地方性法规与上位法、下位法的关系。

围绕《上海授权决定》的"合法性"等问题,一些专家学者发表了评论意见。有的学者认为,上海自贸试验区采取的诸项改革措施与现行法的规定

---

① 《国务院关于印发中国(上海)自由贸易试验区总体方案的通知》(国发〔2013〕38号)指出:"根据《全国人民代表大会常务委员会关于授权国务院在中国(上海)自由贸易试验区暂时调整有关法律规定的行政审批的决定》,相应暂时调整有关行政法规和国务院文件的部分规定。具体由国务院另行印发。"

不符，是对现行相关法律规定的废止或修改。地方区域性改革作为改革的实验区，是在相关法律未予修改的情形下展开的，也只能在相关法律修改前展开。有些措施在自贸试验区这一特殊地域内，废止或修改了现行有效的法律和规章，其合法性值得探讨。①也有的学者直接指出，"上海市人大常委会暂停实施本市地方性法规决定和国务院暂停实施行政法规决定中的相关内容在表述上不甚妥当"。②更多的学者并不是直接对《上海授权决定》本身的"合法性"提出质疑，而是对全国人大常委会作出《授权决定》这一"变法模式"不予认可，进而对上海的"变法模式"提出质疑，因为《上海授权决定》无疑是对全国人大常委会《授权决定》的"模仿"，更是以全国人大常委会《授权决定》为直接的立法依据。如有的学者断言"上海自贸区内涉及一系列关于金融、海关、税收、外贸等相关政策和措施，享有对现行有效的法律规定'豁免适用'的特权"。"上海自贸区所代表的变法模式，改变了传统意义上要么通过法律修改的变法模式，要么通过全国人大立法来开辟'法律豁免特区'的模式，而是以行政审批制度改革为主轴，开拓出由国务院来统筹创设的变法路径。但是从现有模式看，以'暂停法律实施'为核心的改革路径存在一定的合法性困惑。"③有的学者认为，上海自贸试验区改革中的诸多质疑指向对法律"红线"的突破，上海自贸试验区的法律授权模式被认为授权缺乏宪法文本、法律文本上的直接依据，将其视为法律修改的理由不足，既缺乏直观层面的正当性，更缺乏宪法原理上的正当性，是一种"法律绿灯"。这种"法律绿灯"模式，在我国全面依法治国的大背景下显得十分突兀，甚至在理论界引发了"法律绿灯"是否为"良性违法（违宪）"的思考。④

上述观点表明，相关学者与其说是对《上海授权决定》的"合法性"提出异议，不如说是对全国人大常委会《授权决定》"合法性"的质疑。值得注意的是，一些专家学者对于全国人大常委会《授权决定》的"合法性"不予认可

---

① 参见杨登峰：《区域改革的法治之路——析上海自贸区先行先试的法治路径》，《法治研究》2014年第12期。

② 参见刘志刚：《暂时停止法律实施决定的正当性分析》，《苏州大学学报（法学版）》2015年第4期。

③ 参见傅蔚冈、蒋红珍：《上海自贸区设立与变法模式思考》，《东方法学》2014年第1期。

④ 参见饶常林：《我国自由贸易区（港）的模式转变与法治一体建设》，《行政管理改革》2019年第5期。

的观念根深蒂固,且这种观念并不因 2015 年《立法法》对授权制度的修改完善而消失。2015 年修正后的《立法法》新增了第 13 条,规定"全国人民代表大会及其常务委员会可以根据改革发展的需要,决定就行政管理等领域的特定事项授权在一定期限内在部分地方暂时调整或者暂时停止适用法律的部分规定"。有的学者认为,《立法法》增加上述内容客观上有助于塑造全国人大常委会所做前述授权决定的正当性,但它在宪法学理方面依然存在问题,该条款在宪法上没有明确的依据。① 也有的学者认为《立法法》第 13 条对特定事项授权缺乏明确的时限规制,仅规定"一定期限内"、"暂时"两个条件,但在宪法学理上有待进一步研究并需要通过宪法解释程序法对宪法解释与法律之间的关系予以明确,由于第 13 条过于笼统,导致目前特定事项授权实践当中存在笼统授权和授权延期现象。②

（二）如何正确看待《上海授权决定》的"合法性"

关于对全国人大常委会《授权决定》"合法性"的质疑,本书第二章就该问题已经详尽介绍各种观点,并阐明本书所持的观点,此处不再赘述。一言以蔽之,2015 年《立法法》新增的前述第 13 条已经就改革发展的需要暂时调整或暂时停止适用法律的部分规定作出明确规定,有关这类授权决定"合法性"的争议应该尘埃落定,在理论层面再作纠缠对立法实践似无实际意义。

有关《上海授权决定》、上海自贸试验区"变法模式"的"合法性"问题,一直是该授权决定起草过程中立法部门重点思考的问题。其一,从该决定采用的立法方式即"变法模式"来看,采用了法律性问题决定的立法方式,完全属于《宪法》《地方组织法》《立法法》规定的具有地方立法权的人大常委会行使立法权的权限范围内;其二,从该决定的立法依据看,以全国人大常委会的《授权决定》为依据,即具有直接的上位法依据;其三,从该决定的立法内容来看,规定凡是与国家法律、行政法规不一致的地方性法规作相应调整实施,与国务院批准的上海自贸试验区《总体方案》不一致的地方性法规作相应调整实施。这是地方人大常委会依法行使、处分其拥有的立法

---

① 参见刘志刚:《暂时停止法律实施决定的正当性分析》,《苏州大学学报(法学版)》2015 年第 4 期;彭浩:《授权地方改革试点决定的性质与功能探析》,《法制与社会发展》2018 年第 1 期。

② 参见王振民、王逸冉:《全国人大常委会特定事项授权的立法完善》,《现代法学》2019 年第 6 期。

权,相关规定正是维护《立法法》规定的国家法律统一原则;其四,从该决定的立法目的来看,旨在理顺国家法律、行政法规、上海市地方性法规、政府规章及其他规范性文件之间的关系,确保上海自贸试验区的先行先试于法有据。有鉴于此,《上海授权决定》的"合法性"毋庸置疑。

上海作为法治化程度比较高的城市,始终将法治作为城市核心竞争力的重要标志之一,在地方立法过程中注重听取社会各界、专家学者的意见,将地方性法规不与上位法相抵触作为地方立法工作的底线。《上海授权决定》无论是立法模式还是立法内容,都是上海市人大常委会的实践创新,学者对此进行讨论、研究对于繁荣上海法学理论,促进自贸试验区的法治保障工作具有积极的意义。当然,与一日千里的自贸试验区的先行先试实践相比,《立法法》确定的立法制度总是相对滞后的,学者不但是"批判主义者",更是积极的建言献策者,应该继续以"批判"的眼光审视法治保障工作,并以问题为导向提出更多建设性的意见,确保上海自贸试验区各阶段的先行先试始终在法治的轨道上运行。

■ 第二节　地方立法引领先行先试的创新之举

在全面深化改革、全面推进依法治国的新时期,立法引领改革发展,在法治的轨道上推进新一轮的改革开放已经成为社会共识。全国人大常委会作出的《授权决定》从立法实践角度诠释了新时期立法引领改革开放的新命题,为地方层面自贸试验区的法治保障工作率先垂范。在地方立法层面,如何发挥立法的引领作用,选择怎样的法治路径,无先例可循,对地方立法工作者来说,是前所未有的新课题。中央赋予上海自贸试验区开展制度创新的压力测试,形成可复制、可推广的经验,其前提是上海自贸试验区各项先行先试举措必须在法治的轨道上推进。为此,上海自贸试验区筹备阶段的工作千头万绪,但必须始终坚持法治引领、法治先行的理念,尤其需要加强法治层面的顶层设计,将抽象的法治理念转化为具体的法治路径。《上海授权决定》就是上海地方层面有关上海自贸试验区法治保障的先手棋,是法治引领上海自贸试验区先行先试的创新之举。作为我国第一个地方层面保障自贸试验区先行先试的法律性问题决定,其无论是立法方式的

97

选择、立法内容的表述,还是立法技巧的运用,均独具匠心,成功演绎了改革决策与立法决策的协调同步,该"变法模式"实现了地方立法引领改革开放从立法理论向立法实践的飞跃,并已经成为上海自贸试验区可复制、可推广经验的重要组成部分。

一、以敏锐目光及时洞察法律风险

上海自贸试验区的先行先试是新时期改革开放的新实践、新探索,更需要创新的勇气和更多的智慧。在 2013 年 7 月国务院常务会议原则通过上海自贸试验区《总体方案》(1.0 版)之前,上海自贸试验区先行先试的具体事项并不明确,难以开展针对性的法治保障工作,法治保障工作小组的目光都聚焦在国家层面需要调整适用哪些法律、行政法规,相关的研究工作具体到预计需要调整适用的每一部法律、行政法规的具体条文。与此同时,由于自贸试验区的先行先试涉及国家事权、全国人大及其常委会的专属立法权,国内法律专家的注意力都集中在自贸试验区的相关先行先试事项是否需要"破法"、上海自贸试验区是否将成为享受豁免的"法律特区"、上海市是否有权开展自贸试验区的地方立法等较为宏观的理论问题的前瞻研究上。

在上海自贸试验区先行先试情况不明朗,法治保障工作方向不明确、路径不清晰的情况下,负责上海自贸试验区法治保障的工作部门需要头脑清醒、目光如炬,既要高瞻远瞩、把握大势,对自贸试验区法治保障的顶层设计有深谋远虑的战略前瞻性,又要见微知著、明察秋毫,对自贸试验区不同阶段法治保障中出现的法律风险有及时应对的战术敏感性。全国人大常委会作出《授权决定》,上海市人民政府将在上海自贸试验区挂牌当日出台一系列规章、规范性文件,两者将导致上海自贸试验区的先行先试产生上海地方性法规与上位法不一致,上海市地方性法规与政府规章、规范性文件不一致的潜在与现实法律风险。上海市人大常委会敏锐地觉察到这些风险,并以法治思维、创新思维在第一时间启动《上海授权决定》的起草工作,充分发挥了立法对自贸试验区先行先试的引领作用、人大常委会对立法的主导作用。

二、以创新思维精准确定立法方式

尽管上海市采用的"变法模式"与全国人大常委会采用的"变法模式"相似，均采用作出法律性问题决定这一短平快的方式，但是两者的立法目的、需要解决的问题有很大的差异：全国人大常委会的《授权决定》目的、内容单一，仅为暂时调整实施"外资三法"中有关行政审批的部分规定。《上海授权决定》的立法目的、规范内容相对来说要复杂得多，根据国家法制统一原则，不但要贯彻全国人大常委会的《授权决定》，解决上海市现行有效的地方性法规与该《授权决定》不一致的问题，还需要未雨绸缪，应对上位法将来可能暂时调整实施的情况，解决上海市地方性法规未来可能会与上位法不一致的问题，同时还需要解决当前与未来上海市人民政府的规章、规范性文件与上海市地方性法规不一致的问题。

按照惯常的法律逻辑，立法总是对已有的法律关系、已经发生的法律行为与法律事实作出规范，进行调整。然而，自贸试验区的先行先试是一种充满挑战的探索性的制度创新，具有一定的不确定性、不可预见性。而重大改革于法有据的原则要求立法跨前一步，先行一步，为先行先试作出引领。换言之，上海地方立法需要着眼未来，为未来可能出现的法律风险消除隐患，这需要立法工作部门立足当前、着眼未来，以创新思维精准确定立法方式。在当时非常短暂的时间内，无论是修改《上海市外商投资企业审批条例》，还是为上海自贸试验区量身定制一部专门的地方性法规，既不现实，又不具备立法条件，也难以解决上海自贸试验区需要解决的多方面的问题。而以短平快的方式作出一个法律性问题的决定是唯一可行的方法。具体来说，这是一个与以往所作的法律性问题决定不同的综合性的授权决定。值得一提的是，该决定无论是标题名称还是具体法条，均未出现"授权"的字样，但是在法意上隐含着"授权"上海自贸试验区各项先行先试举措的实施者、推进者在上海自贸试验区暂时调整实施上海市有关地方性法规规定，因此，在立法性质上属于"授权决定"。该决定充分运用立法智慧，上海市地方性法规引领自贸试验区先行先试的示范模式，已经成为上海自贸试验区可复制、可推广经验的重要组成部分。

三、以立法智慧有效破解立法难题

为依法支持先行先试、改革创新,上海市人大常委会不乏作出法律性问题决定的立法实践。2007 年 4 月 26 日,《上海市人民代表大会常务委员会关于促进和保障浦东新区综合配套改革试点工作的决定》公布,《决定》第 2 条规定:"在坚持国家法制统一原则和本市地方性法规基本原则的前提下,市人民政府和浦东新区人民政府可以就浦东新区综合配套改革制定相关文件在浦东新区先行先试,并报市人民代表大会常务委员会备案;浦东新区人民代表大会及其常务委员会可以就推进浦东新区综合配套改革试点工作作出相关决议、决定,并报市人民代表大会常务委员会备案。"2008 年 6 月 19 日,《上海市人民代表大会常务委员会关于本市促进和保障世博会筹备和举办工作的决定》公布,《决定》第 4 条规定:"在世博会筹备和举办期间,市人民政府在不与宪法、法律、行政法规相抵触,不与本市地方性法规基本原则相违背的前提下,可以在社会治安、道路交通、安全生产、食品卫生、环境保护、市容环境、广告管理等领域,就采取临时性行政管理措施,制定政府规章或者发布决定,并报市人大常委会备案。"2013 年 6 月 19 日,《上海市人民代表大会常务委员会关于促进改革创新的决定》公布,《决定》第 6 条第 2 款规定:"改革创新工作确需在相关地方性法规、规章修改、废止之前先行先试的,可以在提请市人大常委会或者市人民政府批准后实施。"

上述具有授权立法内容的法律性问题的决定已成为上海地方立法的常态,上海市人大常委会有关授权立法的丰富实践为此次出台保障自贸试验区先行先试的《上海授权决定》奠定了扎实的基础。然而,与前述具有授权立法内容的法律性问题的决定相比,《上海授权决定》的立法难度更大,涉及的法律关系更为复杂,不仅涉及上海市地方性法规与政府规章及其他规范性文件的关系,而且涉及上海市地方性法规与国家法律、行政法规的关系,不仅涉及已经调整适用国家法律与上海地方性法规的关系,而且涉及将要调整适用的国家法律、行政法规与上海市地方性法规的关系。鉴于《上海授权决定》调整的法律关系具有多重性,与单纯对同级人民代表大会制定的法律的效力进行调整适用的全国人大常委会的《授权决定》相比,难度要大得多,体现了地方立法的特殊性、复杂性。

自贸试验区地方立法工作的最大特点在于各项先行先试事项正在动态推进过程中,国家层面需要在自贸试验区暂时调整实施的法律、行政法规的种类、范围具有一定的可变性和不可预见性,不排除在自贸试验区各项先行先试事项推进过程中相关法律、行政法规将作出进一步调整的可能性。这一立法调整内容的特殊性增添了地方立法的难度,需要立法者独辟蹊径,运用立法智慧化解立法难题。参与决定起草的立法工作班子集思广益、多谋善断,在《上海授权决定》中巧妙设置了"防火墙",这一非典型性法条一劳永逸地避免了上海市地方性法规与调整实施后的法律、行政法规之间潜在的法律冲突。

四、以谨慎方式妥善处理复杂关系

《上海授权决定》需要理顺多方面的法律关系,其中既有上海市地方性法规与国家法律、行政法规之间的关系,上海市地方性法规与上海市人民政府制定的规章、其他规范性文件之间的关系,又有上海市地方性法规与国务院批准的上海自贸试验区《总体方案》之间的关系。上海自贸试验区的先行先试是一项国家战略,各项先行先试的要求均源自国务院批准的《总体方案》,理顺上海市地方性法规、政府规章及规范性文件与《总体方案》之间的关系是《上海授权决定》的关键条款,也是立法工作面临的难点。在《上海授权决定》草案起草和审议过程中,对于通过哪个突破口,采取怎样的表述方法理顺两者的关系,立法工作部门颇费周折,问题的焦点在于如何准确定位《总体方案》的法律位阶。具体来说,《总体方案》与上海市地方性法规、政府规章及规范性文件之间究竟是上位法与下位法之间的关系,还是同位法之间的关系?

《总体方案》系上海市人民政府与商务部共同起草、制定,经国务院批准并印发,对于其法律位阶在认识上存在争议。有的观点认为,单纯从规范性文件的制发主体来考量,《总体方案》的位阶属部门规章或地方政府规章。然而,从规范性文件的法律效力来考量,《总体方案》是经国务院批准才生效的,其法律效力似高于通常意义上的部门规章或地方政府规章。至于其法律效力是否高于省、自治区、直辖市人大常委会制定的地方性法规,在理论上是存疑的。有的观点认为,从直观上来看,《总体方案》的性质似乎属于规章的范畴,形成之后又上报国务院进行了审批。但批准或者批转是国家机关公文处理的一种形式,并不是立法程序,《总体方案》在制定过程中并未经历报请立项、审核批准立项等程序环节,其签署方式不符合要求,实施日期没有明确。与此同时,《总体方案》是由商务部、上海市政府联合制定的,既不符合部门规章的制定权限,也不符合地方政府规章的制定权限。因此,《总体方案》在性质上不属于部门规章或者地方政府规章,应当将其定位为"国务院规范性文件",属于国务院制定行政措施、发布行政决定、命令的公文载体。[①]也有的观点认为,纵使相关领域可以由全国人大常委会授权国务院予以先行决定,国务院应该以规范形式来表现相关决定。现行《立法法》第9条明确规定,"尚未制定法律的,全国人民代表大会及其常务委员会有权作出决定,授权国务院可以根据实际需要,对其中的部分事项先制定行政法规"。换言之,一般保留事项的授权立法,本身对被授权主体决定的规范位阶有所要求——并非所有形式的国务院文件可以实现授权立法,而必须采用"行政法规"的形式。纵然《宪法》第89条规定国务院可以行使"规定行政措施,制定行政法规,发布决定和命令"的职权,但是这些规范在位阶上依然存在差异。国务院常务会议讨论通过的《总体方案》,不管定性于何种规范类型,肯定不构成行政法规。[②]

当然,学者是在事后对这些问题作的理论探讨,而立法部门则是在第一时间进行对策性研究。应该说,学者前述研究的问题均在立法部门的视野之内。对于《总体方案》的法律位阶在学理上可以见仁见智,也难以达成共识,但自贸试验区的法治保障时不我待,这一问题的争论不能成为市人大常委会作出决定的羁绊,需要审时度势,果断出手。处理《总体方案》与上海市地方性法规之间的关系应当抓住主要矛盾、关键环节,搁置学理争议,不纠缠法律位阶孰高孰低。在比较了多个方案,权衡了利弊得失后,《上海授权决定》设计的最终方案是:上海市地方性法规与《总体方案》不一致的,"调整实施"。这一方案蕴含了两层意思:倘若《总体方案》的位阶高

---

① 参见刘志刚:《暂时停止法律实施决定的正当性分析》,《苏州大学学报(法学版)》2015年第4期。
② 参见傅蔚冈、蒋红珍:《上海自贸区设立与变法模式思考》,《东方法学》2014年第1期。

于上海市地方性法规,上海市地方性法规调整实施意味着下位法"服从"上位法;倘若《总体方案》的位阶低于上海市地方性法规,或者与上海市地方性法规具有同一位阶,则上海市地方性法规调整实施意味着上海市地方性法规作出权力"让渡",这是具有立法权的立法主体行使、处分、支配其立法权的方式。这一方案在无法界定《总体方案》与上海市地方性法规法律位阶的情况下,妥善处理好了两者之间的关系。

■ 第三节　《上海授权决定》的解读与评析

《上海授权决定》是上海自贸试验区挂牌前三天,上海市人大常委会为上海自贸试验区量身打造的法律性问题决定,其立法目的、立法的必要性体现在两个方面:一是为了对接国家暂时调整法律、行政法规的举措,保持国家法制统一,有必要以法律性问题决定的形式,对调整实施上海市有关地方性法规的规定予以明确。二是依法推进上海自贸试验区建设方面的先行先试。根据国务院批准的《总体方案》的要求,试验区建设还涉及加快转变贸易发展方式、深化行政管理体制改革、创新监管模式等内容,需要不断推进相关制度创新,积极探索可复制、可推广的经验,有必要由市人大常委会作出决定,对上海市有关地方性法规规定在试验区的适用予以明确,依法支持推进试验区建设方面的先行先试。①

《上海授权决定》共 3 条,言简意赅,重在管用,主要内容体现在通过怎样的路径、以怎样的方式理顺上海市地方性法规与法律、行政法规、《总体方案》、上海市政府规章等规范性文件的关系。

一、关于上海市地方性法规与法律、行政法规之间的关系

《上海授权决定》出台于全国人大常委会作出《授权决定》之后,上海自贸试验区即将挂牌之前,该决定的主要立法目的、初衷就是理顺上海市地方性法规与已经调整实施的法律之间的关系以及上海市地方性法规与将

①　参见丁伟:《关于〈关于在中国(上海)自由贸易试验区暂时调整实施本市有关地方性法规规定的决定(草案)〉的说明》,《上海市人民代表大会常务委员会公报》2013 年第 9、10 号(总第 249、250 号)。

要调整实施的法律、行政法规之间的关系。

1. 上海地方立法与已经调整实施的法律之间的关系

全国人大常委会《授权决定》的主要内容是推进外资准入前国民待遇，改革外商投资管理模式，暂时调整实施相关的行政审批。与此相关，需要在上海自贸试验区内相应调整的上海市人大常委会1996年制定的《上海市外商投资企业审批条例》。《条例》规定了中外合资经营企业、中外合作经营企业、外资企业设立的行政审批，以及中外合资经营企业、中外合作经营企业、外资企业合同及章程修改等行政审批。鉴于这些内容已为国家层面决定内容所调整，《上海授权决定》第1条第1款规定："根据《全国人民代表大会常务委员会关于授权国务院在中国（上海）自由贸易试验区暂时调整有关法律规定的行政审批的决定》的规定，在中国（上海）自由贸易试验区内，对国家规定实施准入特别管理措施之外的外商投资，停止实施《上海市外商投资企业审批条例》。"[①]

全国人大常委会《授权决定》所采用的是正文加附录列表的立法结构，原因在于全国人大常委会《授权决定》并非整体上暂时调整适用"外资三法"的所有条文，只是调整适用涉及行政审批的部分条款，该部分条款需要在附录中列表说明。《上海授权决定》草案起草过程中，立法工作部门的工作人员也参照全国人大常委会《授权决定》所采用的正文加附录列表的立法结构，制作附录列表，笔者在第一时间提出无需"照葫芦画瓢"。因为《上海授权决定》需要暂时停止实施的《上海市外商投资企业审批条例》从名称到核心制度，都是对外商投资企业的审批制度，与自贸试验区探索建立以准入前国民待遇加负面清单为核心的投资管理新体制不符，需要总体上停止实施。[②]因而无需采用列表说明的立法方式。值得关注的是，《上海授权决定》的该款规定未采用全国人大常委会《授权决定》中"调整适用"的表述，而是采用了"停止实施"的法言法语。

按照全国人大常委会《授权决定》以及国务院的要求，国家有关部门、

---

① 2019年上海市人大常委会通过了全国首部贯彻实施《外商投资法》的决定，该决定同时规定《上海市外商投资企业审批条例》自2020年1月1日起废止。

② 参见丁伟：《关于〈关于在中国（上海）自由贸易试验区暂时调整实施本市有关地方性法规规定的决定（草案）〉的说明》，载《上海市人民代表大会常务委员会公报》2013年第9、10号（总第249、250号）。

上海市人民政府在上海自贸试验区挂牌当日将出台外商投资准入规定、外商投资企业备案管理办法等相关制度规范。因此,在该法规暂时停止实施后,不会出现法律真空。

2. 上海地方立法与将要调整实施的法律、行政法规之间的关系

如何理顺上海地方立法与将要调整实施的法律、行政法规之间的关系是《上海授权决定》的主要看点,鉴于建设上海自贸试验区是国家战略,试验区建设以制度创新为核心,建设过程中国家有关法律、行政法规可能根据试验区的实践需要作相应调整。《国务院关于印发中国(上海)自由贸易试验区总体方案的通知》(国发〔2013〕38 号)提出:"根据《全国人民代表大会常务委员会关于授权国务院在中国(上海)自由贸易试验区暂时调整有关法律规定的行政审批的决定》,相应暂时调整有关行政法规和国务院文件的部分规定。具体由国务院另行印发。"面临即将调整适用的法律、行政法规,作为下位法的地方立法需要未雨绸缪,提前应对,作出前瞻性的安排。

在可能暂时调整适用的上位法不确定、调整时间不确定、调整内容不确定的情况下,显然无法按照传统的立法思路、采用常规的立法表述方式解决自贸试验区先行先试法治保障中出现的这一新情况、立法新需求。上海地方立法工作者独辟蹊径,在《上海授权决定》第 1 条第 2 款中规定:"凡有关法律、行政法规在中国(上海)自由贸易试验区调整实施有关内容的,本市有关地方性法规作相应调整实施。"这是一条兜底性的条款,确保国家法律、行政法规的效力一俟调整,上海市相关地方立法的效力随之同步调整。①这一款规定"四两拨千斤",犹如在上海市地方性法规规定与将要调整实施的法律、行政法规之间设定了一层无形的"防火墙",一劳永逸地避免了上海市地方性法规与调整实施后的法律、行政法规之间潜在的法律冲突。

《上海授权决定》实施后,2014 年 12 月 28 日第十二届全国人大常委会第十二次会议通过《关于授权国务院在中国(广东)自由贸易试验区、中国

---

① 参见丁伟:《上海市人大法制委员会关于〈关于在中国(上海)自由贸易试验区暂时调整实施本市有关地方性法规规定的决定(草案)〉审议结果的报告》,载《上海市人民代表大会常务委员会公报》2013 年第 9、10 号(总第 249、250 号)。

（天津）自由贸易试验区、中国（福建）自由贸易试验区以及中国（上海）自由贸易试验区扩展区域暂时调整有关法律规定的行政审批的决定》，2013年12月21日《国务院关于在中国（上海）自由贸易试验区内暂时调整有关行政法规和国务院文件规定的行政审批或者准入特别管理措施的决定》（国发〔2013〕51号）发布，2014年9月4日《国务院关于在中国（上海）自由贸易试验区内暂时调整实施有关行政法规和经国务院批准的部门规章规定的准入特别管理措施的决定》（国发〔2014〕38号）发布。凭借《上海授权决定》第1条第2款的"防火墙"，上海市相关地方性法规"安然无恙"，已经自动作了相应的调整。

二、厘定上海地方立法与《总体方案》之间的关系

在上海自贸试验区筹备阶段及运行初期，国务院批准的《总体方案》是上海自贸试验区先行先试的主要依据，也是传递党中央、国务院有关上海自贸试验区先行先试各项任务要求的正式文件。上海自贸试验区先行先试的指导思想、目标任务均源自国务院批准的《总体方案》。理顺上海市地方性法规与《总体方案》之间的关系是《上海授权决定》又一个关键条款。在《上海授权决定》草案起草和审议过程中，对于如何理顺两者的关系，立法工作部门的认识有一个不断深化的过程，相关的工作方案一波三折。

上海市人大常委会法制工作委员会在起草《上海授权决定》时曾考虑采用的表述是：本市其他有关地方性法规中的规定，与根据国务院批准的《中国（上海）自由贸易试验区总体方案》而实施的管理体制、执法体制、监管体制等不一致的，调整实施。这一表述的立法思路是上海市人大常委会为支持上海自贸试验区的先行先试，必要时主动调整实施其制定的法规。该方案存在两个明显的缺陷：一是上海市地方性法规与《总体方案》不一致的事项是否仅限于"管理体制、执法体制、监管体制等"？这一规定实际上属于"授权事项"，是授权决定的核心内容。可以预见这一方案如提交人大常委会审议，一定会引起热议，其结果很有可能是授权事项不断扩大。自贸试验区先行先试的复杂性、多变性及严肃性决定了对这一问题无法简单地予以肯定。二是"管理体制、执法体制、监管体制等"这一表述中的"等"字到底是等内还是等外，不够清晰，不符合立法授权的内容必须明确、具体

的法定要求。

在《上海授权决定》草案会前征求人大常委会组成人员意见的过程中，有的委员建议采取更加简单明了的表述方式，将该款表述为："本市其他有关地方性法规中的规定，凡与《中国（上海）自由贸易试验区总体方案》不一致的，按照总体方案调整实施。"该方案不但言简意赅，而且避免了前一方案存在的缺陷，具有明显的优点，但其立法思路是：在上海地方性法规与《总体方案》不一致时，适用《总体方案》。换言之，《总体方案》的法律位阶高于上海地方性法规。为此，上海市人大常委会法制工作委员会与国务院相关部门进一步沟通，了解《总体方案》的法律位阶，得到的回复是：《总体方案》即将由国务院下发，以国务院的文件为载体。在这样的背景下，法制工作委员会对委员的建议从善如流，在提请人大常委会审议的决定草案中采纳了"按照总体方案调整实施"的方案。然而，2013 年 9 月 26 日，《上海授权决定》草案提请上海市人大常委会会议审议的当天上午，上海市收到了《国务院关于印发中国（上海）自由贸易试验区总体方案的通知》，即国发〔2013〕38 号文件。经研究，国发〔2013〕38 号文件并非《总体方案》本身，而是国务院印发《总体方案》的"通知"。

国务院印发《总体方案》的"通知"不同于国务院制定《总体方案》，该通知亦未改变《总体方案》原有的法律位阶，而《总体方案》究竟属于什么性质、什么位阶的文件，这是妥善处理好上海市地方性法规与《总体方案》之间的关系的关键，有必要认真研究、准确把握《总体方案》的功能与法律定位。

1. 关于《总体方案》的主要功能

《总体方案》是自贸试验区先行先试的基础性文件，在多大范围内搞压力测试，取决于《总体方案》的规定。具体来说，《总体方案》具有以下几方面的功能：

（1）《总体方案》是先行先试的法律界限。"自由贸易区"是一个抽象的法律概念，其具体的内涵是什么，通过什么方式来实施，需要深入研究。2013 年 3 月中央原则同意上海探索自贸区的设想后，上海集全市之力，把推进自贸试验区作为上海当前和长远发展的头等大事，与商务部组成联合工作小组，配合国家各部委做好相关工作，并组织 30 多个市政府相关部门及中央在沪单位组成 13 个专题组,对试验区的总体目标、具体内涵、开放领域、管理制度、法制保障等重大问题进行深化研究,形成试验区总体方案草案报国务院。2013 年 7 月 3 日国务院常务会议原则通过《总体方案》后,工作班子对《总体方案》进行细化、梳理,分解出 90 多项先行先试的具体事项。因此,中央允许自贸试验区在多大范围内先行先试,全部体现在《总体方案》及其附件的列表中。

(2)《总体方案》是涉自贸试验区相关立法活动的法意基础。立法活动的流程是先有法意,后有立法。自贸试验区的先行先试需要在哪些领域突破现行法律、行政法规的规定,哪些现行法律、行政法规的规定需要在自贸试验区暂时调整,取决于《总体方案》规定的范围内先行先试的实际需求。《总体方案》原则通过后,具备了相关立法活动的法意基础,工作班子认真研究、仔细比对 90 多项事项与现行国家法律、行政法规的规定,梳理出需要调整适用部分规定的相关法律、行政法规、国务院文件、上海市的相关地方性法规。

(3)《总体方案》是自贸试验区各项配套政策措施的依据。自贸试验区先行先试的最大特点是探索性、多变性,一些试验事项在没有形成相对成熟的经验前不宜以立法的方式作出规范,而适合以政策性措施加以指导。《总体方案》是自贸试验区先行先试总体性的政策性规定,在各项试验工作推进过程中,中央各有关部委、中国人民银行、中国证监会、中国银监会、中国保监会等相关部门将以《总体方案》为依据,根据自贸试验区先行先试的需要出台各项配套性的政策措施。

2. 关于《总体方案》的法律定位

鉴于《总体方案》具有上述多方面的重要功能,是自贸试验区先行先试的主要依据,正确认识《总体方案》的法律性质,准确定位其法律位阶,对于依法推进自贸试验区先行先试,尤其是依法开展上海市相关的地方立法活动,具有重要的现实意义。

从立法学的角度来分析,规范性文件的位阶取决于其制发主体的法律地位。国务院常务会议 2013 年 7 月 3 日原则通过《总体方案》后,商务部又启动新一轮的会签。2013 年 9 月 18 日国务院下发的国发〔2013〕38 号文件即《国务院关于印发中国(上海)自由贸易试验区总体方案的通知》,

《通知》称:"国务院批准《中国(上海)自由贸易试验区总体方案》,现予印发。"通知后面附上了《总体方案》,但《总体方案》的制定主体没有写明。国发〔2013〕38 号文件固然是国务院发布的规范性文件,但仅仅是国务院印发《总体方案》的"通知",而《总体方案》只是国务院批准的规范性文件,不是国务院制定的规范性文件,其到底属于什么位阶? 国务院批准的法律意义是什么? 这些问题值得研究。

就国务院批准规范性文件这一抽象行政行为而言,我国《宪法》《立法法》《国务院组织法》对于国务院批准各部、各委员会或地方政府制定的规范性文件均未作出明确规定。根据《立法法》第 85 条的规定,部门规章由部门首长签署命令予以公布,地方政府规章由省长或者自治区主席或者市长签署命令予以公布。通常不存在需要上级机关批准的问题。但是《宪法》第 89 条明确规定了国务院有权对地方国家行政机关的职权进行具体划分。①鉴于自贸试验区先行先试的事项属国家事权,未经国务院批准,地方政府无权涉足。而国务院批准《总体方案》意味着国务院将属于中央政府的部分事权有条件地划归上海市人民政府。有鉴于此,国发〔2013〕38 号文件在批准《总体方案》的同时,明确规定上海市人民政府要精心组织好《总体方案》的实施工作,对于《总体方案》实施中的重大问题要及时向国务院请示报告。

就《总体方案》的法律位阶、法律效力而言,我国《立法法》未对国务院批准发布的规范性文件作出规定,国务院批准《总体方案》并不等同国务院制定《总体方案》,亦不改变《总体方案》系商务部、上海市人民政府联合拟订的事实。因此,单纯从规范性文件的制发主体来考量,《总体方案》的位阶属部门规章或地方政府规章。然而,从规范性文件的法律效力来考量,《总体方案》是经国务院批准才生效的,其法律效力似高于通常意义上的部门规章或地方政府规章。至于其法律效力是否高于省、自治区、直辖市人大常委会制定的地方性法规,在理论上是存疑的。

基于对《总体方案》法律位阶的上述认识,《上海授权决定》第 2 条最终

---

① 《宪法》第 89 条规定的国务院的第(四)项法定职权是:统一领导全国地方各级国家行政机关的工作,规定中央和省、自治区、直辖市的国家行政机关的职权的具体划分。

的表述是:"本市其他有关地方性法规中的规定,凡与《中国(上海)自由贸易试验区总体方案》不一致的,调整实施。"该条款的立法思路是:鉴于《总体方案》本身并非国务院文件,其法律位阶尚不清晰,当《总体方案》与上海市地方性法规不一致时,不宜采用"依照"《总体方案》的表述,而规定上海市的地方性法规"调整实施",这意味着作出调整是上海地方立法机关根据需要依职权主动而为之。

三、理顺上海地方立法与市政府规章等规范性文件之间的关系

按照《立法法》第 89 条第 1 款的规定,地方性法规的效力高于本级和下级地方政府规章。鉴于《立法法》已有明确规定,《上海授权决定》似乎无需就上海市地方性法规与市政府规章等规范性文件的关系作出规范。但是考虑到上海自贸试验区先行先试的特殊需要,有必要授权上海市人民政府制定的规章及相关规范性文件在一定的期限内暂时与上海市地方性法规的规定不相一致。

鉴于上海市人民政府及相关部门制定的涉自贸试验区的规章及其他规范性文件的立法需求均源自实施《总体方案》的需要,《上海授权决定》未直接对上海市地方性法规与市政府规章等规范性文件的关系作出规定,而是追根溯源,直接就处理上海市地方性法规与《总体方案》的关系问题作出规定。为此,前述《上海授权决定》第 2 条规定意在理顺上海市政府规章与地方性法规的关系。依照《总体方案》的要求,自贸试验区需要探索建立以事中、事后监管为重点的综合监管新体制,上海市政府出台的管理办法建立了集中统一的市场监管综合执法体系,在质量技术监督、食品药品监管、知识产权、工商、税务等管理领域,实现高效监管,其他相关政府规章及规范性文件也需要突破上海市众多地方性法规中有关管理体制、执法体制、监管模式的规定,考虑到需要突破的法规条款难以一一列举,且存在需要进一步突破相关法规条款的可能性,这些问题万变不离其宗,均可归结到《总体方案》,依照《上海授权决定》前述第 2 条的规定,这些问题可以一并予以解决。

此外,《上海授权决定》第 3 条规定:"上述有关地方性法规的调整实施在三年内试行。"这一规定与全国人大的授权决定保持一致,体现了自贸试

验区先行先试、风险可控的要求。在审议过程中，有的委员提出，《上海授权决定》草案第 1 条规定"停止实施"《上海市外商投资企业审批条例》，与该草案标题关于"调整实施"的表述不尽一致，建议草案标题予以修改。法制委员会研究后认为，"调整实施"的含义较为宽泛，可涵盖停止实施的内容，为表述精练起见，建议对决定草案标题不作修改。①

《上海授权决定》的出台一揽子解决了上海自贸试验区先行先试过程中现在存在的及未来三年内可能出现的上海市地方性法规的规定与法律、行政法规、政府规章的规定相冲突的法律问题。②值得一提的是，受上海市人大常委会作出《上海授权决定》的启发，政府也考虑是否需要作出类似的决定，解决上海市普遍适用的规章、规范性文件与适用于自贸试验区的规章、规范性文件之间的冲突。笔者认为大可不必，理由是两者同属上海市人民政府制定的规章、规范性文件，两者不一致时，按照《立法法》第 92 条规定，特别规定与一般规定不一致的，适用特别规定。新的规定与旧的规定不一致的，适用新的规定。

第四节　上海授权模式的制度化与复制、推广

一、上海授权模式的制度化

上海创立的地方立法层面新型的授权立法模式需要上升为长效制度，2015 年 3 月全国人大对《立法法》作了第一次修正，完善了授权立法制度。为此，上海市人大常委会决定再次修改、完善《上海市制定地方性法规条例》。《条例》制定于 2001 年，先后于 2004 年、2005 年作了两次修正。为适应立法工作新形势新任务的需要，贯彻落实中央和 2015 年修改的《立法法》对地方立法工作的新要求，总结近年来上海市在科学立法、民主立法方

---

① 参见丁伟：《上海市人民代表大会法制委员会关于〈关于在中国（上海）自由贸易试验区暂时调整实施本市有关地方性法规规定的决定（草案）〉审议结果的报告》，《上海市人民代表大会常务委员会公报》2013 年第 9、10 号（总第 249、250 号）。

② 随着上海自贸试验区准入前国民待遇加负面清单的先行先试取得成功，2016 年 9 月全国人大常委会修改了相关"外资三法"，取消了对外商投资企业审批的法律规定，《上海授权决定》第 1 条第 1 款的规定完成了历史使命，不再具有实际意义。但其他制度仍然有效。

面的实践经验,需要对该条例进行修改。2015 年 11 月 19 日,上海市第十四届人大常委会第二十四次会议通过《关于修改〈上海市制定地方性法规条例〉的决定》,完成对《条例》的第三次修正。此次修改以提高立法质量为重点,着力发挥立法的引领和推动作用,着力发挥人大及其常委会在立法工作中的主导作用。修改工作对照梳理新修改的《立法法》的规定,结合上海市地方立法的探索和实践,细化、落实上位法的相关规定,总结、提炼、固化近年来上海市人大及其常委会在推进科学立法、民主立法方面的实践经验。[①]

修改后的《条例》注重立法和改革决策相衔接,在立法宗旨中增加"发挥立法的引领和推动作用",并总结近年来上海市的立法实践,增加规定市人大及其常委会可以根据改革发展的需要,决定就行政管理等领域的特定事项授权在部分区域暂时调整或者暂时停止适用地方性法规的部分规定。[②]至此,上海市人大常委会的授权决定有了长效化的制度支撑。

二、上海授权模式在相关自贸试验区的复制、推广

《上海授权决定》作为上海地方层面涉及上海自贸试验区法治保障的重要立法实践,已成为上海自贸试验区可复制、可推广经验的重要载体,《上海授权决定》的核心内容、立法技巧已成功地为后续批准的自贸试验区所移植。

2015 年 1 月 15 日,天津市人大常委会通过《天津市人民代表大会常务委员会关于在中国(天津)自由贸易试验区暂时调整实施本市有关地方性法规规定的决定》。2015 年 3 月 31 日,福建省人大常委会通过《福建省人民代表大会常务委员会关于在中国(福建)自由贸易试验区暂时调整实施本省有关地方性法规规定的决定》。天津市人大常委会的上述决定除条序略有调整外,与《上海授权决定》如出一辙。福建省人大常委会的这一决定将《上海授权决定》第 1 条的两款拆为两条,其内容亦与《上海授权决定》如出一辙。

---

① 参见丁伟:《关于〈上海市制定地方性法规条例修正案(草案)〉的说明》,《上海市人民代表大会常务委员会公报》2015 年第 8 号。

② 参见丁伟:《与改革发展同频共振:上海地方立法走过三十八年》,上海人民出版社 2018 年版,第286—288 页。

需要说明的是,广东省采用的立法模式是:根据需要暂时调整实施地方性法规、政府规章部分规定时,依照法定程序提请省、市人大常委会或省、市人民政府就相关地方性法规、政府规章在自贸试验区的适用作出相应规定。该模式似未对地方性法规与已经调整实施及将要调整实施的法律、行政法规的关系作出规定,亦未对广东省地方性法规与国务院批准的《中国(广东)自由贸易试验区总体方案》的关系作出规定。鉴于上海自贸试验区准入前国民待遇加负面清单的先行先试取得成功,2016 年 9 月全国人大常委会修改了"外资三法",取消了对外商投资企业审批的法律规定,在这一时间节点后新设的其他自贸试验区不再需要借鉴《上海授权决定》的立法模式作出暂时调整适用相关法律的授权决定。

三、上海授权立法的演变发展

《上海授权决定》开创了地方授权立法的新模式,这一模式在上海地方立法实践中反复运用,已成为常态化的立法方式。

1. 关于"证照分离"改革试点的授权决定

为了推进简政放权,优化行政服务,根据国务院批准的《上海市开展"证照分离"改革试点总体方案》,上海市开展"证照分离"改革试点,上海市人民政府于 2015 年 12 月向上海市人大常委会提出《关于开展"证照分离"改革试点在浦东新区暂时调整实施本市有关地方性法规规定的决定(草案)》的议案,要求暂时调整实施《上海市公共汽车和电车客运管理条例》《上海市环境保护条例》中关于行政审批的规定。[①]上海市人大常委会在审议过程中认为,按照《总体方案》要求,对与企业经营活动密切相关的许可事项,将根据事项的不同情况,分别采取取消审批、取消审批该备案、简化审批实行告知承诺制、提高审批的透明度和可预期性、对涉及公共安全等特定活动加强市场准入管理五类改革措施。这些改革措施涉及面较广,有一个逐步推进的过程。随着改革的不断深化,对设立了许可、需要暂时调整实施的地方性法规是否仅限于《上海市公共汽车和电车客运管理条例》

---

① 参见俞北华:《关于开展"证照分离"改革试点在浦东新区暂时调整实施本市有关地方性法规规定的决定(草案)的说明》,《上海市人民代表大会常务委员会公报》2015 年第 9、10 号。

《上海市环境保护条例》，需要进一步研究。①考虑到随着"证照分离"改革试点的深入，国务院有可能根据试点情况对《总体方案》规定的试点事项进行调整，需要暂时调整实施的地方性法规的范围有可能进一步扩大，决定应当对此预作安排。②

2015年12月30日，上海市第十四届人大常委会第二十六次会议通过《上海市人民代表大会常务委员会关于开展"证照分离"改革试点在浦东新区暂时调整实施本市有关地方性法规规定的决定》。《决定》第1条规定："在浦东新区内，本市有关地方性法规规定，凡与国务院批准的《上海市开展'证照分离'改革试点总体方案》不一致的，暂时调整实施"。第2条规定："《上海市开展'证照分离'改革试点总体方案》实施过程中，国务院对改革试点事项进行调整，本市有关地方性法规规定与其不一致的，作相应调整。"这一授权决定无疑参照了前述《上海授权决定》的"变法模式"。

2. 关于实施《外商投资法》的授权决定

2019年3月15日，第十三届全国人大第二次会议通过《外商投资法》，并于2020年1月1日起施行。上海是外商投资的高地，在我国全面对外开放的总体布局中具有重要地位。上海市人大常委会审时度势，于2019年5月23日作出《上海市人民代表大会常务委员会关于贯彻实施〈中华人民共和国外商投资法〉若干问题的决定》。这一法律性问题的决定是《外商投资法》通过后地方人大出台的第一个法律性问题决定。上海制定这一决定主要有两个方面的考虑：一是维护法制统一，保障《外商投资法》在上海市的全面贯彻实施。通过废止《上海市外商投资企业审批条例》，并对其他地方性法规中与《外商投资法》不一致的条款作出停止实施的规定，贯彻维护法制统一的要求。二是推动扩大开放，支持并授权政府在《外商投资法》框架下积极有效作为。地方人民政府及相关部门在贯彻落实《外商投资法》中具有重要职责，通过本决定积极支持政府在外商投资促进和便利

---

① 参见丁伟：《上海市人民代表大会常务委员会法制工作委员会〈关于开展"证照分离"改革试点在浦东新区暂时调整实施本市有关地方性法规规定的决定（草案）〉研究意见的报告》，《上海市人民代表大会常务委员会公报》2015年第9、10号。

② 参见丁伟：《上海市人民代表大会法制委员会〈关于开展"证照分离"改革试点在浦东新区暂时调整实施本市有关地方性法规规定的决定（草案）〉审议结果的报告》，《上海市人民代表大会常务委员会公报》2015年第9、10号。

化等方面采取有效措施，进一步彰显上海市扩大对外开放、促进外商投资的决心和信心。①

作为法律性问题的决定，《决定》第 2 条规定："本市地方性法规的规定，凡与《中华人民共和国外商投资法》不一致的，停止实施。"第 3 条第 1 款规定："市人民政府可以依据法律、法规和本决定，按照法定的权限和程序制定外商投资促进和便利化的规章、规范性文件及政策措施。"这两个条款均属于授权条款。

3. 关于促进和保障浦东新区改革开放再出发的授权决定

浦东作为我国改革开放的前沿阵地，承担着多项国家战略任务，既是上海驱动发展的推进器、加油站、压舱石，又是国家层面改革开放的排头兵、试验田。浦东开发开放是党中央、国务院在我国改革开放和现代化建设关键时期作出的一项重大战略决策。在浦东新区改革开放迎来 30 周年，浦东新区改革开放再出发、再奋进的关键时期，上海市第十五届人大常委会第十三次会议于 2019 年 7 月 25 日通过《上海市人民代表大会常务委员会关于促进和保障浦东新区改革开放再出发　实现新时代高质量发展的决定》。主要基于两点考虑：一是保障国家重大战略任务和中共上海市委决策部署落地实施的需要。为了推动浦东新区改革开放再出发、再奋进，市委出台《关于支持浦东新区改革开放再出发实现新时代高质量发展的若干意见》，推出一批具有突破性、影响力的支持举措，并明确要求市人大常委会强化改革举措的法治保障。为此，有必要由市人大常委会出台相关决定，依法保障国家有关战略和市委决策部署在浦东新区落地实施；二是依法支持浦东新区在深化改革方面先行先试的需要。根据国家有关战略决策以及《若干意见》要求，浦东新区要以制度创新为核心，当好全面深化改革的探路尖兵；要率先落实国家重大开放举措，打造全方位开放的前沿窗口。为了在法治框架内推进上述改革举措实施，依法支持浦东新区大胆闯、大胆试，有必要由市人大常委会作出相应决定。②

---

① 参见丁伟：《关于上海市人民代表大会常务委员会关于贯彻实施〈中华人民共和国外商投资法〉若干问题的决定（草案）的说明》，《上海市人民代表大会常务委员会公报》2019 年第 4 号。

② 参见丁伟：《关于〈上海市人民代表大会常务委员会关于促进和保障浦东新区改革开放再出发　实现新时代高质量发展的决定（草案）〉的说明》，《上海市人民代表大会常务委员会公报》2019 年第 5 号。

这一法律性问题的决定总结了近年来上海地方立法在引领、推动、保障自贸试验区等国家战略先行先试方面成功经验的基础上，在遵循国家法制统一原则的前提下，综合、集成了多种上海首创并已成功复制、推广的地方立法授权方式，最大限度地支持、保障浦东新区改革开放再出发，实现新时代高质量发展。[1]鉴于法治保障工作的紧迫性、复杂性、前瞻性，决定精准施策、靶向发力，以问题为导向、需求为导向、实效为导向，为浦东新区改革开放再出发打造了全方位、多层次的法律保障体系。

在市人大常委会提供的法治保障层面，《决定》规定：市人大常委会围绕浦东新区改革开放再出发的实际需求，制定、修改相关地方性法规或者在有关地方性法规中作出规定，促进浦东新区实现新时代高质量发展；市人大常委会可以决定在一定期限在浦东新区暂时调整或者暂时停止适用本市地方性法规的部分规定；本市地方性法规的规定，凡与国家推进浦东新区改革开放有关法律、行政法规以及国务院有关决定不一致的，自动调整实施。

在市政府提供法治保障层面，《决定》规定：在坚持国家法制统一原则的前提下，根据本市地方性法规的基本原则，市人民政府可以聚焦深化改革、扩大开放、创新发展、产业升级和城市功能等重点领域，制定相关规章、规范性文件在浦东新区先行先试，报市人大常委会备案；本市地方性法规规定由市人民政府及其有关行政管理部门行使的经济领域行政管理职权，市人民政府可以按照权责一致的原则决定由浦东新区人民政府及其有关行政管理部门依法行使，但确需由市级行政机关统一协调管理的事项除外。

在浦东新区提供法治保障层面，《决定》规定：在坚持国家法制统一原则的前提下，根据本市地方性法规的基本原则，浦东新区人大常委会、浦东新区人民政府可以聚焦深化改革、扩大开放、创新发展、产业升级和城市功能等重点领域作出相关决定、决议或者制定相关规范性文件在浦东新区先行先试，报市人大常委会备案；浦东新区人大常委会可以围绕自贸试验区和科创中心建设等重点工作，依法决定在一定期限在浦东新区暂时调整或

---

[1] 参见丁伟：《给浦东新区改革开放再出发插上法治的翅膀》，《文汇报》2019 年 7 月 26 日。

者暂时停止适用本市地方性法规的部分规定,报市人大常委会备案。

这一授权决定有力助推、保障了浦东新区改革开放再出发,不仅是上海改革决策与立法决策同频共振又一次成功的演绎,同时也显示了上海驾驭授权立法的水平有了新的跃升。

■ 第五节　授权立法的理论归纳与实践总结

围绕全国人大常委会的《授权决定》和《上海授权决定》,学术界掀起一波"合法性"与否的研究潮流,相关的立法工作者和实务部门对于授权立法的必要性、可行性、适当性等问题在认识上也不尽一致,这些问题需要及时作出理论归纳和实践总结。

自贸试验区的先行先试是一项全新的探索,国家层面、地方层面的立法授权实践表明,为先行先试提供法制保障,不仅需要立法方法上的创新,更需要进一步解放思想,更新观念。全国人大常委会及相关自贸试验区所在地的人大常委会及时作出立法授权的决定是以法治促改革、促创新,积极发挥立法对经济与社会发展的引领与推动作用的一次生动演绎,同时也诠释了新时期以法治思维、法治方式推动改革开放需要处理好的几个关系:

一、法律的规范性与改革开放变革性的关系

法律是由国家机关制定或认可的、由国家强制力保证其实施的行为规范,法律的基本特征之一是规范性,为人们的行为提供模式、标准、样式和方向。法律规范具有普遍的约束力,一旦触犯法律,便会受到相应的惩罚。而自贸试验区的先行先试是全新的制度创新,是一场深刻的革命,如何处理好法律的规范性与改革开放变革性的关系是自贸试验区必须解答的严肃课题。一部分法律专家认为改革必须"破法",应该考虑将自贸试验区设定为"法律特区",允许自贸试验区享受"豁免权"。不少参与自贸试验区先行先试工作的实务部门也认为要改革必须"破法",否则改革无法推进。以自贸试验区先行先试为例,各项制度创新的举措都有压力测试的时间表,不能等待法律修改了再着手改革探索。

117

这种把法律的规范性与改革开放变革性的关系对立起来的观点与法治的理念不符,更不符合中央要求的重大改革必须于法有据的要求。应该说,在这个问题上,自贸试验区法治保障的实践探索交出了一份令人满意的答卷。在自贸试验区制度创新的压力测试完成之前,固然不具备修改法律的前提条件,但这不妨碍立法机关在先行先试启动之前就相关法律规定在特定区域、特定时间暂时调整适用作出授权决定。无论全国人大常委会作出的《授权决定》,还是地方人大常委会作出的授权决定,事实上都是附条件的"授权"决定,即在特定区域、特定时间暂时调整适用相关法律、法规,并且明确:试点时间为三年,试验获得成功的,修改相关法律、法规;试验不成功的,恢复适用相关法律、法规。这种新型的授权立法的模式在整体上保持相关法律、法规普适性、规范性的前提下,为自贸试验区的制度创新开辟了一条法治通道,积极、妥善地处理好了法律的规范性与改革开放变革性之间的关系,确保自贸试验区的先行先试于法有据。

二、法律的阶段性与改革开放前瞻性的关系

法律作为上层建筑根植并受制于特定历史时期的经济基础,任何一部法都是特定历史的产物,不可避免地带有一定的历史痕迹和鲜明的时代烙印,阶段性、滞后性是法律的固有特征。但是当上层建筑适合于经济基础的要求时,可起到巩固经济基础和促进生产力发展的作用。改革开放是一项前无古人的崭新事业,只有进行时没有完成时。改革发展无限的前瞻性要求改革者大胆试验、大胆突破,在不断实践探索中推进,也要求作为上层建筑的法律不断适应改革发展的新形势,解决新问题,引领新发展。不少专家学者为自贸试验区的法治保障积极献计献策,提出由全国人大常委会制定《自由贸易试验区法》,或者由国务院制定《自由贸易试验区条例》,也有不少专家学者提出修改宪法规定。这些意见、建议都有一定的合理性,也符合重大改革于法有据的要求,但其可行性、可操作性值得商榷。

自贸试验区的制度创新是一项国家试验,相关制度创新有一个"先行先试"的过程,而国家层面的立法是一项非常严肃的行权活动,在自贸试验区各项改革举措尚未完成压力测试之前,在自贸试验区各项改革举措持续推出、滚动推进之际,显然不具备相应的立法条件。相比之下,全国人大常

委会及相关自贸试验区所在地的人大常委会以作出授权决定的方式,为自贸试验区各阶段先行先试的任务提供必要的法律支撑,既可以解决自贸试验区现阶段先行先试的法治保障需求,同时也为自贸试验区的先行先试的前瞻发展留下法治保障的空间,进而为最终形成自贸试验区完整、系统的法律制度积累宝贵的经验。

三、法律的稳定性与改革开放可变性的关系

法律是上升为国家意志的统治阶级的意志,具有国家强制性和普遍约束力,享有极大的权威,而法律的稳定性是法律权威性的必然要求。法律的目的就在于维护和发展社会关系和社会秩序,法律保持稳定,则可以在一定程度上保持社会关系的稳定,保证社会在有秩序状态中发展演变。针对自贸试验区的立法授权,一些人士担心允许现行有效的法律在个别地区暂停实施会影响法律的稳定性和统一性,进而对全国人大常委会作出《授权决定》的适当性、正当性产生异议。一部分专家学者把现行法律的规定奉为圭臬,按照其思维逻辑,要么修改法律,要么遵守法律,别无他途。其实,这是一种认识上的误区。法律固然具有稳定性,但这种稳定性建立在一定时期法律与经济基础基本相适应的基础上。如果将法律视为万古不变的教条,法律势必无法发挥引领和推动经济与社会发展的作用。

以自贸试验区准入前加国民待遇这一制度创新为例,推进这项制度创新的法律障碍是"外资三法"中有关外商投资的审批制度。我国"外资三法"产生于 20 世纪 80 年代中后期,有关外商投资的审批制度根植于计划经济的土壤,随着 20 世纪 90 年代我国推进具有中国特色的市场经济,世纪之交中国入世,这一具有浓厚计划经济痕迹的制度已经明显滞后。党的十八大以来,党中央将简政放权、政府职能转变作为改革重点,并将取消、下放行政审批制度作为这一改革的突破口。与此同时,准入前国民待遇加负面清单已成为国际投资法的发展趋势及中国与相关国家开展双边投资协定的焦点问题。在这种国内、国际背景之下,现有的"外资三法"的相关规定也已经失去其存在的必要性和合理性。换言之,改革发展已经倒逼法律制度作相应的修改,在这种情况下,因循守旧,应变不变,将阻碍经济与社会发展。然而,即使在这样的情况下,自贸试验区的改革还是充分考虑

现有法律制度的稳定性,在确保现有法律制度稳定的基础上有序推进投资管理制度的创新,即由全国人大常委会作出《授权决定》,授权国务院在自贸试验区内对负面清单之外的外商投资试点投资改备案的管理方式,使法律制度适应改革发展变化的需要,对列入负面清单之内的外商投资以及不属于自贸试验区的全国范围,仍然适用"外资三法"的现有规定,以保持这一制度的稳定性。上海自贸试验区三年的改革取得成功后,全国人大常委会及时修改"外资三法"、废止《授权决定》,进而又废止"外资三法",制定全新的《外商投资法》,使得上海自贸试验区投资管理制度创新的成果在全国复制、推广,也使我国外商投资的法律制度在经历了自贸试验区改革洗礼后,在更高的层次上健康、稳定地发展。从法律发展的自身规律来看,法律是实践经验的总结,实践没有止境,法律制度需要与时俱进,在"立、改、废"不断循环往复、螺旋式上升的动态过程保持稳定性与变动性、阶段性与前瞻性相统一的状态,对经济与社会发展起到引领和推动作用。①法律的稳定性、权威性要求任何改变法律效力的立法行为必须符合法定程序。全国人大常委会及相关自贸试验区所在地的人大常委会此次作出授权决定,采用了严格的立法程序,使用了"暂时调整"这一严谨的语言表述,并设定了风险可控的制度,规定了为期三年的试验期,显示了其既积极又审慎的科学态度。

四、法律的普适性与改革开放需求特殊性的关系

法律作为强制性的社会规范,具有普适性的特征,以其普遍、统一的适用而彰显平等和权威。授权决定基于自贸试验区先行先试的特殊需要,授权被授权机关在个别地区暂停实施现行有效法律、行政法规、地方性法规的部分规定,这是改革开放新形势下立法方式的创新之举。然而,授予不适用法律的权力,有人认为道理上说不通,这与有法可依、有法必依的法律逻辑不吻合,也没有成型的理论支撑。这一问题既是专家学者议论、诟病最多的焦点问题,也是全国人大常委会审议《授权决定》草案过程中人大常委会组成人员反映比较强烈、法治工作部门感到棘手的问题。对这一现象

① 参见丁伟:《以法治思维法治方式推进改革创新》,《文汇报》2013 年 6 月 17 日。

应当认真加以研究，在理论上予以澄清。

从立法角度看，法律由一般规定与特殊规定构成，两者构成调整同一社会关系的法律规范的整体。就"外资三法"整体而言，是我国规范外商投资企业的一般规定，具有普适性的效力。在没有例外规定的情况下应该一体适用。而全国人大常委会的《授权决定》是我国立法机关对于外商投资企业的特别规定，是对"外资三法"的适用范围、适用对象、适用期限上的例外规定、特别规定。《授权决定》系全国人大常委会依照法律程序作出的法律性问题的决定，与法律具有同等的法律效力。按照《立法法》的规定，同一机关制定的法律，特别规定与一般规定不一致的，适用特别规定；新的规定与旧的规定不一致的，适用新的规定。因此，《授权决定》也是我国有关外商投资法律的组成部分，适用《授权决定》的规定同样是适用外商投资法的规定，只是按照《立法法》的规定优先适用特别规定、新的规定，同样是依法办事，完全符合有法可依、有法必依的法治要求、法律逻辑，并不存在所谓"法律豁免"、"法律冲突"的问题。[①]

总之，对于自贸试验区先行先试法治保障工作中出现的新情况、新问题需要经过研究才能得出正确的结论，不能被表象所迷惑，尤其是从事立法工作的同志，思想要更解放一些，思路要更开阔一些，对立法实践非典型举措，要及时进行理论阐述，实践总结。这一问题给我们的另一个启示是，对于事关自贸试验区先行先试合法性的重大问题，相关部门不但要加以认真研究，及时破解立法难题，同时应该积极回应社会关注，在第一时间向社会澄清相关立法的法律依据、法理依据。可以说，围绕自贸试验区的授权决定"合法性"的讨论，对于进一步加深对法治引领改革发展这一时代新命题的认识具有积极的意义，相关授权决定不啻是改革决策与立法决策协调同步鲜活的范例。

---

① 参见丁伟：《以法治方式推动先行先试》，《解放日报》2013 年 9 月 2 日。

第 四 章
自贸试验区初创期地方行政立法的实践创新

■ 第一节　上海自贸试验区行政立法的模式

　　对于自贸试验区的先行先试这一整套制度创新,党中央、国务院采取既积极又审慎的态度,根据先行先试取得的成功经验,有步骤、分批次地在全国逐步推进。自贸试验区初创期承担先行先试任务的是上海、广东、天津、福建四个自贸试验区,其中,上海自贸试验区先行一步,发挥了排头兵、先行者的作用。上海自贸试验区的先行先试必须贯彻法治先行的原则,根据国务院批准的《总体方案》的要求,上海市要通过地方立法,建立与试点要求相适应的试验区管理制度。然而,涉自贸试验区法治保障的工作面广量大,在先行先试工作尚未开展之前难以针对性地开展地方性法规的立法工作,但是按照重大改革于法有据的要求,上海自贸试验区起步伊始各项先行先试有法可依、有章可循是须臾不可或缺的,必须采用"短平快"的方式回应过渡时期的立法需求。为此,上海确定了"先制定规章作为过渡,后制定地方性法规"的分两步走的工作方案。在这样的背景下,建立"1＋X"规则群的立法模式应运而生。该"1＋X"规则群确保上海自贸试验区顺利开局,各项先行先试举措平稳起步,并使上海自贸试验区进入了良性发展的轨道。

一、"1＋X"规则群的内涵和外延

　　"1＋X"规则群,指在上海自贸试验区起步伊始至《中国(上海)自由贸易试验区条例》出台并趋于完善前,为填补过渡时期上海自贸试验区相关

的立法空白,由上海市人民政府制定的具有行政管理性质的规章及其他规范性文件。其中,"1"是常数,指的是上海市人民政府制定的内容综合性的《中国(上海)自由贸易试验区管理办法》;"X"则是变数,指的是上海市人民政府及其相关工作部门根据国务院批准的《总体方案》的要求,以及中央赋予的自贸试验区先行先试的新任务,已经制定及将要制定的各项单行性的规范性文件。

在上海自贸试验区各项先行先试举措推进过程中,2013年12月29日,在上海自贸试验区挂牌的当日,上海市人民政府印发《中国(上海)自由贸易试验区外商投资项目备案管理办法》《中国(上海)自由贸易试验区境外投资项目备案管理办法》《中国(上海)自由贸易试验区外商投资企业备案管理办法》《中国(上海)自由贸易试验区境外投资开办企业备案管理办法》《中国(上海)自由贸易试验区外商投资准入特别管理措施(负面清单)》。2013年9月30日,上海市工商行政管理局印发《中国(上海)自由贸易试验区内企业登记管理的规定》。2014年3月3日,上海市工商行政管理局印发《中国(上海)自由贸易试验区企业年度报告公示办法(试行)》《中国(上海)自由贸易试验区企业经营异常名录管理办法(试行)》。2014年8月7日,上海市人民政府出台《中国(上海)自由贸易试验区管理委员会行政规范性文件法律审查规则》《中国(上海)自由贸易试验区相对集中行政复议权实施办法》。2014年9月17日,上海市人民政府办公厅印发《中国(上海)自由贸易试验区监管信息共享管理试行办法》。这些内容单一的具有行政管理性质的规范性文件均属于"X"规则的范畴。从整体上说,"1+X"规则群是上海自贸试验区起步伊始过渡时期的规章及其他规范性文件,其中,随着《中国(上海)自由贸易试验区条例》出台,作为"1"的《中国(上海)自由贸易试验区管理办法》已经废止。随着中央要求的上海自贸试验区制度创新的不断深化,在《中国(上海)自由贸易试验区条例》修改、完善之前,"X"规则仍然有效发挥相应的作用,并根据上海自贸试验区先行先试的需要,适时出台新的规范性文件。

二、"1+X"规则群的位阶与作用

上海自贸试验区的先行先试从零开始,相关的法治保障工作无先例可循，"1＋X"规则群是上海自贸试验区法治保障工作的实践探索，构成上海自贸试验区法治保障体系的重要组成部分，在制定《中国（上海）自由贸易试验区条例》条件尚不成熟的情况下，制定"1＋X"规则群是上海自贸试验区过渡时期法治保障工作的必由之路。

鉴于"1＋X"规则群在上海自贸试验区过渡时期扮演了先行先试行为准则的重要作用，有必要厘定其法律位阶，从而确定其相应的法律效力。应该说，"1＋X"规则群的法律位阶并不相同，存在显著的差异。具体来说，《中国（上海）自由贸易试验区管理办法》以上海市人民政府令第 7 号的文件名公布，属于上海市人民政府制定的规章。相比之下，"X"规则的法律位阶较低，其制发主体也不尽相同。其中，《中国（上海）自由贸易试验区外商投资项目备案管理办法》以沪府发〔2013〕71 号的文号公布，《中国（上海）自由贸易试验区境外投资项目备案管理办法》以沪府发〔2013〕72 号的文号公布，《中国（上海）自由贸易试验区外商投资企业备案管理办法》以沪府发〔2013〕73 号的文号公布，《中国（上海）自由贸易试验区境外投资开办企业备案管理办法》以沪府发〔2013〕74 号的文号公布，《中国（上海）自由贸易试验区外商投资准入特别管理措施（负面清单）》以沪府发〔2013〕75 号的文号公布。《中国（上海）自由贸易试验区内企业登记管理的规定》《中国（上海）自由贸易试验区企业年度报告公示办法（试行）》与《中国（上海）自由贸易试验区企业经营异常名录管理办法（试行）》由上海市工商行政管理局印发。《中国（上海）自由贸易试验区管理委员会行政规范性文件法律审查规则》以沪府发〔2014〕48 号的文号公布，《中国（上海）自由贸易试验区相对集中行政复议权实施办法》以沪府发〔2014〕49 号的文号公布，《中国（上海）自由贸易试验区监管信息共享管理试行办法》以沪府办发〔2014〕44 号的文号公布。

在上述"1＋X"规则群中，作为"1"的《中国（上海）自由贸易试验区管理办法》位阶较高，系以"沪府令"为文号的上海市人民政府制定的规章，属于《立法法》规范的立法性文件，其法律位阶、法律效力仅低于地方性法规、国务院有关部门制定的部门规章；作为"X"系列的规范性文件中既有以"沪府发"为文号的规范性文件，又有以"沪府办发"为文号的规范性文件。其法律位阶、法律效力依次为"沪府令"文件、"沪府发"文件、"沪府办发"文件。而上海市工商行政管理局印发的《中国(上海)自由贸易试验区内企业登记管理的规定》《中国(上海)自由贸易试验区企业年度报告公示办法(试行)》及《中国(上海)自由贸易试验区企业经营异常名录管理办法(试行)》的法律位阶、法律效力最低。

尽管"1＋X"规则群的法律位阶不高,但内容综合的《中国(上海)自由贸易试验区管理办法》有效填补了上海自贸试验区起步阶段相关立法的空白,并为制定《中国(上海)自由贸易试验区条例》积累了宝贵的经验。"X"规则群则呈现出灵活性、开放性的特点,便于在动态中及时、有效地拾遗补阙,确保上海自贸试验区的先行先试从起步开始就在法治的轨道上稳步推进。

三、"1＋X"规则群的制定依据

"1＋X"规则群是我国第一批涉自贸试验区的地方行政立法,在 2014 年 8 月 1 日《中国(上海)自由贸易试验区条例》施行前上海自贸试验区先行先试的主要行为准则。上海市人民政府及其相关工作部门是否有权制定这类规则,这些规则的内容是否经受得住"合法性"的拷问,是从事上海自贸试验区法治保障的工作部门工作的重点,也是专家学者关注的焦点。有的学者认为,除了在对外经济开放的某些项目上有所区别,以及自贸试验区对转变政府职能更为强调外,自贸试验区与当年的经济技术开发区在宗旨、性质、功能等方面实在很难发现有根本性的区别。所以,自贸试验区实际就类似于当年的经济技术开发区,基本没有成为一级行政区划的可能,更没有为它专门设立一套完整的法律制度的可能,很难具备独立的法治条件。上海市人民政府公布的《中国(上海)自由贸易试验区管理办法》决定成立自贸试验区管理委员会,作为市政府在自贸试验区的派出机构。按照《地方组织法》第 68 条的规定,只有省、自治区政府在必要的时候,经国务院批准,才可以设立派出机关。有的学者指出,法律没有规定直辖市政府可以设立派出机构,自贸试验区管委会的设立有违法之嫌。①也有的学者认为,从上海自贸试验区核心建设的"负面清单"制度看,清理和颁布

---

① 参见刘松山:《自贸区不具有独立的法治意义及几个相关法律问题》,《政治与法律》2014 年第 2 期。

主体究竟是自贸试验区管委会,还是自贸试验区所在的上海市政府,还是应当统归到国务院,不甚明了。从2013年负面清单发布主体看,上海市政府有权决定负面清单内容,这就意味着实际上"暂停法律实施"的决定主体既非全国人大常委会,也非国务院,而转而成为地方政府。这使得上海自贸试验区设立本身在授权主体合法性之上的质疑,转向更为棘手的合法性解释困境。①更有学者认为,上海自贸试验区推出的一系列改革措施涉及自贸试验区企业登记、外商投资管理、境外投资管理、税收征收管理以及自贸试验区管理主体——上海自贸试验区管理委员会的设立等方面。这些措施的实施,对于推进自贸试验区内投资、贸易的发展肯定会起到积极作用,但有些措施与现行有效的法律和规章不符,其合法性值得探讨。②学者所讨论的"合法性"问题与"1+X"规则群的法律位阶直接相关,鉴于"1+X"规则群的法律位阶情况各异,判断其合法性的标准也存在差异,笼统、泛泛地讨论"合法性"不是科学的研究问题的方式。

(一)关于《中国(上海)自由贸易试验区管理办法》的制定依据

《中国(上海)自由贸易试验区管理办法》(以下简称《上海管理办法》)是上海自贸试验区初创期唯一的一件涉自贸试验区的上海市人民政府规章,由上海市人民政府在上海自贸试验区挂牌当日以"沪府令"为文号公布。笼统而言,根据《立法法》第82条第1款的规定,直辖市的人民政府可以根据法律、行政法规和本直辖市的地方性法规,制定规章。根据《立法法》第82条第2款的规定,地方政府规章的规范事项限于两个方面:一是为执行法律、行政法规、地方性法规的规定需要制定规章的事项;二是属于本行政区域的具体行政管理事项。③《立法法》的这一规定无疑是判断《上海管理办法》立法依据的主要依据。

从《上海管理办法》的立法目的来看,符合为执行法律、行政法规、地方性法规的规定需要制定规章的事项的要求,此处所指的"法律、行政法规、

---

① 参见傅蔚冈、蒋红珍:《上海自贸区设立与变法模式思考》,《东方法学》2014年第1期。

② 参见杨登峰:《区域改革的法治之路——析上海自贸区先行先试的法治路径》,《法治研究》2014年第12期。

③ 《立法法》2015年修改时对直辖市规章制定权没有作出改变,修改后第2条第1款、第2款与修改前的第73条第1款、第2款的规定相同。

地方性法规的规定"包括为支持上海自贸试验区先行先试全国人大常委会作出的《授权决定》、国务院发布的调整相关行政法规的决定、上海市人大常委会作出的《上海授权决定》。《上海管理办法》所规范的事项亦属于本行政区域的具体行政管理事项。为此,《上海管理办法》符合《立法法》的相关规定。

从《上海管理办法》的具体条文来看,其第1条(目的和依据)规定:"为了推进中国(上海)自由贸易试验区建设,根据《全国人民代表大会常务委员会关于授权国务院在中国(上海)自由贸易试验区暂时调整有关法律规定的行政审批的决定》《中国(上海)自由贸易试验区总体方案》和有关法律、法规,制定本办法。"该条规定表明:全国人大常委会的《授权决定》与国务院批准的《总体方案》是其直接的立法依据。该条中的"有关法律、法规"并无具体指向,只是指引性、兜底性的立法技术处理。值得关注的是,《上海管理办法》未将《上海市人民代表大会常务委员会关于在中国(上海)自由贸易试验区暂时调整实施本市有关地方性法规规定的决定》作为立法依据,出现这一状况虽然有客观原因,[1]但这是本不应出现的情况。《上海授权决定》的立法本意就是为上海市出台政府规章提供依据,根据政府规章备案审查制度,人大常委会对政府规章采取事后备案审查的监督方式,事前不干预政府依照法定权限行使规章制定权。未将《上海授权决定》列为立法依据,一定程度上容易给外界造成上海自贸试验区法治保障工作出现缺失的印象。因为该《上海管理办法》的相关规定不仅与"外资三法"的相关规定不一致,需要援引全国人大常委会的《授权决定》,同时也与上海市相关地方性法规的现行规定不符,不援引上海市人大常委会的《授权决定》,《上海管理办法》的合法性会受到质疑。

然而,即便前述《上海管理办法》第1条未将《上海授权决定》作为立法依据,事实上并不存在"合法性"的问题,原因是《上海授权决定》先于《上海管理办法》出台,其第2条明确规定:"本市其他有关地方性法规中的规定,凡与《中国(上海)自由贸易试验区总体方案》(以下简称总体方案)不一致

---

[1] 《上海市人民代表大会常务委员会关于在中国(上海)自由贸易试验区暂时调整实施本市有关地方性法规规定的决定》于2013年9月26日表决通过,《中国(上海)自由贸易试验区管理办法》虽出台于2013年9月29日,但相关的文本定稿在前,相关部门在制定该规章的所有程序完成后不便再作修改。

的,按照总体方案调整实施。"换言之,《上海授权决定》事先已经设置"防火墙",防止上海市人民政府根据《总体方案》制定的政府规章与上海市地方性法规之间潜在的法律冲突。

在肯定上海市人民政府依照《立法法》第 82 条第 1 款的规定具有制定规章权的同时,需要进一步研究上海市的政府规章是否有权就涉自贸试验区先行先试的特殊事项作出规定。根据《立法法》第 82 条第 5 款的规定:"没有法律、行政法规、地方性法规依据,地方政府规章不得设定减损公民、法人和其他组织权利或者增加其义务的规范。"与此同时,根据国务院批准的《总体方案》要求:"上海市要通过地方立法,建立与试点要求相适应的试验区管理制度。"2014 年 8 月 1 日开始施行的《中国(上海)自由贸易试验区条例》第 7 条规定:"市人民政府在国务院领导和国家有关部门指导、支持下,根据《总体方案》明确的目标定位和先行先试任务,组织实施改革试点工作,依法制定与自贸试验区建设、管理有关的规章和政策措施。"鉴于国务院批准的《总体方案》明确要求上海通过地方立法建立与试点要求相适应的自贸试验区管理制度,上海市的地方性法规明确授权上海市人民政府依法制定与自贸试验区建设、管理有关的规章和政策措施,上海市人民政府制定涉自贸试验区先行先试特定事项的规章是有依据的。

需要关注的是,国务院批准的《总体方案》明确要求上海通过地方立法建立与试点要求相适应的试验区管理制度,在上海自贸试验区起步之初立即启动地方性法规的立法工作显然不具备条件。根据《立法法》第 82 条第 4 款的规定:"应当制定地方性法规但条件尚不成熟的,因行政管理迫切需要,可以先制定地方政府规章。规章实施满两年需要继续实施规章所规定的行政措施的,应当提请本级人民代表大会或者其常务委员会制定地方性法规。"上海市人大常委会制定的《中国(上海)自由贸易试验区条例》施行不久,上海市人民政府第七十次常务会议于 2014 年 12 月 24 日通过《上海市人民政府关于废止〈中国(上海)自由贸易试验区管理办法〉的决定》,作为上海市人民政府规章的《上海管理办法》完成了过渡时期的特殊使命,已经被宣布废止。

(二)关于"X"规则群的制定依据

"X"规则群非政府规章,而是由上海市人民政府以"沪府发"、"沪府办发"为文号发布的规范性文件及上海市人民政府相关部门发布的规范性文件所组成。鉴于省、自治区、直辖市人民政府规章以外的其他规范性文件非属《立法法》规范的立法性文件，不在《立法法》调整范围之列。但是《地方组织法》第59条第1项规定，县级以上的地方各级人民政府行使的职权之一是：执行本级人民代表大会及其常务委员会的决议，以及上级国家行政机关的决定和命令，规定行政措施，发布决定和命令。为此，需要研究的是，前述"X"规则中的"沪府发"、"沪府办发"文件及上海市人民政府相关部门发布的规范性文件是否属于前述《地方组织法》第59条第1项中规定的县级以上的地方各级人民政府有权发布的"决定和命令"。

值得一提的是，无论是前述《地方组织法》还是《监督法》等我国相关法律，对地方各级人民政府发布的"决定和命令"均作原则规定，并未对"决定和命令"的定义及内涵和外延作出明确界定，导致认识不一，实践中争议不断。这种状况集中表现在如何把握人大常委会对同级政府制定的规范性文件备案审查的范围。按照《监督法》第30条的规定，县级以上地方各级人民代表大会常务委员会对本级人民政府发布的决定、命令进行审查。但是，何谓"决定和命令"缺乏具体的法定标准。在上海的实践中，绝大多数以"沪府发"、"沪府办发"为文号发布的规范性文件均不采用"决定"或"命令"的文件名，一如前述"X"规则群中以"沪府发"、"沪府办发"为文号发布的规范性文件，无一采用"决定"或"命令"的文件名。有一种观点认为，政府颁布的规范性文件只要不采用"决定"或"命令"的文件名，就无需报送同级人大常委会备案。然而，对法律条文的解释应当符合立法的目的、原则和原意，对我国法律规定的政府发布的"决定"、"命令"不能单纯地理解为公文种类意义上的"决定"、"命令"，而应考察相关规范性文件的内容。①倘若如此狭义地理解法律规定的"决定"、"命令"，那么未采用"决定"、"命令"文件名的"X"规则群中以"沪府发"、"沪府办发"为文号发布的规范性文件势必无法找到合法的身份，其"合法性"问题更无从说起。值得关注的是，

---

①　《上海市人民代表大会常务委员会关于规范性文件备案审查的规定》第3条采用了概况与列举相结合的方法，力求明确规范性文件的内涵与外延，增强操作性。该条规定："本规定所称规范性文件，是指涉及本市公民、法人和其他组织的权利、义务，并具有普遍约束力，在一定期限内可以反复适用的下列文件：（一）市人民政府规章；（二）市人民政府发布的决定……"

党的十八届四中全会通过的《中共中央关于全面推进依法治国若干重大问题的决定》明确要求将所有规范性文件纳入备案审查的范围,近年来上海市人民政府以"沪府发"、"沪府办发"为文号发布的规范性文件均已纳入上海市人大常委会备案审查的范围。

有鉴于此,"X"规则群应当归入广义的"决定"、"命令"之列。上海市人民政府既然可以就自贸试验区的先行先试制定《上海管理办法》,其以"沪府发"、"沪府办发"为文号出台一系列与《上海管理办法》相配套的规范性文件在法律上并无障碍。

(三)关于上海市政府相关工作部门出台的规范性文件的制定依据

在前述"X"规则群中,还有一类上海市人民政府相关部门出台的规范性文件,如上海市工商行政管理局以文号为"沪工商管〔2014〕49号"的通知印发前述《中国(上海)自由贸易试验区企业年度报告公示办法(试行)》《中国(上海)自由贸易试验区企业经营异常名录管理办法(试行)》。对于此类规范性文件的法律地位,我国相关法律、行政法规均未作出规定。国务院制定的《规章制定程序条例》第9条第2款规定:"省、自治区、直辖市和较大的市的人民政府所属工作部门或者下级人民政府认为需要制定地方政府规章的,应当向该省、自治区、直辖市和较大的市的人民政府报请立项。"第27条第2款规定:"地方政府规章应当经政府常务会议或者全体会议决定。"上述规定表明,省、自治区、直辖市和较大的市的人民政府所属工作部门仅有权就制定地方规章向该省、自治区、直辖市和较大的市的人民政府报请立项,地方规章的制定权归省、自治区、直辖市和较大的市的人民政府。但是,2010年1月19日上海市人民政府令第26号公布的《上海市行政规范性文件制定和备案规定》对这类规范性文件作出相应的规定,其第2条规定:"本规定所称的行政规范性文件(以下简称规范性文件),是指除政府规章外,行政机关依据法定职权或者法律、法规、规章的授权制定的涉及公民、法人或者其他组织权利、义务,具有普遍约束力,在一定期限内可以反复适用的文件。"第6条则规定了规范性文件的三类制定主体,即市、区(县)和镇(乡)人民政府;市和区(县)人民政府工作部门;依据法律、法规、规章的授权实施行政管理的市人民政府派出机构。第7条规定了规范性文件的名称,一般称"规定"、"办法"、"细则"、"决定"、"通告"等。《上海市行政规范性文件制定和备案规定》的上述规定为"X"规则群中的这类上海市人民政府相关部门出台的规范性文件提供了相应的制定依据。[①]

当然，这类位阶较低的规范性文件的立法权限有限，为确保其合法性，相关制度有明确的要求。2017年1月1日起施行的《上海市行政规范性文件制定和备案规定》（以下简称《规定》）设置了一系列制度。其一，严格规定规范性文件不得设定的内容。《规定》第9条规定，规范性文件不得设定行政许可事项、行政处罚事项、行政收费事项、行政强制事项，不得排除或者限制公平竞争的事项、制约创新的事项、减损公民、法人和其他组织合法权益或者增加其义务的事项、增加或者调整本机关职权的事项以及法律、法规、规章规定规范性文件不得设定的其他事项。其二，加强制定过程中的审查。《规定》第19条规定了合法性审查的制度，规定除由制定机关负责法制工作的机构具体起草规范性文件外，制定机关的办公厅（室）应当将报请制定的材料在审议前交由制定机关负责法制工作的机构进行合法性审查。合法性审查主要包括：是否属于规范性文件；是否超越制定机关法定职权或者法律、法规、规章的授权范围；是否与法律、法规、规章以及国家和本市政策相抵触；是否违反《规定》第9条的禁止性规定；是否按照本规定的规定经过听取意见的程序；是否与相关的规范性文件存在冲突。未经合法性审查的规范性文件草案，不得签署公布。其三，规定了严格的备案审查制度。根据《规定》第40条、第41条规定，市人民政府工作部门、市人民政府派出机构制定的规范性文件应当自规范性文件公布之日起15个工作日内报市人民政府备案。经审查，规范性文件存在制定主体不适格、超越制定机关法定职权或者法律、法规、规章授权范围、与法律、法规、规章、国家或者本市政策相抵触、违反本规定第9条禁止性规定、施行日期或者有效期不符合本规定要求，可能对公民、法人或者其他组织合法权益产生重大影响、明显不合理等情形的，不予备案，制定机关应限期改正、废止，或者停止执行该规范性文件。

"1+X"规则群作为我国第一批涉自贸试验区的地方行政立法，其制

---

① 2016年10月9日上海市人民政府令第46号公布《上海市行政规范性文件制定和备案规定》，《规定》自2017年1月1日起施行。2010年1月19日上海市人民政府令第26号公布的《上海市行政规范性文件制定和备案规定》同时废止。

定具有相应的法律依据，相应的备案审查制度确保了其规范内容的合法性、适当性。

四、上海模式对其他自贸试验区法治保障工作的借鉴

上海自贸试验区先制定政府规章再制定地方性法规这一分两步走的法治保障模式符合科学立法的规律，对后续设立的自贸试验区的法治保障工作提供了有益的经验。2014 年 12 月 28 日第十二届全国人大常委会第十二次会议通过《全国人民代表大会常务委员会关于授权国务院在中国（广东）自由贸易试验区、中国（天津）自由贸易试验区、中国（福建）自由贸易试验区以及中国（上海）自由贸易试验区扩展区域暂时调整有关法律规定的行政审批的决定》后，中国（广东）自由贸易试验区、中国（天津）自由贸易试验区、中国（福建）自由贸易试验区启动相关的法治保障工作，这三个自贸试验区都以省级（直辖市）人民政府规章的形式出台相关的管理办法，及时应对过渡时期先行先试的立法需求。

2015 年 2 月 17 日，广东省人民政府第十二届 42 次常务会议通过《中国（广东）自由贸易试验区管理试行办法》，广东省人民政府以第 213 号政府令予以公布，自 2015 年 4 月 21 日起施行。2015 年 2 月 10 日，天津市人民政府第 48 次常务会议通过《中国（天津）自由贸易试验区管理办法》，天津市人民政府以第 15 号政府令予以公布，自 2015 年 4 月 21 日起施行。2015 年 2 月 15 日，福建省人民政府第 37 次常务会议通过《中国（福建）自由贸易试验区管理办法》，福建省人民政府以第 160 号政府令予以公布，自 2015 年 4 月 20 日公布之日起施行。

上述三个自贸试验区管理办法具有相当多的共性：一是出台日期大致相同；二是法律位阶相同，均为自贸试验区所在地省级（直辖市）人民政府的规章；三是制定依据相同，均为全国人大常委会的授权决定、国务院批准的三个自贸试验区的总体方案；四是框架结构大致相同；五是基本内容大致相同，均为相关自贸试验区总体方案内容的翻版，具有十分明显的政策痕迹；六是作用、功能相同，旨在将国务院批准的总体方案明确的先行先试任务转化为各相关自贸试验区所在地的政府规章，及时应对自贸试验区过渡时期先行先试的立法需求。三个自贸试验区的管理办法也有明显的差

异,体现了国务院批准的总体方案对三个自贸试验区的发展目标、金融改革、产业开放、税收政策等方面的要求存在差异。总体上讲,除了肩负改革开放的共同使命外,广东自贸试验区的战略定位是"粤港澳深度合作示范区、21 世纪海上丝绸之路重要枢纽和全国新一轮改革开放先行地";天津自贸试验区的定位是要努力成为京津冀协同发展高水平对外开放平台、全国改革开放先行区和制度创新试验田、面向世界的高水平自由贸易园区;福建自贸试验区将建设成为制度创新的试验田,深化两岸经济合作的示范区和建设 21 世纪海上丝绸之路的核心区。这些个性化的要求体现在三个自贸试验区的管理办法的相关条文之中。

值得关注的是,中国(广东)自贸试验区、中国(天津)自贸试验区、中国(福建)自贸试验区并没有复制上海自贸试验区制定"X"规则群的经验。究其原因,上海自贸试验区"X"规则群所规范的内容已在全国范围复制、推广,无需由各自贸试验区再作规定。2014 年 12 月 21 日《国务院关于推广中国(上海)自由贸易试验区可复制改革试点经验的通知》(国发〔2014〕65 号)印发,《通知》称:上海自贸试验区可复制改革试点经验,原则上,除涉及法律修订、上海国际金融中心建设事项外,能在其他地区推广的要尽快推广,能在全国范围内推广的要推广到全国。有关部门结合自身深化改革的各项工作,已在全国范围复制推广了一批经验和做法。在此基础上,进一步在全国范围内复制推广投资管理领域、贸易便利化领域、金融领域、服务业开放领域、事中事后监管措施的改革事项。此外,国家层面已经出台统一适用于四个自贸试验区的《自由贸易试验区外商投资准入特别管理措施(负面清单)》《自由贸易试验区外商投资国家安全审查试行办法》。有鉴于此,上海自贸试验区制定"X"规则群的立法需求在新设立的三个自贸试验区已不复存在。

第二节　国内首部自贸试验区管理办法

《上海授权决定》作为法律性问题决定,只是为上海自贸试验区的先行先试扫清法律障碍,为上海市人民政府开展相关的行政立法提供必要的法律支撑,其本身并不是上海自贸试验区先行先试的行为规范。2013 年 9 月

133

29 日,在上海自贸试验区正式挂牌的当日,上海市人民政府公布《中国(上海)自由贸易试验区管理办法》(《上海管理办法》),这是 2013 年 9 月 26 日上海市人大常委会作出《上海授权决定》后,上海市地方层面对上海自贸试验区的先行先试事项作出实体性规范的第一件立法性文件,也是《中国(上海)自由贸易试验区条例》施行前上海自贸试验区先行先试的主要法律依据。

一、《上海管理办法》的立法定位与立法结构

上海自贸试验区起步伊始,各项先行先试的要求均体现在国务院批准的《总体方案》及国家有关部门根据《总体方案》的要求陆续出台的政策性规定中,为贯彻重大改革于法有据的要求,必须将《总体方案》中的政策性规定转化为立法性文件。在制定相关地方性法规条件尚不成熟的情况下,由上海市人民政府以规章的形式先制定《上海管理办法》既符合《立法法》的相关规定,也是上海自贸试验区起步阶段法治保障工作的必由之路。

鉴于国务院批准的《总体方案》明确要求"上海市要通过地方立法,建立与试点要求相适应的试验区管理制度",《上海管理办法》冠名以"管理办法",这一名称与地方政府规章的权限相合拍。根据《立法法》第 82 条的规定,地方政府规章可以就属于本行政区域的具体行政管理事项作出规定。但《上海管理办法》属于综合性的管理性规章,其规范内容并不严格囿于"管理制度"的范畴,在地方政府规章力所能及的范围内对上海自贸试验区的先行先试事项作出系统、全面的规定。

《上海管理办法》结构完整,分 7 章和 1 个附件,共有 39 条,7 章的章名分别为:总则、管理机构、投资管理、贸易发展和便利化、金融创新与风险防范、综合管理和服务、附则。附件部分是一份正面清单,分别列明了管委会承担的 15 项行政审批事项、管委会承担的 9 项具体的管理事务、管委会综合执法机构集中行使的 10 项行政处罚权。这一立法形式简洁明了、科学合理,尤其是在立法技术上用正面清单的方式将管委会承担的各项行政审批事项、管理事务及行政处罚权一一列明,既富有创意,又凸显了《上海管理办法》以"管理制度"为规范重点的立法特色。

二、《上海管理办法》的法源基础与适用范围

《上海管理办法》作为地方政府规章,法律位阶不高,但需要规范的事项涉及中央政府的事权及全国人大及其常委会的专属立法权限,其法源基础至关重要。《上海管理办法》第1条(目的和依据)规定:"为了推进中国(上海)自由贸易试验区建设,根据《全国人民代表大会常务委员会关于授权国务院在中国(上海)自由贸易试验区暂时调整有关法律规定的行政审批的决定》、《中国(上海)自由贸易试验区总体方案》和有关法律、法规,制定本办法。"这一规定寓意深刻,内涵丰富,基本上解决了《上海管理办法》的法源基础问题。

从《上海管理办法》第1条的规定来分析,将全国人大常委会的《授权决定》作为依据,意在处理好《上海管理办法》有关外商投资准入前国民待遇加负面清单的相关规定与"外资三法"相关规定不符的问题。相比之下,将国务院批准的《总体方案》作为依据更具法律意义和实践价值。国务院批准的《总体方案》是上海自贸试验区各项先行先试事项的法源基础、直接依据,国务院批准《总体方案》意味着其将中央政府的部分事权划拨给上海市人民政府。根据《立法法》第82条第2款的规定,为执行法律、行政法规、地方性法规规定的需要,地方政府可以制定规章。换言之,为执行国务院批准的《总体方案》的要求制定地方政府规章符合《立法法》的立法精神。与此同时,《总体方案》要求上海市建立与试点要求相适应的试验区管理制度,隐含了授予上海市制定涉自贸试验区管理制度的权限。由此破解了地方政府规章规范的事项涉及中央政府的事权及全国人大及其常委会的专属立法权限的难题。此外,《上海管理办法》第1条将"有关法律、法规"作为依据也非仅具有象征性意义。此处的"法律"包括但不限于《立法法》《地方组织法》等相关法律,前者规定了对于需要制定地方性法规,但条件不成熟时,可以先制定政府规章;后者规定了地方政府制定地方政府规章的权力。两者均为制定《上海管理办法》不可或缺的法律依据。

值得关注的是,上海自贸试验区率先涉入改革开放的深水区,中央决策层采取了既积极又审慎的态度,国务院批准的《总体方案》严格划定了上海自贸试验区的四至范围,全国人大常委会的《授权决定》也不厌其详,严

格规定暂时调整实施相关法律规定的四至范围。《上海管理办法》严格依循《总体方案》划定的上海自贸试验区的四至范围，在第2条（适用范围）中规定："本办法适用于经国务院批准设立的中国（上海）自由贸易试验区（以下简称'自贸试验区'）。自贸试验区涵盖上海外高桥保税区、上海外高桥保税物流园区、洋山保税港区和上海浦东机场综合保税区，总面积28.78平方公里。"这意味着《上海管理办法》不适用于上海自贸试验区的扩区部分。事实上在2014年12月28日第十二届全国人大常委会第十二次会议通过《全国人民代表大会常务委员会关于授权国务院在中国（广东）自由贸易试验区、中国（天津）自由贸易试验区、中国（福建）自由贸易试验区以及中国（上海）自由贸易试验区扩展区域暂时调整有关法律规定的行政审批的决定》，将上海自贸试验区扩大至120.72平方公里之前，2014年12月24日《上海市人民政府关于废止〈中国（上海）自由贸易试验区管理办法〉的决定》已获通过。

三、《上海管理办法》的核心内容与表述方式

作为综合性的政府规章，《上海管理办法》全面、系统地规范了上海自贸试验区先行先试的主要事项，力求为相关的先行先试举措提供必要的指引，在法条的表述上则遵循地方政府规章的有限权限，避免在法意、法权、法条上与上位法发生抵触。

1. 关于上海自贸试验区的区域功能

自贸试验区的区域功能至关重要，事关自贸试验区建设的总体目标，为此，《上海管理办法》将确定上海自贸试验区区域功能的条款置于总则中。《上海管理办法》第3条对《总体方案》勾画的上海自贸试验区的总体目标进行提炼，概括为上海自贸试验区的区域功能："自贸试验区推进服务业扩大开放和投资管理体制改革，推动贸易转型升级，深化金融领域开放，创新监管服务模式，探索建立与国际投资和贸易规则体系相适应的行政管理体系，培育国际化、法治化的营商环境，发挥示范带动、服务全国的积极作用。"

2. 关于上海自贸试验区的管理机构

《上海管理办法》将自贸试验区的管理机构作为立法重点，专辟一章，

在第二章第4—9条中集中规定上海自贸试验区的管理机构、机构职责、综合执法、集中服务场所及其他行政事务。按照《上海管理办法》的设计，上海自贸试验区的管理分为以下几个层次：

一是成立中国（上海）自由贸易试验区管理委员会（以下简称管委会），该管委会作为市政府派出机构，具体落实自贸试验区改革任务，统筹管理和协调自贸试验区有关行政事务。

二是上海市有关部门和浦东新区等区县政府应当加强协作，支持管委会的各项工作。

三是设立管委会综合执法机构，集中行使相关领域的行政处罚权，以及与行政处罚权有关的行政强制措施权和行政检查权。

四是海关、检验检疫、海事、工商、质监、税务、公安等部门设立自贸试验区办事机构，依法履行自贸试验区有关监管和行政管理职责。

五是上海市有关部门和浦东新区政府按照各自职责，承担自贸试验区其他行政事务。

《上海管理办法》第5条列明管委会的9项具体职责，同时明确原由上海外高桥保税区管理委员会、洋山保税港区管理委员会、上海综合保税区管理委员会分别负责的有关行政事务，统一由管委会承担。第6条则列明管委会综合执法机构依法履行的职责。这些规定与《上海管理办法》附件中列明管委会承担的15项行政审批事项、管委会承担的9项具体的管理事务、管委会综合执法机构集中行使的10项行政处罚权的清单相配套，使上海自贸试验区各相关管理机构的职责有章可循。

3. 关于投资管理的规定

投资领域的扩大开放与制度创新是上海自贸试验区先行先试的核心内容之一。《总体方案》要求上海自贸试验区通过扩大服务业开放、探索建立负面清单管理模式、构筑对外投资服务促进体系等举措，扩大投资领域的开放。为落实《总体方案》的要求，《上海管理办法》第三章集中对投资管理作了规定。其中，第10条规定：自贸试验区根据《总体方案》，在金融服务、航运服务、商贸服务、专业服务、文化服务和社会服务等领域扩大开放，暂停或者取消投资者资质要求、股比限制、经营范围限制等准入限制措施。第11条规定：自贸试验区实行外商投资准入前国民待遇，实施外商投资准入特别管理措施(负面清单)管理模式。对外商投资准入特别管理措施(负面清单)之外的领域,按照内外资一致的原则,将外商投资项目由核准制改为备案制,但国务院规定对国内投资项目保留核准的除外;将外商投资企业合同章程审批改为备案管理。第 12 条规定:自贸试验区内企业到境外投资开办企业,实行以备案制为主的管理方式,对境外投资一般项目实行备案制。第 13 条规定:自贸试验区实行注册资本认缴登记制,公司股东(发起人)对其认缴出资额、出资方式、出资期限等自主约定并记载于公司章程,但法律、行政法规对特定企业注册资本登记另有规定的除外。第 14 条规定:自贸试验区内取得营业执照的企业即可从事一般生产经营活动;从事需要许可的生产经营活动的,可以在取得营业执照后,向主管部门申请办理。法律、行政法规规定设立企业必须报经批准的,应当在申请办理营业执照前依法办理批准手续。《上海管理办法》的上述条款同时明确,自贸试验区外商投资准入特别管理措施(负面清单),由上海市人民政府公布。外商投资项目和外商投资企业备案办法,由上海市人民政府制定;境外投资开办企业和境外投资项目备案办法,由上海市人民政府制定。

《上海管理办法》有关投资管理的规定基本涵盖《总体方案》关于扩大投资领域开放的要求,在条文的表述、措辞的运用上与《授权决定》和《总体方案》的规定保持一致。

4. 关于贸易发展和便利化的规定

《总体方案》将推进贸易发展方式转变作为上海自贸试验区先行先试的重要内容之一,在推动贸易转型升级、提升国际航运服务能级等方面提出一系列要求。《上海管理办法》第四章第 15—18 条围绕贸易发展和便利化,细化了《总体方案》的要求,内容涉及贸易转型升级、航运枢纽功能、进出境监管制度创新、进出境监管服务便利化等方面。

鉴于国际贸易、航运、进出境监管均涉及国家事权,《上海管理办法》有关该领域制度创新的规定严格依循《总体方案》的规定,且相关条款采用了"鼓励"、"可以"等非强制性的措辞。

5. 关于金融创新与风险防范的规定

深化金融领域的开放创新是上海自贸试验区先行先试的核心内容,《总体方案》要求上海自贸试验区加快金融制度创新,在风险可控的前提下,可在试验区内对人民币资本项目可兑换、金融市场利率市场化、人民币跨境使用等方面创造条件进行先行先试。为落实《总体方案》的要求,《上海管理办法》第五章第 19 条至第 25 条对金融创新与风险防范作了详尽规定。首先在第 19 条中对金融创新提出一般要求:"在自贸试验区开展金融领域制度创新、先行先试,建立自贸试验区金融改革创新与上海国际金融中心建设的联动机制。"第 20 条至第 24 条分别就资本项目可兑换、利率市场化、人民币跨境使用、外汇管理、金融主体发展等金融创新事项作出规定。

鉴于金融创新属于国家事权,涉及中央专属立法权限,《上海管理办法》有关金融创新的规定限于实施性、细化性的规定,并切实贯彻落实《总体方案》强调的"风险防范"的要求,将"风险防范"列入第五章的章名中,在相关制度创新的条文中规定"在风险可控的前提下"的限制词,并专门设立了第 25 条(风险防范),要求加强与国家金融管理部门的协调,配合国家金融管理部门在自贸试验区建立与金融业务发展相适应的监管和风险防范机制。

6. 关于综合管理和服务的规定

"监管高效便捷"、"法制环境规范"均是《总体方案》确定的上海自贸试验区总体目标的重要内容。《上海管理办法》第六章以 12 条的篇幅,分别就优化管理、管理信息公开、一口受理机制、完善监管、安全审查和反垄断审查、知识产权保护、企业年度报告公示、信用信息制度、监管信息共享、综合性评估以及行政复议和诉讼、商事纠纷解决等事项作出规定,细化了《总体方案》的相关要求。鉴于综合管理和服务基本上属于地方政府的事权,《上海管理办法》的立法空间较大,并为相关工作机制的进一步探索留下了必要的空间。

四、对上海管理办法的简要评述

《上海管理办法》的制定与实施是上海自贸试验区法治保障工作的成功探索,作为上海自贸试验区过渡性的立法安排,《上海管理办法》的主要内容涉及区内管理体制以及综合监管和服务等内容,及时解决了上海自贸试验区挂牌和初期运作的制度需求,为管委会和有关部门依法行政提供基本的法制保障。值得一提的是,《上海管理办法》是在上海自贸试验区筹备阶段起草制定的,在自贸试验区尚未运行、先行先试的现实立法需求尚不清晰、相关管理与服务实践经验阙如的情况下,上海市人民政府相关工作部门在短时间内起草、出台这样一部综合性的《上海管理办法》实属难能可贵。

毋庸讳言,《上海管理办法》作为过渡性的、应急性的管理性规定,不可避免地存在一些不足。如作为地方政府规章,《上海管理办法》立法权限有限,难以建立符合自贸试验区先行先试需要的高效便捷的管理体制、执法体制,难以解决委托执法方式所带来的名义主体多、权责不一致等问题;《上海管理办法》的内容尚未涵盖自贸试验区促进投资和贸易的各项制度创新,以及海关特殊监管区域的原有立法内容。一些专家学者也一针见血地提出了该管理办法的不足,如有的学者认为,综观《上海管理办法》,着墨最多的还是自贸试验区的管委会和其他相关部门要依法行使各项职权,对有关自贸试验区内进行特殊法治试验试点的具体内容要么基本付之阙如,要么规定得比较抽象,由此至少可以得出一个基本的判断:在法治建设方面要进行哪些具体的试验试点,上海市还未有一个明确的完全公开的眉目。①但是瑕不掩瑜,这些不足与缺陷并不影响《上海管理办法》在过渡期有效发挥作用,并为制定《中国(上海)自由贸易试验区条例》奠定了坚实的立法基础。

■ 第三节　国内首批自贸试验区系列备案管理办法概览

在各自贸试验区各项制度创新的推进过程中,唯一投资管理制度的先行先试需要在国家层面由全国人大常委会、国务院作出暂时调整适用法律、行政法规相关规定的决定。国务院批准的《总体方案》将探索建立负面清单管理模式作为上海自贸试验区制度创新的核心内容之一,要求上海自贸试验区借鉴国际通行规则,对外商投资试行准入前国民待遇,研究制定试验区外商投资与国民待遇等不符的负面清单、改革外商投资管理模式。对负面清单之外的领域,按照内外资一致的原则,将外商投资项目由核准

① 参见刘松山:《自贸区不具有独立的法治意义及几个相关法律问题》,《政治与法律》2014 年第 2 期。

制改为备案制(国务院规定对国内投资项目保留核准的除外),由上海市负责办理;将外商投资企业合同章程审批改为由上海市负责备案管理。为确保这一制度创新于法有据,全国人大常委会、上海市人大常委会相继作出授权决定,在上海自贸试验区暂时调整实施"外资三法"及上海市相关地方性法规中有关"三资企业"行政审批的规定。2013年9月29日,在上海自贸试验区挂牌当日,上海市人民政府一揽子出台系列备案管理办法。

一、《中国(上海)自由贸易试验区外商投资项目备案管理办法》

《中国(上海)自由贸易试验区外商投资项目备案管理办法》由上海市人民政府于2013年9月29日以沪府发〔2013〕71号的文号公布,分五章,共17条。其结构与内容概要如下:

第一章总则规定了该管理办法的立法目的是规范上海自贸试验区外商投资项目管理制度;立法依据是国务院批准的《总体方案》;适用于自贸试验区内实行备案制管理的外商投资项目;自贸试验区项目备案管理范围包括:自贸试验区外商投资准入特别管理措施(负面清单)之外的中外合资、中外合作、外商独资、外商投资合伙、外国投资者并购境内企业、外商投资企业增资等各类外商投资项目(国务院规定对国内投资项目保留核准的除外)。法律、法规另有规定的,从其规定;属于国家安全审查范围的外商投资项目,需按照有关规定进行安全审查;自贸试验区管理委员会为自贸试验区外商投资项目备案机构,负责自贸试验区外商投资项目备案和监督管理。

第二章至第四章分别规定项目备案程序、备案的变更、监督管理和法律责任。第五章附则规定项目备案文件有效期为2年,自备案之日起计算;香港特别行政区、澳门特别行政区和台湾地区的投资者在自贸试验区投资的项目,参照本办法执行;该管理办法自2013年10月1日起施行。

二、《中国(上海)自由贸易试验区境外投资项目备案管理办法》

《中国(上海)自由贸易试验区境外投资项目备案管理办法》由上海市人民政府于2013年9月29日以沪府发〔2013〕72号的文号公布,分六章,共13条。其结构与内容概要如下:

第一章总则部分共 3 条,主要规定了该管理办法的立法目的在于"进一步改革境外投资管理方式,切实提高境外投资便利化程度";由作为"项目备案机构"的上海自贸试验区管委会对注册在上海自贸试验区的地方企业实施的上海市权限内的境外投资一般项目,实行备案制管理。

第二章、第三章、第四章、第五章分别对项目备案程序、备案的变更、项目备案的效力、监督管理和法律责任作出规定。第六章附则部分规定:前往香港特别行政区、澳门特别行政区的投资项目,适用本办法;前往台湾地区的投资项目,按照国家发展改革委、商务部和国台办《关于印发〈大陆企业赴台湾地区投资管理办法〉的通知》(发改外资〔2010〕2661 号)执行。该办法自 2013 年 10 月 1 日起施行。

三、《中国(上海)自由贸易试验区外商投资企业备案管理办法》

《中国(上海)自由贸易试验区外商投资企业备案管理办法》由上海市人民政府于 2013 年 9 月 29 日以沪府发〔2013〕73 号的文号公布,共 15 条。其结构与内容概要如下:

第 1—3 条规定该管理办法的目的、适用范围、备案机构。其中,第 1 条规定:该管理办法的目的在于进一步扩大开放,推进外商投资管理体制改革,营造上海自贸试验区国际化、法治化投资环境;制定该管理办法的依据是《授权决定》《总体方案》和相关法律、法规。第 2 条规定:"对自贸试验区外商投资准入特别管理措施(负面清单)之外的外商投资企业设立和变更,适用本办法。法律、法规另有规定的,从其规定。"第 3 条规定上海自贸试验区管委会为"备案机构",负责权限内的外商投资企业备案管理。

第 4—13 条分别就企业设立备案、变更备案事项、存续企业变更备案、备案程序、备案信息管理、备案转为审批、告知承诺、信息公开、诚信管理、事中事后监管等事项作出规定。根据第 14 条的规定,香港特别行政区、澳门特别行政区、台湾地区的投资者在自贸试验区内投资设立企业的备案管理,参照本办法。该管理办法自 2013 年 10 月 1 日起施行,有效期为 3 年。

四、《中国(上海)自由贸易试验区境外投资开办企业备案管理办法》

《中国(上海)自由贸易试验区境外投资开办企业备案管理办法》由上

海市人民政府于 2013 年 9 月 29 日以沪府发〔2013〕74 号的文号公布,共14 条。其结构与内容概要如下:

第1—4 条规定该管理办法的目的、适用范围、备案机构、备案权限。其中,第 1 条规定制定该管理办法的目的:为进一步扩大开放,推进境外投资管理体制改革,营造国际化、法治化投资环境;制定该管理办法的依据是国务院批准的《总体方案》。第 2 条规定适用范围:注册地在中国(上海)自由贸易试验区内的企业境外投资,适用本办法。该条同时规定:本办法所称境外投资,是指企业通过新设、并购等方式,在境外设立非金融企业或取得既有非金融企业的所有权、控制权、经营管理权等权益的行为。第 3 条规定上海自贸试验区管委会为备案机构,负责权限内企业境外投资备案管理。第 4 条规定备案权限:备案机构对境外投资实行备案管理。涉及与我国未建交国家(地区)的境外投资、特定国家(地区)的境外投资、涉及多国(地区)利益的境外投资、设立境外特殊目的公司、能源矿产类境外投资、需在国内招商的境外投资等,仍按照《境外投资管理办法》执行。该办法同时规定了企业境外投资不得有危害我国国家主权、安全和社会公共利益,或违反我国法律法规、损害我国与有关国家(地区)关系、可能违反我国对外缔结的国际条约、涉及我国禁止出口的技术和货物的情形。

第5—12 条分别就备案材料、备案时限、变更和终止、证书效力、证书有效期、诚信管理、事中事后监管、罚则等事项作了规定。第 13 条(附则)规定,企业赴香港特别行政区、澳门特别行政区投资参照本办法执行,赴台湾地区投资按照国家发展改革委、商务部和国台办《关于印发〈大陆企业赴台湾地区投资管理办法〉的通知》(发改外资〔2010〕2661 号)执行。事业单位法人开展境外投资、企业在境外设立非法人企业、企业控股的境外企业境外再投资参照本办法执行。第 14 条规定该管理办法自 2013 年 10 月 1 日起施行。

五、首批自贸试验区外商投资备案管理的统一规则

鉴于外商投资制度的管理属于国家事权,外商投资备案审查制度本应由国家层面作出规定,考虑到上海自贸试验区首次试水这一改革,按照中央要求承担自贸试验区先行先试主体责任的上海市根据国务院批准的《总

体方案》的规定,制发了上述四件备案审查管理规定,适用于上海自贸试验区总面积为 28.78 平方公里的区域范围内。2014 年 12 月党中央、国务院决定增设广东、天津、福建自贸试验区并决定上海自贸试验区扩区后,相关部门立即着手制定各自贸试验区统一适用的自由贸易试验区外商投资备案管理办法。2015 年 4 月 8 日,商务部以 2015 年第 12 号公告公布了《自由贸易试验区外商投资备案管理办法(试行)》(以下简称《试行办法》)。《试行办法》共 20 条,自发布之日起 30 日后实施。《试行办法》的主要内容概要如下:

1.《试行办法》的制定依据、适用范围

《试行办法》第 1 条规定:"为进一步扩大对外开放,推进外商投资管理制度改革,在中国(广东)自由贸易试验区、中国(天津)自由贸易试验区、中国(福建)自由贸易试验区、中国(上海)自由贸易试验区(以下简称自贸试验区)营造国际化、法治化、市场化的营商环境,根据《全国人民代表大会常务委员会关于授权国务院在中国(上海)自由贸易试验区暂时调整有关法律规定的行政审批的决定》、《全国人民代表大会常务委员会关于授权国务院在中国(广东)、中国(天津)、中国(福建)自由贸易试验区以及中国(上海)自由贸易试验区扩展区域暂时调整有关法律规定的行政审批的决定》、相关法律、行政法规及国务院决定,制定本办法。"第 2 条规定:"外国投资者在自贸试验区投资《自由贸易试验区外商投资准入特别管理措施(负面清单)》以外领域,外商投资企业设立、变更(以下统称投资实施)及合同章程备案,适用本办法。法律、行政法规和国务院决定另有规定的,从其规定。投资实施的时间对外商投资企业设立而言,为企业营业执照签发时间;对外商投资企业变更而言,涉及换发企业营业执照的,投资实施时间为企业营业执照换发时间,不涉及换发企业营业执照的,投资实施时间为变更事项发生时间。"

2. 备案机构、需备案的变更事项

《试行办法》第 3 条规定:自贸试验区管理机构(以下简称备案机构)负责自贸试验区外商投资事项的备案管理。备案机构通过商务部外商(港澳台侨)投资备案信息系统,开展自贸试验区外商投资事项的备案工作。按照第 5 条的规定,需要办理变更备案的事项为投资总额变更;注册资本变更;股权、合作权益变更或转让;股权质押;合并、分立;经营范围变更;经营期限变更;提前终止;出资方式、出资期限变更;中外合作企业外国合作者先行回收投资;企业名称变更;注册地址变更。

3. 备案程序、相关期限

按照各自贸试验区《总体方案》确定的"建立一口受理、同步审批的'一站式'高效服务模式"要求,《试行办法》明确外国投资者或外商投资企业可自主选择在投资实施前或投资实施之后30日内,通过自贸试验区一口受理平台在线填报和提交备案申报表,完成备案程序。对属于备案范围的投资事项,备案机构应在3个工作日内完成备案并通知外国投资者或外商投资企业,在线发布和共享备案结果信息。

4. 备案机构的监督审查

《试行办法》规定外国投资者或外商投资企业申报内容应真实、完整、有效,备案机构应对申报事项是否属于备案范围进行甄别,对自贸试验区外国投资者及外商投资企业遵守外商投资法律法规规定情况实施监督检查。备案机构可采取定期抽查、根据举报进行检查、根据有关部门或司法机关的建议和反映进行检查,以及依法定职权启动检查等方式开展监督检查。备案机构的监督检查内容包括:外国投资者或外商投资企业是否按本办法规定履行备案程序;外商投资企业投资经营活动是否与填报的备案信息一致;是否按本办法规定填报年度报告;是否存在违反外商投资法律法规规定的其他情形。经监督检查发现外国投资者或外商投资企业存在违反外商投资法律法规规定的情形的,备案机构应以书面通知责成其说明情况,并依法开展调查。经调查确认存在违法行为的,责令其限期整改;情节严重的,备案机构应取消备案,并提请相关部门依法予以处罚。

5. 信用惩戒

《试行办法》规定,外国投资者、外商投资企业在备案、登记及投资经营等活动中所形成的信息,以及备案机构和其他主管部门在监督检查中掌握的反映其诚信状况的信息,将纳入商务部外商(港澳台侨)投资诚信档案系统。商务部与相关部门共享外国投资者及外商投资企业的诚信信息。对于备案信息不实,或未按本办法规定填报年度报告的,备案机构将把相关

145

信息记入诚信档案,并采取适当方式予以公示。诚信信息共享与公示不得含有外国投资者、外商投资企业的商业秘密、个人隐私。

值得注意的是,《试行办法》总结了上海自贸试验区外商投资备案管理的成功经验,保持了外商投资管理体制改革措施的延续性,但在上海市人民政府发布的《中国(上海)自由贸易试验区外商投资企业备案管理办法》的基础上,进一步提高外商投资便利化程度,作了多方面的改进:一是将外商投资企业合同章程备案与企业设立或变更的登记环节脱钩,即不以备案作为登记的前置条件。二是引入信息报告制度,区内所有外商投资企业均须履行年度报告义务。三是细化对外商投资的监督检查要求,明确检查机关、方式、内容,以及对监督检查中发现问题的处罚措施。四是建立外商投资诚信档案系统,在各部门之间实现备案、诚信信息的共享。《试行办法》有助于进一步营造自贸试验区公开、透明和国际化、市场化、法治化的投资环境。

第四节　国内首份自贸试验区负面清单及其后续发展

与对外商投资备案管理制度一样,有关自由贸易试验区外商投资准入特别管理措施(负面清单)也属于国家事权,应当由国家有关方面作出规定。国内有专家学者认为,外资准入与负面清单的立法权应由国家行使,对地方政府制定调整原属于国家投资法律规范的投资准入事项是否于法有据提出质疑。[①]应该说上海市制定负面清单具有相应的依据。按照中央要求,上海市承担自贸试验区先行先试主体责任,根据国务院批准的《总体方案》的要求,上海市应在上海自贸试验区积极探索建立负面清单管理模式,借鉴国际通行规则,对外商投资试行准入前国民待遇,研究制定上海自贸试验区外商投资与国民待遇等不符的负面清单,改革外商投资管理模式。为贯彻落实《总体方案》的要求,上海市人民政府 2013 年、2014 年先后公布两版负面清单。2014 年 12 月党中央、国务院决定增设广东、天津、福

---

① 参见李晶:《中国(上海)自贸区负面清单的法律性质及其制度完善》,《江西社会科学》2015 年第 1 期。

建自贸试验区并决定上海自贸试验区扩区后,相关部门立即着手制定各自贸试验区统一适用的外商投资准入特别管理措施(负面清单)。2015 年国务院批准出台统一适用于各自贸试验区的负面清单,该负面清单先后修订了多次,最新版负面清单已于 2020 年 6 月 24 日发布。

一、上海自贸试验区《2013 年版负面清单》

准入前国民待遇加负面清单是自贸试验区制度创新的核心内容,国内外各方面对中国首份负面清单充满期待。2013 年 9 月 29 日,上海市人民政府以沪府发〔2013〕75 号的文号公布《中国(上海)自由贸易试验区外商投资准入特别管理措施(负面清单)(2013 年)》(以下简称《2013 年版负面清单》)。尽管其法律位阶属于低于政府规章的其他规范性文件,但却是我国第一份有关外商投资的负面清单,不但具有重要的象征意义,更是上海自贸试验区投资管理制度创新的重要依据。

1. 编制主体与名称

《2013 年版负面清单》由上海市政府编制完成,尽管在形式上由上海市人民政府以“沪府发”的规范性文件公布,但在该负面清单制定过程中,征求了国家发改委、商务部等国家机关的意见,并根据相关部门的意见反复修改后形成。

其名称为外商投资特别准入管理措施。对于中国来说这是一个全新的概念。国务院批准的《总体方案》采用的名称是“准入前国民待遇加负面清单”,全国人大常委会在审议授权决定时,全国人大常委会法工委认为“负面清单”不是法定概念,也难以确定其含义,因而采用“国家规定实施准入特别管理措施”这种写实的表述方法。为此,《2013 年版负面清单》采用“外商投资特别准入管理措施(负面清单)”的表述。

2. 编制依据

按照该负面清单的说明,编制负面清单以外商投资法律法规、《中国(上海)自由贸易试验区总体方案》《外商投资产业指导目录(2011 年修订)》等为直接依据。此外,编制该负面清单时还参考了中国参加 WTO 服务贸易协定的具体承诺减让表,《关于建立更紧密经贸关系的安排》(CEPA)、《海峡两岸经济合作框架协议》(ECFA)等双多边协定等。

147

在分类依据上，《2013 年版负面清单》采用国民经济行业分类标准，而 WTO 承诺减让表是按照联合国的产品总分类（即 CPC 分类标准），采用这一分类标准旨在与国内的备案管理相衔接。

3. 编制的总体思路

编制《2013 年版负面清单》的总体思路是：从自贸试验区总体方案的要求出发，遵循国际投资和贸易通行规则，立足于建立国际化、法治化营商环境，先行先试、统筹兼顾，一方面要符合国际惯例，另一方面考虑到动态性管理，且渐进式开放的需要，只能减少不能增加。因此，实行逐步放开、分步推进，以利于扩大开放，加速政府职能的转变，实现《总体方案》规定的"先行先试、风险可控、分步推进、逐步完善"的工作目标。

4. 主要内容

《2013 年版负面清单》由"说明"和"准入特别管理措施（表格）"两部分组成。说明部分主要是负面清单的作用、准入措施类别、相关的管理要求、调整安排等。准入特别管理措施由限制和禁止外商投资的行业、产品或经营方式等组成，共 190 项，措施分为两类：其中限制性措施 152 项，禁止类措施 38 项。其中禁止类是外资不可以做的，但限制类只要符合条件，经过审批就可以做。具体条件包括中外合资合作、高管要求、注册资本要求等。

在表述分类上，《2013 年版负面清单》从自贸试验区的产业特点出发，对试验区非重点行业按大类表述；对文化艺术等敏感行业，按大类整体纳入负面清单；对试验区重点发展的产业，主要是服务业和部分制造业按照小类表述，以增加准入政策的透明度。与此同时，按照国民经济行业分类，把禁止措施和限制性措施归并表述。对属于《外商投资产业指导目录》中限制类的特别管理措施，均冠有"限制投资"的文字，禁止类的特别管理措施，均冠有"禁止投资"的文字。

在行业分布上，《2013 年版负面清单》是一份全行业的清单，涵盖国民经济 18 个门类、[①]89 个行业大类、419 个行业中类和 1 069 个行业小类。

① 我国国民经济行业分 20 个门类，其中社会组织和国际组织两个门类不属于经济组织，《2013 年版负面清单》涵盖了除去这两个非经济组织的国民经济 18 个门类。

其中,第一产业的特别管理措施 7 项,第二产业的特别管理措施 88 项(其中制造业 63 项),第三产业的特别管理措施 95 项。《2013 年版负面清单》按小类进行限制,共制定了 190 条管理措施,涉及国民经济行业 1 069 个小类中的 17.8％。值得一提的是,就某一个行业类别而言,按小类编制,具体措施展开得越细,则开放度就越大。如果按中类编制,虽然负面清单较短,但限制范围反而更大。从这个意义上说,虽然《2013 年版负面清单》表面来看较"长",但与对外开放程度没有直接的对应关系。

《2013 年版负面清单》特别说明,根据外商投资法律法规和自贸试验区发展需要,负面清单将适时进行调整。

5. 简要评价

《2013 年版负面清单》作为我国第一份负面清单,其出台引起社会广泛的关注。总体上讲,社会对该份清单持积极的评价,普遍认为编制该份清单符合国际通行规则,开放度和透明度前所未有,负面清单管理模式标志着行政审批制度改革的进一步深化,负面清单与备案管理配套实施,促使行政效率进一步提高,有效地促进了投资便利化。

在充分肯定《2013 年版负面清单》积极作用的同时,社会对该份清单的不足也发表了中肯的意见,如开放程度有待进一步提升、透明程度有待进一步提高、投资资格有待进一步完善、监管体系有待进一步完善、不符措施有待进一步充实。

二、上海自贸试验区《2014 年版负面清单》

2014 年 6 月 30 日,上海市人民政府发布《关于公布中国(上海)自由贸易试验区外商投资准入特别管理措施(负面清单)(2014 年修订)的公告》(2014 年第 1 号公告),《中国(上海)自由贸易试验区外商投资准入特别管理措施(负面清单)(2014 年修订)》(以下简称《2014 年版负面清单》)如期推出。

1. 编制方法

《2014 年版负面清单》以进一步增加开放度、进一步增强透明度、进一步与国际通行规则相衔接为修订原则,并根据国务院批准同意的 31 条扩大开放措施修订而成。主要的做法是:进一步扩大开放,实质性取消部分条款;因分类形式调整,将不少条款合并同类项;体现内外资一致性,删除一些本就被上位法或其他现行法律禁止的条目;原来的一些模糊表述减少了,透明度更高。

2. 文本表述

在文本表述上,《2014年版负面清单》共41条,其中,"删除"指的是2013年版有、2014年版没有,列明的删除内容可能是一条,也可能是一条中的一句话;"修改",指的是针对2013年版条文的修改,改后为2014年版的内容;"并入",指的是针对2013年版条文,在2014年版中出现合并的情况,原有数条内容可能并入一条中,被并入的内容则被删除。

与2013年版本相比,新版"负面清单",实现了大幅"瘦身",削减了51个项目,表述更加清晰,其中特别管理措施由原来的190条调整为139条,调整率达到26.8%。按措施的类型分,限制性措施110条,禁止性措施29条;按产业分,第一产业6条,第二产业66条(其中制造业46条),第三产业67条。

3. 主要特点

与《2013年版负面清单》相比,《2014年版负面清单》主要呈现三个特点:

一是开放度进一步提高。在"负面清单"修订过程中,有关部门对金融、教育、文化、医疗等有序开放领域,对育幼养老、建筑会计、会计审计、商贸物流、电子商务等放开领域,以及一般制造领域的管理措施,采取了能取消则取消,能放宽则放宽的态度。同时,《外商投资产业指导目录(2011年修订)》鼓励类中无中方控股要求,以及在实践中已突破或《关于建立更紧密经贸关系的安排》中已经放开的管理措施,也不再列入"负面清单"。从开放的角度看,取消了14条管理措施,放宽了19条管理措施,与2013年相比,进一步开放的比率达17.4%。取消的14条开放措施中,服务业领域7条,制造业等领域7条。放宽的19条管理措施中,涉及制造业领域9条,基础设施领域1条,房地产领域1条,商贸服务领域4条,航运服务领域2条,专业服务领域1条,社会服务领域1条。

值得关注的是,有相当数量删减的条款,其实是进行了"合并同类项"的操作。比如,在《2013年版负面清单》中,"特殊和稀缺煤类"的开采和勘探分前后两条描述,在《2014年版负面清单》中就合并为同一条。《2014年版负面清单》还将"限制投资银行、财务公司、信托公司、货币经纪公司"改为"投资银行业金融机构须符合现行规定"。这意味着进一步放开了外资对金融机构的投资。值得一提的是,《2014年版负面清单》还删除了"禁止投资博彩业(含赌博类跑马场)"以及"禁止投资色情业"的表述。《2014年版负面清单》删除上述两条表述,应该是因为上述两项内容本身,已经被中国的其他上位法禁止。

二是透明度进一步增加。《2013年版负面清单》中无具体限制条件的55条管理措施大幅缩减为25条,并明确了部分无具体限制条件管理措施的条件。如明确了投资直销的条件,即投资者须具有3年以上在中国境外从事直销活动的经验,且公司实缴注册资本不低于人民币8000万元;明确了投资基础电信业务的条件,即外资比例不得超过49%等。《2014年版负面清单》对某些条款的表述也更加清晰。比如,将"限制投资电信、广播电视和卫星传输服务"改为"限制投资基础电信业务,外资比例不超过49%";将"限制投资房地产二级市场交易及房地产中介或经纪公司"改为"限制以项目公司形式投资房地产市场二级交易"。

三是与国际通行规则进一步衔接。根据国际通行规则,对《2013年版负面清单》中14条对内外资均有限制或禁止要求的管理措施,不再列入负面清单。调整了负面清单的结构。按照国际上负面清单突出限制措施的惯例,将行业分类代码调整到管理措施的后面,并将涉及不同代码的同一行业不同环节的相关措施作了统一表述,以便投资者能够更清晰地理解相关管理措施。同时,为了方便投资者查询,在管理措施前面还统一加注了序号。

2013年、2014年上海自贸试验区两份外商投资负面清单对于上海自贸试验区外资管理的制度创新发挥了重要作用。鉴于国务院在其他相关省市新增了自贸试验区,从2015年开始,由国家相关部门制定统一的负面清单,上海自贸试验区不再续编新的外商投资负面清单。但在上海自贸试验区先行先试的相关领域,上海积极探索负面清单的管理模式。2018年9月29日,上海市人民政府印发《中国(上海)自由贸易试验区跨境服务贸易负面清单管理模式实施办法》。《实施办法》所称的跨境服务贸易,是指由境外服务提供者向自贸试验区内消费者提供服务的商业活动,包含自境外向自贸试验区内提供服务,即跨境交付模式;在境外向来自自贸试验区内的消费者提供服务,即境外消费模式;境外服务提供者通过在自贸试验区内的自然人存在提供服务,即自然人流动模式。该实施办法旨在进一步扩大服务贸易领域对外开放,探索自贸试验区跨境服务贸易负面清单管理模式。其依据是相关法律法规和《全面深化中国(上海)自由贸易试验区改革开放方案》(国发〔2017〕23 号)、《国务院关于同意深化服务贸易创新发展试点的批复》(国函〔2018〕79 号)等政策性规定。

三、《自由贸易试验区外商投资准入特别管理措施(负面清单)》

2014 年 12 月,党中央、国务院决定增设广东、天津、福建自贸试验区,并决定扩展上海自贸试验区。与此同时,经过上海自贸试验区近两年的探索,我国在探索外商投资负面清单领域积累了宝贵的经验,制定全国统一的自贸试验区外商投资负面清单的条件已经具备。为此,国务院相关部门在上海自贸试验区两份负面清单的基础上拟定了统一适用于各自贸试验区的负面清单。2015 年 4 月 8 日国务院办公厅印发《自由贸易试验区外商投资准入特别管理措施(负面清单)》的通知,该负面清单统一适用于各自贸试验区。根据各自贸试验区先行先试的状况及我国外商投资管理制度发展的情况,国家有关部门对《自由贸易试验区外商投资准入特别管理措施(负面清单)》多次进行调整,并且适时出台适用于非自贸试验区的《外商投资准入特别管理措施(负面清单)》和全国统一的市场准入负面清单。我国已经形成《自由贸易试验区外商投资准入特别管理措施(负面清单)》《外商投资准入特别管理措施(负面清单)》和全国统一的市场准入负面清单三位一体的负面清单体系。

(一)2015 年版自贸试验区负面清单概览

2015 年 4 月 8 日,国务院办公厅印发《自由贸易试验区外商投资准入特别管理措施(负面清单)》的通知,称"已经国务院同意,现印发给你们,请认真执行。实施中的重大问题,要及时向国务院请示报告"。该负面清单是我国首份统一适用于各自贸试验区的负面清单,沿袭了上海自贸试验区负面清单的体例,由"说明"和"准入特别管理措施(表格)"两部分组成。

1. 基本内容

（1）编制依据与适用范围

依据现行有关法律法规编制，适用于上海、广东、天津、福建四个自由贸易试验区。

（2）分类标准与核心内容

依据《国民经济行业分类》（GB/T4754—2011）划分为 15 个门类、50 个条目、122 项特别管理措施。其中特别管理措施包括具体行业措施和适用于所有行业的水平措施。

（3）特别说明

一是明确《自由贸易试验区外商投资准入特别管理措施（负面清单）》中未列出的与国家安全、公共秩序、公共文化、金融审慎、政府采购、补贴、特殊手续和税收相关的特别管理措施，按照现行规定执行。自贸试验区内的外商投资涉及国家安全的，须按照《自由贸易试验区外商投资国家安全审查试行办法》进行安全审查。

二是明确《自由贸易试验区外商投资准入特别管理措施（负面清单）》之外的领域，在自贸试验区内按照内外资一致原则实施管理，并由所在地省级人民政府发布实施指南，做好相关引导工作。

三是明确港澳台地区投资者在自贸试验区内投资参照《自由贸易试验区外商投资准入特别管理措施（负面清单）》执行。内地与香港特别行政区、澳门特别行政区《关于建立更紧密经贸关系的安排》及其补充协议、《海峡两岸经济合作框架协议》、我国签署的自贸协定中适用于自贸试验区并对符合条件的投资者有更优惠的开放措施的，按照相关协议或协定的规定执行。

（4）适用期限

自印发之日起 30 日后实施，并适时调整。

2. 与上海自贸试验区负面清单的比较

上海《2013 年版负面清单》列出的外商投资准入特别管理措施 190 条，《2014 年版负面清单》调整为 139 条，2015 年版负面清单列明了外商投资准入特别管理措施 122 条。简单从数字上比较，2015 年版负面清单与上海自贸试验区 2014 年版相比，门类减少 3 个，特别管理措施减少 17 条，缩减

12.2%。表明"统一"的负面清单经过又一次"瘦身",实现了更大程度的开放。

值得注意的是,不能简单地把措施条数减少、增加等同于开放度的增大、缩小。2015 年版负面清单的出台,一方面参考了上海自贸试验区 2014 年版负面清单,另一方面也要顾及国家层面的法律法规,特别是自贸区试验之外仍适用的《外商投资产业指导目录》(2015 年修订版)。这次大部分的门类调整和特别管理措施的调整,都是受到《外商投资产业指导目录》修订的影响。2015 年版负面清单"跟随"2015 年版《外商投资产业指导目录》调整的内容,至少包括 7 类:

一是 2015 年版负面清单减少了"建筑业"、"房地产业"两个门类,这一调整在 2015 年 4 月 10 日起正式施行的《外商投资产业指导目录》中已有体现。

二是在"农、林、牧、渔业"门类中,2015 年版负面清单删除了"限制投资珍贵树种原木加工(限于合资、合作)",这同样在 2015 年版的产业指导目录中删除。

三是在"采矿业"门类中,删除了"限制投资重晶石勘查、开采(限于合资、合作)"、"限制投资硫铁矿开采、选矿,以及硼镁铁矿石开采"、"限制投资大洋锰结核、海砂的开采(中方控股)"、"限制投资金刚石、高铝耐火粘土、硅灰石等重要非金属矿勘查、开采,磷矿开采、选矿,盐湖卤水资源的提炼,以及天青石开采"等一系列表述。

四是在"批发和零售业"门类中,删除了音像制品分销,农药、农膜的批发、配送、直销等领域的特别管理措施。

五是在"交通运输、仓储和邮政业"门类中,删除了"限制投资出入境汽车运输公司"。

六是在"科学研究和技术服务业"门类中,删除了"限制投资空中摄影等特技摄影服务(限于合资)"的条款。

七是在"文化、体育和娱乐业"门类中,删除了"禁止投资高尔夫球场的建设、经营"。

总体上看,2015 年版负面清单既体现了对原先制造产业目录的延续,又体现国家利益和国家安全问题,内容上更靠近中美 BIT 谈判中中方交换的负面清单的版本。

（二）2020年版自贸试验区《负面清单》概览

自贸试验区外商投资负面清单是反映我国外资自由化程度的晴雨表，自2013年上海自贸试验区推出第一份自贸试验区负面清单以来，这一负面清单始终处于动态调整过程中。继2015年《自由贸易试验区外商投资准入特别管理措施（负面清单）》出台后，分别于2017年、2018年、2019年、2020年作了修改，列入负面清单的对外商投资的特别管理措施逐年减少。纵观自贸试验区外商投资负面清单所列的特别管理措施的数量，2013年为190项，2014年下降为139项，2015年下降为122项，2017年下降为95项，2018年下降为45项，2019年下降为37项，2020年进一步下降为30项。

现行有效的2020年《自由贸易试验区外商投资准入特别管理措施（负面清单）》（以下简称2020年版《负面清单》）于2020年6月24日由国家发改委、商务部发布。其"说明"部分的主要内容如下：

1. 关于适用范围、领域

2020年版《负面清单》统一列出股权要求、高管要求等外商投资准入方面的特别管理措施，适用于各自由贸易试验区。负面清单之外的领域，按照内外资一致原则实施管理。

2. 关于过渡期的规定

2020年版《负面清单》对部分领域列出了取消或放宽准入限制的过渡期，过渡期满后将按时取消或放宽其准入限制。

3. 关于对境外投资者的限制性规定

2020年版《负面清单》规定，境外投资者不得作为个体工商户、个人独资企业投资人、农民专业合作社成员，从事投资经营活动。

4. 有关办理许可、登记注册及项目核准等事项

2020年版《负面清单》规定，有关主管部门在依法履行职责过程中，对境外投资者拟投资《自由贸易试验区外商投资准入特别管理措施（负面清单）》内领域，但不符合《自由贸易试验区外商投资准入特别管理措施（负面清单）》规定的，不予办理许可、企业登记注册等相关事项；涉及固定资产投资项目核准的，不予办理相关核准事项。投资有股权要求的领域，不得设

立外商投资合伙企业。

5. 关于特定外商投资的批准与适用规章

2020 年版《负面清单》规定，经国务院有关主管部门审核并报国务院批准，特定外商投资可以不适用《自由贸易试验区外商投资准入特别管理措施（负面清单）》中相关领域的规定；境内公司、企业或自然人以其在境外合法设立或控制的公司并购与其有关联关系的境内公司，按照外商投资、境外投资、外汇管理等有关规定办理；《自由贸易试验区外商投资准入特别管理措施（负面清单）》中未列出的文化、金融等领域与行政审批、资质条件、国家安全等相关措施，按照现行规定执行。

6. 有关更优惠规定的优先适用

2020 年版《负面清单》规定，《内地与香港关于建立更紧密经贸关系的安排》及其后续协议、《内地与澳门关于建立更紧密经贸关系的安排》及其后续协议、《海峡两岸经济合作框架协议》及后续协议、我国缔结或者参加的国际条约、协定对境外投资者准入待遇有更优惠规定的，可以按照相关规定执行。

2020 年版《负面清单》"准入特别管理措施（表格）"部分具体列明了 12 个门类中 30 项对外商投资的准入特别管理措施，其中，第一门类农、林、牧、渔业 3 项（序号 1、2、3）；第二门类采矿业 1 项（序号 4）；第三门类制造业 2 项（序号 5、6）；第四门类电力、热力、燃气及水生产和供应业 1 项（序号 7）；第五门类批发和零售业 1 项（序号 8）；第六门类交通运输、仓储和邮政业 4 项（序号 9、10、11、12）；第七门类信息传输、软件和信息技术服务业 2 项（序号 13、14）；第八门类租赁和商务服务业 3 项（序号 15、16、17）；第九门类科学研究和技术服务业 3 项（序号 18、19、20）；第十门类教育 2 项（序号 21、22）；第十一门类卫生和社会工作 1 项（序号 23）；第十二门类文化、体育和娱乐业 7 项（序号 24—30）。

2020 年版《负面清单》自 2020 年 7 月 23 日起施行。值得关注的是，2020 年版《负面清单》不但进一步减少了对外商投资的准入特别管理措施的数量，而且在一些关键领域进一步放宽对外商投资的限制，如在医药领域，取消禁止外商投资中药饮片的规定。在教育领域，允许外商独资设立学制类职业教育机构。

从 2013 年第一份负面清单到 2020 年最新版负面清单，对外商投资的准入特别管理措施从 190 项减至 30 项，充分显示了我国外资准入的门槛不断放宽，投资自由化的程度不断提高。

（三）自贸试验区负面清单制度的演变与发展

按照党中央、国务院的要求，自贸试验区要形成更多可复制、可推广的经验。经过多年的实践探索，自贸试验区以准入前国民待遇加负面清单为标志的外商投资管理制度取得了显著的成效，全国人大及其常委会为此修改了"外资三法"等相关法律的规定，并制定了《外商投资法》，国务院也制定了《外商投资法实施条例》，进一步固化自贸试验区制度创新的成果。

值得注意的是，在相关法律、行政法规的立改废完成后，对外商投资的常态化管理将以"负面清单"的制定与动态化调整为主要手段。近年来，我国采取了循序渐进、层层递进的方式，积极推动负面清单制度的复制、推广，使得投资领域的负面清单有效实现全覆盖，形成一个呈梯度状的负面清单的网络体系。这一网络体系由下列三张不同层面的负面清单所组成：

1.《自由贸易试验区外商投资准入特别管理措施（负面清单）》

这张负面清单仅适用于各自贸试验区，适用范围最小。鉴于自贸试验区的先行先试具有压力测试的性质，参照了国外通行的自由贸易园区的做法，对外商投资的开放度较大，相对于非自贸试验区的外商投资，对外商投资准入的特别管理措施相对较少。

2.《外商投资准入特别管理措施（负面清单）》

2015 年 10 月 19 日，国务院发布《关于实行市场准入负面清单制度的意见》（以下简称《意见》）。《意见》要求，凡涉及市场准入的领域和环节，都要建立和实行负面清单制度。《意见》称，从 2015 年 12 月 1 日至 2017 年 12 月 31 日，在部分地区试行市场准入负面清单制度，从 2018 年起正式实行全国统一的市场准入负面清单制度。负面清单主要包括市场准入负面清单和外商投资负面清单。其中，外商投资负面清单适用于境外投资者在华投资经营行为，是针对外商投资准入的特别管理措施。制定外商投资负面清单要与投资议题对外谈判统筹考虑，有关工作另行规定。我国签署的双多边协议（协定）另有规定的，按照相关协议（协定）的规定执行。

2017 年 6 月 28 日，国家发展改革委、商务部发布第 4 号令，全文发布了《外商投资产业指导目录（2017年修订）》，自2017年7月28日起施行。《外商投资产业指导目录（2015年修订）》同时废止。值得关注的是，2017年版《外商投资产业指导目录》对结构进行了调整，明确提出外商投资准入特别管理措施（外商投资准入负面清单），这是首次在外商投资产业指导目录中采用负面清单的形式，这意味着我国首份全国版外资负面清单正式出炉。相比之前版本的外商投资产业指导目录，2017年版目录进一步放宽了服务业、制造业和采矿业的外资准入。从条目来看，在2015年版减少约一半限制性措施的基础上，2017年修订再次推进大幅放宽外资准入。2017年版目录限制性措施共63条，比2015年版的93条限制性措施减少30条。

从行业来看，服务业重点取消公路旅客运输、外轮理货、资信调查与评级服务、会计审计、农产品批发市场等领域准入限制，制造业重点取消轨道交通设备、汽车电子、新能源汽车电池、摩托车、食用油脂、燃料乙醇等领域准入限制，放宽纯电动汽车等领域准入限制，采矿业重点取消非常规油气、贵金属、锂矿等领域准入限制。全国版外商投资负面清单的出炉，是为了适应准入前国民待遇加负面清单管理模式改革要求，是经济发展新常态下我国扩大对外开放的重要举措，将对构建更加开放透明的投资环境、深入推进新一轮高水平对外开放、以开放促改革促发展发挥积极作用，标志着我国外商投资管理体制开启了新的时代。

《外商投资准入特别管理措施（负面清单）》出台后，连续三年进行了修订，2019年《外商投资准入特别管理措施（负面清单）》中的限制措施已经减至40项。2020年6月24日，国家发展改革委、商务部对外公布2020年版《外商投资准入特别管理措施（负面清单）》，在已连续三年缩减的基础上，我国再次大幅缩减外资准入负面清单，将限制措施由40条减至33条，释放了面对疫情冲击以开放促改革、促发展的强烈信号，并为世界经济注入信心。此次负面清单大幅缩减，聚焦进一步推动制造业、服务业、农业领域开放。其中，在金融领域，取消证券公司、证券投资基金管理公司、期货公司、寿险公司外资股比限制。在基础设施领域，取消50万人口以上城市供排水管网的建设、经营须由中方控股的规定。在制造业领域，放开商用车制造外资股比限制，取消禁止外商投资放射性矿产冶炼、加工和核燃料生产的规定。在农业领域,将小麦新品种选育和种子生产须由中方控股放宽为中方股比不低于34%。

2020年版《外商投资准入特别管理措施(负面清单)》作为《外商投资法》及其实施条例施行后的新版负面清单,除了进一步扩大开放外,还与法律法规有关规定进行衔接。例如,《外商投资法》实施后,《中外合作经营企业法》已经废止,外商投资准入负面清单部分条目中限于中外合作经营企业方式投资的规定已经过时,不再保留。比如,将"医疗机构限于合资、合作"的条目调整为"医疗机构限于合资"。可以说2020年版《外商投资准入特别管理措施(负面清单)》是实施更大范围、更宽领域、更深层次全面开放的重要举措,也是《外商投资法》施行后,推进负面清单管理制度的最新配套文件,展示了我国坚定不移支持经济全球化和跨国投资的决心。

3. 全国统一的市场准入负面清单

国务院发布的《关于实行市场准入负面清单制度的意见》明确要求,将在2018年正式实行全国统一的市场准入负面清单制度。"市场准入负面清单制度",是指国务院以清单方式明确列出在中华人民共和国境内禁止和限制投资经营的行业、领域、业务等,各级政府依法采取相应管理措施的一系列制度安排。市场准入负面清单以外的行业、领域、业务等,各类市场主体皆可依法平等进入。《意见》要求,各地区各部门要认真落实市场准入负面清单制度。对各类市场主体基于自愿的投资经营行为,凡涉及市场准入的领域和环节,都要建立和实行负面清单制度;条件成熟时,将采取目录式管理的现行市场准入事项统一纳入市场准入负面清单。

市场准入负面清单包括禁止准入类和限制准入类,适用于各类市场主体基于自愿的初始投资、扩大投资、并购投资等投资经营行为及其他市场进入行为。对禁止准入事项,市场主体不得进入,行政机关不予审批、核准,不得办理有关手续;对限制准入事项,或由市场主体提出申请,行政机关依法依规作出是否予以准入的决定,或由市场主体依照政府规定的准入条件和准入方式合规进入;对市场准入负面清单以外的行业、领域、业务等,各类市场主体皆可依法平等进入。

《意见》明确,对各类市场主体涉及以下领域的投资经营行为及其他市场进入行为,依照法律、行政法规和国务院决定的有关规定,可以采取禁止进入或限制市场主体资质、股权比例、经营范围、经营业态、商业模式、空间布局、国土空间开发保护等管理措施；涉及人民生命财产安全、政治安全、国土安全、军事安全、经济安全、金融安全、文化安全、社会安全、科技安全、信息安全、生态安全、资源安全、核安全和新型领域安全等国家安全的有关行业、领域、业务等；涉及全国重大生产力布局、战略性资源开发和重大公共利益的有关行业、领域、业务等；依法可以设定行政许可且涉及市场主体投资经营行为的有关行业、领域、业务等；法律、行政法规和国务院决定规定的其他情形。

《意见》规定，市场准入负面清单由国务院统一制定发布；地方政府需进行调整的，由省级人民政府报国务院批准。制定市场准入负面清单时，有关部门要健全公众参与、专家论证和政府决定相结合的决策机制，充分听取各地区各部门意见，组织专家进行必要性和可行性论证，并向社会公开征求意见。涉及国家安全的，应事先报经中央国家安全委员会审查。

2018年12月，国家发展改革委、商务部发布《市场准入负面清单（2018年版）》。这一全国统一的市场准入负面清单将我国产业政策、投资政策及其他相关制度中涉及市场准入的内容直接纳入，这将确保"全国一张单"的权威性与统一性，有助于各方面政策协调统筹。

一是将《产业结构调整指导目录》纳入清单。将产业结构调整指导目录中的"淘汰类项目"和"限制类项目"纳入。发展改革委牵头启动《产业结构调整指导目录》全面修订工作，修订完成后，市场准入负面清单也将与其直接衔接。

二是将《政府核准的投资项目目录》纳入清单。将《政府核准的投资项目目录（2016年版）》中与清单相关的10个事项直接纳入该负面清单的许可类。

三是将《互联网行业市场准入禁止许可目录》纳入清单。该目录按照《国务院关于积极推进"互联网＋"行动的指导意见》（国发〔2015〕40号）要求而制定，不再单独向社会公布，而是纳入负面清单统一公布。对互联网领域采用负面清单模式管理，有利于构建开放包容的环境，将有效激发市场主体活力，促进互联网行业健康蓬勃发展。

简而言之，我国存在两张全国统一适用的负面清单，即适用于非自贸试验区外商投资的《外商投资准入特别管理措施（负面清单）》和适用于全国统一市场的《市场准入负面清单》。这两张负面清单各有定位、功能不同。前者仅针对境外投资者，属于外商投资管理范畴。后者是适用于境内外投资者的一致性管理措施，是对各类市场主体市场准入管理的统一要求，属于国民待遇的一部分。外商投资准入负面清单之外的领域，按照内外资一致原则实施管理。

■ 第五节　上海自贸试验区行政法制改革制度建设概览

上海是法治化程度比较高的城市，2010 年上海市政府首次发布《上海市依法行政白皮书（2004—2009）》。2011 年上海市在全国率先发布《上海市依法行政"十二五"规划》，把依法行政纳入上海"十二五"经济社会发展规划。2013 年，立足于率先基本建成法治政府的目标，上海市发布《关于2013 年至 2017 年本市进一步推进法治政府建设的意见》，就今后五年依法行政和建设法治政府提出了总体要求和主要任务。从 2010 年至 2014 年间，上海重点围绕建设"行政效率最高、行政透明度最高、行政收费最少的行政区之一"的目标和贯彻"高度透明、高效服务，少审批、少收费，尊重市场规律、尊重群众创造"的要求，积极推进依法行政，不断加大力度加快进度建设法治政府，基本完成《上海市依法行政"十二五"规划》确定的工作任务，并为开展《总体方案》提出的自贸试验区深化行政管理体制改革的制度创新奠定基础。为加快政府职能转变，改革创新政府管理方式，按照国际化、法治化的要求，积极探索建立与国际高标准投资和贸易规则体系相适应的行政管理体系，上海市人民政府根据上海自贸试验区先行先试制度创新的需要，为自贸试验区量身打造涉上海自贸试验区行政法制改革的制度，出台相关的规范性文件。

一、《中国（上海）自由贸易试验区管理委员会行政规范性文件法律审查规则》

行政立法的合法、规范，行政决策的公开、透明，是行政法制改革的关键，也是上海自贸试验区行政法制改革制度创新的突破口。2014 年 8 月 7

日,上海市人民政府以沪府发〔2014〕48号文印发《中国(上海)自由贸易试验区管理委员会行政规范性文件法律审查规则》(以下简称《法律审查规则》)。《法律审查规则》共17条,自2014年10月1日起施行。

1. 关于《法律审查规则》的制定目的和依据

根据《法律审查规则》第1条的规定,制定该规则的目的在于探索建立上海自贸试验区管理委员会行政规范性文件法律审查制度,完善法制保障,营造良好法治环境。制定该规则的依据是国务院批准的《总体方案》《中国(上海)自由贸易试验区条例》以及相关法律规定。

2. 关于《法律审查规则》的规范对象及适用范围

根据《法律审查规则》第2条的规定,该规则所规范的上海自贸试验区管理委员会行政规范性文件,是指上海自贸试验区管委会依据法定职权或者授权,依照法定程序制定的,涉及公民、法人或者其他组织的权利、义务,具有普遍约束力,在一定期限内可以反复适用的行政文件。管委会内部事务管理制度、向上级行政机关的请示和报告、对具体事项所作出的行政处理意见以及其他不具有普遍约束力的文件,不属于管委会规范性文件。该条同时规定,该规则所称法律审查,是指市人民政府依据法律、行政法规、国务院决定、地方性法规以及规章,或者国家促进自贸试验区发展的政策,对管委会规范性文件进行审查,并提出审查意见的活动。

根据《法律审查规则》第3条的规定,公民、法人或者其他组织(以下简称申请人)提请市人民政府对有关管委会规范性文件进行法律审查的,适用本规则。境外投资者提请市人民政府对管委会规范性文件进行法律审查的,适用本规则。第17条规定,该规则施行前发布的有关管委会规范性文件不适用本规则。

3. 关于法律审查的程序性规定

《法律审查规则》第4条规定:上海市人民政府是管委会规范性文件法律审查的审查机关。市人民政府法制办公室作为审查机构,具体负责办理法律审查事项。第5—8条分别就申请的提出及申请书应载明的内容、受理、不予受理的情形、管委会书面答复等程序事项作出规定。

4. 关于审查事项的规定

《法律审查规则》第9条规定:审查机构应当就申请人提出的审查内容

和理由,主要对下列事项进行审查:一是是否超越国家及本市有关授权决定调整实施的内容;二是是否存在违法设定行政许可、行政处罚、行政强制、行政收费等内容;三是是否符合在起草时主动公开征求意见,在公布和实施之间预留准备期等文件制定程序;四是是否与适用于自贸试验区的法律法规相抵触。该条同时规定,审查机构可以就前述规定的事项对文件进行全面审查,不受申请人申请审查的范围限制。

5. 有关审查处理的规定

《法律审查规则》第10条规定:审查机构对管委会规范性文件审查后,如查明文件不存在违法或者超越有关授权决定调整实施内容的情形,且制定程序合法的,认定该文件不违反相关法律法规的规定;如查明文件存在超越国家及本市有关授权决定调整实施的内容,违法设定行政许可、行政处罚、行政强制、行政收费等内容,与适用于自贸试验区的法律法规相抵触的情形之一的,认定该文件内容存在合法性问题,并建议管委会限期改正、废止,或者停止执行该文件的部分或者全部内容;如查明文件存在不符合在起草时主动公开征求意见、在公布和实施之间预留准备期等文件制定程序的情形的,认定该文件制定程序不合法,并建议管委会补正程序后重新发布。该条同时规定,法律审查期间,管委会决定自行修改或者宣布废止被审查文件,且申请人未撤回申请的,审查机构应当告知申请人文件已由管委会自行改正。

《法律审查规则》第11条规定,审查机构应当自受理申请之日起30个工作日内,将对管委会规范性文件全面法律审查的意见书面告知申请人和管委会,并向社会公布。对需要征求意见、专家咨询或者有其他特殊情况的,经审查机构负责人同意,可以延长审查期限;延长的期限最长不超过30个工作日。

《法律审查规则》第12—15条对中止审查、终止审查、不停止实施、不收费原则等事项作出规定。

6. 与相关制度衔接的规定

《法律审查规则》第16条规定:管委会规范性文件按照规定报送上海市人民政府备案,有备案审查意见的,审查机构应当结合申请人提出的内容和理由,对原有备案审查意见进行复核。上海市人民政府收到申请人以

163

行政复议申请形式,单独对管委会规范性文件提出审查申请的,应当转入本规则规定的法律审查程序处理。上海市人民政府信访工作机构收到的对管委会规范性文件法律审查申请,应当及时转送审查机构处理。

除《法律审查规则》外,上海市人民政府于 2016 年 10 月 9 日制定《上海市行政规范性文件制定和备案规定》,并于 2019 年 5 月 27 日制定《上海市行政规范性文件管理规定》,同时废止《上海市行政规范性文件制定和备案规定》。这两个规定适用于上海整个行政区域。

二、《中国(上海)自由贸易试验区相对集中行政复议权实施办法》

行政复议是行政机关实施的被动行政行为,它兼具行政监督、行政救济和行政司法行为的特征和属性,对于监督和维护行政主体依法行使行政职权,保护相对人的合法权益等均具有重要的意义和作用。为贯彻党中央、国务院关于完善行政复议体制、创新行政复议工作机制的要求,上海市人民政府于 2011 年 11 月 20 日制定《关于本市开展行政复议委员会试点工作的意见》,《意见》结合国务院批准的浦东综合配套改革试点工作和浦东新区先行开展相对集中行政复议权工作。这一试点工作为上海自贸试验区开展相对集中行政复议权的先行先试积累了宝贵的经验。2014 年 8 月 7 日,上海市人民政府以沪府发〔2014〕49 号印发了《中国(上海)自由贸易试验区相对集中行政复议权实施办法》(以下简称《实施办法》)。《实施办法》共 16 条,自 2014 年 10 月 1 日起施行。

1. 关于《实施办法》的制定目的和依据

《实施办法》第 1 条规定,制定《实施办法》旨在及时、公正审理上海自贸试验区行政复议案件,规范自贸试验区内相对集中行政复议权的实施。制定《实施办法》的依据是国务院批准的《总体方案》《中国(上海)自由贸易试验区条例》等规定。①

2. 关于《实施办法》的适用范围

《实施办法》第 2 条规定:公民、法人或者其他组织对本市行政机关在

---

① 值得注意的是,《中国(上海)自由贸易试验区相对集中行政复议权实施办法》第 1 条未将《行政复议法》作为立法依据,原因是该法未就相对集中行政复议权制度作出规定。

自贸试验区内实施的具体行政行为不服申请行政复议,行政复议机关依法处理的相关活动,适用本办法。境外投资者申请行政复议的,适用本办法。

3. 关于《实施办法》的实施机关

《实施办法》第 3 条规定:对自贸试验区行政复议案件,除涉及海关、金融、国税、外汇管理等实行垂直领导的行政机关和国家安全机关外,由上海市政府和浦东新区政府根据各自职责分工,统一行使行政复议权;对于自贸试验区行政复议案件,统一行使行政复议权的复议机关不得委托其他行政机关行使行政复议权。第 4 条规定:上海市政府应当加强对自贸试验区相对集中行政复议权工作的领导,并加强对案件集中受理和审理的协调与监督。上海市政府行政复议机构具体承担相关推进实施和指导工作。第 5 条规定:上海市和浦东新区编制、财政等部门应当根据相对集中行政复议权工作的需要,配合做好相关保障工作。

4. 关于相对集中行政复议权范围

《实施办法》第 6 条就上海市政府相对集中行政复议权范围作出规定:公民、法人或其他组织对自贸试验区管理委员会、浦东新区政府、上海市政府工作部门及其派驻自贸试验区的机构、由其管理的法律法规授权组织、上海市政府确定的其他行政机关的具体行政行为不服申请行政复议的,由上海市政府统一行使受理、审理和作出行政复议决定的职权。

《实施办法》第 7 条就浦东新区政府相对集中行政复议权范围作出规定:公民、法人或者其他组织对浦东新区政府工作部门及其管理的法律法规授权组织、市级行政机关垂直领导的浦东新区相关机构、市政府确定的其他行政机关的具体行政行为不服申请行政复议的,由浦东新区政府统一行使受理、审理和作出行政复议决定的职权。该条同时规定,浦东新区政府对前述行政复议案件实施相对集中行政复议权后,市级行政机关不再行使相应的行政复议案件管辖权。

5. 相关程序性的规定

《实施办法》第 8—14 条分别就复议权利告知、统一受理、受理中的衔接、统一审理、复议委员会审议、统一作出复议决定等程序性事项作出规定。第 15 条规定:公民、法人或者其他组织根据本办法申请行政复议时,一并对具体行政行为所依据的规定提出审查申请的,市政府或浦东新区政府应当依法处理。处理期间,中止对具体行政行为的审查。

■ 第六节　上海自贸试验区事中事后监管制度概览

围绕营造法治化、国际化、便利化的营商环境和公平、统一、高效的市场环境,使市场在资源配置中起决定性作用和更好发挥政府作用,着力解决市场体系不完善、政府干预过多和监管不到位等问题,是自贸试验区制度创新的重要内容。按照《总体方案》的要求,上海自贸试验区的建设目标之一是"监管高效便捷",推进政府管理由注重事先审批转为注重事中、事后监管。《国务院关于印发中国(上海)自由贸易试验区总体方案的通知》(国发〔2013〕38 号)明确要求:上海市人民政府要精心组织好《总体方案》的实施工作,深化行政审批制度改革,加快转变政府职能,全面提升事中、事后监管水平。为贯彻落实这一要求,深入推进简政放权、放管结合、优化服务改革,努力做到放得更活、管得更好、服务更优,需要围绕构建权责明确、公平公正、透明高效、法治保障的事中事后监管体系,改革监管体制、创新监管模式、强化监管手段,探索建立以综合监管为基础、以专业监管为支撑的监管体系,构建市场主体自律、业界自治、社会监督、政府监管互为支撑的监管格局。从审批到备案的转变,看似简单,实则意义重大,从事前审批转变为事后监管,这是政府管理思路的变化和管理方式的创新,上海自贸试验区成为该项制度创新的试验田,如何按照先行先试、风险可控、分步推进、逐步完善的要求,尽快形成与国际投资贸易中心规则相衔接的基本制度框架,是上海面临的考验。[①]为全面提升开放条件下的公共治理能力,切实提高事中事后监管的针对性、有效性,使市场和社会既充满活力又规范有序,上海市人民政府出台了涉上海自贸试验区事中事后监管制度建设的相关规范性文件。

一、《中国(上海)自由贸易试验区监管信息共享管理试行办法》

2014 年 9 月 17 日,上海市人民政府办公厅以沪府办发〔2014〕44 号文

---

① 参见张红:《上海自贸区也是制度试验田》,《人民日报》2013 年 8 月 27 日。

印发《中国(上海)自由贸易试验区监管信息共享管理试行办法》(以下简称《试行办法》)。《试行办法》共20条,自2014年10月15日起施行,有效期至2016年10月14日。

1. 关于《试行办法》的制定目的和依据

《试行办法》第1条规定,制定《试行办法》旨在加快政府职能转变,加强事中事后监管,提高上海自贸试验区公共管理和服务水平,推动自贸试验区监管信息共享平台建设,促进监管信息共享,规范共享行为。制定《试行办法》的依据是:有关法律、法规和国务院批准的《总体方案》和《中国(上海)自由贸易试验区条例》。

2. 相关的用语定义

《试行办法》第2条规定:该办法所称监管信息,是指各行政机关和具有管理公共事务职能的组织在履行职责过程中,产生或掌握的涉及自贸试验区的相关数据和资料;《试行办法》所称共享,指各行政机关和具有管理公共事务职能的组织向共享平台提供信息、从共享平台获取信息和使用信息的行为;《试行办法》所称信息共享单位,指共享信息的各行政机关和具有管理公共事务职能的组织,其中向共享平台提供信息的为信息提供单位,从共享平台获取信息和使用信息的为信息使用单位。

3. 适用范围与管理主体

《试行办法》第3条规定:各信息共享单位通过共享平台共享信息及相关管理活动,适用本试行办法。第4条规定:上海自贸试验区管理委员会为共享平台的管理主体,负责信息共享的统筹、协调、管理。

4. 有关信息共享的基本原则

《试行办法》第5条规定:信息共享遵循三项原则,一是有效归集原则。各信息提供单位根据与管委会商定的信息提供范围和提供方式,稳定、及时、准确地提供相关信息。二是合理使用原则。各信息使用单位根据自身职能以及与管委会商定的信息使用范围和使用方式,合理使用共享平台的信息。三是安全保障原则。各信息共享单位按照商定的责任范围,保障在传输、存储、使用等过程中的信息安全。

5. 关于信息类型

《试行办法》第6条规定:共享信息原则上按照基础信息、管理信息、运营信息、综合统计信息等进行分类。基础信息,指各行政机关和具有管理公共事务职能的组织在行使行政许可等具体行政行为过程中产生的涉及法人和自然人主体的登记类、资质类等信息;管理信息,指各行政机关和具有管理公共事务职能的组织对法人和自然人作出的处罚类、奖励类、评价类、裁判类信息以及分类监管等信息;运营信息,指各行政机关和具有管理公共事务职能的组织在对法人的日常监管过程中产生或掌握的涉及生产、销售、财务、物流等具体运营行为的动态监管信息;综合统计信息,指各行政机关和具有管理公共事务职能的组织对自贸试验区一定范围内投资、金融、贸易等经济社会运行情况的统计分析汇总信息。

6. 关于监管信息共享的其他规定

《试行办法》其他相关条款分别对信息目录、协议共享、信息提供、信息使用、信息变更、异议处理、动态预警、工作机制、用户管理、系统维护、信息安全、管理责任、责任追究等有关监管信息共享的事项作出规定。

在《试行办法》2016 年 10 月 14 日失效前,上海自贸试验区管委会制定了《中国(上海)自由贸易试验区公共信用信息管理使用办法》和《中国(上海)自由贸易试验区信用信息查询服务操作规程》。《使用办法》适用于自贸试验区公共信用信息的记录、使用、归集、共享和相关管理活动,其所称的公共信用信息,指行政机关、司法机关、仲裁机构以及依照法律、法规负有公共事务职能的组织(以下统称"信息提供主体"),在行使管理职能、提供公共服务、开展行业自律等履职过程中产生或掌握的,可用于识别信息主体信用状况的数据和资料。《使用办法》对公共信用信息的归集和使用的原则、管委会的管理职责、信息目录、信息归集、信息使用、信息查询、信息披露、异议申请、责任追究等事项作了规定。《操作规程》则适用于在上海自贸试验区开展的信用信息查询服务活动,对公用信用信息查询(包括自然人、法人本人公共信用信息查询,自然人公共信用信息授权查询,法人公共信用信息授权查询,信用服务机构查询其他法人、自然人公共信用信息)、金融信用信息查询(包括金融信用信息基础数据库企业信用报告查询业务、金融信用信息基础数据库本人信用报告查询业务)、异议申请、查询日志管理、查询档案管理等服务事项作了具体规定。

二、《中国(上海)自由贸易试验区企业年度报告公示办法(试行)》

年度报告公示制度是事中事后监管制度的重要一环,将取代传统的年检制度。企业只需要按年度在规定的期限内,通过商事主体登记及信用信息公示平台,向登记机关提交年度报告并向社会公示,任何单位和个人均可查询,由企业自己对年度报告的真实性、合法性负责。对未按规定期限公示年度报告的企业,工商机关会将其载入经营异常名录。2014年3月3日,上海市工商行政管理局以沪工商管〔2014〕49号文向上海自贸试验区分局印发《中国(上海)自由贸易试验区企业年度报告公示办法(试行)》(以下简称《公示办法》)等办法的通知。《公示办法》共15条,自印发之日起施行。

1.《公示办法》的目的依据、适用范围

《公示办法》第1条规定:制定《公示办法》旨在进一步转变政府职能,推进企业信用信息公示,强化社会监督;制定《公示办法》的依据是:《中华人民共和国公司法》《中国(上海)自由贸易试验区总体方案》《中国(上海)自由贸易试验区管理办法》和《国家工商行政管理总局关于支持中国(上海)自由贸易试验区建设的若干意见》的有关规定。

《公示办法》第2条规定:试验区内领取营业执照的企业法人、非法人企业及其分支机构(以下统称企业)的年度报告公示,适用本办法。

2. 相关定义

《公示办法》第3条规定:该办法所称企业年度报告公示,是指试验区内企业应当在每年3月1日至6月30日,通过电子身份认证登录上海市工商行政管理局门户网站(www.sgs.gov.cn)的企业信用信息公示系统向工商行政管理机关报送上一年度年度报告后,向社会公示。当年设立登记的企业,自下一年起报送并公示年度报告。

《公示办法》第14条规定:该办法中"法定代表人(负责人)",是指法人企业"法定代表人"、非法人企业"负责人"、合伙企业"合伙人"或"执行事务合伙人"、个人独资企业"投资人",以及企业分支机构"负责人"。

3. 关于年度报告信息公示

《公示办法》第4条规定:企业法人的年度报告信息包括登记备案事

项、注册资本缴付情况、资产状况、营运状况、企业从业人数及联系方式等；非法人企业的年度报告信息包括登记备案事项、资产状况、营运状况、企业从业人数及联系方式等；企业分支机构的年度报告信息包括登记备案事项、营运状况、联系方式等。上述企业中，从事网络经营的企业还须申报网站或者网店名称、网址等信息。

4. 关于审计要求

根据《公示办法》第 5 条规定，属于上市公司、国有独资公司和国有控股公司、认缴注册资本在 2 000 万元以上的公司、全年销售（营业）收入在 2 000 万元以上（含 2 000 万元）的公司，从事金融、证券、期货、保险、投资、担保、验资、评估、小额贷款、房地产开发、房地产经纪、留学中介、教育培训（咨询）、出入境中介、外派劳务中介、企业登记代理、废旧物资收购、民用爆炸物品、烟花爆竹、建筑施工等经营活动的公司制企业之一的，须提交会计师事务所出具的年度审计报告；鼓励其他企业按照自愿原则提交年度审计报告。

5. 关于信息公示纠错与信息异议处理的规定

《公示办法》第 6 条规定：企业对年度报告信息的真实性、合法性负责。第 8 条规定：企业发现其公示的年度报告信息存在错误、遗漏的，可以申请更正，更正前后内容同时公示。因信息错误、遗漏引起的法律责任由企业承担，企业对其申请更正内容的真实性、合法性负责。企业年度报告公示信息应当在年度报告期间内修改。第 9 条规定：任何单位和个人发现依照本办法第 4 条公示的信息存在隐瞒真实情况、弄虚作假情形的，可以向负责该企业登记的工商行政管理机关反映，由工商行政管理机关依法处理。

6. 关于年报公示程序与信息共享的规定

《公示办法》第 7 条规定企业年度报告实施电子化网上报送方式，即企业使用电子身份认证实现网上提交、公示和存档。该条款还对登录、填写、报送、公示的流程作了规定，并规定企业报送年度报告无需缴纳费用。第 10 条规定：任何单位和个人可以通过企业信用信息公示系统，在网上查阅企业年度报告公示信息。相关政府部门可以通过上海市法人信息共享与应用系统，信用征信机构可以通过政府公共信用信息服务平台查阅企业年度报告等相关信息。

7.关于监督检查与法律后果的规定

《公示办法》第 11 条规定:工商行政管理机关对企业年度报告公示内容进行抽查,发现企业存在隐瞒真实情况、弄虚作假情形的,应当依法处理。第 12 条规定:工商行政管理机关将未按规定期限公示年度报告的企业载入经营异常名录,并在企业信用信息公示系统向社会公示。企业自被载入经营异常名录之日起 3 年内履行年度报告公示义务的,可以申请恢复正常记载状态;连续 3 年未履行年度报告公示义务的,工商行政管理机关将其永久载入经营异常名录,不得恢复正常记载状态,并列入严重违法违规企业名单("黑名单")。第 13 条规定:企业被载入经营异常名录以及对此负有个人责任的法定代表人(负责人)的信息,纳入企业信用监管体系。对被永久载入经营异常名录的企业负有个人责任的法定代表人(负责人),自企业被永久载入经营异常名录之日起 3 年内,不得担任其他企业的法定代表人(负责人)。该企业法定代表人(负责人)证明其不负有个人责任的除外。被永久载入经营异常名录的企业,列入严重违法违规企业名单("黑名单"),并在企业信用信息公示系统向社会公示。

三、《中国(上海)自由贸易试验区企业经营异常名录管理办法(试行)》

企业经营异常名录管理是与年度报告公示制度配套的事中事后监管制度,对未按规定期限公示年度报告的企业,市场监管机关会将其载入经营异常名录,并可以对企业年度报告公示内容进行抽查。经检查发现企业年度报告隐瞒真实情况、弄虚作假的,市场监管机关依法予以处罚,并将企业法定代表人、负责人等信息通报公安、财政、海关、税务等有关部门,形成"一处违法,处处受限"。2014 年 3 月 3 日,上海市工商行政管理局以沪工商管〔2014〕49 号文向上海自贸试验区分局印发《中国(上海)自由贸易试验区企业经营异常名录管理办法(试行)》(以下简称《管理办法》)等办法的通知。《管理办法》共 19 条,自印发之日起施行。

1.《管理办法》的目的依据、适用范围

《管理办法》第 1 条规定,制定《管理办法》的目的在于进一步转变政府职能,健全市场监管体制,强化社会监督。制定《管理办法》的依据是:《中华人民共和国公司法》国务院批准的《总体方案》《中国（上海）自由贸易试验区管理办法》和《国家工商行政管理总局关于支持中国（上海）自由贸易试验区建设的若干意见》的有关规定。第2条规定：试验区内领取营业执照的企业法人、非法人企业及其分支机构（以下统称企业）的经营异常名录管理，适用本办法。《管理办法》第4条规定：工商行政管理机关记载由其登记的企业经营异常名录。

2. 相关定义

《管理办法》第3条规定：本办法所称企业经营异常名录，是指工商行政管理机关将企业未在规定期限内公示年度报告或通过住所（经营场所）无法与企业取得联系的情形汇集成名录，通过上海市工商行政管理局门户网站（www.sgs.gov.cn）的企业信用信息公示系统向社会予以公示。第18条规定：本办法中"住所（经营场所）"，是指经依法登记并载于营业执照的法人企业"住所"、非法人企业"营业场所"、合伙企业"主要经营场所"、个人独资企业"住所"，以及企业分支机构"营业场所"；本办法中"法定代表人（负责人）"，是指法人企业"法定代表人"、非法人企业"负责人"、合伙企业"合伙人"或"执行事务合伙人"、个人独资企业"投资人"，以及企业分支机构"负责人"。

3. 关于记载内容与载入情形的规定

《管理办法》第5条规定：经营异常名录的记载内容包括企业名称、注册号、法定代表人（负责人）姓名、记载决定时间以及记载事由。第6条规定：未按规定期限履行年度报告公示义务的，或通过住所（经营场所）无法联系的，工商行政管理机关应当将企业载入经营异常名录。

4. 关于载出情形与载出名录的规定

《管理办法》第9条规定：企业自被载入经营异常名录未满3年且因未按规定期限公示年度报告被载入经营异常名录，已履行公示年度报告义务的，或因通过住所（经营场所）无法联系被载入经营异常名录，已办理住所（经营场所）变更登记，或向工商行政管理机关提出异议并提供证明材料，经查证属实的，可以向负责该企业登记的工商行政管理机关申请载出经营异常名录，恢复正常记载状态。第10条规定：企业向工商行政管理机关申请载出经营异常名录，应当提交申请表及相关材料，并对申请材料内容的真实性负责。第 11 条规定：工商行政管理机关对企业提出的载出申请进行审核，符合本办法第 9 条所列情形的，应当将企业载出经营异常名录，恢复正常记载状态。工商行政管理机关将企业载出经营异常名录后，载入和载出信息记录在企业信用信息公示系统予以公示。

5. 关于永久载入与载入异议的规定

《管理办法》第 12 条规定：企业连续 3 年被工商行政管理机关载入经营异常名录的，应当永久载入。工商行政管理机关将企业永久载入经营异常名录之前，应当通过企业信用信息公示系统发布公告，告知企业拟永久载入经营异常名录的事实、理由及依据。第 13 条规定：自工商行政管理机关发布拟永久载入经营异常名录公告之日起 30 日内，企业有符合本办法第 9 条所列情形且工商行政管理机关作出决定载出经营异常名录的，不予永久载入经营异常名录。第 14 条规定：自工商行政管理机关发布拟作出永久载入经营异常名录公告之日起满 30 日，且前述第 13 条所列情形的，工商行政管理机关应当将企业永久载入经营异常名录。工商行政管理机关应当通过企业信用信息公示系统公示企业被永久载入经营异常名录信息。

6. 关于信用监管、记载撤销与法律责任

《管理办法》第 15 条规定：被载入经营异常名录的企业以及对此负有个人责任的法定代表人（负责人）的信息，纳入企业信用监管体系。工商行政管理机关应当将被永久载入经营异常名录的企业列入严重违法违规企业名单（"黑名单"），并在企业信用信息公示系统向社会公示。对被永久载入经营异常名录的企业负有个人责任的法定代表人（负责人），自企业被永久载入经营异常名录三年内，不得担任其他企业法定代表人（负责人）。第 16 条规定：工商行政管理机关对载入经营异常名录或者永久载入经营异常名录有误的，经核实后，应当撤销载入或者撤销永久载入经营异常名录，并在企业信用信息公示系统取消记载内容和载入记录。第 17 条规定：工商行政管理机关及其工作人员在载入经营异常名录或者永久载入经营异常名录工作中滥用职权、玩忽职守、徇私舞弊的，以及利用载入经营异常名录或者永久载入经营异常名录的工作，索取或者收受他人财物或者谋取其他利益的，对直接负责的主管人员和其他责任人员，依法依纪追究相应责任。

四、上海自贸试验区和浦东新区事中事后监管体系

2014年12月28日,国务院决定上海自贸试验区扩区,实施范围从最初的28.78平方公里海关特殊监管区,扩大到120.72平方公里,增加了陆家嘴金融片区、金桥开发片区、张江高科技片区,上海自贸试验区全面开启"2.0时代"。2015年4月10日,国务院批准上海自贸试验区"深化方案"。扩区后,上海自贸试验区的管理体制框架,在市级层面,将设立推进工作领导小组及其办公室;在浦东新区层面,自贸试验区管委会则将与浦东新区政府合署办公。在总结上海自贸试验区近三年事中事后监管改革成果经验的基础上,上海市人民政府办公厅2016年8月5日印发《进一步深化中国(上海)自由贸易试验区与浦东新区事中事后监管体系建设总体方案》(以下简称《方案》)。《方案》制定的主要依据是国务院批准的《中国(上海)自由贸易试验区总体方案》(国发〔2013〕38号)、《进一步深化中国(上海)自由贸易试验区改革开放方案》(国发〔2015〕21号)。

1. 总体目标

《方案》确定的总体目标是:围绕营造法治化、国际化、便利化的营商环境和公平、统一、高效的市场环境,使市场在资源配置中起决定性作用和更好发挥政府作用,着力解决市场体系不完善、政府干预过多和监管不到位等问题,深入推进简政放权、放管结合、优化服务改革,努力做到放得更活、管得更好、服务更优。围绕构建权责明确、公平公正、透明高效、法治保障的事中事后监管体系,改革监管体制、创新监管模式、强化监管手段,探索建立以综合监管为基础、以专业监管为支撑的监管体系,构建市场主体自律、业界自治、社会监督、政府监管互为支撑的监管格局,全面提升开放条件下的公共治理能力,切实提高事中事后监管的针对性、有效性,使市场和社会既充满活力又规范有序。

2. 基本原则

《方案》规定,事中事后监管体系建设遵循五项原则:一是坚持法治理念。遵循权责法定,推进事中事后监管的法治化、制度化、规范化、程序化,做到于法有据、便捷适度、监管到位。二是坚持问题导向。聚焦重点领域、

关键环节,找准监管风险点,主动调整不适应新情况、新要求的体制机制和方式方法,做好事中事后监管补短板。三是坚持制度创新。发挥浦东综合配套改革和上海自贸试验区改革平台的作用,率先在事中事后监管体系、模式、标准、方式、手段等方面形成一批可复制推广的经验成果。四是坚持综合监管。在强化市场主体自律的同时加强业界自治、社会监督和政府监管,形成市场、社会、政府各尽其责、相互支撑的良好局面。五是坚持放管结合。既要简政放权,又要管住管好,以有效的"管"保障有力的"放",通过有力的"放"与有效的"管"更好地释放市场活力、维护市场秩序。

3. 主要任务

《方案》确定了事中事后监管体系建设的八项任务:

(1) 引导市场主体自律

筑牢市场主体自律的第一道防线,对市场机制可以解决的问题交由市场解决,促使市场自我约束、自我净化。一是强化市场主体责任。建立完善市场主体首负责任制,促使市场主体在安全生产、质量管理、营销宣传、售后服务、信息公示等方面加强自我监督、履行法定义务。二是创新市场评价机制。鼓励支持电子商务等互联网平台企业为交易当事人提供公平、公正、透明的信用评价服务,客观记录并公开交易与消费评价信息,促进市场参与各方加强自我约束。三是发挥金融机构的市场制约作用。通过推动保险、银行等金融机构在业务中嵌入风险管理功能,形成监督有力、风险分担的市场化监督和市场救济机制。创新市场化保险机制,在食品药品、生态环境、安全生产、建筑工程等领域推行责任保险。落实商业银行"展业三原则",发挥其在跨境资金流动等方面的监测监控作用。督促商业银行等切实履行第三方托管机构的责任,加大对互联网金融、股权投资等资金的监测监控力度。

(2) 探索业界自治

充分发挥行业协会和商会对促进行业规范发展的重要作用,推进政府监管和业界自治的良性互动。一是支持行业协会和商会发展。推动行业协会商会建立健全行业经营自律规范、自律公约和职业道德准则,规范会员行为。二是建立新型业界自治平台。深化上海自贸试验区社会参与委员会改革试点。以陆家嘴法定机构试点为突破,组建陆家嘴金融城理事

175

会,探索在事中事后监管各个环节建立业界参与机制,发挥在权益保护、资质认定、纠纷处理、失信惩戒等方面的作用。

(3)推动社会监督

充分发挥社会力量的重要作用,调动一切积极因素,推动形成社会性约束和惩戒。一是发挥第三方专业机构监督作用。完善政府向社会力量购买服务机制,推动社会组织多渠道参与市场监督。推动政府部门信用数据向社会开放,培育发展社会信用评价机构,鼓励开展信用评级和第三方评估。扩大采信第三方检验检测认证结果,加强对第三方检验检测认证机构的监督管理。深化建筑师负责制、建筑领域认可人士制度试点,发挥专业人士、专业机构在建筑领域的监督管理作用。发挥会计、法律、公证、仲裁等专业机构的监督作用。二是发挥公众和舆论的监督作用。发挥舆论监督作用,健全公众参与监督的激励机制,利用新媒体等手段畅通公众监督投诉渠道,保障公众的知情权、参与权和监督权。

(4)加强政府监管

增强政府各部门行政管理协同能力,形成分工明确、沟通顺畅、齐抓共管的政府监管格局。一是厘清监管职责。按照"法定职责必须为"的要求,以事中事后监管责任为重点,进一步梳理和完善政府责任清单。按照"谁审批、谁监管,谁主管、谁监管"的原则,确保事有人管、责有人负,杜绝监管盲区和真空。在打击非法集资等专项工作中,落实园区、楼宇、招商中心"谁引进、谁负责"的招商原则,加强源头防控。二是健全监管标准。探索制定实施政府监管行为标准,以标准的形式明确监管的依据、权限、程序和责任,提升监管过程的科学性、透明度。推动市场主体按照国家相关法律法规的要求制定企业标准,明确本企业产品和服务的质量水平、服务承诺并按要求进行公示。严格实施国家、地方强制性标准,重点加强安全、卫生、节能、环保等重大基础性领域的标准监管。三是加强风险监测、预警和防范。完善风险防控基础制度体系,建立对高危行业、重点工程、重点领域的风险监测评估、风险预警跟踪、风险防范联动机制,定期开展风险点梳理排查,加强对发生事故概率高、可能造成重大损失的环节和领域的监管,防范区域性、行业性和系统性风险。既要鼓励"四新"经济等创新发展,又要探索适合其特点的审慎监管方式,量身定制监管模式。四是完善市场退出机制。对违反法律法规禁止性规定或者达不到节能环保、安全生产、食品药品、工程质量等强制性标准的市场主体,依法进行查处,情节严重的,依法吊销相关证照。简化和完善企业注销流程,试行对个体工商户、未开业企业以及无债权债务企业实行简易注销程序。加强食品药品、安全生产、建筑工程等领域违法人员从业禁止管理。五是促进行政与司法衔接。建立健全行政机关与法院、检察院等司法机关之间的信息共享、案情通报和协调合作机制,完善案件移送标准和程序,细化并严格执行执法协作相关规定。

（5）强化专业监管

聚焦重点行业、重点市场、重点领域,制定和落实各项监管措施,并进一步完善与上海自贸试验区投资贸易便利化改革相适应的监管举措。一是落实市级层面相关行业、领域、市场事中事后监管的具体工作要求。按照《上海市相关行业、领域、市场事中事后监管工作方案清单》的要求,制定浦东新区相关行业、领域、市场事中事后监管工作方案清单,按照时间节点和工作路线图,抓好方案的实施。二是率先创新"证照分离"改革许可证事项的监管方式,采取加大事中检查、事后稽查处罚力度等办法确保管理措施落实到位。三是完善浦东新区区级层面行政审批事项改革后的监管措施。按照完全取消审批、审批改备案、实行告知承诺制、提高审批透明度和可预期性、强化准入监管等方式,对浦东新区区级层面行政审批事项进行改革。四是深化与负面清单管理、商事登记制度改革相配套的投资监管制度。积极配合国家有关部门做好反垄断审查、外资国家安全审查等监管工作。完善企业年报公示和经营异常名录制度,探索增加企业履行社会责任等公示内容。创新推动产业预警制度。加强特殊行业监管。完善知识产权行政管理"三合一"机制,加大对侵权行为的查处力度。五是深化以安全高效管住为底线的国际贸易监管制度创新。以关检联动和国际贸易"单一窗口"等为重点,进一步优化贸易监管,在长三角等更大范围内推动监管创新。完善"双随机"布控查验、"中介机构协助稽核员"等制度,形成海关监管全链条。六是建立适应上海自贸试验区发展和上海国际金融中心建设联动的金融监管机制。进一步发挥上海自贸试验区金融协调机制作用,加强跨部门、跨行业、跨市场金融业务监管协调和信息共享,强化风险监测、分析和预警。以自由贸易账户为基础构建跨境金融安全网,加强本外币跨境资金流动的实时动态监测监控,建立完善"长臂管理"机制。完善警银合作等工作机制,配合国家有关部门做好反逃税、反洗钱、反恐怖融资等金融监管工作。探索建立融资租赁行业监管指标体系和监管评级制度,强化对重点环节及融资租赁公司吸收存款、发放贷款等违法违规行为的监督。

(6)创新监管体制机制

探索审批、执法适度分离,深化大部门制改革,完善综合执法体系,推进一级地方政府监管体制创新。一是深化浦东新区大部门制改革。适应"四新"经济发展趋势和特点,深化产业经济、科技创新、规划建设等领域大部门制改革,整合监管执法资源,进一步理顺关系、提升效能。探索推动部门内部行政审批权向一个处室集中,强化部门内部各业务处室的监管职责。二是完善综合执法体系。坚持综合执法和专业执法相结合,坚持机构设置精简高效,整合政府部门间相同相近的执法职能,归并执法机构、统一执法力量,有序推进、逐步整合,探索形成以市场监管、城市管理、治安管理三大综合领域为重点,若干专业领域(知识产权、农林牧渔、劳动监察、卫生监督等)为补充的综合执法体系。

(7)创新监管方式方法

多管齐下、多措并举,创新监管方式方法,切实提升监管效能。充分运用大数据、"互联网+"等方式,建立和完善以信息共享为基础、以信息公示为手段、以信用约束为核心的现代化监管制度。一是以"互联网+"和大数据技术为支撑,实施精准监管。充分利用大数据、云计算、物联网等信息化、科技化手段,实行"互联网+"监管模式,实现在线即时监督监测。充分运用移动办案、电子案卷等手段,提高监管和执法效能。试点建设重要产品的物联网追溯体系,形成"来源可查、去向可追、责任可究"的信息链条。二是以部门联动和信息共享为基础,实施协同监管。建立健全跨部门联动响应机制,强化综合监管,增强监管合力,提升监管效能。推进各部门间依法履职信息的互联互通、信息共享、工作共商,加强登记注册、行政审批、行业主管、综合执法等部门之间的协同监管,推进实施"双告知",做好市场主体前端告知服务,并将市场主体信息共享至相关审批部门、行业主管部门,避免出现监管灰色地带。三是以诚信管理为手段,实施分类监管。推动以信用信息为主要依据的行业分类监管,制定分级分类监管管理办法。制定诚信档案管理办法,制定企业信用信息应用管理办法,完善企业经营异常名录制度,严重违法企业"黑名单"制度和各部门、跨区域联合惩戒制度。建立健全守信激励和失信惩戒机制。四是以预警纠偏为导向,实施动态监管。加强对市场行为的跟踪监测分析,通过分析研判、抽查、抽检等方式,综合运用提醒、约谈、告诫、窗口指导等手段,强化对市场主体及有关人员的事中监管,及时化解市场风险。普遍推广随机抽取检查对象、随机选派执法检查人员、及时公布查处结果的"双随机、一公开"机制,制定随机抽查事项清单,合理确定随机抽查的比例和频次,严格规范监管部门自由裁量权。

（8）加强监管基础平台建设

加大监管基础平台建设力度,尽快改变信息"孤岛"、"烟囱"、"蜂窝煤"状况,实现跨部门、跨区域、政府与社会等信息互通共享和综合应用,加强事中事后监管基础设施保障。一是建设和完善浦东新区网上政务大厅。打造政务数据资源共享的枢纽、汇聚平台和交互中心,在多部门共同审批、联合审批上实现突破,简化优化公共服务流程,打造政府服务特别是审批服务"单一窗口"。加快建设"网上督查室",全面实现对网上政务行为的在线督查、电子督办、实时监管等功能,保障政府信息化建设有序运行。二是建设和完善浦东新区综合监管平台。坚持"主体全覆盖、信息开放共享、协同运用、技术创新、运行透明"的原则,构建覆盖企业全生命周期的综合监管平台,实现各领域监管信息的实时传递和无障碍交换,完善信息查询、数据分析、风险预警、协同监管、联合奖惩等功能应用,为多部门在同一平台上实施综合监管提供支撑。三是建设和完善浦东新区公共信用信息服务平台。贯彻落实《上海市公共信用信息归集和使用管理办法》,加强与市法人信息共享与应用系统等的互联互通,进一步加大包括资格资质、认证认可等基本信息,违法违规、欠缴欠费等失信信息,表彰奖励、公益慈善等其他信息在内的各类信用信息归集力度,加快归集政府部门在履职过程中产生的市场主体信用信息。形成信用信息征集、存储、共享、公示、查询以及开发应用等一系列制度规范,充分发挥信用体系在改革创新、经济发展、社会治理、城市管理等方面的基础性作用。

4. 保障措施

《方案》一是要求加强法制保障。结合"证照分离"改革试点工作和行政审批事项改革,梳理相关行政审批项目在取消或下放后需调整实施的法律法规和国务院文件,提出调整实施的建议。对缺乏制度依据但需加强或者创设后续监管措施的事项,及时提出相应的立法建议。通过立法、修法,加大对违法行为的惩戒力度。二是要求加强组织保障。各部门、各单位要深刻认识完善事中事后监管体系工作的重大意义,按照"上级部门指导、新区部门落实"的原则,认真落实各项措施和要求。浦东新区政府和上海自贸试验区管委会要建立健全事中事后监管体系建设的领导协调机制,分步推进、督促落实。对重点工作任务,各责任部门要按照职责分工,细化实化监管措施,年内推进落实。

《方案》的出台标志着事中事后监管在上海自贸试验区乃至上海浦东新区已经形成一个较为严密的网络体系。《方案》立足于更好的"管",为更大的"放"提供保障,一方面,全面构建市场主体自律、业界自治、社会监督、政府监管"四位一体"的综合监管体系,充分发挥社会多元共治的作用;另一方面,创新协同监管、精准监管、分类监管、动态监管等现代监管手段和理念,对实施"证照分离"的改革事项,对自贸试验区金融、贸易、投资改革,对重点领域、重点行业、重点市场等,强化政府部门的专业监管,最终形成一张横向到边、纵向到底的监管网络。

第 五 章
国内首部自贸试验区
条例的实践创新

上海自贸试验区的法治保障工作贯穿先行先试的始终,全国人大常委会的《授权决定》、国务院有关行政法规调整适用的决定以及《上海授权决定》只是理顺了国家法律、行政法规、国务院批准的自贸试验区《总体方案》、上海市地方性法规、政府规章及其他规范性文件彼此之间的关系,为上海自贸试验区的先行先试铺平了道路,指明了法治路径,但尚未从法律、法规层面确立上海自贸试验区实施各项先行先试举措的行为准则。在全国人大及其常委会、国务院未考虑制定自贸试验区法或自贸试验区条例的情况下,上海自贸试验区法治保障工作的显性标志不啻出台一部全面规范上海自贸试验区先行先试事项的综合性的基本法。鉴于这是我国第一部规范自贸试验区的地方性法规,社会各界广为关注立法过程,学者更是聚焦立法的难点、焦点问题,积极建言献策。①2014 年 7 月 25 日,上海市第十四届人民代表大会常务委员会第十四次会议通过《中国(上海)自由贸易试验区条例》,自 2014 年 8 月 1 日施行。《上海自贸试验区条例》的问世得到了社会各界的积极评价,相关报道称,重大改革与法律障碍之间的矛盾可以妥善解决,法治对改革的作用不仅是规范和控制,更有积极的引领和保障。实践证明,在探索中出现的成熟交易规则或创新制度,必须通过法律固化的方式才能形成"可复制、可推广"的宝贵经验;上海自贸试验区以一地之力承担国家战略,如何体现改革的红线意识、底线思维,如何在法治框

---

① 在《中国(上海)自由贸易试验区条例》草案初审阶段,华东政法大学受上海市人大常委会法工委委托,组织上海相关高校、科研机构的专家学者起草了《上海自贸试验区条例专家建议稿》。浙江省法学会自由贸易园(港)区法治研究中心也提交了《上海自贸试验区条例专家建议稿》。

架内、在法治轨道上推动改革,法治如何引领改革闯关破障、攻坚克难,在这一系列时代课题面前,上海自贸试验区交出一份漂亮的法治答卷,让世界对中国法治的进步有了新认识;唯有以法治思维和法治方式固化改革创新成果,以法治的力量推动复制推广创新制度,才能加快形成符合中国未来发展需要的高标准投资和贸易规则体系。[①]

作为国内首部自贸试验区条例、上海自贸试验区先行先试的"基本法"——《上海自贸试验区条例》堪称上海地方立法史上最具社会影响的"第一法",并且已经成为上海自贸试验区可复制、可推广经验的重要载体。在上海自贸试验区运行不到一年的时间内,在中央未对上海自贸试验区明确作出制定上海市地方性法规的立法授权的情况下,推出一部结构完整、内容全面、系统的"国字头"的地方性法规,其立法难度不言而喻。从总体上讲,《上海自贸试验区条例》的立法过程凸显了全面深化改革新时期立法领域的先行先试,演绎了改革决策与立法决策协调同步的艰难曲折过程,折射出以立法引领和推动改革发展亟须澄清的立法学理论层面的问题与立法实践层面亟须破解的难题。

■ 第一节 《上海自贸试验区条例》的立法依据

自 2013 年党中央、国务院作出设立上海自贸试验区的重大战略决策以来,"自贸试验区"成为点击率最高的热词,相关高校、研究机构、学术团体都设立了自贸试验区研究中心。在法学研究领域,与自贸试验区有关的问题成为各法学学科理论研究新的增长点,而有关自贸试验区及其先行先试事项的"合法性"问题是法学界关注的焦点问题,围绕"合法性"问题的讨论发生在两个阶段,聚焦在两个问题上:一是在上海自贸试验区挂牌运行前,针对全国人大常委会作出的《授权决定》的"合法性";二是在上海自贸试验区运行初期,针对上海市人大常委会制定《上海自贸试验区条例》的法律依据。值得注意的是,在《上海自贸试验区条例》立法酝酿、前期调

① 参见郭奔胜、詹奕嘉、周立民、周立权:《来自上海自贸区的探索与思考:从"政策推动"到"法治引领"》,新华网,http://www.news.cnl,访问时间:2020 年 7 月 13 日。

研、草案起草及审议修改过程中，法学界的目光大多聚焦在条例的立法依据问题上，对条例内容的"合法性"问题，鲜有学者提出颠覆性的意见。《上海自贸试验区条例》的立法依据无疑是上海市人大常委会制定条例的重要前提。

一、《上海自贸试验区条例》的特殊立法背景

任何法律都是一定历史时期的产物，讨论立法的依据不能离开立法所处的特定背景。与通常意义上引领经济发展的地方性法规相比，《上海自贸试验区条例》的立法工作是在特殊的背景下启动的。

1. 制度创新的特殊性

上海自贸试验区的先行先试是在中国的改革开放经历了 30 多年的嬗变，新一轮的改革开放正处于创新驱动、转型发展的关键时期启动的。20 世纪传统的"政策优惠型"的模式已日趋式微，上海自贸试验区先行先试的目的在于寻找新的战略突破口，形成中国经济新的增长点，重在打造"制度创新池"，而非形成"政策洼地"。然而，在全面推进依法治国的新时期，法律对于经济、社会发展的"双刃剑"作用日益明显，在规范、保障经济、社会发展的同时，对经济、社会的创新驱动、转型发展形成掣肘。一言以蔽之，自贸试验区的任何实质性制度创新首先需要突破现行有效法律规定的障碍。①国务院批准的《总体方案》设定了上海自贸试验区的各项制度创新的时间节点，立法机关不能瞻前顾后，踌躇不前，而需要严格遵循依法立法的要求，依照法治思维、法治方式，为自贸试验区的制度创新及时提供有效的法律支撑。

2. 地方立法权受制的特殊性

上海自贸试验区有关投资、贸易、金融等领域的先行先试事项均涉及《立法法》第 8 条规定的全国人大及其常委会专属立法事项。与此同时，经过 30 多年的不懈努力，具有中国特色的社会主义法律体系已经形成，在维护国家法制统一原则方面对地方立法提出了更高的要求，与国家立法"不抵触"，要求地方立法在法权上、法意上、法条上不冲撞上位法。鉴于地方

---

① 参见丁伟：《中国（上海）自由贸易试验区法制保障的探索与实践》，《法学》2013 年第 10 期。

立法权的受制性,在全国人大常委会、国务院未授权地方人大及其常委会制定自贸试验区条例的情况下,制定《上海自贸试验区条例》面临在法权上如何避免僭越中央专属立法权的问题。这需要立法机关准确理解《立法法》的规定,在现有法律制度框架内寻找地方立法有限的空间。

3. 法治保障工作的特殊性

30多年来,中国经历了许多重大改革,但没有一次像自贸试验区的先行先试一样,中央从一开始就强调重大改革必须于法有据,这是自贸试验区法治保障的特殊要求。在全面深化改革、全面依法治国的新时期,中央领导强调凡属重大改革都要于法有据,在整个改革过程中,都要高度重视运用法治思维和法治方式,发挥法治的引领和推动作用,加强对相关立法工作的协调,确保在法治轨道上推进改革。鉴于上海自贸试验区建设的总体目标之一是"法制环境规范",各项制度的创新必须经得起合法性的拷问,这是相关制度创新能否复制、推广的前提。

应该说,国家层面全国人大常委会、国务院分别作出授权相关法律、行政法规在上海自贸试验区调整适用的决定、国务院批准上海自贸试验区开展先行先试的《总体方案》,为上海市人大常委会制定《上海自贸试验区条例》提供了必不可少的前提条件,而《上海自贸试验区条例》的制定是上海自贸试验区先行先试法制保障工作的延续和发展,也是在法制保障方面探索可复制、可推广经验的重要实践。无论是推进自贸试验区的先行先试,还是开展《上海自贸试验区条例》的立法工作,都应该贯彻于法有据的要求,正面回应并认真研究学术界提出的质疑。

二、关于《上海自贸试验区条例》立法依据的法理拷问

有关《上海自贸试验区条例》的立法依据,一直是学术界十分关注的法律问题,相关国家机关也高度重视这一问题。[①]立法依据也是《上海自贸试验区条例》制定过程中,地方立法机关必须审慎把握的关键问题之一。

从应然角度讲,上海自贸试验区的先行先试是实施国家战略,涉及国

---

① 在上海自贸试验区筹备及运行初期,最高人民法院民四庭多次来上海调研,积极研究自贸试验区的司法保障问题。在《上海自贸试验区条例》草案起草阶段,最高人民法院研究室开展了相关课题研究,研究报告对上海市制定条例的立法依据提出了意见和建议。

家事权和中央专属立法权限,理应由国家层面立法,一些学者呼吁国家立法机关积极行使国家立法权,为上海自贸试验区先行先试提供法律依据,也有学者主张应赋予上海自贸试验区特殊的立法权,在上海自贸试验区实行独立的行政法治,更有学者主张应该将上海自贸试验区打造成"法律特区",通过委托立法权制定先进的金融法规乃至民商事规则体。①学者的这些观点反映了两层意思,一是无论是全国人大及其常委会还是国务院,都应该积极行使国家层面的立法权;二是国家立法机关应该授予上海相关立法权。这两层意思的前提是:根据我国现行立法体制,上海市地方立法机关制定《上海自贸试验区条例》这一涉及中央专属立法权限的地方性法规缺乏法律依据。值得注意的是,我国学术界有关《上海自贸试验区条例》立法依据的观点始终呈现出一面倒的否定倾向,几乎没有肯定的观点。应该说学术界的这种倾向无可非议,反映了在立法依据问题上地方立法机关面临着严峻的现实挑战。笔者作为上海市人大常委会法制工作委员会主任,在上海自贸试验区筹备初期,率先就上海地方立法规范自贸试验区先行先试事项的法律依据提出肯定性的意见。②

　　从实然角度看,无论是全国人民代表大会及其常委会还是国务院,均未明确授权上海市行使超越《立法法》规定的地方立法权,且 2000 年施行的《立法法》已明确划分中央和地方两级立法的权限,不再存在全国人大及其常委会授权地方立法的需求和法律依据。③《立法法》第 9 条规定:"本法第八条规定的事项尚未制定法律的,全国人民代表大会及其常务委员会有权作出决定,授权国务院可以根据实际需要,对其中的部分事项先制定行政法规,但是有关犯罪和刑罚、对公民政治权利的剥夺和限制人身自由的强制措施和处罚、司法制度等事项除外。"2015 年修改《立法法》仍然维持修改前第 9 条的原有规定,即被授权的对象仅限于国务院,不包括省级人大及其常委会。简而言之,《立法法》既规定了涉及投资、贸易、金融等事项

---

① 参见季卫东:《金融改革与"法律特区"——关于上海自贸区研究的一点刍议》,《政治与法律》2014年第 2 期。

② 参见丁伟:《〈中国(上海)自由贸易试验区条例〉立法透析》,《政法论坛(中国政法大学学报)》2015年第 1 期。

③ 2000 年颁布的《立法法》首次界定了中央专属立法权限与地方立法权限,该法颁布后,全国人大及其常委会不再授予地方立法权。

专属于中央专属立法事项，又将该等事项先行立法限定为授权由国务院制定行政法规。这是质疑《上海自贸试验区条例》立法依据的主要缘由。

然而，仔细解读《立法法》第9条可以发现，该条规定并不适用于上海市人大常委会制定《上海自贸试验区条例》的情形。该条适用的前提条件是："本法第八条规定的事项尚未制定法律"，而上海自贸试验区先行先试涉及的投资、贸易、金融等全国人大及其常委会均已制定相关的法律。换言之，在现行《立法法》的框架下，就自贸试验区先行先试事项，不具备授权立法的条件。那么，是否上海市人大常委会制定《上海自贸试验区条例》缺乏《立法法》的依据呢？回答这一问题需要准确理解《立法法》的规定。尽管《立法法》第8条规定了中央专属立法事项，第63条、第64条对地方立法权的行使作出规定。①《立法法》第63条第1款规定："省、自治区、直辖市的人民代表大会及其常务委员会根据本行政区域的具体情况和实际需要，在不同宪法、法律、行政法规相抵触的前提下，可以制定地方性法规。"第73条第1款规定："地方性法规可以就下列事项作出规定：（一）为执行法律、行政法规的规定，需要根据本行政区域的实际情况作具体规定的事项；（二）属于地方性事务需要制定地方性法规的事项。"根据《立法法》的上述规定，上海市人大及其常委会在与上位法不相抵触的前提下，可以制定地方性法规；为执行法律、行政法规的规定，根据本行政区域的实际情况有权针对上位法的规定作出具体规定。《立法法》并未限制、禁止地方人大及其常委会为执行第8条规定的中央专属事项作出具体规定。换言之，在《立法法》的框架下，上海市人大常委会制定《上海自贸试验区条例》具有相应的法律依据。

三、关于《上海自贸试验区条例》立法依据的理论思辨和实践路径

任何法律问题的研究都应该以问题为导向，以解决问题为出发点和落脚点，切忌脱离实际的主观臆断。讨论《上海自贸试验区条例》的立法依据问题，首先应该搞清该条例的规范内容，笼统、抽象地讨论立法依据问题不

---

① 2015年修改《立法法》时对该法的条序作了调整，修改前《立法法》第63条、第64条已调整为修改后《立法法》第72条、第73条。

具有理论研究和立法实践价值。根据 2000 年《立法法》第 63 条、第 64 条的规定,地方立法具有广泛的空间,既可以为执行国家法律制定实施性立法、为规范地方性事务制定自主性立法,也可以在国家法律出台前在非属中央专属立法权限范围内先行先试,制定创制性立法。即使是在中央专属立法的权限范围内,地方也可以根据需要,就国家立法制定实施性规定、细化性规定、阐述性规定及提示性规定。

以问题为导向,从上海自贸试验区法治保障的现实需要出发,讨论《上海自贸试验区条例》的立法依据问题,关键不在于上海市人大常委会有没有立法权,而在于《上海自贸试验区条例》所规范的内容是否与宪法、法律、行政法规相抵触。而判断地方立法是否冲撞上位法的法权,应当正确理解法权"不抵触"的含义,其关键在于如何准确把握《立法法》的精神实质。法律条文是凝固化的,而地方立法的实践是鲜活的,机械地理解法律条文并不符合《立法法》的本意。事实上,地方权力机关根据《立法法》的抽象授权开展地方立法活动,有时很难从法律、行政法规中找到直接的法律依据,但可以从法律、行政法规的立法原则、精神或具体的规定中引申出其立法的依据。因此,正确处理地方立法与国家立法的关系,既要防止脱离实际,关在书斋里搞纯理论的研究,又要防止故步自封,思想僵化,在片面理解"不抵触"的情况下"作茧自缚",使地方立法失去应有的活力。克服这种倾向关键在于深刻领会《立法法》有关"不抵触"的精神实质,在地方立法工作中要深入上位法的内部,准确把握上位法的立法精神与原则,结合本地区的实际对上位法作出实施性、补充性的规定,使中央和地方立法相互配合、协调统一。

其实,在地方性法规中对涉及民事、经济基本制度包括投资、贸易、金融、航运等中央专属立法事项作出具体规定在我国地方立法中比比皆是。以上海地方立法实践为例,这种立法例在上海地方立法各个时期也并不少见。主要有以下三种类型:

一是在 20 世纪八九十年代,上海出台了一些涉及投资促进、经济开发的地方性法规。1986 年 6 月 20 日,上海市第八届人大常委会第二十二次会议通过《上海市中外合资经营企业、中外合作经营企业、外资企业的申请和审批规定》。1987 年 6 月 20 日,上海市第八届人大常委会第二十九次会议批准《上海市鼓励引进技术消化吸收暂行规定》。1987年8月14日,上海市第八届人大常委会第三十次会议通过《上海市发展新兴技术和新兴工业暂行条例》。1987年12月19日,上海市第八届人大常委会第三十三次会议通过《上海市中外合资经营企业劳动人事管理条例》。1988年6月4日,上海市第九届人大常委会第一次会议通过《上海市人民代表大会常务委员会关于本市"三资"企业申请和审批规定实施中有关问题的决定》。1988年11月10日,上海市第九届人大常委会第四次会议通过《上海市经济技术开发区条例》。1989年8月11日,上海市第九届人大常委会第十次会议通过《上海市中外合资经营企业工会条例》。1990年4月8日,上海市第九届人大常委会第十七次会议通过《上海市漕河泾新兴技术开发区暂行条例》。1996年8月23日,上海市第十届人大常委会第二十九次会议通过《上海市外商投资企业审批条例》。1996年12月19日,上海市第十届人大常委会第三十二次会议通过《上海外高桥保税区条例》。这些地方性法规制定于《立法法》及国家专门立法尚未出台前,条例属于先行先试型的创制性地方性法规,立法机关采取了既积极又审慎的态度,确保法规内容与上位法不相抵触。

二是在遵循国家民事基本法律原则的前提下,上海出台了一些涉及民事法律制度的具体规定。如为了正确处理医疗事故,保障病员及其家属和医务人员的合法权益,维护医疗单位的工作秩序,上海地方立法在与国家法律不抵触的前提下,探索发挥地方立法在解决医患矛盾中的积极作用。1984年12月28日,上海市第八届人大常委会第十二次会议批准《上海市医疗事故处理暂行规定》。2000年12月15日,上海市第十一届人大常委会第二十四次会议通过《上海市遗体捐献条例》这一我国第一部规范遗体捐献事务的地方性法规。2001年7月13日,上海市第十一届人大常委会第二十九次会议通过《上海市中小学校学生伤害事故处理条例》这一我国第一部处理中小学生校园伤害事故的地方性法规。需要指出的是,当时《立法法》已经开始实施,有关医疗事故、校园伤害事故涉及侵权行为的法律责任,属于国家基本民事制度,有关遗体捐献涉及公民的人格权,亦属于国家基本民事制度,应由全国人大及其常委会行使专属立法权,地方立法几乎没有创制性空间,地方立法的着力点是对《民法通则》等上位法的原则性规定在医疗事故、中小学校学生伤害事故处理、遗体捐献这几个特定领域的适用作出具体规定。

其三，近十年来，上海围绕"四个中心"建设目标，在地方立法权限范围内，制定了一些涉及贸易、金融、航运具体规定的地方性法规。2009年6月25日，上海市第十三届人大常委会第十二次会议通过《上海市推进国际金融中心建设条例》。2011年11月17日，上海市第十三届人大常委会第三十次会议通过《上海口岸服务条例》。2012年11月21日，上海市第十三届人大常委会第三十七次会议通过《上海市推进国际贸易中心建设条例》。2016年6月23日，上海市第十四届人大常委会第三十次会议通过《上海市推进国际航运中心建设条例》。鉴于贸易、金融、航运属于《立法法》第8条规定的"基本经济制度以及财政、税收、海关、金融和外贸的基本制度"，依法应当由全国人大及其常委会行使专属立法权，上海的地方性法规着重从执行国家法律的规定，支持、服务、保障和配合国家相关部门履行职责的角度作出规定。

上海的上述地方立法对于上海的经济与社会发展产生了积极的作用，全国人大常委会、国务院历年的备案审查中均未发现上海的上述地方性法规超越了地方立法的权限，学者亦未就这些地方性法规的"合法性"提出质疑。然而，在同样的情况下制定《上海自贸试验区条例》为什么会产生异议？究其原因，无外乎上海自贸试验区为首个自贸试验区，其先行先试事项涉及国家专属立法事项，且中央强调重大改革于法有据。为此，学者用较为苛刻的目光来审视"合法性"问题情有可原，且立法机关理应在"合法性"问题上持更为谨慎的态度。

就《上海自贸试验区条例》的立法依据而言，《立法法》第64条的前述规定赋予上海地方立法作出实施性、补充性的规定的立法权限，对于《上海自贸试验区条例》规范的这部分实施性、补充性内容的立法依据，学术界并无争议。值得探讨的是，上海地方立法是否有权就自贸试验区的先行先试事项制定创制性规定？答案当然是否定的。上海自贸试验区的先行先试是一项国家战略，中央要求上海自贸试验区进行压力测试的事项涉及投资、贸易、金融、航运等国家事权。从立法角度来看，这些试点事项涉及国家"民事基本制度"和"基本经济制度"，属于《立法法》第8条列举的中央专

189

属立法权限。为维护国家法制统一原则，在没有获得国家立法机关立法授权的情况下，上海地方立法不具有创制性立法的空间。

值得关注的是，上海自贸试验区的先行先试是一项全新的探索，无先例可循，需要准确解读国务院批准设立上海自贸试验区、授权上海先行先试的法律含义。2013年9月18日，《国务院关于印发中国（上海）自由贸易试验区总体方案的通知》（国发〔2013〕38号）印发，该文件称："国务院批准《中国（上海）自由贸易试验区总体方案》，现予印发。"①国务院印发的这一通知非同寻常，其法律地位、法律意义值得深入探究。就国务院批准《总体方案》这一抽象行政行为而言，我国《宪法》《立法法》《国务院组织法》并没有规定国务院各部、各委员会或地方政府制定的规范性文件需要经过国务院批准才生效。然而，《宪法》第89条以列举式的方式规定了国务院的职权，其中包括对地方国家行政机关的职权进行具体划分。②因此，从宪法角度来解读，国务院批准设立上海自贸试验区具有宪法依据，这一批准行为产生的法律效果是将属于中央政府的部分事权有条件地划归上海市人民政府。值得关注的是，前述国发〔2013〕38号文件在批准《总体方案》的同时，明确规定：上海市人民政府要精心组织好《总体方案》的实施工作，对于《总体方案》实施中的重大问题要及时向国务院请示报告。国务院批准的《总体方案》明确要求：除了国家层面加强试验区制度保障外，"上海市要通过地方立法，建立与试点要求相适应的试验区管理制度"。从法律角度分析，这一规定不啻一种"义务性规定"，隐含了"授权性"的含义。有鉴于此，尽管国家层面没有明确作出相关的"立法授权"，但自贸试验区开展相关的立法活动具有相应的法律依据。③当然，对这一问题也有不同的认识，有的专家学者认为，《总体方案》的这一规定不是对上海自贸试验区的赋权性规定，而是义务性要求。这一争议意义不大，因为持这一观点的专家对《总体方案》明确要求上海市制定自贸试验区的地方性法规的事实没有歧义，至

---

① 据商务部官网公开披露，《总体方案》是商务部、上海市人民政府会同国务院有关部门在深入研究的基础上拟定的，并上报国务院审批。

② 《宪法》第89条规定的国务院的第四项法定职权是：统一领导全国地方各级国家行政机关的工作，规定中央和省、自治区、直辖市的国家行政机关的职权的具体划分。

③ 参见丁伟：《中国（上海）自由贸易试验区法制保障的探索与实践》，《法学》2013年第11期。

于上海制定该条例到底属于行使权利还是履行义务,都不影响上海市人大常委会依照《总体方案》的要求制定条例。

当然,国务院批准的《总体方案》只是要求上海市开展相关立法,并不意味着立法部门可以超越《立法法》规定的地方立法的权限。由于立法机关高度重视立法"合法性"的问题,严格在地方立法权限内行使立法权,《上海自贸试验区条例》在社会热切关注下高票通过,立法决策者有关立法依据的处理无可挑剔,学术界有关条例立法依据的议论随之偃旗息鼓。

■ 第二节 《上海自贸试验区条例》的立法时机

一、有关《上海自贸试验区条例》立法时机的不同认识

上海自贸试验区于 2013 年 9 月 29 日挂牌正式启动,引起国内外的高度关注,在 2014 年全国"两会"上,自贸试验区成为代表、委员热议的焦点。李克强总理在其所作的政府工作报告中,把设立中国(上海)自贸试验区作为 2013 年推动开放向深度拓展的首要工作,在报告明确的 2014 年的重点工作中,又把中国(上海)自贸试验区作为开创高水平对外开放新局面的一项主要工作,要求"建设好、管理好中国上海自由贸易试验区,形成可复制可推广的体制机制,并开展若干新的试点"。根据党中央、国务院的要求,按照国务院批准的《总体方案》确定的任务,上海举全市之力,全力推进自贸试验区的各项先行先试任务。2014 年中共上海市委、上海市人民政府都将自贸试验区的先行先试作为当年首要的重点工作,在推进这项重点工作的细化工作方案中,《上海自贸试验区条例》的立法工作被列为第一项工作。在上海市人大常委会 2014 年的立法计划中,该条例亦被列为"天字一号"的正式立法项目。

在当时情况下,出现了大会小会"逢会必谈自贸区,逢谈自贸区必谈自贸区立法"的现象,法学界的研究热情更是高涨,积极建言献策,给立法机关下"指导棋"。按照立法计划设定的时间表,条例计划于当年 8 月 1 日开始实施,这意味着条例草案至少 4 月就要提请市人大常委会初审。鉴于《上海自贸试验区条例》旨在规范整个自贸试验区的各项先行先试事项,且

191

涉及中央事权,必须与国家发改委、商务部、"一行三会"、①海关、出入境检验检疫等中央机关反复协调、沟通,这意味着条例草案的起草工作难度大、环节多、周期长,必须在自贸试验区挂牌伊始就开始启动相关立法工作。

从上海自贸试验区的实践层面看,一方面,自贸试验区的各项先行先试事项按图索骥,在探索中积极推进。为支持上海自贸试验区的先行先试,工业和信息化部、财政部、国家税务总局、交通运输部、文化部、司法部、中国人民银行、银监会、证监会、保监会、海关总署、国家质检总局、国家工商行政管理总局 13 个国家部委陆续出台了 21 个支持上海自贸试验区的政策文件,这些支持性政策的实施条件存在明显差异,其中,有的政策指向明确、程序清晰,对于落实《总体方案》的相关意见具有很强的指导性和操作性,大部分都已落地;有的政策支持力度很大,如 2013 年 12 月 3 日中国人民银行发布的《关于金融支持中国(上海)自由贸易试验区建设的意见》(以下简称"金融 30 条")含金量大,支持上海自贸试验区探索投融资汇兑便利、扩大人民币跨境使用、稳步推进利率市场化、深化外汇管理改革。但该"金融 30 条"将"坚持风险可控、稳步推进,成熟一项、推动一项,适时有序组织试点"作为原则之一,一些具体的措施需要进一步明确实施细则,自由贸易账户与分账核算管理需要出台具体的操作性细则;有的政策文件只是提出了下一步支持创新的方向和要求,具体的政策措施将适时出台。另一方面,《上海自贸试验区条例》的立法工作与上海自贸试验区的先行先试几乎同时起步,条例草案的起草工作正在紧锣密鼓地进行之中。

在自贸试验区法治保障推进中,上海面临新的挑战:立法先行、法治引领改革发展这一要求如何在上海自贸试验区得到贯彻? 这一理论新命题如何在上海自贸试验区的法治保障实践中得到印证? 如何通过具体的立法实践来深化认识? 无论是专家学者,还是从事自贸试验区实践探索的实务部门,甚至在立法工作部门内部,对于《上海自贸试验区条例》的立法时

---

① "一行三会"是指中国人民银行、中国银行业监督管理委员会(银监会)、中国证券监督管理委员会(证监会)和中国保险监督管理委员会(保监会)这四家中国的金融监管部门的简称,这种叫法最早起源于 2003 年,"一行三会"构成中国金融业分业监管的格局。"一行三会"均实行垂直管理,其在上海的分支机构称"一行三局",即中国人民银行上海分行、上海银监局、上海证监局、上海保监局。2018 年,第十八届全国人大第一次会议表决通过关于国务院机构改革方案的决定,设立中国银行保险监督管理委员会,简称银保监会。

机、立法条件等问题都存在不同的认识。立法时机主要是指立法者作出是否立法及何时立法决策时应当考虑的各项主客观条件。立法作为一种创制行为规范的要式行为，既要遵循依法立法的法定程序，又要尊重科学立法的规律，不仅要依循立法活动本身的科学规律，同时也要与经济规律、自然规律以及社会发展规律并行不悖。当时的现实状况是：上海自贸试验区的先行先试刚刚起步，相关制度创新是否成功尚待实践检验，且国家有关部门对于上海自贸试验区的一系列支持性政策正在持续推出，在这样的情形下启动立法程序，将正在动态推进的上海自贸试验区先行先试的事项用立法的方式固化下来是否合适，是否符合立法的科学规律？换言之，《上海自贸试验区条例》的立法条件是否具备？立法时机是否成熟？这些问题引起学术界的关注，同样也考验着立法部门的立法智慧，需要立法决策者冷静思考、积极应对。

二、判断《上海自贸试验区条例》立法时机应考量的重要因素

《上海自贸试验区条例》的立法工作折射了全面深化改革、全面依法治国新时期立法工作面临的新情况、新问题，既要遵循立法的科学规律，又要以与时俱进的科学态度积极回应特殊时期对立法的特殊需求。应该说，上海自贸试验区先行先试的特殊使命要求立法决策者审时度势，适时启动立法程序，及时出台《上海自贸试验区条例》。

（一）践行法治先行原则要求尽快启动立法程序

上海自贸试验区的先行先试吹响了新一轮改革开放的集结号，其制度创新需要突破现行法律的相关规定，迫切需要加强法律层面的顶层设计，夯实相应的法律基石，贯彻落实中央领导反复强调的凡属重大改革都要于法有据的要求。在践行法治引领自贸试验区先行先试方面，国务院率先垂范，在批准、印发自贸试验区《总体方案》之前，提请全国人大常委会作出前述《授权决定》，并适时作出了《国务院关于在中国（上海）自由贸易试验区内暂时调整有关行政法规和国务院文件规定的行政审批或者准入特别管理措施的决定》。全国人大常委会继作出《授权决定》后，启动立法程序，修改了《公司法》的相关规定，将一般公司的注册资本实缴登记制，改为认缴登记制，并对《刑法》的相关规定作出法律解释。然而，国家层面的法治保

193

障举措只是为上海自贸试验区"开禁",解决了上海自贸试验区"无法做"的问题(即只有在全国人大常委会、国务院作出暂时调整法律、行政法规中的行政审批规定,自贸试验区才可以开展准入前国民待遇加负面清单的制度创新),但并未以法律、行政法规的方式制定上海自贸试验区先行先试的行为准则,未解决上海自贸试验区"如何做"的问题。与此同时,国家层面自贸试验区的前述法治保障举措具有暂时性、阶段性、过渡性的性质,不属于长效制度。全国人大常委会的《授权决定》明确规定暂时调整适用法律的时间为期三年,①国务院暂时调整有关行政法规和国务院文件规定的决定虽然未规定有效期,但根据《立法法》的规定,授权决定不得超过五年。②从上海自贸试验区先行先试的实践来看,各项先行先试的依据主要是国务院批准的《总体方案》以及国家相关部委支持上海自贸试验区的政策文件。且《总体方案》的内容均为阶段性的政策措施,其法律性质不属于行政法规。从上海地方层面的法治保障情况来看,上海市人大常委会的《授权决定》也仅仅起到理顺各类法律、法规、规章及规范性文件的关系,"1+X"规章虽然在一定程度上缓解了先行先试的制度空缺,但法律位阶过低、功能受限。一言以蔽之,在《上海自贸试验区条例》出台前,上海自贸试验区尚无以法律、法规为载体的行为规范,这与重大改革于法有据的要求不相吻合。

按照科学立法的一般规律及惯常的立法思路,在上海自贸试验区先行先试起步初年启动《上海自贸试验区条例》的立法无疑过于仓促。然而,针对自贸试验区这一特殊领域的立法,置身于当时特定的历史场景,需要探索改革发展特殊情况下科学立法的特殊规律。全国人大常委会《授权决定》规定"外资三法"有关行政审批规定的部分条款在上海自贸试验区暂时调整实施的时限为3年,《总体方案》规定的制度创新也有相应的时间表。倘若按部就班、四平八稳地推进立法程序,从容不迫地开展立法调研、论

---

① 基于全国人大常委会《授权决定》为期3年的规定,有观点认为上海自贸试验区先行先试的试验期为3年。这是一种主观臆断,全国人大常委会《授权决定》规定为期3年的仅仅是相关法律暂时调整实施的时限,并非上海自贸试验区先行先试的期限。3年期满,全国人大常委会可以依法延长法律暂时调整实施的期限。

② 根据《立法法》第10条规定,授权决定应当明确授权的目的、事项、范围、期限以及被授权机关实施授权决定应当遵循的原则等。授权的期限不得超过5年,但是授权决定另有规定的除外。

证、起草、审议、表决，那么不等条例审议通过，3 年时限行将届满。与此同时，实践永无止境，自贸试验区的先行先试只有进行时，没有完成时，任何时候出台的自贸试验区条例都只能为自贸试验区阶段性的先行先试提供保障。因此，与其安之若素，坐而论道，坐等各项立法条件完全具备再行启动立法程序，不如就先行先试亟须规范、立法条件相对成熟的事项先行立法，确保现阶段上海自贸试验区的先行先试得以在法治的轨道上推进，待时机成熟时再修改、完善现行条例。这种非毕其功于一役的立法方式更加符合全面深化改革新时期引领类立法的规律，这也是上海自贸试验区法治保障工作的实践探索给予我们的启示之一。上海自贸试验区的这一立法举措也得到了复制、推广。据悉，中国（广东）自贸试验区挂牌伊始，广东省政府法制办即启动立法程序，向社会公布《中国（广东）自由贸易试验区条例》（草案征求意见稿）。中国（天津）自由贸易试验区、中国（福建）自由贸易试验区于 2015 年 4 月挂牌，在推出其自贸试验区管理办法后不久，天津市人大常委会、福建省人大常委会同时于 2015 年 11 月审议《中国（天津）自由贸易试验区条例（草案）》《中国（福建）自由贸易试验区条例（草案）》。其制定地方性法规的时间表与上海自贸试验区基本一致。

（二）全国蓄势待发的改革潮流呼唤条例尽快出台

经历了 30 多年的高速增长后，中国经济发展进入增速换挡、经济结构转型、提质增效升级的新时期，以自贸试验区为标志的新一轮改革开放将成为创新驱动、转型发展的"加速器"，为经济发展注入新的动能。为此，不少省市都在积极谋划自贸试验区的建设发展规划。国务院站在全局的高度，科学规划，统筹协调，为自贸试验区的积极、稳妥、有序发展进行顶层设计。尽管上海自贸试验区有幸成为首个自贸试验区，但国务院在推进相关工作的过程中已有前瞻安排，为适时增设自贸试验区预留制度空间。2013年 8 月，国务院提请全国人大常委会审议的《授权决定》草案的名称是"《关于授权国务院在中国（上海）自由贸易试验区等国务院决定设立的试验区内暂时停止实施有关法律规定的决定（草案）》"，该决定草案的适用范围是"中国（上海）自由贸易试验区等国务院决定设立的试验区"。根据国务院的提案说明，除上海自由贸易试验区外，国务院考虑将根据进一步深化改革、扩大开放的需要，按照从严从紧的原则，确定少数具备条件的区域进行类似的试验。①国务院批准的《总体方案》确定的上海自贸试验区建设的总体目标明确要求：经过两至三年的改革试验，"力争建设成为具有国际水准的投资贸易便利、货币兑换自由、监管高效便捷、法制环境规范的自由贸易试验区，为我国扩大开放和深化改革探索新思路和新途径，更好地为全国服务"。《国务院关于印发中国（上海）自由贸易试验区总体方案的通知》（国发〔2013〕38号）要求上海自贸试验区"建设具有国际水准的投资贸易便利、监管高效便捷、法制环境规范的自由贸易试验区，使之成为推进改革和提高开放型经济水平的试验田，形成可复制、可推广的经验，发挥示范带动、服务全国的积极作用，促进各地区共同发展"。《总体方案》批准后，中央明确要求上海市要承担起自贸试验区先行先试的主体责任，形成可复制、可推广的经验，发挥示范带动、服务全国的积极作用。上海自贸试验区挂牌运行后，其先行先试的一举一动备受关注，以建立自贸试验区为标志的新一波的改革浪潮在全国蓄势待发，各地对上海自贸试验区的压力测试充满期待。尽管全国人大常委会《授权决定》授权国务院在上海自贸试验区调整适用相关法律规定的期限为3年，但中央要求上海尽快推出第一批可复制、可推广的经验。②

　　上海自贸试验区的先行先试是一项国家试验，既然是压力测试，则存在试验失败或者不理想的可能，因此，上海自贸试验区能够拿出首批可复制、可推广的经验，证明上海自贸试验区的先行先试初步取得成功，将成为党中央、国务院适时作出增设自贸试验区决策的重要依据。③然而，上海自贸试验区可复制、可推广的经验如何总结、提炼？以什么载体来展示？通过什么方式复制、推广？答案并不复杂，上海自贸试验区先行先试哪些事项，通过什么方式先行先试，都需要上升到制度层面，固化为相关的法律制度，从这个意义上说，"可复制、可推广"的经验实际上是上海自贸试验区先

---

　　① 参见高虎城2013年8月26日在第十二届全国人大常委会第四次会议上所作的《关于〈关于授权国务院在中国（上海）自由贸易试验区等国务院决定的试验区内暂时停止实施有关法律规定的决定（草案）〉的说明》。

　　② 2014年3月6日习近平总书记在参加第十二届全国人大第二次会议上海代表团审议时强调：上海要大胆闯、大胆试、自主改，尽快形成一批可复制、可推广的新制度。

　　③ 在上海自贸试验区先行先试近14个月，《上海自贸试验区条例》实施近5个月的2014年12月底，党中央、国务院决定增设广东、天津、福建自贸试验区，并决定上海自贸试验区扩区。

行先试相关的法律模式、法律制度。《上海自贸试验区条例》无疑是上海自贸试验区可复制、可推广经验的重要载体，尽快推出《上海自贸试验区条例》无疑是落实中央要求的重要举措。

（三）先行先试的实践期待地方立法的引领、推动

全国人大常委会、国务院的"双授权"等国家层面的相关立法举措为上海自贸试验区的先行先试提供了必要的法律支撑，国务院批准的《总体方案》及相关部门出台的支持性政策为先行先试提供了政策依据，为确保上海自贸试验区的各项制度创新举措于法有据、有章可循，亟须按照国务院要求，通过地方立法建立与试点要求相适应的试验区管理制度。然而，自上海自贸试验区运行以来，上海地方层面规范自贸试验区先行先试工作的直接依据主要是政府层面的"1＋X"规则群，缺乏综合性的地方性法规。持《上海自贸试验区条例》不宜操之过急观点的主要理由是，"1＋X"规则群已经为上海自贸试验区的先行先试提供了基本的制度遵循，制定《上海自贸试验区条例》似乎并非迫在眉睫。但是只要对"1＋X"规则群的法律位阶和功能作简要分析，就可知这一观点的理由难以成立。

"1＋X"规则群中的"X"规则系上海市人民政府及其相关部门制定的、法律位阶在规章以下的规范性文件，属于2019年5月27日上海市人民政府制定的《上海市行政规范性文件管理规定》所称的"除政府规章外，由行政机关依照法定权限、程序制定并公开发布，涉及公民、法人和其他组织权利义务，具有普遍约束力，在一定期限内可以反复适用的公文"。这类行政规范性文件的功能有限，按照《上海市行政规范性文件管理规定》第12条的规定，禁止在这类规范性文件中规定下列事项：增加法律、法规、规章规定之外的行政权力事项或者减少法定职责；增设行政许可、行政处罚、行政强制、行政征收、行政收费等事项；增加办理行政许可事项的条件，规定出具循环证明、重复证明等内容；违法减损公民、法人和其他组织的合法权益或者增加其义务，侵犯公民人身权、财产权、劳动权等基本权利；超越职权规定应当由市场调节、企业和社会自律、公民自我管理的事项；违法设置排除或者限制公平竞争、干预或者影响市场主体正常生产经营活动的措施，违法设置市场准入和退出条件；法律、法规、规章、国家或者本市政策禁止规范性文件规定的其他事项。这在很大程度上制约了规范性文件的功能，

难以有效适应自贸试验区制度创新的立法需求,尤其是自贸试验区政府职能转变的立法需求。与此同时,按照《上海市行政规范性文件管理规定》第34条的规定,该类规范性文件的有效期自施行之日起一般不超过5年。

"1+X"规则群中的"1"系《中国(上海)自由贸易试验区管理办法》,尽管该管理办法的位阶较高,系以"沪府令"为文号的上海市人民政府制定的规章,但其功能仍然有限,难以承载自贸试验区先行先试法治保障的立法需求。根据《立法法》第82条第5款的规定,"应当制定地方性法规但条件尚不成熟的,因行政管理迫切需要,可以先制定地方政府规章。规章实施满两年需要继续实施规章所规定的行政措施的,应当提请本级人民代表大会或者其常务委员会制定地方性法规"。换言之,即使管理办法暂时能够满足上海自贸试验区先行先试的立法需求,其有效期仅两年。根据《立法法》第82条第6款的规定,"没有法律、行政法规、地方性法规的依据,地方政府规章不得设定减损公民、法人和其他组织权利或者增加其义务的规范"。与此同时,根据《行政许可法》《行政强制法》的规定,政府规章不得规定行政许可、行政强制。这将在很大程度上限制管理办法的立法功能。

鉴于建设上海自贸试验区是重大国家战略,同时也是事关上海当前和长远发展的大事,这一具有战略意义的重大事项应当由地方国家权力机关制定法律效力更高、权威性更强的地方性法规予以规范。综合考虑与立法有关的各种主客观条件,立法的基本条件已经具备,制定《上海自贸试验区条例》已经刻不容缓,及时启动立法程序既是依法推进先行先试的重要前提,又是上海自贸试验区顺利运行的法制保障。

■ 第三节 《上海自贸试验区条例》的立法难点

《上海自贸试验区条例》是我国第一部自贸试验区立法,该条例冠名为"中国(上海)自由贸易试验区条例",成为上海第一部"国字头"的地方性法规。[①]上海作为我国改革开放的前沿,在地方立法引领对外开放方面进行

---

① 尽管《立法法》《上海市制定地方性法规条例》对于如何确定法律、地方性法规的名称没有明确规定,相关的立法技术规范只对引用法律时法律的名称如何表述作出规范,但全国人大及其常委会制定的法律都表述为"《中华人民共和国×××法》",上海市人大及其常委会制定的上海市地方性法规通常都表述为"《上海市×××法规》"。

积极探索,在不同历史时期制定、出台《上海市经济技术开发区条例》《上海市漕河泾新兴技术开发区暂行条例》《上海外高桥保税区条例》《上海市推进国际金融中心建设条例》《上海市推进国际贸易中心建设条例》等规范开发区、保税区并涉及投资、贸易、金融等国家事权、中央专属立法权的综合性地方性科学法规,积累了在坚持国家法制统一原则、恪守地方立法权限的前提下,以地方立法引领、推动、规范、保障地方经济发展的经验。然而,针对《上海自贸试验区条例》这一为自贸试验区这一国家战略、国家试验提供保障的非常特殊的地方性法规,上海地方立法机关缺乏经验,深感压力重大。制定好这部地方性法规需要立足于地方性法规的性质与有限的立法权限,精准确定条例的立法定位,准确把握这一立法的特殊性,为立法的难点把好脉,并对症下药,积极破解立法难题。

一、《上海自贸试验区条例》的立法定位

在上海自贸试验区承载着面向世界、服务全国、推进上海"四个中心"建设的战略任务,[①]《上海自贸试验区条例》作为上海自贸试验区的"基本法",既是推进上海自贸试验区各项先行先试的直接法律依据,也是上海自贸试验区可复制、可推广经验的重要组成部分。这部地方性法规从酝酿起草到审议修改,始终受到社会各界的广泛关注。[②]在《上海自贸试验区条例》酝酿、起草过程中,有关该条例的立法定位各方的认识不尽一致。

鉴于上海自贸试验区先行先试的众多制度涉及贸易、投资、金融、航运、税收等国家事权,属于中央专属立法的权限范围,且该部分内容《总体方案》及相关中央部门出台的政策已有规定,为了避免条例僭越《立法法》

---

①　"四个中心"指上海建设国际经济中心、国际金融中心、国际贸易中心和国际航运中心。上海建设"四个中心"最早是在2001年国务院批复"上海城市总体规划"时得以明确的。2014年5月,习近平总书记在上海考察时强调,上海要努力在推进科技创新、实施创新驱动发展战略方面走在全国前头、走在世界前列,加快向具有全球影响力的科技创新中心进军。2015年5月25日,中共上海市委、上海市人民政府发布了《关于加快建设具有全球影响力的科技创新中心的意见》。从此,上海建设"四个中心"演变为"五个中心"。

②　鉴于自贸试验区的先行先试涉及众多国家事权,相关制度设计需要得到中央有关部门首肯,立法起草、审议过程中,立法部门与各有关部门协调的深度、广度、力度在上海地方立法史上是前所未有的。与此同时,社会各界、专家学者对于这部地方性法规的关注与参与程度也前所未有:除三级人大代表、众多政协委员、市民群众广泛参与、建言献策外,一些外国驻华机构(欧盟驻华代表团、欧盟商会等)对草案逐条提出意见,一些兄弟省市的法学会、相关学术组织组织论证,有关高校还提出专家建议稿。

规定的地方立法权限的嫌疑,理顺上海市地方性法规与国务院批准的《总体方案》及中央各部委出台的政策性文件的关系,笔者曾倾向于将《上海自贸试验区条例》定位于"管理条例",着重聚焦在如何建立高效便捷的监管制度,以及规范改革发展的法治环境上,这些内容地方立法具有较多制度创新的空间,且属于地方立法的权限范围。而有关投资、贸易、金融等制度创新的内容涉及《立法法》第8条规定的中央专属立法规范的事项,地方无创制性立法的空间,该部分事项可以在条例中作出指引性规定,明确适用国家法律、行政法规的有关规定,以国务院批准的《总体方案》及中央各部委出台的政策性文件为依据。有的专家则认为,上海自贸试验区法治建设主要依赖自上而下的立法进路,国务院以及相关部门的文件的内容在立法中占相当大的比重,这一立法进路在彰显上海自贸试验区的国家战略地位、提升自贸试验区改革权威性的同时,加大了立法协调的成本,拖慢了立法创新的步伐,可能会抑制自贸试验区创新的积极性,难以满足自贸试验区先行先试的改革需求。应当借鉴经济特区立法模式,主动争取党中央、国务院及时的立法支持。①然而,上海自贸试验区是实施国家战略,地方立法无法脱离国家层面的政策依据,"自上而下"的立法进路是不二选择,而借鉴经济特区立法需要修改《立法法》的经验,争取中央在立法上的支持也需要全国人大常委会启动立法程序,这些建议显然过于理想化。与此同时,《总体方案》是上海自贸试验区先行先试的主要政策依据,无论《上海自贸试验区条例》如何定位,其基础性内容无法脱离《总体方案》及中央各部委出台的政策性文件的内容。

《上海自贸试验区条例》是定位于规范内容相对有限的"管理条例",还是规范内容全面、系统的"综合性条例",既需要考虑先行先试的立法需求、立法条件,同时还应考虑国内第一个自贸试验区条例的引领、示范作用,力争立法的政治效果、社会效果与法律效果三者的统一。具体来说,上海自贸试验区肩负的先行先试的重任要求地方立法既要立足于上海自贸试验区先行先试的现实立法需求,又要跳出上海自贸试验区狭隘的地域空间,

---

① 参见李敏:《上海自贸区法律体系的现状反思与完善路向》,《南都学坛(人文社会科学学报)》2016年第1期。

站在实施国家重大战略的高度进行顶层设计、科学谋划。倘若将《上海自贸试验区条例》定位于"管理条例",仅对上海自贸试验区管理制度、监管制度、法治环境等问题作出规范,显然无法全面总结、提炼、反映上海自贸试验区先行先试可复制、可推广的经验。为此,《上海自贸试验区条例》最终定位于"综合性条例",设总则、管理体制、投资开放、贸易便利、金融服务、税收管理、综合监管、法治环境、附则九章,总共 57 条,对上海自贸试验区先行先试的各项制度作出全面、系统的规范。

二、《上海自贸试验区条例》的立法特点

根据《立法法》规定的地方立法权限,地方性法规可分为实施性法规、自主性法规、创制性法规三大类型。从地方立法角度分析,《上海自贸试验区条例》是一部具有多重特性的非常特殊的地方性法规,集实施性法规、自主性法规、创制性法规这三类地方性法规的性质于一身。

首先,上海自贸试验区的先行先试是实施国家战略,贯彻落实党中央、国务院的战略决策,需要通过制定《上海自贸试验区条例》,将中央关于上海自贸试验区建设的要求转化为具有法律约束力的法规规定,国务院及中央相关职能部门出台的一系列政策性规定也需要转化为"法言法语"。与此同时,《上海自贸试验区条例》还需要针对先行先试的各项政策性规定作出实施性规定、细化性规定、阐述性规定及提示性规定。因此,《上海自贸试验区条例》无疑具有实施性地方性法规的特征。

其次,按照中央的要求,上海市承担先行先试的主体责任,上海市人民政府在国务院领导和国家有关部门指导和支持下,根据国务院批准的《总体方案》明确的目标定位和先行先试任务,组织实施改革试点工作,依法制定与自贸试验区建设、管理有关的规章和政策措施,并积极贯彻中央提出的"自主改"的要求。与此同时,条例制定时上海自贸试验区所辖的 28.78 平方公里位于上海市行政管理区域,条例作为地方性法规同时也需要对上海市的地方事务进行规范。因此,《上海自贸试验区条例》也具有规范地方事务的自主性地方性法规的特征。

最后,上海自贸试验区先行先试的核心是制度创新,《上海自贸试验区条例》无疑也具有创制性地方性法规的特征。需要澄清的是,《上海自贸试

201

验区条例》的创制性规定包含两个方面的制度性规定,前者属于中央专属立法权限范围,涉及国家民事基本制度和基本经济制度,如投资、贸易、金融、航运、税收等事项,地方立法不具有创制性空间,《上海自贸试验区条例》必须严格恪守与国家立法不相抵触的底线,在这些领域仅对国务院批准的《总体方案》、中央职能部门出台的政策性规定作出实施性规定、细化性规定、阐述性规定或提示性规定。后者则属于地方立法的权限范围,如在上海自贸试验区建立事权划分科学、管理高效统一、运行公开透明的行政管理体制,建立合作协调和联动执法工作机制,建立、健全事中事后监管制度,推动形成行政监管、行业自律、社会监督、公众参与的综合监管体系,这些方面的制度创新同样属于上海自贸试验区先行先试、制度创新的重要内容,《上海自贸试验区条例》在这些领域作出的相关创制性规定不存在法律障碍。

三、《上海自贸试验区条例》的立法难点

在上海自贸试验区法治保障工作中,制定《上海自贸试验区条例》既是一项阶段性的工作,又是一项社会关注的标志性的工作成果。自上海自贸试验区筹备及运行以来,围绕自贸试验区各领域的先行先试及其法治保障,社会各界、专家学者提出了许多意见、建议,这些意见、建议是否采纳,如何采纳,条例需要正面作出答复。《上海自贸试验区条例》作为一部独特的地方性法规,凸显了全面深化改革新时期地方立法面临的新挑战:既要解放思想、大胆探索,又要严格遵循法制统一原则,不僭越立法权限;既是地方立法,又要引领国家层面以自贸试验区为标志的新一轮改革开放;既要应对特定时期、特定区域、特定事项的立法需求,又要对全面深化改革作出前瞻性的规定;既要以法律规范固化现行先行先试的举措,又要为未来的制度创新留下空间;既要遵循国内法律制度,又要对接国际通行规则。[①]对于这样一部重要的地方性法规,社会各方面的期望值很高,立法部门的压力也很大。由于信息不对称,一些人士对于制定条例的背景、地方立法的权限不甚清楚。希望写入条例的,甚至已经在做的,未必能入法。更有

---

① 参见丁伟:《自贸区"基本法"的难点与看点》,《上海证券报》2014 年 5 月 16 日。

其者，一些国外商会驻华机构高度关注《上海自贸试验区条例》的立法进程，提出种种意见、建议，将所有对中国法律制度完善的期盼寄托在这部地方性法规的制定上。①非法律界人士对地方性法规功能、作用的过高期待增添了《上海自贸试验区条例》起草和审议、修改的难度。具体来说，制定《上海自贸试验区条例》的立法难点如何处理好五个关系，这五个关系集中反映了全面深化改革、全面依法治国新时期立法引领改革、发展必须破解的新情况、新问题，《上海自贸试验区条例》的立法过程在实践层面为破解这几个问题提交了"上海答卷"。

（一）"大胆闯、大胆试、自主改"与"法治环境规范"、"于法有据"的关系

如何准确理解和把握中央提出的建设上海自贸试验区应当"大胆闯、大胆试、自主改"与"法治环境规范""于法有据"的要求两者间的关系，是《上海自贸试验区条例》的立法工作面临的首要难点。国务院批准的上海自贸试验区《总体方案》设定的总体目标是：经过两至三年的改革试验，建设具有国际水准的功能创新领先、服务贸易发展充分、贸易投资便利、货币兑换自由、离岸业务发达、监管高效便捷、营运总部积聚、法制环境规范、行政效率和透明度良好的自由贸易试验区。在上海自贸试验区各项先行先试举措推进过程中，中央提出上海自贸试验区要大胆闯、大胆试、自主改，尽快形成一批可复制、可推广的新制度，加快在促进投资贸易便利、监管高效便捷、法制环境规范等方面先试出首批管用、有效的成果。贯彻中央的要求需要正确处理好严格依法办事与勇于改革创新的关系。

正确处理两者的关系，首先必须摒弃将两者截然对立的零和思维，善意运用法治思维、法治方式推进改革创新。用辩证思维来思考，"大胆闯、大胆试、自主改"与"重大改革于法有据"并不总是此长彼消的，两者是一种对立统一的辩证关系，在一定条件下可以形成相辅相成、相得益彰的"正和

---

① 在《上海自贸试验区条例》草案公开征求意见的过程中，欧盟商会致函上海市人大常委会主任及常委会法制工作委员会主任，要求延长草案公开征求意见的时限，并对草案提出系统性的修改意见，其中，一些意见涉及中国法律的立法技术、规范表述方式。如，草案第13条（企业设立登记）第3款规定："投资者在自贸试验区设立外商投资企业，可以自主约定经营期限，法律、行政法规另有规定的除外。"欧盟商会对该条款中的"除外规定"难以接受，希望将"法律、行政法规另有规定的除外"这一表述中相关法律、行政法规的具体规定逐一明示。

博弈"状态。就上海自贸试验区先行先试的具体事项而言,"大胆闯、大胆试、自主改"应坚持在法治的轨道上推进,以"法制环境规范"为前提,任何于法无据的举措注定了无法成为可复制、可推广的经验。与此同时,也要防止被"重大改革于法有据"束缚了"大胆闯、大胆试、自主改"的积极性和主动性。应该说"大胆闯、大胆试、自主改"是中央对上海自贸试验区先行先试提出的总体要求,中央并没有要求上海自贸试验区将所有探索中的先行先试举措现阶段都入法。从实践看,并非所有先行先试事项现阶段都需要立即入法,任何压力测试都存在失败或不成功的可能,唯有经过测试取得成功的经验才具备入法的条件。

在《上海自贸试验区条例》草案起草过程中,由于诸多事项涉及国家事权以及中央专属立法权限,且在起草过程中,在上海市政府主要领导主持下,相关部门、中央在沪监管部门对草案条款及文字表述多次逐条进行了研究、推敲,相关部门对一些重点制度、关键条款如何表述的意见慎之又慎。比如,国务院批准的《总体方案》规定,"在风险可控前提下,可在试验区内对人民币资本项目可兑换、金融市场利率市场化、人民币跨境使用等方面创造条件进行先行先试"。《上海自贸试验区条例》第 25 条第 1 款规定:"在风险可控的前提下,在自贸试验区内创造条件稳步进行人民币资本项目可兑换、金融市场利率市场化、人民币跨境使用和外汇管理改革等方面的先行先试。"这一表述几乎一字不差地照搬了《总体方案》的表述。在条例草案审议过程中,不少意见认为这一表述过于保守,建议删除"在风险可控前提下"这句前置语。按照立法技术规范,条例总则部分的第 3 条已经确定"按照先行先试、风险可控、分步推进、逐步完善的原则",本条作为条例第五章金融服务分则部分的条款不必再重复规定。但是,国家相关部门强调,在自贸试验区内对人民币资本项目可兑换、金融市场利率市场化、人民币跨境使用等方面创造条件进行先行先试,必须以"风险可控"为前提,在该领域地方立法没有任何创制性的空间。为此,立法机关尊重国家有关部门的意见,对这一表述不作修改。①这表明涉及中央事权、中央专属

---

① 参见丁伟:《上海自贸试验区法治创新的轨迹——理论思辨与实践探索》,上海人民出版社 2016 年版,第 164—165 页。

立法权限的事项,地方立法可作突破的空间相对有限。与此同时,上海自贸试验区的运行以及"大胆闯、大胆试、自主改"的许多内容,都离不开国家相关部委的协同协作。在上海自贸试验区探索制度创新的领域,属于国家相关部委职权范围的立法模式主要是先由国务院尤其是有关部委及时出台相关政策支持上海自贸试验区的制度创新,或者先进行央地协商,再由地方层面进行落实保障。这一做法总体上遵循了"重大改革于法有据"的要求以及建设"法制环境规范"的自由贸易试验区的要求。

(二)地方立法的受制性与立法引领性、前瞻性的关系

《上海自贸试验区条例》地方性法规的性质使得地方行使立法权存在明显的短板,而自贸试验区日新月异的先行先试实践不但需要立法的引领,同时需要立法为先行先试预留更为广泛的探索空间。如何正确处理好地方立法的受制性与立法引领性、前瞻性的关系,是《上海自贸试验区条例》的立法工作面临的第二个难点问题。作为《上海自贸试验区条例》核心内容的投资、贸易、金融、税收等先行先试事项均涉及国家事权,属于国家专属立法权事项,地方立法只能作实施性规定,创制性的空间非常有限。鉴于该部分内容基本源自国务院批准的《总体方案》、中央各部委政策文件,而这些政策性措施均已出台,红利已经出尽,早已没有新鲜感。鉴于相关部门起草的《上海自贸试验区条例》草案严格按照国务院批准的《总体方案》确定的先行先试事项,投资、贸易、金融等领域的制度创新举措的力度亦未超越国家相关部门支持上海自贸试验区的政策性文件,没有出现社会期盼的"奇迹",社会各界尤其是专家学者不免有些失望。其实,出现这一状况完全是意料之中的。倘若《上海自贸试验区条例》在立法思路上完全囿于已经出台的政策,将难以发挥立法的引领和推动作用,而且势必不等出台就已经滞后了。

正确处理好两者的关系,应当进一步拓宽思路,挖掘立法依据,包括政策依据、实践依据。在《上海自贸试验区条例》草案初审阶段,根据笔者的建议,市人大常委会法制工作委员会以党的十八届三中全会关于全面深化改革的相关要求为指导,结合《总体方案》、中央部委现行支持文件的内容,充实条例草案中有关上海自贸试验区先行先试的若干方向性规定。《中共中央关于全面深化改革若干重大问题的决定》对于坚持和完善基本经济制

度、加快完善现代市场体系、加快转变政府职能、深化财税体制改革、构建开放型经济新体制、强化权力运行制约和监督体系等与上海自贸试验区先行先试有关的事项都有详尽的规定,一些改革事项的力度已经超出《总体方案》及中央部委现有的政策,可以在条例现有规定的基础上有所体现。鉴于国家层面各项改革举措将在自贸试验区先行先试的几年中不断出台,条例中要有与此相衔接的指引性规定。体现立法的引领性、前瞻性,这样处理一定程度上有助于解决条例内容可能滞后的问题。与此同时,在实践依据方面,上海浦东新区综合配套改革试点工作开展多年,既有相关的支持政策,又有比较成熟的可复制、可推广的试点经验,尤其是管理体制、监管体制的探索方面形成的成功经验可以移植到上海自贸试验区,这些制度创新的成果可以在条例中予以固化。总之,妥善处理好地方立法的受制性与立法引领性、前瞻性的关系,有助于在地方立法的权限范围内充分释放创新的制度空间。

(三)《上海自贸试验区条例》与《总体方案》等政策性文件的关系

从立法学视角观察,国务院批准的《总体方案》是上海自贸试验区先行先试总体性的政策性规定,国家相关部门都以《总体方案》为依据,根据上海自贸试验区先行先试的需要出台各项配套性的政策措施。毫无疑问,这些政策性规定既是上海自贸试验区先行先试的政策依据,也是制定《上海自贸试验区条例》的重要依据。有鉴于此,上海市人民政府相关部门起草条例草案时,严格依循《总体方案》及中央各部委政策文件的规定,以至于在内容、文字表述上“亦步亦趋”,无法凸显地方性法规的规范性及应采用的法言法语。如何正确处理好《上海自贸试验区条例》与国务院批准的《总体方案》、中央各部委政策文件之间的关系,是《上海自贸试验区条例》立法中需要妥善处理的关键问题。在条例起草、审议过程中,如何区分两者不同的功能、作用,如何避免“政策入法”的痕迹,成为立法需要准确把握的关键问题。

正确处理好两者的关系,应当正确认识法律与政策之间的关系。法律属于国家权力机关制定或认可,并由国家强制力保证实施的具有普遍效力的行为规范体系,具有普适性、规范性、稳定性等特征;政策则是国家或政党为实现一定的政治、经济、文化等目标任务而确定的行动指导原则与准则,具有普遍性、指导性、灵活性等特征。法律和政策虽然相辅相成、互为补充,但是它们毕竟是两种不同的社会规范,具有各自的特点和作用,两者不能相互代替。妥善处理两者之间的关系,应该避免照搬照抄政策性规定,将《总体方案》等相关政策性规定直接植入条例的做法,如果条例成为政策的"浓缩版",就失去了立法的意义。条例作为地方性法规应该具有相对稳定性,不代替《总体方案》等政策性规定,而政策性规定具有阶段性、多变性的特点,应当在准确解读政策的基础上,对《总体方案》及现有的政策性规定的核心内容进行概括、提炼,并将政策语言转化为"法言法语",使条例的立意高于政策,使得条例的内容既源于《总体方案》,又高于《总体方案》。

值得一提的是,在《上海自贸试验区条例》草案向社会公开征求意见的过程中,社会各界普遍诟病条例草案缺乏"法言法语"。条例通过后,在市人大常委会举行的新闻发布会上,部分新闻媒体也对条例相关条款是否属于"法言法语"表示关注。应该说,出现这一看法情有可原,但对这一现象应当作出客观分析。从根本上讲,这一现象是《上海自贸试验区条例》立法固有的特殊性决定的。所谓"法言法语"是法律人表述的程式化的法律专业用语,其不是凭空产生的,社会对法律专业用语的理解、接受、适用有一个渐进的过程。首先,上海自贸试验区先行先试的事项均源自国务院批准的《总体方案》,换言之,作为政策性规定的《总体方案》是《上海自贸试验区条例》的"法意",基于《总体方案》的《上海自贸试验区条例》自然无法脱离政策性规定而独善其身。其次,所谓"法言法语"有一个从创立到普及,获得社会确认、约定俗成的过程,而上海自贸试验区的先行先试是全新的制度创新,无先例可循,如《上海自贸试验区条例》第18条规定:"自贸试验区与境外之间的管理为'一线'管理,自贸试验区与境内区外之间的管理为'二线'管理,按照'一线放开、二线安全高效管住、区内流转自由'的原则,在自贸试验区建立与国际贸易等业务发展需求相适应的监管模式。"不少人认为"一线放开、二线安全高效管住、区内流转自由"的表述不是"法言法语"。笔者认为这一表述在自贸试验区的语境中有独特的含义,在社会熟知前无法成为"法言法语"。最后,《上海自贸试验区条例》的立法、执法与普法,实际上是一个创设"法言法语"的过程,随着中国(广东)自贸试验区、中国(天津)自贸试验区、中国(福建)自贸试验区的相继运行,在上海自贸试验区这一特殊语境中采用的专门术语在多个自贸试验区立法中得到普及,将逐渐成为约定俗成的"法言法语"。就前述"一线放开、二线安全高效管住、区内流转自由"的表述而言,《中国(广东)自由贸易试验区条例》第24条第1款规定:"自贸试验区海关特殊监管区域与境外之间的管理为一线管理,海关特殊监管区域与境内区外之间的管理为二线管理。按照一线放开、二线安全高效管住的原则,建立与国际贸易发展需求相适应的监管模式。"《中国(天津)自由贸易试验区条例》第27条第1款规定:"在自贸试验区海关特殊监管区域实施'一线放开'、'二线安全高效管住'的通关监管服务模式。"《中国(福建)自由贸易试验区条例》第23条规定:"自贸试验区内海关特殊监管区域与境外之间为'一线'管理,区内海关特殊监管区域与境内区外之间为'二线'管理,按照'一线放开、二线安全高效管住'的原则,在区内建立与国际国内贸易发展需求相适应的监管模式。海关特殊监管区域实行货物实施状态分类监管,推进动植物及其产品检疫审批负面清单制度。"

可见,《上海自贸试验区条例》首次采用的"一线放开、二线安全高效管住"的术语,经广东自贸试验区、天津自贸试验区、福建自贸试验区首批同类地方性法规的复制、推广,已成为约定俗成的"法言法语"。

(四) 先行先试的探索性、开放性与立法稳定性、规范性的关系

改革开放是一个从易到难、由点到面,从自发走向自觉,逐步深化的历史过程,是一个开放性、系统性的社会工程,改革开放又是一项前无古人的崭新事业,必须坚持正确的方法论,在不断实践探索中持续推进,做到改革不停顿、开放不止步。上海自贸试验区的先行先试更是在动态推进之中,具有探索性、开放性、渐进性的显著特点。[①]而立法则具有稳定性、规范性的固有特点。与其他社会规范相比,立法具有权威性、规范性、稳定性等固有特征,体现了国家意志,由国家权力机关制定或认可,以权利、义务、权力、职责为主要内容,由国家强制力保证实施,具有普遍的约束力,并以普遍、统一的适用而彰显平等和权威,且非经法定程序不能改变其效力。因

---

① 在上海自贸试验区运行过程中,国务院就各项制度创新不断提出新的要求,继印发《总体方案》后,又先后印发了《2.0版方案》《3.0版方案》、上海自贸试验区临港新片区方案。

此,正确处理先行先试的探索性与立法稳定性、规范性的关系,是《上海自贸试验区条例》立法工作面临的又一个难题。

正确处理好两者的关系,首先应当注重从法律层面进行制度设计,使立法方式、条文表述等方面具有更强的适应性、前瞻性,不但能满足现阶段先行先试的立法需求,同时能够应对国家层面相关法律、行政法规可能出现调整变化的新情况、新需求,这需要立法工作变革创新,善于运用独辟蹊径的立法智慧,既要及时总结先行先试的成功经验,将其提升、固化为条例内容,又要在条例中设计与后续出台相衔接的指引性规定,这样做有助于更好地体现立法的引领性、前瞻性,一定程度上解决条例内容可能滞后的问题。

正确处理好两者的关系,还必须妥善处理好立、改、废、释、授的关系。立法作为产生法和变动法的活动,是一项系统工程,包括制定法、认可法、修改法、补充法、废止法、解释法、立法授权等一系列活动,是一个"立、改、废、释、授"不断循环往复、螺旋式上升的动态过程,地方立法中如何正确处理好"立、改、废、释、授"的关系,对于保持立法整体协调并使地方立法在动态中持续、稳定、协调发展具有重要的意义。从当前地方立法工作的实践来看,"立、改、废、释、授"五者的发展明显失衡,地方立法工作的重心在于制定法律,而非修改和废止法律,立法解释、立法授权更少。

"立、改、废、释、授"的关系反映了地方立法的稳定性与改革过程中变动性的关系,地方立法固然要保持相对的稳定性,避免朝令夕改,但必须坚持与时俱进,紧跟时代的步伐。一方面要及时把改革中成功的经验用法律形式固定下来,为改革与发展提供可靠的法制保障。另一方面,当情势发生变迁,国家立法出现重大变化,或者原有法规不适应改革开放和现实生活需要,应该适时予以修改或废止。就《上海自贸试验区条例》的立法而言,其所规范的上海自贸试验区先行先试事项的探索性、所采用的急用先立、非毕其功于一役的非常态化的立法方式,凸显了这部地方性法规阶段性的特征。与普通的地方性法规相比,这部特殊的地方性法规更需要及时跟踪评估、适时修改完善。唯有如此,《上海自贸试验区条例》才能在先行先试的探索性、开放性与立法稳定性、规范性之间始终处于稳定、协调的发展状态。

（五）立法内容多与寡、详与略的关系

立法是一项创造性的科学活动，既要遵循科学立法的一般规律，又要一切从实际出发，因地制宜、因时制宜、因时而变，善于探索、总结改革发展型立法的特殊规律。《上海自贸试验区条例》作为特殊时期应对自贸试验区先行先试立法需求的非常态性立法，还面临非典型性的立法难题——如何正确处理立法内容多与寡、详与略的关系。在 20 世纪 80 年代我国民主法制建设初期，用法律固化改革开放成果的条件尚不成熟，驾驭法律的技能有待提升，立法机关奉行立法"宜粗不宜细"的指导思想，法律条文较为原则、抽象，给实践探索留下必要空间，也有效加快了我国法制建设的步伐。①但是立法粗线条的规定导致在执法环节上较多依赖行政机关的政策性规定及司法机关的司法解释。经过三十多年的探索，立法机关驾驭法律的技能日臻完备，用立法固化改革发展成果的条件也日趋成熟。具有中国特色的社会主义法律体系形成后，我国立法机关积极倡导立法精细化的发展方向，传统的立法"宜粗不宜细"的指导思想已演变为"宜细不宜粗"，全国人大更加强调增强法律的可执行性、可操作性。针对一些法律规定比较原则、需要制定的配套法规和规章过多等问题，强调要科学严密设计法律规范，能具体就尽量具体，能明确就尽量明确，努力使制定和修改的法律立得住、行得通、切实管用。②但是这种常态化的立法指导思想是否适合《上海自贸试验区条例》的立法？《上海自贸试验区条例》的立法内容多一点还是少一点？详写还是略写？起草条例的政府相关部门与审议、修改条例草案的立法部门存在分歧。

在《上海自贸试验区条例》起草、审议过程中，政府相关部门强烈建议条例内容尽可能详尽，希望将《总体方案》及国家相关部门的各项配套性政策措施悉数并入条例，以便完整体现上海自贸试验区可复制、可推广的经验。在相关条款的表述上也不厌其详，照搬《总体方案》的表述。如条例草

---

① 1978 年邓小平在《解放思想，实事求是，团结一致向前看》重要讲话中指出了改革开放初期法律"有比没有好，快搞比慢搞好"。经过学者的总结被归纳为立法"宜粗不宜细"的思想。这一思想在董必武、彭真的讲话和文献中也有体现。

② 参见《张德江：推进科学立法民主立法　着力提高立法质量》，中国新闻网，http://www.chinanews.com/gn/2014/03-09/5927724.shtml，访问时间：2020 年 7 月 20 日。

案第 2 条的表述为:本条例适用于经国务院批准设立的中国(上海)自由贸易试验区。自贸试验区涵盖上海外高桥保税区、上海外高桥保税物流园区、洋山保税港区和上海浦东机场综合保税区。

立法机关、专家学者、社会各界普遍认为,条例内容应突出重点,妥善解决条款内容写与不写、详写与略写的问题。在条例审议、修改过程中,有关前述条例第 2 条适用范围的表述问题,笔者主张将该条表述为:本条例适用于经国务院批准设立的中国(上海)自由贸易试验区(以下简称"自贸试验区")。删除草案中"自贸试验区涵盖上海外高桥保税区、上海外高桥保税物流园区、洋山保税港区和上海浦东机场综合保税区"的累赘表述。其法律意义在于应对可能出现的上海自贸试验区扩区的不时之需,以增强立法的稳定性、前瞻性。果不其然,《上海自贸试验区条例》实施才两个月,在上海自贸试验区先行先试一周年之际,中央原则同意上海自贸试验区扩区。

立法内容多与寡、详与略的关系的正确处理给我们的启示是,就改革发展型立法而言,立法内容越简洁,改革发展的空间越大,这是这类立法的特殊规律。在上海自贸试验区的立法工作中应当更新观念,改变"正面清单"的思维定势。[①]对公民法人而言,应当充分赋予市场主体参与自贸试验区建设的广阔空间。在自贸试验区先行先试的过程中,能做的,正在做的未必都能写或者都需要写,不写的未必影响做,甚至更利于做。就先行先试的相关制度而言,应当采用"负面清单"的立法思维,条例仅需作出方向性规定,凡条例没有限制性、禁止性规定的,都可以允许探索,这样有助于在地方立法的权限范围内充分释放创新的制度空间。

■ 第四节　《上海自贸试验区条例》的核心制度

科学立法的规律告诉我们,一部法律能否成功制定、有效实施,在很大

[①]　按照"正面清单"的思维定势,只有法规中列明的事项才可为。鉴于自贸试验区建设是完善社会主义市场经济的一个大"试验田",充分激发市场主体的活力是推进自贸试验区改革试验的关键之一,应当采用"负面清单"思维方式,即凡是法律、法规、规章未禁止的事项,公民、法人和其他组织皆可在自贸试验区开展试验创新。

程度上取决于立法者秉持的立法思路是否科学,而正确的立法思路来源于立法者对立法定位、立法难点的准确把握。

一、《上海自贸试验区条例》的立法思路

基于《上海自贸试验区条例》的特殊性,立法机关在对相关立法难点深入研究的基础上,针对性地提出了"立意高一点、条文少一点"的立法思路及"负面清单"的立法思维,将立法重点聚焦在"可复制、可推广"和"预留制度创新空间"的环节,力图使条例更具指导性、引领性、前瞻性。具体来说,在设计相关制度时把握以下三个原则:①

（一）预留制度创新空间

为处理好改革的阶段性与法规相对稳定性之间的关系,立法机关将预留制度创新空间作为一项重要原则。对《总体方案》已经明确、具体举措相对成熟且可复制可推广的事项,如制定负面清单、企业准入单一窗口机制、自贸试验区信息共享和服务平台等内容,在保留基本制度框架的基础上根据各方面意见条例草案予以完善;对一些改革创新还在持续深化的内容,作出指引性的规定。如海关监管制度创新,国务院批准的《总体方案》围绕"一线放开、二线安全高效管住、区内流转自由"的要求,提出了一系列政策措施,这些政策措施大多涉及海关监管制度的创新。鉴于海关监管国家赋予海关的专属权力,不属于地方事权,地方立法没有创制性的空间。为认真落实好《总体方案》,积极探索适应自贸试验区的新型海关管理模式,2013 年 9 月 30 日《海关总署关于安全有效监管支持和促进中国(上海)自由贸易试验区建设的若干措施》出台,对创新海关监管,推动贸易便利化、支持功能拓展,促进新型贸易业态发展,推进政策落实,发挥协同优势、加强风险防控,培育法治化发展环境,加强联系配合,建立协作推进机制等措施作出规定。《上海自贸试验区条例》第 19 条采用了"概括加列举"的表述方法。该条第 1 款规定:"按照通关便利、安全高效的要求,在自贸试验区开展海关监管制度创新,促进新型贸易业态发展。"该款采用概括式的方式

---

① 参见丁伟 2014 年 6 月 17 日在上海市第十四届人大常委会第十三次会议上所作的《上海市人民代表大会法制委员会关于〈中国(上海)自由贸易试验区条例(草案)〉审议结果的报告》,《上海市人民代表大会常务委员会公报》,2014 年第 5 号(总第 257 号)。

对于自贸试验区开展海关监管制度创新、促进新型贸易业态发展提出总括性要求。其余四款用列举方式分别归纳了有关海关制度创新的具体措施，释明相关制度创新的具体推进路径、进一步探索的方向，以增强立法的前瞻性，为未来的制度创新预留空间。《上海自贸试验区条例》第五章金融服务中多数条款，如第 25 条有关鼓励金融创新的规定、第 26 条有关创新账户体系的规定、第 27 条有关投融资汇兑便利的规定、第 28 条有关人民币跨境使用的规定、第 30 条有关外汇管理的规定、第 31 条有关金融主体发展的规定、第 32 条有关金融风险防范的规定，都采用这种"概括加列举"的表述方法，为金融创新未来的发展预留足够的空间。

（二）科学厘定条款内容

为了准确把握好中央事权内容与地方事权内容修改的侧重点，妥善处理好地方性法规与国务院批准的《总体方案》等政策性规定的关系，需要科学厘定条款内容。《上海自贸试验区条例》草案审议过程中，立法机关严守地方立法的规范事项不超越国家事权，地方性法规不与国家法律、行政法规相抵触的底线，对条例规范的不同性质的事项分而治之、分类处理。鉴于《上海自贸试验区条例》草案第三章（投资开放）、第四章（贸易便利）、第五章（金融服务）、第六章（税收管理）涉及投资、贸易、金融、税务、海关等国家事权的内容，为恪守地方立法的权限，不僭越中央事权，《上海自贸试验区条例》中未出现属于地方立法创制性的规定，相关表述从配合国家管理部门推进相关改革创新的角度，对《上海自贸试验区条例》草案的相关内容进行完善。在《上海自贸试验区条例》草案起草及审议阶段，就这几章的内容尤其是有关金融服务的第五章的制度设计、条文的表述，反复征求"一行三会"的意见，并与设在上海的"一行三局"反复协调，对相关的措辞仔细推敲；鉴于《上海自贸试验区条例》草案第二章（管理体制）、第七章（综合监管）、第八章（法治环境）所涉及的管理体制、综合监管、法治环境建设等内容属于地方事权，并在地方立法权限之内，条例从深化自主改革、加强事中事后监管的角度对《上海自贸试验区条例》草案予以完善，其中不乏地方立法的创制性规定，并增加体现改革方向的指引性规定，以发挥地方立法对改革发展的引领和推动作用。当然，这部分内容的表述需要对必要性、合理性、适当性、针对性进行评估。理论上讲，属于地方事权、地方立法权限内的事项，不仅自贸试验区可以进行制度创新，自贸试验区以外的其他区域进行制度创新也没有法律障碍，这种普适性的规范应当合理、适度，否则将冲淡《上海自贸试验区条例》的特征。

（三）抓住简政放权的关键

加快政府职能转变、积极探索管理模式创新，是中央赋予上海自贸试验区先行先试的重要使命，与国家层面行政审批制度改革的要求相契合。国务院批准的《总体方案》将加快政府职能转变作为上海自贸试验区的第一项任务，要求改革创新政府管理方式，按照国际化、法治化的要求，积极探索建立与国际高标准投资和贸易规则体系相适应的行政管理体系，推进政府管理由注重事先审批转为注重事中、事后监管。鉴于政府职能转变、综合监管等事项不涉及国家事权，不属于中央专属立法的范围，地方立法有较大制度创新的空间，是条例重点规范的内容之一。

为落实《总体方案》的要求，条例抓住简政放权的关键，专设第七章综合监管，对上海自贸试验区加快推进政府管理体制创新、模式创新等相关制度作出较为全面、系统的规定。《上海自贸试验区条例》第36条规定："在自贸试验区创新行政管理方式，推进政府管理由注重事先审批转为注重事中事后监管，提高监管参与度，推动形成行政监管、行业自律、社会监督、公众参与的综合监管体系。"该条规定提纲挈领、开门见山，提出了创新行政管理方式、加强综合监管的总体要求，将注重事中事后监管作为创新行政管理方式的重要抓手。《上海自贸试验区条例》总结了上海自贸试验区综合监管的实践探索经验，在本条中用"行政监管、行业自律、社会监督、公众参与"十六个字创制性地概括、归纳综合监管体系。这一综合监管体系在要求政府相关部门依法履行市场监管职责的同时，充分发挥行业组织的自律作用、市场专业化服务组织的监督作用、公众和舆论的监督作用。《上海自贸试验区条例》第七章除提出加快政府职能转变的总体性要求以外，就综合监管相关事项作出具体规定；积极推进社会参与，鼓励公民、法人和其他组织参与自贸试验区改革创新、市场监督；对接国际投资贸易通行规则，对提高贸易便利化、支持新型贸易业态发展、增强行政透明度、提高公众参与度等制度做进一步充实和完善。

应该说，"立意高一点、条文少一点"的立法思路对于指导条例草案的审议和修改工作产生了积极的影响。尽管在条例草案起草过程中,相关部门之间协调、沟通的深度、广度和力度前所未有,条例草案的主要框架已经定型,基本内容也比较成熟,但与社会的期盼还存在差距。在《上海自贸试验区条例》草案审议、修改过程中,立法机关广泛听取各方面的意见,充分发挥上海市人大常委会的主导作用,仅条例草案初审阶段,对条例草案60条中的57条作了修改,修改率达95%。实践已经证明,上海市人大常委会坚持的"负面清单"的立法思维,"立意高一点、条文少一点"的立法思路,有利于增强立法的适应性、稳定性、前瞻性,充分释放创新的制度空间。

二、《上海自贸试验区条例》的核心制度

上海自贸试验区先行先试的核心是制度创新,《上海自贸试验区条例》从投资开放、贸易便利、金融创新、税收服务,到综合监管、法治环境营造等各个方面,对推进上海自贸试验区建设作出了全面的规范,基本涵括了现阶段有关部门归纳的所有可复制、可推广的制度和管理模式。[①]条例通过当日,笔者在上海市人大常委会举行的新闻发布会上,初步归纳总结了《上海自贸试验区条例》在立法层面的十大亮点,这十大亮点大多涉及自贸试验区先行先试的核心制度,其内容大多属于在我国国内法中首次作出规范的内容,是上海自贸试验区可复制、可推广经验的重要组成部分。[②]

（一）自主改革

上海自贸试验区的先行先试引领我国新一轮的改革开放,这一轮改革开放旨在打造制度创新的高地,并非形成优惠政策的洼地。在上海自贸试验区各项先行先试举措推进过程中,习近平总书记提出,上海自贸试验区要"大胆闯、大胆试、自主改",尽快形成一批可复制、可推广的新制度,加快在促进投资贸易便利、监管高效便捷、法制环境规范等方面先试出首批管用、有效的成果。为落实中央提出的"大胆闯、大胆试、自主改"的要求,《上海自贸试验区条例》在总则第4条中明确规定:"本市推进自贸试验区建设

[①] 经初步梳理、归纳,《上海自贸试验区条例》制定阶段,上海自贸试验区运行不到一年,已形成近40项可复制、可推广的经验。

[②] 参见胡苏敏、俞立严、钱睿天:《官方解读上海自贸区条例十亮点:法无禁止皆可为》,澎湃新闻,http://m.thepaper.cn/renmin_prom.jsp?contid=1258107&from=renmin,访问日期:2020年6月27日。

应当聚焦制度创新的重点领域和关键环节,充分运用现行法律制度和政策资源,改革妨碍制度创新的体制、机制,不断激发制度创新的主动性、积极性,营造自主改革、积极进取的良好氛围。"

《上海自贸试验区条例》将"自主改"的要求融入其中,使这一要求变为法规规定,并将"自主改"的要求置于总则中,意味着"自主改"是指导上海自贸试验区各领域先行先试的统领性要求。从法律角度分析,条例对上海自贸试验区大胆闯、大胆试、自主改提出了义务性的要求,因此该条款不是单纯的宣誓性规定。该条款规定同时又是指引性的规定,明确了上海自贸试验区制度创新的路径是"充分运用现行法律制度和政策资源";方法是"聚焦制度创新的重点领域和关键环节","改革妨碍制度创新的体制、机制";目标是"不断激发制度创新的主动性、积极性,营造自主改革、积极进取的良好氛围"。这一规定体现了立法对改革开放的引领和推动作用。

(二)法无禁止皆可为

我国新时期实施自贸试验区的战略目标之一,是加快政府职能转变、积极探索管理模式创新、促进贸易和投资便利化,为实现这一战略目标,需要进一步简政放权,以政府权力的减法换取市场活力的乘法。激发市场活力关键在于充分激发市场主体活力,充分尊重社会的创新精神。习近平总书记指出,上海自贸试验区的先行先试应当"既充分发挥市场在资源配置中的决定性作用,又更好发挥政府作用"。鉴于推进自贸试验区建设是全社会的共同责任,需要社会各方面参与,为进一步释放市场活力,激发市场主体的积极性、主动性、创造性,《上海自贸试验区条例》第 5 条规定:"充分激发市场主体活力,法律、法规、规章未禁止的事项,鼓励公民、法人和其他组织在自贸试验区积极开展改革创新活动。"《上海自贸试验区条例》将"法无禁止皆可为"的规定置于总则中,旨在使这一理念贯穿条例始终,成为条例的重要"法意"。

(三)负面清单管理模式

"探索建立负面清单管理模式"是上海自贸试验区先行先试最为重要的任务之一。所谓"负面清单"(Negative list)又称消极清单、否定列表(non-conforming measures),是一个国家禁止外资进入或限定外资比例的行业清单(list of industries)。在这份清单中,国家明确开列不予外商投资准入或有限制要求的领域,清单以外领域则充分开放。与其对应的"正面清单"(Positive list),自然就是国家明确允许外商投资准入或有限制要求的领域,清单以外领域一律不予开放。简而言之,"正面清单"的意思是"法无明文授权不可为","负面清单"的意思是"法无明文禁止皆可为"。《上海自贸试验区条例》首次以法规的形式明确上海自贸试验区根据国家要求,开展外商投资国民待遇加负面清单管理模式的探索。《上海自贸试验区条例》第13条第1款规定:"自贸试验区内国家规定对外商投资实施的准入特别管理措施,由市人民政府发布负面清单予以列明,并根据发展实际适时调整。"在上海自贸试验区运行过程中,上海市人民政府于2013年9月29日公布《中国(上海)自由贸易试验区外商投资准入特别管理措施(负面清单)》,这是我国第一份负面清单,由上海市人民政府编制完成。编制工作从落实《总体方案》的要求出发,遵循国际投资和贸易通行规则,立足于建立国际化、法治化营商环境,先行先试、统筹兼顾,一方面要符合国际惯例,另一方面考虑到动态性管理,且渐进式开放的需要,实现分步推进,达到"可进可退可控"的目的。2014年6月30日,上海市人民政府发布《关于公布中国(上海)自由贸易试验区外商投资准入特别管理措施(负面清单)(2014年修订)的公告》,《2014年版负面清单》以进一步增加开放度、进一步增强透明度、进一步与国际通行规则相衔接为修订原则而编制。

对于中国来说,"负面清单"是一个全新的概念,为便于公众理解,《条例》第13条第2款对负面清单的功能、作用作了解释:"自贸试验区实行外商投资准入前国民待遇加负面清单管理模式。负面清单之外的领域,按照内外资一致的原则,外商投资项目实行备案制,国务院规定对国内投资项目保留核准的除外;外商投资企业设立和变更实行备案管理。负面清单之内的领域,外商投资项目实行核准制,国务院规定对外商投资项目实行备案的除外;外商投资企业设立和变更实行审批管理。"

鉴于《总体方案》明确要求将外商投资项目由核准制改为备案制(国务院规定对国内投资项目保留核准的除外),由上海市负责办理;将外商投资企业合同章程审批改为由上海市负责备案管理。为此,《上海自贸试验区条例》第13条第3款规定:"外商投资项目和外商投资企业的备案办法,由市人民政府制定。"2013年9月29日,上海市人民政府同时公布《中国(上海)自由贸易试验区外商投资项目备案管理办法》《中国(上海)自由贸易试验区境外投资项目备案管理办法》《中国(上海)自由贸易试验区外商投资企业备案管理办法》以及《中国(上海)自由贸易试验区境外投资开办企业备案管理办法》。

（四）海关和检验检疫监管制度改革

国务院批准的《总体方案》围绕"一线放开、二线安全高效管住、区内流转自由"的要求,提出了一系列政策措施,这些政策措施大多涉及海关监管制度的创新。鉴于海关监管是国家赋予海关的专属权力,不属于地方事权,地方立法没有创制性的空间。为认真落实好《总体方案》,积极探索适应自由贸易试验区的新型海关管理模式,国家海关总署于 2013 年 9 月 30日出台《关于安全有效监管支持和促进中国(上海)自由贸易试验区建设的若干措施》,对创新海关监管,推动贸易便利化、支持功能拓展,促进新型贸易业态发展,推进政策落实,发挥协同优势,加强风险防控,培育法治化发展环境,加强联系配合,建立协作推进机制等措施作出规定。《条例》第 19条对《总体方案》及《海关总署关于安全有效监管支持和促进中国(上海)自由贸易试验区建设的若干措施》的相关要求进行梳理,分 5 款,将相关的政策性措施转化为条例的规定。

第 1 款提出在自贸试验区开展海关监管制度创新、促进新型贸易业态发展的总括性要求,规定:"按照通关便利、安全高效的要求,在自贸试验区开展海关监管制度创新,促进新型贸易业态发展。"其余 4 款分别归纳有关海关制度创新的具体措施。其中,第 2 款规定:"海关在自贸试验区建立货物状态分类监管制度,实行电子围网管理,推行通关无纸化、低风险快速放行。""货物状态分类监管制度"是指口岸监管部门根据保税货物、非保税货物、口岸货物三类不同货物状态,进行分类监管,提高通关速度,降低监管风险;"电子围网管理"是指海关借助物联网监控、智能卡口控制、智能视频监控、电子联网账册监管等方式,实现区内全天候、全方位、智能化管理;"通关无纸化"是指海关以企业分类管理和风险分析为基础,按照风险等级对进出口货物实施分类,运用信息化技术改变海关验核进出口企业递交纸质报关单及随附单证办理通关手续的做法,直接对企业通过中国电子口岸录入申报的报关单及随附单证的电子数据进行无纸审核、验放处理的通关作业方式;"先报关、后进港"是指出口货物发货人及其代理人应在出口货物备齐、装箱完毕,向海关申报并办结现场交单手续后,再将出口货物运抵保税港区。这些海关监管制度创新在现有海关特殊监管区域管理基础上,积极探索适应自贸试验区的新型海关管理模式,不但利于推进贸易监管便利化,对于进一步转变政府职能、优化服务、加强监管、有效管住,也具有积极的意义。

检验检疫则是由"进出口商品检验"、"出入境动植物检疫"和"国境卫生检疫"所组成,检验检疫制度是我国贸易管制制度的重要组成部分。国务院批准的《总体方案》将"实行'进境检疫,适当放宽进出口检验'模式,创新监管技术和方法"作为推进实施"一线放开"的重要措施。鉴于检验检疫由国家检验检疫部门依据我国有关法律和行政法规以及相关国际条约、协定的规定而行使,检验检疫部门属于对外经济执法部门,其职能属于中央事权,不属于地方事权,地方立法没有创制性的空间。为贯彻落实党中央、国务院全面提高开放型经济水平、促进区域经济发展的总体部署,国家质量监督检验检疫总局于 2013 年 12 月 9 日颁布《关于支持中国(上海)自由贸易试验区建设的意见》,《意见》就积极开展质检制度创新、探索建立试验区检验检疫监管新模式、支持试验区创新建立质量技术监督和执法体制、支持深化试验区质量监督行政审批制度改革、促进试验区提升贸易便利化水平、建立试验区检验检疫预警和防控体系、支持试验区公共信息平台建设、推动试验区诚信体系的建设和完善、支持试验区跨境电子商务的发展以及服务试验区产业集聚等事项作出了规定。

《上海自贸试验区条例》第 20 条第 1 款在提炼、归纳《总体方案》以及《国家质量监督检验检疫总局关于支持中国(上海)自由贸易试验区建设的意见》要求的基础上,对上海自贸试验区探索检验检疫监管制度创新作出了总括性规定:"按照进境检疫、适当放宽进出口检验,方便进出、严密防范质量安全风险的原则,在自贸试验区开展检验检疫监管制度创新。"其余各款对《总体方案》提出的"实行'进境检疫,适当放宽进出口检验'模式,创新监管技术和方法"的要求进行细化,针对境外进入区内的货物、区内货物出区、区内企业之间仓储物流货物的不同情况,分别作出体现"适当放宽进出口检验"要求的不同规定。

（五）企业注册便利化

为支持上海自贸试验区建设，国家工商行政管理总局根据《国务院关于印发中国（上海）自由贸易试验区总体方案的通知》精神和试验区的实际需要，本着改革创新、先试先行的原则，于 2013 年 9 月 16 日通过《关于支持中国（上海）自由贸易试验区建设的若干意见》，该意见决定在上海自贸试验区探索工商登记制度改革，试行注册资本认缴登记制，即除法律、行政法规对公司注册资本实缴另有规定的外，其他公司试行注册资本认缴登记制。试行认缴登记制后，工商部门登记公司全体股东、发起人认缴的注册资本或认购的股本总额（即公司注册资本），不登记公司实收资本。公司股东（发起人）应当对其认缴出资额、出资方式、出资期限等自主约定，并记载于公司章程。有限责任公司的股东以其认缴的出资额为限对公司承担责任；股份有限公司的股东以其认购的股份为限对公司承担责任。公司应当将股东认缴出资额或者发起人认购股份、出资方式、出资期限、缴纳情况通过市场主体信用信息公示系统向社会公示。公司股东（发起人）对缴纳出资情况的真实性、合法性负责。根据国家工商行政管理总局的要求，上海市工商行政管理局于 2013 年 9 月 30 日印发《关于中国（上海）自由贸易试验区内企业登记管理的规定》，《规定》第 4 条第 1 款规定："除法律、行政法规对公司注册资本实缴另有规定的银行、证券公司、期货公司、基金管理公司、保险公司、直销企业、对外劳务合作企业，以及募集设立的股份有限公司等外，试验区内其他公司实行注册资本认缴登记制。"第 2 款规定："登记机关登记公司全体股东、发起人认缴的注册资本或认购的股本总额（即公司注册资本），不登记公司实收资本。"

为固化上海自贸试验区该项探索的成果，《上海自贸试验区条例》第 14 条第 1 款规定："自贸试验区推进企业注册登记制度便利化，依法实行注册资本认缴登记制。"该条文中"依法"两字具有特殊的含义。在上海自贸试验区探索"资本认缴登记制"之前，我国《公司法》实行严格的"资本实缴登记制"。为确保上海自贸试验区的这项改革试点于法有据，第十二届全国人大常委会第六次会议于 2013 年 12 月 28 日通过《公司法修正案》，修改现行《公司法》的 12 个条款。根据修改前《公司法》第 23 条的规定，"股东出资达到法定资本最低限额"是设立有限责任公司应当具备的法定条件之一,修改后的该条将该法定条件修改为"有符合公司章程第一款规定的全体股东认缴的出资额";修改前《公司法》第 26 条第 1 款规定:"有限责任公司的注册资本为在公司登记机关登记的全体股东认缴的出资额。公司全体股东的首次出资额不得低于注册资本的百分之二十,也不得低于法定的注册资本最低限额,其余部分由股东自公司成立之日起两年内缴足;其中,投资公司可以在五年内缴足。"修改后的该条规定:"有限责任公司的注册资本为在公司登记机关登记的全体股东认缴的出资额。法律、行政法规以及国务院决定对有限责任公司注册资本实缴、注册资本最低限额另有规定的,从其规定。"修改前的《公司法》第 26 条规定,"有限责任公司的注册资本为在公司登记机关登记的全体股东认缴的出资额。法律、行政法规以及国务院决定对有限责任公司注册资本实缴、注册资本最低限额另有规定的,从其规定"。修改后的《公司法》删除了这条规定;修改前的《公司法》第29 条规定:"股东缴纳出资后,必须经依法设立的验资机构验资并出具证明。"修改后的《公司法》也删除了这条规定。与此同时,为了与《公司法》的修正相衔接,全国人大常委会研究了《公司法》修改后《刑法》第 158 条、第159 条对实行注册资本实缴登记制、认缴登记制的公司的适用范围问题,对《刑法》第 158 条、第 159 条作出立法解释:"刑法第一百五十八条、第一百五十九条的规定,只适用于依法实行注册资本实缴登记制的公司。"

　　为推进企业注册登记制度便利化,《国家工商行政管理总局关于支持中国(上海)自由贸易试验区建设的若干意见》要求上海自贸试验区优化企业设立流程,提升试验区登记效能,并授予试验区工商部门外资登记管理权。试验区工商部门负责辖区内由上海市人民政府及其授权部门批准设立及备案的外商投资企业的登记注册和监督管理。该意见同时要求试验区内实行企业设立"一口受理",支持试验区工商部门按照上海市人民政府的要求,给予企业设立通过电子数据交换或者现场办理的方式申报材料的便利,由工商部门统一接收申请人向各职能部门提交的申请材料,统一送达许可决定、备案文书和相关证照。《上海自贸试验区条例》第 14 条第 2款按照这一要求规定:"工商行政管理部门组织建立外商投资项目核准(备案)、企业设立和变更审批(备案)等行政事务的企业准入单一窗口工作机制,统一接收申请材料,统一送达有关文书。投资者在自贸试验区设立外商投资企业，可以自主约定经营期限，法律、行政法规另有规定的除外。"第3款明示在自贸试验区内登记设立的企业可以到区外再投资或者开展业务，并就该类投资经营活动如何办理相关手续作出指引性规定。

（六）国际贸易单一窗口

国务院批准的《总体方案》要求上海自贸试验区加快转变政府职能，改革创新政府管理方式，按照国际化、法治化的要求，积极探索建立与国际高标准投资和贸易规则体系相适应的行政管理体系，建立一口受理、综合审批和高效运作的服务模式，完善信息网络平台，实现不同部门的协同管理机制。为落实《总体方案》的要求，《上海自贸试验区条例》设立"国际贸易单一窗口"，规定贸易和运输企业通过一点接入一个信息平台、实现一次性递交满足监管部门要求的标准化单证和电子信息，监管部门处理状态（结果）通过单一平台反馈给申报人。《上海自贸试验区条例》第21条第1款规定："自贸试验区建立国际贸易单一窗口，形成区内跨部门的贸易、运输、加工、仓储等业务的综合管理服务平台，实现部门之间信息互换、监管互认、执法互助。"该款的规定以地方立法的方式规定上海自贸试验区建立国际贸易单一窗口。该条第2款对企业运用国际贸易单一窗口作了指引性的规定，明确"企业可以通过单一窗口一次性递交各管理部门要求的标准化电子信息，处理结果通过单一窗口反馈"。

国际贸易单一窗口，指参与国际贸易经营的企业，通过单一的平台提交标准化的信息和单证以满足相关法律法规及管理的要求，即贸易经营企业通过一个设施，一次性向贸易管理部门提交相应的信息和单证，该设施拥有统一的平台，对企业提交的信息数据进行一次性处理。建立国际贸易单一窗口可以为企业节约通关时间和成本，减少仓储等相关费用，实现贸易便利化，各管理部门由"串联执法"转为"并联执法"，有助于简化程序、提高效率。

（七）五大金融创新

金融创新是中央赋予上海自贸试验区独特的压力测试事项，是上海自贸试验区先行先试的核心内容，国家将上海自贸试验区作为金融制度深度改革的试验场，国务院批准的《总体方案》将"加快探索资本项目可兑换和金融服务业全面开放"作为上海自贸试验区建设的总体目标之一。从事权来看,我国金融监管职责一直由中央层面的"一行三会"承担。根据《宪法》第 89 条的规定,国务院的职权之一是对地方国家行政机关的职权进行具体划分。因此,国务院批准《总体方案》这一抽象行政行为意味着国务院将属于中央政府的部分事权有条件地划归上海市人民政府。从立法权限来看,《立法法》第 8 条将"基本经济制度以及财政、海关、金融和外贸的基本制度"列为只能由全国人民代表大会及其常务委员会制定法律的范围。围绕上海自贸试验区深化金融领域的开放创新,国务院批准的《总体方案》就加快金融制度创新、增强金融服务功能提出了一系列改革举措。为贯彻落实党中央、国务院关于建设试验区的重要战略部署,支持上海自贸试验区建设,促进试验区实体经济发展,加大对跨境投资和贸易的金融支持,深化金融改革、扩大对外开放,中国人民银行于 2013 年 12 月 2 日发布《关于金融支持中国(上海)自由贸易试验区建设的意见》(以下简称"金融 30 条")。中国证监会、中国银监会、中国保监会、国家外汇管理局等部门也先后出台一批支持上海自贸试验区金融创新的政策性规定,这些规定为条例规范金融创新制度提供了政策依据。《上海自贸试验区条例》作为上海市地方性法规,严格恪守地方立法的权限,在金融创新领域对国务院批准的《总体方案》的要求以及国家职能部门的政策性规定作实施性、细化性的规定。归纳起来,《上海自贸试验区条例》规定了五大金融创新关键点:

一是创新有利于风险管理的账户体系。《上海自贸试验区条例》第 26 条第 1 款规定:"自贸试验区建立有利于风险管理的自由贸易账户体系,实现分账核算管理。区内居民可以按照规定开立居民自由贸易账户;非居民可以在区内银行开立非居民自由贸易账户,按照准入前国民待遇原则享受相关金融服务;上海地区金融机构可以通过设立分账核算单元,提供自由贸易账户相关金融服务。"自由贸易账户体系体现了分账管理、离岸自由、双向互通、有限渗透的核心要求。该条第 2 款规定:"自由贸易账户之间以及自由贸易账户与境外账户、境内区外的非居民机构账户之间的资金,可以自由划转。自由贸易账户可以按照规定,办理跨境融资、担保等业务。居民自由贸易账户与境内区外的银行结算账户资金流动,视同跨境业务管理。同一非金融机构主体的居民自由贸易账户与其他银行结算账户之间,可以按照规定,办理资金划转。"该款的规定源自"金融 30 条"的规定。创新有利于风险管理的账户体系允许建立自由贸易账户,通过建立自由贸易分账核算体系,在试验区内形成与境内其他市场有限隔离、与国际金融市场高度接轨的金融环境,进而服务于更加广泛的涉外经济活动需求。

二是促进投融资汇兑便利。国务院批准的《总体方案》对上海自贸试验区促进跨境融资便利化作了原则性规定,具体的政策性措施主要体现在"金融30条"中。《上海自贸试验区条例》第27条第1款规定:"自贸试验区跨境资金流动按照金融宏观审慎原则实施管理。简化自贸试验区跨境直接投资汇兑手续,自贸试验区跨境直接投资与前置核准脱钩,直接向银行办理所涉及的跨境收付、汇兑业务。各类区内主体可以按照规定开展相关的跨境投融资汇兑业务。"囿于地方立法的受制性,《上海自贸试验区条例》第27条各款有关投融资汇兑便利的规定均源自"金融30条"的政策性规定,将政策性规定转化为地方性法规。在立法表述上,采取概括加列举的方式。"金融30条"规定:区内实施金融宏观审慎管理。人民银行可根据形势判断,加强对试验区短期投机性资本流动的监管,直至采取临时性管制措施。按照这一要求,《上海自贸试验区条例》第27条第1款规定自贸试验区跨境资金流动按照金融宏观审慎原则实施管理。"金融宏观审慎"是与微观审慎监管相对应的一个概念,金融微观审慎监管关注个体金融机构的安全与稳定,而金融宏观审慎则是对微观审慎监管的升华,不仅仅只重视外生性风险,而是从宏观的、逆周期的视角采取措施,防范由金融体系顺周期波动和跨部门传染导致的系统性、内生性风险,维护货币和金融体系的稳定。

《上海自贸试验区条例》第27条其他款项对有关投融资汇兑便利的举措作了列举式规定,明确各类区内主体可以按照规定开展相关的跨境投融资汇兑业务。其中,第4款规定:"区内企业、非银行金融机构以及其他经济组织可以按照规定,从境外融入本外币资金,在区内或者境外开展风险对冲管理。"所谓"风险对冲"是指通过投资或购买与标的资产收益波动负相关的某种资产或衍生产品,来冲销标的资产潜在的风险损失的一种风险管理策略。根据"金融30条"对提供多样化风险对冲手段的具体规定,上海自贸试验区区内机构可按规定基于真实的币种匹配及期限匹配管理需要在区内或境外开展风险对冲管理。允许符合条件的区内企业按规定开展境外证券投资和境外衍生产品投资业务。试验区分账核算单元因向区内或境外机构提供本外币自由汇兑产生的敞口头寸,应在区内或境外市场上进行平盘对冲。试验区分账核算单元基于自身风险管理需要,可按规定参与国际金融市场衍生工具交易。经批准,试验区分账核算单元可在一定额度内进入境内银行间市场开展拆借或回购交易。

三是规定人民币跨境使用。国务院批准的《总体方案》规定,在风险可控前提下,可在试验区内对人民币跨境使用等方面创造条件进行先行先试。"金融30条"第4条对于扩大人民币跨境使用作出了具体规定。《上海自贸试验区条例》第28条第1款规定:"根据中国人民银行有关规定,国家出台的各项鼓励和支持扩大人民币跨境使用的政策措施,均适用于自贸试验区。"该款对国家出台的各项鼓励和支持扩大人民币跨境使用的政策措施均适用于自贸试验区作出概括性规定,该规定源自中国人民银行上海总部2014年2月20日发布的《关于支持中国(上海)自由贸易试验区扩大人民币跨境使用的通知》,《通知》第1条规定:"国家出台的各项鼓励和支持扩大人民币跨境使用的政策措施均适用试验区。"

《上海自贸试验区条例》第28条第2款则列举了"金融30条"中有关扩大人民币跨境使用的若干规定,规定:"简化自贸试验区经常项下以及直接投资项下人民币跨境使用。区内金融机构和企业可以从境外借入人民币资金。区内企业可以根据自身经营需要,开展跨境双向人民币资金池以及经常项下跨境人民币集中收付业务。上海地区银行业金融机构可以与符合条件的支付机构合作,提供跨境电子商务的人民币结算服务。"《中国人民银行上海总部关于支持中国(上海)自由贸易试验区扩大人民币跨境使用的通知》第5条对试验区跨境双向人民币资金池作了专门规定:区内企业可根据自身经营和管理需要,开展集团内跨境双向人民币资金池业务。"集团"指包括区内企业(含财务公司)在内的,以资本关系为主要联结纽带,由母公司、子公司、参股公司等存在投资性关联关系成员共同组成的跨国集团公司。"跨境双向人民币资金池业务"指集团境内外成员企业之间的双向资金归集业务,属于企业集团内部的经营性融资活动;开展集团内跨境双向人民币资金池业务,需由集团总部指定一家区内注册成立并实际经营或投资的成员企业(包括财务公司),选择一家银行开立一个人民币

225

专用存款账户，专门用于办理集团内跨境双向人民币资金池业务，该账户不得与其他资金混用。参与资金池业务的境内外各方应签订资金池业务协议，明确各自在反洗钱、反恐融资以及反逃税中的责任和义务。

就《上海自贸试验区条例》第 28 条第 2 款所规定的经常项下跨境人民币集中收付业务，《中国人民银行上海总部关于支持中国（上海）自由贸易试验区扩大人民币跨境使用的通知》第 6 条规定：区内企业可根据自身经营和管理需要，开展境内外关联企业间的经常项下跨境人民币集中收付业务。境内外关联企业包括集团内以资本关系为主要联结纽带、存在投资性关联关系的成员公司，以及与集团内企业存在供应链关系的、有密切贸易往来的集团外企业。企业集团总部须指定一家在区内注册成立并实际经营或投资的成员企业（包括财务公司），并选择一家银行开立一个人民币专用存款账户，专门为其境内外关联企业办理经常项下集中收付业务。区内企业应跟与之开展经常项下集中收付业务的各方签订集中收付协议，明确各自承担贸易真实性等的责任。

四是推动利率市场化体系建设。国务院批准的《总体方案》规定，在风险可控前提下，可在试验区内在利率市场化等方面创造条件进行先行先试。"金融 30 条"第 5 条对于稳步推进利率市场化作出具体规定，内容包括推进试验区利率市场化体系建设、完善区内居民自由贸易账户和非居民自由贸易账户本外币资金利率的市场化定价监测机制、将区内符合条件的金融机构纳入优先发行大额可转让存单的机构范围，在区内实现大额可转让存单发行的先行先试、放开区内一般账户小额外币存款利率上限。《上海自贸试验区条例》第 29 条规定："在自贸试验区推进利率市场化体系建设，完善自由贸易账户本外币资金利率市场化定价监测机制，区内符合条件的金融机构可以优先发行大额可转让存单，放开区内外币存款利率上限。"这一规定将"金融 30 条"的政策性规定转化为地方性的规定。该条所称的"大额可转让存单"，是指银行发行的可以在金融市场上转让流通的一定期限的银行存款凭证，具有可转让性、流通性和投资性的特征。

五是建立与自贸试验区发展需求相适应的外汇管理体制。国务院批准的《总体方案》要求上海自贸试验区探索面向国际的外汇管理改革试点，建立与自贸试验区相适应的外汇管理体制，全面实现贸易投资便利化。

"金融30条"第6条对于深化外汇管理改革作出了具体规定。《上海自贸试验区条例》第30条规定："建立与自贸试验区发展需求相适应的外汇管理体制。简化经常项目单证审核、直接投资项下外汇登记手续。放宽对外债权债务管理。改进跨国公司总部外汇资金集中运营管理、外币资金池以及国际贸易结算中心外汇管理。完善结售汇管理,便利开展大宗商品衍生品的柜台交易。"该条采用概括加列举的方式,根据《总体方案》的要求概括提炼出"建立与自贸试验区发展需求相适应的外汇管理体制"的总体要求,以列举的方式规定了"金融30条"中有关深化外汇管理改革的若干规定。为推动上海自贸试验区外汇管理的改革试点,国家外汇管理局上海市分局于2014年2月28日发布《关于印发支持中国(上海)自由贸易试验区建设外汇管理实施细则的通知》,《通知》共五章,涉及24项主要内容,体现大幅度简化外汇管理的审批流程、简政放权的特点,不仅简化区内主体和境外之间经常项目交易单证的审核、直接投资外汇登记的手续,还率先在全国实行外资企业外汇资本金意愿结汇,赋予企业更多的境内外融资的自主选择权。

（八）六大事中事后监管制度

加快政府职能转变、积极探索管理模式创新,是中央赋予上海自贸试验区先行先试的重要使命。国务院批准的《总体方案》将加快政府职能转变作为上海自贸试验区的第一项任务,要求改革创新政府管理方式,按照国际化、法治化的要求,积极探索建立与国际高标准投资和贸易规则体系相适应的行政管理体系,推进政府管理由注重事先审批转为注重事中、事后监管。在《上海自贸试验区条例》起草、审议过程中,推进政府管理由注重事先审批转为注重事中事后监管始终是立法的焦点问题。归纳起来,《上海自贸试验区条例》规定了6项事中事后综合监管的主要制度：

一是在自贸试验区建立涉及外资的国家安全审查工作机制。对于上海自贸试验区探索的准入前加负面清单的投资管理制度的改革,中央采取既积极又慎重的态度,强调"风险可控",要求上海自贸试验区加强监管风险监测研判,注意防范化解风险。《总体方案》要求完善国家安全审查制度,在试验区内试点开展涉及外资的国家安全审查,构建安全高效的开放型经济体系。在总结试点经验的基础上,逐步形成与国际接轨的外商投资管理制度。为落实《总体方案》的要求,《上海自贸试验区条例》第37条第1

227

款规定:"自贸试验区建立涉及外资的国家安全审查工作机制。对属于国家安全审查范围的外商投资,投资者应当申请进行国家安全审查;有关管理部门、行业协会、同业企业以及上下游企业可以提出国家安全审查建议。"第 2 款规定:"当事人应当配合国家安全审查工作,提供必要的材料和信息,接受有关询问。"

值得一提的是,对外资实施国家安全审查是国家有关部门的职责,相关的实体性、程序性规定应当由国家层面作出规定,本条只是按照《总体方案》的要求,就上海自贸试验区建立涉及外资的国家安全审查工作机制作出指引性规定。对于外国投资的国家安全审查问题,在上海自贸试验区先行先试之前,国家层面尚无专门的规定,2011 年 2 月 3 日国务院办公厅印发《关于建立外国投资者并购境内企业安全审查制度的通知》(国办发〔2011〕6 号),2011 年 3 月 5 日起实施的《商务部实施外国投资者并购境内企业安全审查制度有关事项的暂行规定》只适用于外国投资者并购境内企业的安全审查制度。《通知》规定,属于《国务院办公厅关于建立外国投资者并购境内企业安全审查制度的通知》明确的并购安全审查范围的境内企业,应向商务部提出并购安全审查申请。《上海自贸试验区条例》实施后,国务院办公厅于 2015 年 4 月 20 日印发《关于印发自由贸易试验区外商投资国家安全审查试行办法的通知》。《自由贸易试验区外商投资国家安全审查试行办法》确定的总的原则是,对影响或可能影响国家安全、国家安全保障能力,涉及敏感投资主体、敏感并购对象、敏感行业、敏感技术、敏感地域的外商投资进行安全审查。该试行办法适用于外商投资股权投资企业、创业投资企业、投资性公司在自贸试验区内投资。试行办法同时确定中央有关部门与自贸试验区的相关职责:自贸试验区外商投资安全审查工作,由外国投资者并购境内企业安全审查部际联席会议具体承担。在联席会议机制下,国家发展改革委、商务部根据外商投资涉及的领域,会同相关部门开展安全审查。自贸试验区管理机构应做好外商投资监管工作。如发现外国投资者提供虚假信息、遗漏实质信息、通过安全审查后变更投资活动或违背附加条件,对国家安全造成或可能造成重大影响的,即使外商投资安全审查已结束或投资已实施,自贸试验区管理机构应向国家发展改革委和商务部报告。

二是对于经营者集中，以及垄断协议、滥用市场支配地位以及滥用行政权力排除、限制竞争等行为建立反垄断工作机制。反垄断审查是保护市场公平竞争、提高经济运行效率、维护消费者利益和社会公共利益、促进市场经济健康发展的重要法律制度。我国《反垄断法》第4条规定："国家制定和实施与社会主义市场经济相适应的竞争规则，完善宏观调控，健全统一、开放、竞争、有序的市场体系。"根据这一规定，反垄断制度由"国家制定和实施"。为此，国务院批准的《总体方案》要求以切实维护国家安全和市场公平竞争为原则，加强各有关部门与上海市政府的协同，提高维护经济社会安全的服务保障能力。试验区配合国务院有关部门严格实施经营者集中反垄断审查。按照《总体方案》的要求，在上海自贸试验区开展反垄断审查的主体是国务院有关部门，上海自贸试验区协同、配合国务院有关部门严格实施经营者集中反垄断审查。为落实《总体方案》的要求，《上海自贸试验区条例》第38条第1款规定："自贸试验区建立反垄断工作机制。"该款规定的"反垄断工作机制"不同于反垄断制度本身，工作机制不具有创设制度的性质与作用。《上海自贸试验区条例》实施后，为加强上海自贸试验区反垄断执法工作，推进自贸试验区事中事后市场监管制度创新，上海市工商行政管理局于2014年9月15日印发《中国（上海）自由贸易试验区反垄断协议、滥用市场支配地位和行政垄断执法工作办法》的通知，《执法工作办法》第三章对反垄断工作机制作出细化规定。

《上海自贸试验区条例》第38条第2款对自贸试验区内企业的经营者集中、垄断协议、滥用市场支配地位以及滥用行政权力等垄断行为的申报、调查、执法等事项作了指引性规定。按照《反垄断法》第3条的规定：垄断行为包括经营者达成垄断协议、经营者滥用市场支配地位、具有或者可能具有排除、限制竞争效果的经营者集中。《反垄断法》第21条规定："经营者集中达到国务院规定的申报标准的，经营者应当事先向国务院反垄断执法机构申报，未申报的不得实施集中。"本款的规定严格按照《反垄断法》的表述，并强调"依法"开展调查和执法，这些表述旨在正确处理条例作为地方性法规与国家层面《反垄断法》之间的关系。

三是在自贸试验区加强信用管理，通过规定市公共信用信息服务平台自贸试验区子平台归集公共信用信息，推动信用产品的开发和使用，奖励诚信,惩戒失信。事中事后综合监管体系的建设要求强化信用对市场主体的约束作用,构建以信息归集共享为基础,以信息公示为手段,以信用监管为核心的监管制度。《总体方案》要求:上海自贸试验区要充分发挥上海市诚信体系建设的作用,加快形成企业商务诚信管理和经营活动专属管辖制度。为落实《总体方案》的要求,《上海自贸试验区条例》第 39 条对上海自贸试验区信用监管制度作了较为详尽的规定。鉴于国家层面信用体系建设方面法律制度长期阙如,该领域的立法亦不属于中央专属立法的权限范围,且上海多年来在诚信体系建设中积极探索,积累了一些经验,《上海自贸试验区条例》在规范信用监管制度方面有较大的立法空间。《上海自贸试验区条例》第 39 条分三款,其中,第 1 款规范自贸试验区信用监管部门记录与归集信用信息,规定"管委会、驻区机构和有关部门应当记录企业及其有关责任人员的信用相关信息,并按照公共信用信息目录向市公共信用信息服务平台自贸试验区子平台归集"。第 2 款规范查询信用记录与使用信用产品及对失信者实施约束和惩戒,规定"管委会、驻区机构和有关部门可以在市场准入、货物通关、政府采购以及招投标等工作中,查询相对人的信用记录,使用信用产品,并对信用良好的企业和个人实施便利措施,对失信企业和个人实施约束和惩戒"。第 3 款则属于指引性规范,规定"自贸试验区鼓励信用服务机构利用各方面信用信息开发信用产品,为行政监管、市场交易等提供信用服务;鼓励企业和个人使用信用产品和服务"。

四是建立企业年度报告公示和经营异常名录制度,加强对不规范经营企业的监管。上海自贸试验区探索"准入前国民待遇加负面清单"、"先照后证"及注册资本"实缴制"改为"认缴制"等制度创新,在取消前期审批制度的同时迫切需要加强事中事后监管。《总体方案》要求上海自贸试验区建立集中统一的市场监管综合执法体系,在质量技术监督、食品药品监管、知识产权、工商、税务等管理领域,实现高效监管,积极鼓励社会力量参与市场监督。《国家工商行政管理总局关于支持中国(上海)自由贸易试验区建设的若干意见》要求,试行注册资本认缴登记制后,公司应当将股东认缴出资额或者发起人认购股份、出资方式、出资期限、缴纳情况通过市场主体信用信息公示系统向社会公示。公司股东(发起人)对缴纳出资情况的真实性、合法性负责。试验区内试行将企业年度检验制度改为企业年度报告公示制度。企业应当按年度在规定的期限内,通过市场主体信用信息公示系统向工商部门报送年度报告,并向社会公示,任何单位和个人均可查询。企业对年度报告的真实性、合法性负责。建立经营异常名录制度,通过市场主体信用信息公示系统,记载未按规定期限公示年度报告的企业。上海市工商行政管理局印发的《关于中国(上海)自由贸易试验区内企业登记管理的规定》对于企业年度报告公示和经营异常名录制度也作了相应的规定。

为落实《总体方案》及国家工商行政管理总局的要求,《上海自贸试验区条例》第40条第1款在上海自贸试验区实践探索的基础上,对自贸试验区实行企业年度报告公示制度和企业经营异常名录制度作出总括性规定:"自贸试验区实行企业年度报告公示制度和企业经营异常名录制度。""企业年度报告公示",指试验区内企业应当在每年3月1日至6月30日,通过电子身份认证登录上海市工商行政管理局门户网站(www.sgs.gov.cn)的企业信用信息公示系统向工商行政管理机关报送上一年度年度报告后,向社会公示。"企业经营异常名录",指工商行政管理机关将企业未在规定期限内公示年度报告或通过住所(经营场所)无法与企业取得联系的情形汇集成名录,通过上海市工商行政管理局门户网站(www.sgs.gov.cn)的企业信用信息公示系统向社会予以公示。

该条第2款至第4款在梳理概括、提炼上海市工商行政管理局印发的《中国(上海)自由贸易试验区企业年度报告公示办法(试行)》《中国(上海)自由贸易试验区企业经营异常名录管理办法(试行)》的基础上,对区内企业报送企业年度报告的义务、工商行政管理部门开展监督检查的义务以及公民、法人和其他组织可以查阅企业年度报告和经营异常名录等公示信息的权利等事项分别作出指引性的规定。

五是建立监管信息共享制度。通过在自贸试验区建设统一的监管信息共享平台,促进监管信息的归集、交换和共享,推动各部门联合监管,并为企业提供协同服务。加强事中事后监管、创新综合监管体系,必须建立监管信息互联共享机制,依法实施对企业信息在采集、共享、使用等环节的分类管理,实现工商部门、审批部门、行业主管部门及其他部门之间的信息实时传递和无障碍交换。通过建立信息共享和协调合作机制,可以有效形成工作合力,确保相关监管部门根据职责做好后续监管工作,防止出现监管真空,真正实现市场监管无缝衔接。国务院批准的《总体方案》要求上海自贸试验区建立一口受理、综合审批和高效运作的服务模式,完善信息网络平台,实现不同部门的协同管理机制。建立行业信息跟踪、监管和归集的综合性评估机制,加强对试验区内企业在区外经营活动全过程的跟踪、管理和监督。

根据《总体方案》的要求,《上海自贸试验区条例》第 41 条第 1 款规定:"在自贸试验区建设统一的监管信息共享平台,促进监管信息的归集、交换和共享。管委会、驻区机构和有关部门应当及时主动提供信息,参与信息交换和共享。""监管信息",指各行政机关和具有管理公共事务职能的组织在履行职责过程中,产生或掌握的涉及自贸试验区的相关数据和资料。"共享",指各行政机关和具有管理公共事务职能的组织向共享平台提供信息,从共享平台获取信息和使用信息的行为。"信息共享单位",指共享信息的各行政机关和具有管理公共事务职能的组织,其中向共享平台提供信息的为信息提供单位,从共享平台获取信息和使用信息的为信息使用单位。该条第 2 款对管委会、驻区机构和有关部门如何依托监管信息共享平台提高联合监管和协同服务效能作出指引性规定。鉴于监管信息共享管理涉及面宽泛,条例不宜规定过细,该条第 3 款授权管委会组织驻区机构和有关部门制定监管信息归集、交换、共享的办法。根据《上海自贸试验区条例》的规定,上海市人民政府办公厅于 2014 年 9 月 17 日印发《中国(上海)自由贸易试验区监管信息共享管理试行办法》,《试行办法》作为与《上海自贸试验区条例》相配套的规范性文件共 20 条,对监管信息归集、交换、共享等事项作出详尽的规定。

六是建立社会力量参与市场监督的机制,引导和培育律师事务所、会计师事务所等专业机构发展,推动行业协会、商会等制定行业管理标准和行业公约,加强行业自律。加强事中事后监管,需要转变市场监管理念,创新监管方式,正确处理政府和市场的关系,维护公平竞争的市场秩序,充分发挥会计师事务所、律师事务所、公证机构、检验检测认证机构等专业服务机构的监督作用。《上海自贸试验区条例》第 42 条第 1 款对于鼓励律师事务所、会计师事务所、税务师事务所等专业机构在自贸试验区开展业务作出了指引性规定。在《条例》草案审议过程中,一些专业服务机构积极游说,要求将该款中的"鼓励"改成"应当"。立法机关研究后认为,按照立法技术规范,法条中的"应当"等同于"必须",具有强制性,将"鼓励"改为"应当"增加了公民、法人、其他组织的义务。鉴于这一修改意见于法无据,因而无法得到立法机关的采纳。该条第 2 款要求管委会、驻区机构和有关部门通过制度安排,将区内适合专业机构办理的事项,交由专业机构承担,或者引入竞争机制,通过购买服务等方式,引导和培育专业机构发展。

事中事后监管强调"社会共治",要求推进以法治为基础的社会多元治理,健全社会监督机制。社会监督、公众参与也是综合监管体系的重要组成部分。《总体方案》对积极鼓励社会力量参与市场监督作出了原则性的规定。《上海自贸试验区条例》对《总体方案》的原则性规定作了细化。第 43 条第 1 款对自贸试验区建立企业和相关组织代表等组成的社会参与机制作了指引性规定,引导企业和相关组织等表达利益诉求、参与试点政策评估和市场监督。该条第 2 款要求支持行业协会、商会等参与自贸试验区建设,推动行业协会、商会等制定行业管理标准和行业公约,加强行业自律。这一规定旨在发挥和借助行业协会、商会在权益保护、资质认定、纠纷处理、失信惩戒等方面的作用,促进监管执法和行业自律的良性互动。第 3 款则对从事经营活动的区内企业遵守社会公德、商业道德,接受社会公众监督作出规定。

（九）"一公平四保护"

《上海自贸试验区条例》对接《与贸易有关的投资措施协定》等多边投资和贸易协定,有关双边投资保护协定和区域投资协定的通行规则,建立了"一公平四保护"制度,即维护公平竞争,加强投资者权益保护、劳工权益保护、环境保护和知识产权保护。

关于维护公平竞争。公平竞争是激发市场主体活力,实现市场对社会资源优化配置的前提和条件。国务院批准的《总体方案》要求上海自贸试验区完善投资者权益有效保障机制,实现各类投资主体的公平竞争。《上海自贸试验区条例》第 47 条规定:"自贸试验区内各类市场主体的平等地位和发展权利,受法律保护。区内各类市场主体在监管、税收和政府采购等方面享有公平待遇。"该条规定将受保护的主体从《总体方案》规定的"各类投资主体"扩大到"各市场主体",并将保护范围从《总体方案》规定的"投资者

233

权益"细化为"类市场主体在监管、税收和政府采购等方面享有公平待遇"。

关于投资者权益保护。《宪法》第 18 条第 2 款规定:"在中国境内的外国企业和其他外国经济组织以及中外合资经营的企业,都必须遵守中华人民共和国的法律。它们的合法的权利和利益受中华人民共和国法律的保护。"按照《宪法》的规定,我国有关外商投资的法律、行政法规对相关领域外国投资者权益的保护都有相应的规定。对于国内投资者的合法权益的保护,我国物权法、公司法、知识产权法等国内法律都有明确规定。为营造良好的投资环境,《总体方案》要求上海自贸试验区完善投资者权益有效保障机制,允许符合条件的外国投资者自由转移其投资收益。为此,《上海自贸试验区条例》第 48 条规定:"自贸试验区内投资者合法拥有的企业、股权、知识产权、利润以及其他财产和商业利益,受法律保护。"该条的表述按照相关法律、行政法规以及《总体方案》的要求,将自贸试验区对投资者依法得到保护的权益细化为投资者合法拥有的企业、股权、知识产权、利润以及其他财产和商业利益。

关于劳工权益保护。在条例草案起草和审议过程中,工会等群众组织建议在法治环境这一章中强化对劳动者权益保护的规定。就劳动者权益的保护,我国《劳动法》《劳动合同法》《劳动合同法实施条例》等法律、法规及上海市相关地方性法规均有规定。考虑到劳动者权益保障是法治环境建设的内容之一,且条例作为系统规范上海自贸试验区制度的"基本法",在条例中对劳动者权益保护事项作出规定有助于完整体现上海自贸试验区可复制、可推广的经验。为此,《上海自贸试验区条例》第 49 条在梳理现行法律、行政法规、上海市地方性法规相关规定的基础上,分三款对上海自贸试验区内劳动者权益保护作出规定。其中,第 1 款明确了依法保护的范围,规定"自贸试验区内劳动者平等就业、选择职业、取得劳动报酬、休息休假、获得劳动安全卫生保护、接受职业技能培训、享受社会保险和福利、参与企业民主管理等权利,受法律保护"。第 2 款确立了企业和劳动者集体协商机制,规定"在自贸试验区推行企业和劳动者集体协商机制,推动双方就劳动报酬、劳动安全卫生等有关事项进行平等协商。发挥工会在维护职工权益、促进劳动关系和谐稳定方面的作用"。第 3 款对劳动保障监察和劳动争议处理机制作出指引性的规定:"在自贸试验区健全公正、公开、高效、便民的劳动保障监察和劳动争议处理机制,保护劳动者和用人单位双方的合法权益。"

关于环境保护。随着经济社会的发展,环境问题已成为制约发展的重要因素之一,生态文明建设也成为法治环境建设的重要组成部分。《上海自贸试验区条例》将环境保护作为上海自贸试验区法治环境建设的重要一环,突出法治在生态文明建设中的重要作用,其第 50 条第 1 款规定:"加强自贸试验区环境保护工作,探索开展环境影响评价分类管理,提高环境保护管理水平和效率。"第 2 款对标国际通行的环境和能源管理体系标准认证,聚焦节能减排的环保重点、难点问题,对区内企业提出环保要求,规定"鼓励区内企业申请国际通行的环境和能源管理体系标准认证,采用先进生产工艺和技术,节约能源,减少污染物和温室气体排放"。

关于知识产权保护。知识产权是技术创新的灵魂,知识产权的保护水平反映了一个国家和地区经济发展状况、社会文明程度及法治环境的水平。知识产权保护无疑是上海自贸试验区法治环境建设的重要内容。国务院批准的《总体方案》对于自贸试验区建立知识产权纠纷调解、援助等解决机制提出了原则性要求。为细化《总体方案》的要求,营造上海自贸试验区良好的法治环境,本条着眼于完善知识产权保护的体制、机制,提出了一系列要求。鉴于我国对知识产权的保护采取行政与司法并行运作的双轨保护模式,行政保护与司法保护标准不尽一致,行政机关与司法机关对同一知识产权违法行为进行处理时可能出现处理结果直接或间接相悖的情况。针对这一状况,《上海自贸试验区条例》第 51 条第 1 款对完善行政保护与司法保护衔接机制作出原则性规定:"加强自贸试验区知识产权保护工作,完善行政保护与司法保护衔接机制。""行政保护与司法保护衔接机制"主要指通过加强行政与司法之间的衔接与协作,统一执法标准、完善法律监督。在工作机制上建立知识产权纠纷、行政调解的司法确认制度,以强化行政调解协议的效力。上海自贸试验区成立以来,在知识产权司法保障方面,自贸试验区法庭可受理知识产权案件。在行政执法上,由自贸试验区综合执法机构集中统一行使执法权。

《上海自贸试验区条例》第 51 条第 2 款针对知识产权保护执法中存在的问题,规定上海市有关部门与国家有关部门加强协作,实行知识产权进

235

出境保护和境内保护的协同管理和执法配合,探索建立自贸试验区知识产权统一管理和执法的体制、机制。在该领域上海浦东新区进行积极探索,组建成立新的知识产权局,集中知识产权局、市场监督管理局、文化广播影视管理局等部门的专利、商标和版权管理和执法职能,实现知识产权行政管理和执法"一个窗口服务、一支队伍执法"。通过把一些职能相近的部门的功能加以整合,从而简化办事流程,提高工作效率。

该条第 3 款要求完善自贸试验区知识产权纠纷多元解决机制,鼓励行业协会和调解、仲裁、知识产权中介服务等机构在协调解决知识产权纠纷中发挥作用。所谓"知识产权纠纷多元解决机制"是指除了司法和行政途径,引入更多第三方独立机构来解决知识产权纠纷,如行业协会、调解组织等,鼓励当事人通过仲裁、调解等多元化方式处理知识产权纠纷。

(十)进一步增强透明度

立法过程的公开、透明程度是衡量一个地区法治化水平的重要标准。《上海自贸试验区条例》从四个方面对此作出规范:

一是制定并公布权力清单,明确管委会和驻区机构应当对外公布行政权力清单以及运行流程,便利当事人办理有关事务,并积极接受社会的监督。国务院批准的《总体方案》要求上海自贸试验区加快转变政府职能,改革创新政府管理方式,按照国际化、法治化的要求,积极探索建立与国际高标准投资和贸易规则体系相适应的行政管理体系,为加快转变政府职能,形成公开、透明的管理制度。为此,《上海自贸试验区条例》草案第 9 条规定:"管委会应当公布依法行使的行政审批权、行政处罚权和相关行政权力的清单。发生调整的,应当及时更新。"在条例草案审议、修改过程中,不少意见认为,除了自贸试验区管委会应当公布行政权力清单外,自贸试验区内的其他行政部门也应当公布行政权力清单,并依法公开权力运行流程。立法机关研究后认为,党的十八届三中全会通过的《中共中央关于全面深化改革若干问题的决定》明确提出,要"推行地方各级政府及其工作部门权力清单制度,依法公开权力运行流程",将公布权力清单的主体扩大到自贸试验区内的其他行政部门符合《总体方案》规定的加快转变政府职能的总体目标,同时也符合党的十八届三中全会的精神。为此,《上海自贸试验区条例》第 11 条对条例草案第 9 条的规定作了相应的修改,规定:"管委会、驻区机构应当公布依法行使的行政审批权、行政处罚权和相关行政权力的清单及运行流程。发生调整的,应当及时更新。"将公布权力清单的主体从管委会扩大到驻区机构,并且将要求相关部门在公布行政审批权、行政处罚权和相关行政权力清单的同时,公布相应的运行流程。

二是要求在制定有关自贸试验区的法规、规则和规范性文件时,有关方面必须主动公开草案内容,征求社会公众、相关行业组织和企业等方面的意见。《上海自贸试验区条例》第52条第1款对上海市制定有关自贸试验区的地方性法规、政府规章、规范性文件应当主动公开草案内容等民主立法事项作出规定。第2款对有关自贸试验区的地方性法规、政府规章、规范性文件通过后及时公开并予以解读和说明作出规定。就上海市制定地方性法规而言,向社会公开法规草案早已制度化、常态化。《上海市制定地方性法规条例》第33条规定:"列入常务委员会会议议程的地方性法规案,应当在常务委员会会议后将法规草案及立法背景、主要制度等事项的说明向社会公布,征求意见,但是经主任会议决定不公布的除外。向社会公布征求意见的时间一般不少于十五日。征求意见的情况应当向社会通报。"与此同时,法规通过后及时公开并予以解读和说明也已制度化、常态化。《上海市制定地方性法规条例》第60条第2款规定:"本市地方性法规和法规解释通过后,应当及时在《上海市人民代表大会常务委员会公报》和上海人大公众网以及《解放日报》、《上海法治报》上全文刊载。"法规通过当日,上海市人大常委会按例召开新闻发布会,由市人大常委会法制工作委员会与相关执法部门对立法、执法问题进行解读和说明。就政府规章、规范性文件而言,《上海市行政规范性文件制定和备案规定》第15条第1款规定:"起草规范性文件涉及重大公共利益,或者直接涉及管辖区域内大多数公民、法人或者其他组织切身利益的,规范性文件草案可以向社会公示,并征询公众意见。"第2款规定:"规范性文件草案公开征询社会公众意见的,起草部门应当通过本机关的政府网站,或者其他有利于公众知晓的方式公布规范性文件草案。征询意见的期限自公告之日起一般不少于15日;确有特殊情况的,征询意见的期限可以缩短,但最短不少于7日。"第23条第1款规定:"规范性文件应当由制定机关向社会公布;未向社会公布的,不得作为实施行政管理的依据。"第2款规定:"规范性文件应当在制定机关指定的政府网站上公布,还可以通过报纸、杂志、广播、电视等新闻媒体公布。"

值得一提的是,《上海市制定地方性法规条例》规定的需要公开草案的法规是全口径的上海市地方性法规,包括但不限于与自贸试验区有关的地方性法规。而《上海市行政规范性文件制定和备案规定》所规范的是"行政规范性文件",《规定》第 2 条规定:"本规定所称的行政规范性文件,是指除政府规章外,行政机关依据法定职权或者法律、法规、规章的授权制定的涉及公民、法人或者其他组织权利、义务,具有普遍约束力,在一定期限内可以反复适用的文件。"倘若与自贸试验区有关的规章、规范性文件不属于"行政规范性文件",其草案公开无法适用《上海市行政规范性文件制定和备案规定》的规定,《上海自贸试验区条例》的第 52 条规定为这类规章、规范性文件草案的公开征求意见提供了法规依据。

三是建立行政异议制度,规定公民、法人和其他组织对于管委会制定的规范性文件有异议的,可以提请市人民政府进行审查。《上海自贸试验区条例》第 53 条规定:"公民、法人和其他组织对管委会制定的规范性文件有异议的,可以提请市人民政府进行审查。审查规则由市人民政府制定。"该条赋予公民、法人和其他组织对上海自贸试验区管委会制定的规范性文件提出异议,提请上海市人民政府进行审查的权力。根据该条的规定,上海市人民政府于 2014 年 8 月 7 日印发《中国(上海)自由贸易试验区管理委员会行政规范性文件法律审查规则》。根据《审查规则》第 2 条的规定,该规则所规范的上海自贸试验区管委会行政规范性文件,是指上海自贸试验区管委会依据法定职权或者授权,依照法定程序制定的,涉及公民、法人或者其他组织的权利、义务,具有普遍约束力,在一定期限内可以反复适用的行政文件。管委会内部事务管理制度、向上级行政机关的请示和报告、对具体事项所作出的行政处理意见以及其他不具有普遍约束力的文件,不属于管委会规范性文件。该条同时规定,该规则所称法律审查,是指市人民政府依据法律、行政法规、国务院决定、地方性法规以及规章,或者国家促进自贸试验区发展的政策,对管委会规范性文件进行审查,并提出审查意见的活动。该审查规则对法律审查的程序性规定、审查事项、审查处理、与相关制度衔接等事项也作了详尽的规定。

　　四是建立信息发布机制,规定自贸试验区门户网要公布国家和上海市关于自贸试验区的法律、法规、规章、政策、办事程序等信息。国务院批准的《总体方案》要求上海自贸试验区提高行政透明度,完善体现投资者参与、符合国际规则的信息公开机制。为落实《总体方案》的要求,《上海自贸试验区条例》第54条第1款对建立自贸试验区信息发布机制作出了规定,并将该机制表述为通过新闻发布会、信息通报例会或者书面发布等形式,及时发布自贸试验区相关信息。该条第2款对于自贸试验区管委会如何收集并公布相关信息作了指引性规定:"管委会应当收集国家和本市关于自贸试验区的法律、法规、规章、政策、办事程序等信息,在中国(上海)自由贸易试验区门户网站上公布,方便各方面查询。"

　　《上海自贸试验区条例》的出台标志着我国首部自贸试验区条例正式问世,同时也显示了上海自贸试验区第一季的法制保障工作基本完成,自贸试验区首批可复制、可推广的经验初步形成。《上海自贸试验区条例》在引领、推动和保障上海自贸试验区先行先试方面发挥了积极的作用,同时也为各自贸试验区相继开展相关地方立法提供了有益的借鉴。

第 六 章

第一批增设的自贸试验区
法治保障概况

经过七年的实践、探索，自贸试验区先行先试的成功经验有效地复制、推广，自贸试验区的制度创新已成为我国新一轮对外开放的重要标志。经过历次扩容，我国已经形成"1＋3＋7＋1＋6＋3"以上海自贸试验区为领头的雁式矩阵，覆盖从南到北、从沿海到内陆21个自贸试验区，几十个片区，形成"沿海无缺口，内地有重点"的崭新格局。总体上讲，各个自贸试验区的法治保障具有共同的规律，但又不乏各自的特色。梳理、研究各自贸试验区的立法对于进一步总结自贸试验区法治保障的成功经验，进一步增强制度供给的有效性，为自贸试验区的先行先试提供更有力的法治保障具有积极的意义。

继2013年8月上海自贸试验区正式设立，国务院于2015年4月20日批复成立广东、天津、福建3个自贸试验区，并决定扩展上海自贸试验区范围。三个新设的自贸试验区几乎于同一时期开展相关的法治保障工作。鉴于这三个自贸试验区设立之际，全国人大常委会2013年8月针对上海自贸试验区投资管理制度创新作出的《授权决定》暂时调整法律适用为期3年的期限尚未届满，全国人大常委会尚未修改"外法"有关行政审批的规定，全国人大常委会于2014年12月28日通过了《全国人民代表大会常务委员会关于授权国务院在中国(广东)自由贸易试验区、中国(天津)自由贸易试验区、中国(福建)自由贸易试验区以及中国(上海)自由贸易试验区扩展区域暂时调整有关法律规定的行政审批的决定》，授权国务院在中国(广东)自由贸易试验区、中国(天津)自由贸易试验区、中国(福建)自由贸易试验区以及中国(上海)自由贸易试验区扩展区域内，暂时调整《外资企业法》

《中外合资经营企业法》《中外合作经营企业法》和《台湾同胞投资保护法》规定的有关行政审批。

总体上讲,天津、福建自贸试验区采取了与上海自贸试验区法治保障完全相同的路径,即作出授权决定—制定过渡性的管理办法—制定自贸试验区条例。广东自贸试验区有其特殊性,未作出授权决定,先制定过渡性管理办法,再制定自贸试验区条例。本章在梳理国务院批准的各自贸试验区《总体方案》确定的总体要求和主要任务的基础上,概要介绍、评论各自贸试验区相关立法的情况。

■ 第一节 中国(天津)自贸试验区法治保障概况

一、天津自贸试验区的总体要求和主要任务

2015 年 4 月 8 日,国务院印发《关于印发中国(天津)自由贸易试验区总体方案的通知》(国发〔2015〕19 号),公布《中国(天津)自由贸易试验区总体方案》(以下简称《天津总体方案》),明确天津自贸试验区的总体要求和主要任务。

1. 总体要求

《天津总体方案》确定的天津自贸试验区的总体目标是:经过 3 年至 5 年改革探索,将自贸试验区建设成为贸易自由、投资便利、高端产业集聚、金融服务完善、法制环境规范、监管高效便捷、辐射带动效应明显的国际一流自由贸易园区,在京津冀协同发展和我国经济转型发展中发挥示范引领作用。

《天津总体方案》明确天津自贸试验区的区位布局:自贸试验区的实施范围为 119.9 平方公里,涵盖三个片区:天津港片区 30 平方公里(含东疆保税港区 10 平方公里),天津机场片区 43.1 平方公里(含天津港保税区空港部分 1 平方公里和滨海新区综合保税区 1.96 平方公里),滨海新区中心商务片区 46.8 平方公里(含天津港保税区海港部分和保税物流园区 4 平方公里)。在功能划分上,按区域布局划分,天津港片区重点发展航运物流、国际贸易、融资租赁等现代服务业;天津机场片区重点发展航

空航天、装备制造、新一代信息技术等高端制造业和研发设计、航空物流等生产性服务业;滨海新区中心商务片区重点发展以金融创新为主的现代服务业。按海关监管方式划分,自贸试验区内的海关特殊监管区域重点探索以贸易便利化为主要内容的制度创新,开展货物贸易、融资租赁、保税加工和保税物流等业务;非海关特殊监管区域重点探索投资制度改革,完善事中事后监管,推动金融制度创新,积极发展现代服务业和高端制造业。

　　2. 主要任务和措施

　　《天津总体方案》确定天津自贸试验区的 5 项主要任务及应采取的 16 大类的措施:①

　　(1) 加快政府职能转变

　　创新行政管理方式,提升行政管理水平,建设适应国际化、市场化、法治化要求和贸易投资便利化需求的服务体系。具体措施有两项:一是深化行政体制改革。二是提高行政管理效能。

　　(2) 扩大投资领域开放

　　稳步扩大开放领域,改革"引进来"和"走出去"投资管理方式,突出重点,创新机制,有效监管,完善服务,探索建立与国际通行做法接轨的基本制度框架。具体措施有三类:一是降低投资准入门槛。二是改革外商投资管理模式,探索对外商投资实行准入前国民待遇加负面清单管理模式。三是构建对外投资合作服务平台。

　　(3) 推动贸易转型升级

　　积极培育新型贸易方式,打造以技术、品牌、质量、服务为核心的外贸竞争新优势,探索形成具有国际竞争力的航运业发展环境。具体措施有三类:一是完善国际贸易服务功能。二是增强国际航运服务功能。三是创新通关监管服务模式。

---

　　①　国务院批准的《天津总体方案》明确天津自贸试验区五大任务,十六项大类的措施。围绕每一大类措施还有若干具体的实施要求、先行先试举措。国务院批准的各自贸试验区的《总体方案》均采用这一模式。故《总体方案》下发后,各自贸试验区需要梳理《总体方案》规定的任务、措施及具体要求,分解、细化先行先试的具体举措。以上海自贸试验区《总体方案》为例,该总体方案确立了五大任务,九大类的措施,经上海自贸试验区分解、细化,形成98项先行先试的具体事项。

（4）深化金融领域开放创新

深化金融体制改革，实施业务模式创新，培育新型金融市场，加强风险控制，推进投融资便利化、利率市场化和人民币跨境使用，做大做强融资租赁业，服务实体经济发展。具体措施有四类：一是推进金融制度创新。二是增强金融服务功能。三是提升租赁业发展水平。四是建立健全金融风险防控体系。

（5）推动实施京津冀协同发展战略

发挥自贸试验区对外开放高地的综合优势，推动京津冀地区外向型经济发展，构建全方位、多层次、宽领域的区域开放型经济新格局。具体措施有四类：一是增强口岸服务辐射功能。二是促进区域产业转型升级。三是推动区域金融市场一体化。四是构筑服务区域发展的科技创新和人才高地。

3. 保障机制

《天津总体方案》对于健全法制保障体系、优化行政管理服务环境、完善配套税收政策、抓好组织实施工作、建立评估推广机制等保障机制作了规定，并要求：天津市要通过地方立法，建立与试点要求相适应的自贸试验区管理制度。

二、天津市人大常委会的《授权决定》

2015 年 1 月 15 日，天津市人大常委会通过了《天津市人民代表大会常务委员会关于在中国（天津）自由贸易试验区暂时调整实施本市有关地方性法规规定的决定》。该决定共有以下三条：

第 1 条：根据《全国人民代表大会常务委员会关于授权国务院在中国（广东）自由贸易试验区、中国（天津）自由贸易试验区、中国（福建）自由贸易试验区以及中国（上海）自由贸易试验区扩展区域暂时调整有关法律规定的行政审批的决定》，在中国（天津）自由贸易试验区内，暂时调整实施《天津市实施〈中华人民共和国台湾同胞投资保护法〉办法》第 5 条规定的有关行政审批，改为备案管理。

第 2 条：法律、行政法规在中国（天津）自由贸易试验区调整实施有关内容的，本市有关地方性法规作相应调整实施。

243

本市其他地方性法规中的有关规定,与国务院批准的《中国(天津)自由贸易试验区总体方案》不一致的,调整实施。

第3条:上述地方性法规的调整实施在3年内试行,对实践证明可行的,修改完善有关地方性法规;对实践证明不宜调整的,恢复施行有关地方性法规。

天津市人大常委会的上述决定除条序略有调整外,与《上海授权决定》如出一辙。

三、《中国(天津)自由贸易试验区管理办法》

2015年2月10日,天津市人民政府第48次常务会议通过了《中国(天津)自由贸易试验区管理办法》(以下简称《天津管理办法》),天津市人民政府以津政令第15号政府令予以公布,自2015年4月21日起施行。《天津管理办法》以全国人大常委会的授权决定、《国务院关于同意设立中国(天津)自由贸易试验区的批复》(国函〔2014〕177号)、《中国(天津)自由贸易试验区总体方案》(国发〔2015〕19号)和有关法律、法规为依据,分为7章,共54条。

第一章"总则",共5条,主要规定了立法目的与依据;适用范围;天津自贸试验区建设的总体要求;各片区的发展重点;中国(天津)自由贸易试验区推进工作领导小组的设立及职责;中国(天津)自由贸易试验区管理委员会的设立及职责。

第二章"管理体制",共13条,规定管委会的工作要求、履行的具体职责;管委会设立三个派出机构;天津东疆保税港区管理委员会(天津东疆港区管理委员会)、天津港保税区管理委员会(天津空港经济区管理委员会)和天津市滨海新区中心商务区管理委员会具体行使对自贸试验区相应片区的行政管理职能,承担相应管理责任;滨海新区人民政府的职责;管委会及其派出机构建立权力清单和责任清单制度;市人民政府及其有关部门应当根据自贸试验区改革创新需要,依法向自贸试验区下放市级经济管理权限和市人民政府确定的其他管理权限;自贸试验区实行相对集中行政许可权制度,由综合行政许可机构依照市人民政府的规定统一行使相关行政许可权;各片区分别设立提供行政服务的场所,推动行政许可服务信息系统建设;推进政府管理由注重事前许可向注重事中事后监管转变,推进许可后监管标准规范制度建设;利用全市统一的信用监管平台,完善市场主体信用信息归集、申报、存储、共享与应用管理,推行诚信激励和失信惩戒联动机制;建立市场主体信用评级标准,实施市场主体信用风险分类监管制度等。

第三章"投资开放和贸易便利",共 10 条,规定自贸试验区在相关领域扩大对外开放,积极有效吸引外资;自贸试验区对外商投资实行准入前国民待遇加负面清单管理模式;鼓励国内外企业在自贸试验区设立地区性总部、研发中心、销售中心、物流中心和结算中心;鼓励先进高端制造业延伸价值链,与现代服务业融合发展;建立国际贸易单一窗口;支持和鼓励投资者利用自贸试验区平台,参与丝绸之路经济带、21 世纪海上丝绸之路建设;鼓励自贸试验区内企业统筹开展国际国内贸易,实行内外贸一体化发展;放宽中外合资、中外合作国际船舶企业的外资股比限制;通过自贸试验区高端产业集聚,促进京津冀地区优化现代服务业、先进制造业和战略性新兴产业布局,创新区域经济合作模式;向区内企业外籍员工和开展商务贸易的外籍人员,提供出境、入境和居留的便利。

第四章"海关和检验检疫监管创新",共 5 条,规定除法律、法规、规章另有规定外,海关特殊监管区域与境外之间进出的货物不实行进出口许可证件管理;按照"方便进出、确保安全"的原则,在自贸试验区内创新检验检疫监管制度;对注册在海关特殊监管区域内的大型设备涉及跨关区的,在确保有效监管和执行现行相关税收政策的前提下,按物流实际需要,实行海关异地委托监管;推动京津冀海空港口一体化,促进三地海空港口的错位发展和优势互补。

第五章"金融服务创新",共 7 条,规定自贸试验区推进利率市场化,在区内开展大额可转让存单发行试点、人民币资本项目限额内可兑换试点,鼓励企业利用境内外资源和市场进行跨境融资,降低融资成本;放宽区内企业在境外发行本外币债券的许可和规模限制;支持在自贸试验区内设立外资银行和中外合资银行,试点设立有限牌照银行,允许区内符合条件的中资银行试点开办外币离岸业务;开展人民币跨境再保险业务和巨灾保险试点;自贸试验区推进租赁业创新,建设国家租赁创新示范区;加强京津冀地区交易市场互联互通,产权、技术、排污权、碳排放权等新型交易市场合作,推动各类资源合理高效流转;建立与金融业务发展相适应的风险防范机制。

第六章"发展环境",共12条,规定自贸试验区建立与国家自主创新示范区的联动机制,建设具有创新示范和带动作用的区域性创新平台;落实中小微企业贷款风险补偿机制,鼓励银行等金融机构向中小微企业提供贷款;支持行业协会、商会等参与自贸试验区创新发展;鼓励律师事务所、会计师事务所、税务师事务所、知识产权服务机构、报关报检机构、检验检测机构、认证机构、船舶和船员代理机构、公证机构、司法鉴定机构、信用服务机构等专业机构在自贸试验区开展业务;按照国际通行做法探索人才评价方法,实施更加积极的创新人才引进和激励政策,建设国际化人才特区;按照国家规定,实施促进投资和贸易的税收政策,落实适应境外股权投资和离岸业务发展的税收政策,建立便捷的税收服务体系,营造有利于公平竞争的税收环境;按照国家规定,复制推广中国(上海)自由贸易试验区试点的税收政策;建立华北地区知识产权运营中心,开展知识产权跨境交易,创新知识产权投融资方式,推动建立知识产权质物处置机制,完善知识产权管理和执法体制,形成知识产权纠纷快速处理机制;加强自贸试验区环境保护工作。鼓励区内企业申请国际通行的环境和能源管理体系标准认证;建立评估机制,按照国家规定对试点政策执行情况进行综合和专项评估;鼓励自贸试验区引入与国际接轨的仲裁、商事调解等纠纷解决机制,建立调解与仲裁、诉讼的对接机制;实施反垄断工作机制与外商投资国家安全审查制度。

第七章"附则",共两条,规定本市其他规定中与本办法规定不一致的,按照本办法的规定执行;本办法的施行日期。

四、《中国(天津)自由贸易试验区条例》

1.《天津条例》的概况

在国务院批准第二批设立自贸试验区的三省市中,天津市率先出台地方性法规。2015年12月24日,天津市第十六届人民代表大会常务委员会第二十三次会议通过《中国(天津)自由贸易试验区条例》(以下简称《天津条例》），并于同日公布施行。《天津条例》共8章，58条。

第一章"总则"，共5条。其中，第一条规定："为了推进和保障中国（天津）自由贸易试验区建设，根据有关法律、行政法规和国务院批准的《中国（天津）自由贸易试验区总体方案》，结合本市实际情况，制定本条例。"该条明确了条例的立法依据。第3条明确了天津自贸试验区的改革重点："自贸试验区以制度创新为核心，加快政府职能转变，扩大投资领域开放，推动贸易转型升级，深化金融领域开放创新，建立与国际贸易投资规则相衔接的制度框架和监管模式。"第4条明确了天津自贸试验区的建设目标："自贸试验区应当成为贸易自由、投资便利、高端产业集聚、金融服务完善、法治环境规范、监管高效便捷、辐射带动效应明显的自由贸易园区，在服务京津冀协同发展和经济转型发展中发挥示范引领作用。"

第二章"管理体制"，共10条。其中，第6条确定天津自贸试验区的管理体制："自贸试验区建立权责明确、管理高效、信息公开、运转协调的行政管理体制。"第8条明确自贸试验区管委会应当履行的6项职责。第9条规定天津东疆保税港区管理委员会、天津港保税区管理委员会和天津市滨海新区中心商务区管理委员会，行使对自贸试验区相应片区的管理职能，承担相应管理责任。第10条规定市人民政府及其有关部门应当根据自贸试验区改革创新需要，依法向自贸试验区下放市级经济管理权限和市人民政府确定的其他管理权限。第11、12条分别对自贸试验区各片区实行相对集中行政许可权制度、相对集中行政处罚权制度作出规定。

第三章"投资开放"，共7条。其中，第16条规定自贸试验区在金融服务、航运服务、商贸服务、专业服务、文化服务、社会服务等现代服务业和装备制造、新一代信息技术等先进制造业领域扩大开放，逐步减少或者取消对国内外投资的准入限制。第17条规定：自贸试验区对外商投资实行准入前国民待遇加负面清单管理模式。负面清单之外的领域，按照内外资一致的原则，对外商投资项目实行备案管理，但国务院规定对国内投资项目保留核准的除外，对外商投资企业设立、变更实行备案管理。探索实行外商投资企业设立、变更信息报告制度。第22条规定：支持自贸试验区建设创新创业特区，聚集高水平创新创业资源，构建完善的创新创业体系，营造大众创业、万众创新的环境。

247

第四章"贸易便利",共 9 条。其中,第 23 条规定:自贸试验区实行国际贸易"单一窗口"管理服务模式,加快建设电子口岸,建立海关、检验检疫、海事、边检、外汇、税务和商务等跨部门的综合管理服务平台,实现部门间信息互换、监管互认、执法互助。第 27 条规定:在自贸试验区海关特殊监管区域实施"一线放开"、"二线安全高效管住"的通关监管服务模式。

第五章"金融创新",共 7 条。其中,第 32 条规定:按照风险可控、服务实体经济的原则,在自贸试验区内稳步开展扩大人民币跨境使用、深化外汇管理改革、促进租赁业发展等试点工作。第 33 条规定:支持建立与自贸试验区相适应的账户管理体系,促进跨境贸易、投融资结算便利化。第 34 条规定:在自贸试验区推动跨境人民币业务创新发展,鼓励在人民币跨境使用方面先行先试。第 35 条规定在自贸试验区推行五项外汇管理制度改革:即促进贸易投资便利化、实行限额内资本项目可兑换、推动外债宏观审慎管理、支持发展总部经济和结算中心、支持银行发展人民币与外汇衍生产品服务。第 36 条规定在自贸试验区推行五项改革,促进租赁业发展。

第六章为"服务京津冀协同发展",共 5 条。其中,第 39 条第 1 款规定:增强天津口岸服务辐射功能,实施京津冀区域通关一体化和检验检疫一体化,推进三地口岸直通。优化内陆无水港布局,按照国家规定实施启运港退税政策。第 2 款规定:支持在自贸试验区注册的符合条件的企业将保税展示交易业务扩展至天津市和北京市、河北省。第 3 款规定:支持北京市、河北省的企业在自贸试验区建设专属物流区,完善京津冀集疏运体系和保税物流网络。第 40—43 条分别就促进创新资源和创新成果开放共享、促进区域经济转型发展、开展跨区域金融协同创新与合作、促进区域排污权指标有偿分配使用等方面京津冀的协同发展作出规定。

第七章为"营商环境",共 13 条。其中,第 44 条第 1 款规定:坚持运用法治思维、法治方式,在自贸试验区开展行政体制、投资、贸易、金融等领域的改革创新,营造国际化、市场化、法治化的营商环境。第 2 款规定:市人民政府有关部门、自贸试验区管委会会同国家有关驻津管理机构,根据自贸试验区的实际需要,研究提出推进投资开放、贸易便利和金融创新等方面的改革创新措施,争取国家支持在自贸试验区先行先试。第 45—56 条分别就保护自贸试验区内各类市场主体的平等地位和发展权利、信息及时公开、人才引进和激励政策、依法构建和谐劳动关系、加强知识产权保护工作、依法加强环境保护、实施市场主体信用风险分类监管制度、外商投资国家安全审查工作、反垄断工作机制、开展仲裁业务及建立调解与仲裁、诉讼的对接机制、开展专业服务、建立综合评估机制等事项作出规定。

第八章为附则,共 2 条。其中,第 57 条规定:国家规定的自贸试验区投资、贸易、金融、税收等改革试点措施发生调整,或者国家规定其他区域改革试点措施可适用于自贸试验区的,按照国家规定执行。

2. 简要评论

《天津条例》是继《上海自贸试验区条例》后国内第二个自贸试验区条例,在以下几个方面体现了其鲜明的特色:

一是立法节奏非常快。从 2015 年 4 月 8 日国务院印发《关于印发中国(天津)自由贸易试验区总体方案的通知》国发(〔2015〕19 号),到 2015 年 11 月 26 日天津市第十六届人大常委会第二十二次会议对市人民政府提请审议的《中国(天津)自由贸易试验区条例(草案)》进行第一次审议,《天津条例》起草时间仅半年多;从天津市人大常委会 2015 年 11 月 26 日第一次审议(初审),到 2015 年 12 月 24 日第二次审议、表决,不到一个月。这表明《天津条例》的立法效率很高。

二是《天津条例》的结构具有天津特色,未完全依照《总体方案》确定的五大任务来安排《天津条例》的结构体系,其中有关加快政府职能转变的要求没有专设一章,而是融入第二章管理体制中。《天津条例》根据《总体方案》规定的天津自贸试验区特有的服务京津冀协同发展的要求,专设第六章,体现了《天津条例》的鲜明特色。

三是《天津条例》在内容上体现了"制度创新、先行先试"的特色,且先行先试的相关要求非常清晰,便于理解操作。时任天津市人大常委会法工委主任高绍林归纳了条例的主要创新内容体现在以下几个方面:[①]

其一,在扩大投资开放方面,明确自贸试验区扩大开放、鼓励投资的主要行业和重点领域,便利国内外广大投资者选择确定投资方向;明确自贸

---

① 参见王敏:《〈中国(天津)自由贸易试验区条例〉主要创新内容》,中国发展网,http://www.chinadevelopment.com.cn/2016/01/05/1599850.shtml,访问时间:2020 年 7 月 22 日。

试验区对外商投资实行准入前国民待遇加负面清单管理模式,对负面清单外的外商投资普遍实行备案管理;明确自贸试验区实行企业名称自主申报制度,除特殊情况外,企业设立不再需要名称预核准;明确支持自贸试验区建设"双创"特区,构建创新创业体系。《天津条例》规定"支持自贸试验区建设创新创业特区,聚集高水平创新创业资源,构建完善的创新创业体系,营造大众创业、万众创新的环境"。

其二,在实行贸易便利方面,明确自贸试验区要建立国际贸易"单一窗口",为从事国际贸易相关业务的企业提供"一站式"便捷高效服务;明确自贸试验区支持新型贸易业态发展的重点领域;明确支持自贸试验区发展跨境电子商务,支持完善支撑系统,实行更高效的监管制度,落实相关税收政策;明确在自贸试验区创新海关监管制度,实行便利监管措施的主要内容;明确在自贸试验区创新检验检疫监管制度,实行便利监管措施的主要内容;明确自贸试验区鼓励海空港联动发展,鼓励发展中转集拼和沿海捎带业务。

其三,在推进金融创新方面,明确自贸试验区在推动跨境人民币业务创新发展,鼓励人民币跨境使用方面先行先试的主要政策内容;明确自贸试验区在推行外汇管理制度改革方面先行先试的主要政策内容;明确自贸试验区促进租赁业发展的重要政策内容。

其四,在服务京津冀协同发展方面,明确自贸试验区要发挥口岸优势,增强天津口岸服务辐射功能;明确自贸试验区要在促进京津冀地区协同科技创新方面发挥积极作用;明确自贸试验区要发挥金融产业优势,服务京津冀地区实体经济发展。

其五,在优化营商环境方面,明确自贸试验区要坚持运用法治思维、法治方式开展自主创新,积极争取先行先试,营造国际化、市场化、法治化营商环境;明确自贸试验区内各类市场主体享有公平待遇、平等地位和发展权利受法律保护,明确自贸试验区加强劳动者权益保护、知识产权保护和环境保护;明确自贸试验区建立外商投资安全审查和反垄断相应工作机制,维护国家安全和正常的市场经济秩序。

其六,在其他创新方面,减少自贸试验区行政管理层级;为自贸试验区争取更多的改革创新、先行先试;适应自贸试验区改革试点措施的变化,为自贸试验区持续推进制度创新预留充分空间。

■ 第二节 中国(福建)自贸试验区法治保障概况

一、福建自贸试验区的总体要求和主要任务

2015 年 4 月 8 日,国务院发布《关于印发中国(福建)自由贸易试验区总体方案的通知》(国发〔2015〕20 号),公布了国务院批准的《中国(福建)自由贸易试验区总体方案》(以下简称《福建总体方案》),明确了福建自贸试验区建设的总体要求、主要任务与措施。

1. 总体要求

福建自贸试验区的战略定位是:围绕立足两岸、服务全国、面向世界的战略要求,充分发挥改革先行优势,营造国际化、市场化、法治化营商环境,把自贸试验区建设成为改革创新试验田;充分发挥对台优势,率先推进与台湾地区投资贸易自由化进程,把自贸试验区建设成为深化两岸经济合作的示范区;充分发挥对外开放前沿优势,建设 21 世纪海上丝绸之路核心区,打造面向 21 世纪海上丝绸之路沿线国家和地区开放合作新高地。发展目标是:坚持扩大开放与深化改革相结合、功能培育与制度创新相结合,加快政府职能转变,建立与国际投资贸易规则相适应的新体制。创新两岸合作机制,推动货物、服务、资金、人员等各类要素自由流动,增强闽台经济关联度。加快形成更高水平的对外开放新格局,拓展与 21 世纪海上丝绸之路沿线国家和地区交流合作的深度和广度。经过 3 年至 5 年改革探索,力争建成投资贸易便利、金融创新功能突出、服务体系健全、监管高效便捷、法制环境规范的自由贸易园区。

《福建总体方案》明确了福建自贸试验区的区位布局,其实施范围为 118.04 平方公里,涵盖三个片区:平潭片区 43 平方公里,厦门片区 43.78 平方公里(含象屿保税区 0.6 平方公里、象屿保税物流园区 0.7 平方公里、厦门海沧保税港区 9.51 平方公里),福州片区 31.26 平方公里(含福州保税区 0.6 平方公里、福州出口加工区 1.14 平方公里、福州保税港区 9.26 平方公里)。按区域布局划分,平潭片区重点建设两岸共同家园和国际旅游岛,

251

在投资贸易和资金人员往来方面实施更加自由便利的措施;厦门片区重点建设两岸新兴产业和现代服务业合作示范区、东南国际航运中心、两岸区域性金融服务中心和两岸贸易中心;福州片区重点建设先进制造业基地、21世纪海上丝绸之路沿线国家和地区交流合作的重要平台、两岸服务贸易与金融创新合作示范区。按海关监管方式划分,自贸试验区内的海关特殊监管区域重点探索以贸易便利化为主要内容的制度创新,开展国际贸易、保税加工和保税物流等业务;非海关特殊监管区域重点探索投资体制改革,推动金融制度创新,积极发展现代服务业和高端制造业。

2. 主要任务和措施

《福建总体方案》明确福建自贸试验区的六项主要任务及十六大类的措施:

(1) 切实转变政府职能。采取的具体措施是深化行政管理体制改革。

(2) 推进投资管理体制改革。采取的具体措施有两类:第一,改革外商投资管理模式,第二,构建对外投资促进体系。

(3) 推进贸易发展方式转变。采取的具体措施有三类:第一,拓展新型贸易方式。第二,提升航运服务功能。第三,推进通关机制创新。

(4) 率先推进与台湾地区投资贸易自由。采取的具体措施有四类:第一,探索闽台产业合作新模式。在产业扶持、科研活动、品牌建设、市场开拓等方面,支持台资企业加快发展。第二,扩大对台服务贸易开放。第三,推动对台货物贸易自由。第四,促进两岸往来更加便利。

(5) 推进金融领域开放创新。采取的具体措施有三类:第一,扩大金融对外开放。第二,拓展金融服务功能。第三,推动两岸金融合作先行先试。

(6) 培育平潭开放开发新优势。采取的具体措施有三类:第一,推进服务贸易自由化。第二,推动航运自由化。第三,建设国际旅游岛。

《福建总体方案》还就实行有效监管(包括围网区域监管、全区域监管)、健全法制保障、完善税收环境、组织实施、评估推广机制等福建自贸试验区的保障机制作出规定。《福建总体方案》明确要求:福建省要通过地方立法,建立与试点要求相适应的自贸试验区管理制度。

二、中国(福建)自贸试验区的授权决定

2015 年 3 月 31 日,福建省人民代表大会常务委员会通过《关于在中国(福建)自由贸易试验区暂时调整实施本省有关地方性法规规定的决定》。《决定》共有以下四条:

一、根据《全国人民代表大会常务委员会关于授权国务院在中国(广东)自由贸易试验区、中国(天津)自由贸易试验区、中国(福建)自由贸易试验区以及中国(上海)自由贸易试验区扩展区域暂时调整有关法律规定的行政审批的决定》的规定,在中国(福建)自由贸易试验区内,对国家规定实施准入特别管理措施之外的台湾同胞投资,暂时停止实施《福建省实施〈中华人民共和国台湾同胞投资保护法〉办法》有关行政审批的规定。

二、法律、行政法规在中国(福建)自由贸易试验区调整实施有关内容的,本省有关地方性法规作相应调整实施。

三、本省其他地方性法规中的有关规定,与《中国(福建)自由贸易试验区总体方案》不一致的,调整实施。

四、上述第 1 条、第 2 条有关地方性法规与法律、行政法规同步调整实施,第 3 条有关地方性法规的调整实施在 3 年内试行,对实践证明可行的,修改完善有关地方性法规;对实践证明不宜调整的,恢复施行有关地方性法规。

福建人大常委会的这一决定将《上海授权决定》第 1 条的两款拆为两条,其内容亦与《上海授权决定》如出一辙。

三、《中国(福建)自由贸易试验区管理办法》

2015 年 2 月 15 日,福建省人民政府第三十七次常务会议通过了《中国(福建)自由贸易试验区管理办法》(以下简称《福建管理办法》),福建省人民政府以省政府令第 160 号政府令予以公布,自 2015 年 4 月 20 日公布之日起施行。《福建管理办法》以全国人大常委会的《授权决定》、《中国(福建)自由贸易试验区总体方案》和有关法律、法规为依据,分为七章,共 57 条。

第一章"总则",共 8 条。主要规定立法目的与依据;适用范围;福建自贸试验区建设的总体要求;中国(福建)自由贸易试验区工作领导小组的设

253

立及职责;设立中国(福建)自由贸易试验区管理委员会、领导小组办公室及具体职责;在平潭综合实验区、厦门市、福州市设立的自贸试验区管理机构,规定其各自的具体职责;省人民政府及有关部门按照各片区管理机构行使管理权限的要求,将经济社会管理权限最大限度下放给各片区管理机构;各片区之间建立协作机制,加强信息沟通、经验交流,实现协同发展;在片区设立相关园区的办事机构,规定其具体的职责;海关、检验检疫、海事、边检等部门设立的自贸试验区工作机构依法履行有关行政管理职责。

第二章"投资管理与贸易便利化",共 10 条。规定自贸试验区按照国际化、市场化、法治化的要求,建立高效便捷的管理和服务模式,促进投资和贸易便利化;实行外商投资准入前国民待遇加负面清单管理模式;各片区管理机构建立"一口受理"工作机制;区内投资者可以开展多种形式的境外投资。对一般境外投资项目和设立企业实行备案制。境外投资设立企业和境外投资项目的具体备案办法按照有关规定执行;自贸试验区内的海关特殊监管区域实行"一线放开"、"二线安全高效管住"的通关监管服务模式;平潭片区按照"一线放宽、二线管住、人货分离、分类管理"的原则实施分线管理;除废物原料、危险化学品及其包装、散装货物外,检验检疫在一线实施"进境检疫,适当放宽进出口检验模式";在二线推行"方便进出,严密防范质量安全风险"的监管模式;建设国际贸易"单一窗口",全程实施无纸化通关,推进自贸试验区内各区域之间通关一体化;支持发展大宗商品交易和资源配置平台、跨境电子商务、保税展示交易平台、汽车平行进口、服务外包等新型贸易方式,允许在海关特殊监管区域内开展期货保税交割和境内外维修业务等;发展国际船舶运输、国际船舶管理、国际船舶代理等产业,创新国际船舶登记制度;简化自贸试验区内企业外籍员工就业许可审批,对符合条件的外籍员工,提供过境、入境、停居留便利。

第三章"闽台交流与合作",共 9 条。规定在自贸试验区探索闽台产业合作新模式,对接台湾自由经济示范区,构建双向投资促进合作新机制;推进服务贸易对台更深度的开放,促进闽台服务要素自由流动,在《海峡两岸经济合作框架协议》下,支持自贸试验区对台先行试点、加快实施;对自贸试验区内进口原产于台湾地区的商品依法简化手续;建立闽台通关合作机制,逐步实现信息互换、监管互认、执法互助;支持自贸试验区发展两岸电子商务,检验检疫部门对符合条件的跨境电商入境快件采取便利措施;推动两岸金融合作先行先试,创新闽台金融机构合作机制;实施更加便利的台湾居民入出境政策;对在自贸试验区内投资、就业的台湾企业高管、专家和技术人员,在项目申报、入出境等方面给予便利;赋予平潭制定相应从业规范和标准的权限。

第四章"金融开放创新与风险防范",共 8 条。规定建立与自贸试验区相适应的账户管理体系;自贸试验区试行资本项目限额内可兑换,符合条件的自贸试验区内机构在限额内自主开展直接投资、并购、债务工具、金融类投资等交易;探索在自贸试验区内设立单独领取牌照的专业金融托管服务机构,允许自贸试验区内银行和支付机构、托管机构与境外银行和支付机构开展跨境支付合作;在自贸试验区推进利率市场化,允许符合条件的金融机构试点发行企业和个人大额可转让存单;研究探索自贸试验区内金融机构(含准金融机构)向境外转让人民币资产、销售人民币理财产品,多渠道探索跨境资金流动;在完善相关管理办法,加强有效监管的前提下,允许自贸试验区内符合条件的中资银行试点开办外币离岸业务;支持符合条件的自贸试验区内机构按照规定双向投资于境内外证券期货市场,在合法合规、风险可控的前提下逐步开展商品场外衍生产品交易;有关人民政府、金融监管部门和其他有关部门完善金融监管措施,健全符合自贸试验区内金融业发展实际的监控指标,实现对自贸试验区内金融机构的风险可控。

第五章"税收管理",共 5 条。规定在自贸试验区实施促进投资的税收政策,在自贸试验区内的海关特殊监管区域和平潭片区实施促进贸易的税收政策;在符合税制改革方向和国际惯例、不造成利润转移和税基侵蚀的前提下,完善适应境外股权投资和离岸业务发展的税收政策;建立便捷的税务服务体系;税务部门在自贸试验区开展税收征管现代化试点,营造公平竞争的税收环境;在严格执行货物进出口税收政策的前提下,允许在海关特殊监管区域内设立保税展示交易平台。支持自贸试验区按照规定申请实施境外旅客购物离境退税政策。

第六章"综合管理和保障",共 18 条。规定在自贸试验区创新行政管理方式,推进政府管理由注重事先审批转为注重事中事后监管,推动形成行政监管、行业自律、社会监督、公众参与的综合监管体系;建立涉及外资的国家安全审查工作机制与反垄断工作机制;通过加强监管信息共享和综合执法,构筑以商务诚信为核心,覆盖源头溯源、检验检疫、监管、执法、处罚、先行赔付等方面的全流程市场监管体系;实行企业年度报告公示、经营异常名录和严重违法企业名单制度;建立集中统一的综合行政执法体系,相对集中执法事权,建立部门间合作协调和联动执法工作机制;建立常态化监测预警、总结评估机制;实行相对集中行政复议权和规范性文件法律审查制度;建设统一的监管信息共享平台,促进监管信息的归集、交换和共享;自贸试验区管理机构建立统计信息平台,各片区管理机构应当及时、完整向平台报送有关统计数据;建立企业和相关组织代表等组成的社会参与机制;建立行业信息跟踪、监管和归集的综合性评估机制;建立自贸试验区信息发布机制;依法保护自贸试验区内各类市场主体的平等地位和合法权益;加强自贸试验区环境保护工作,探索开展环境影响评价分类管理,提高环境保护管理水平和效率;加强自贸试验区知识产权保护工作,探索建立与国际接轨的知识产权综合保护和管理机制,完善行政保护与司法保护衔接机制;在自贸试验区依法设立司法机构,公正高效地保障中外当事人合法权益;支持仲裁机构依据法律、法规并借鉴国际商事仲裁惯例,完善自贸试验区仲裁规则,提高商事纠纷仲裁的国际化程度;支持各类商事纠纷专业调解机构参与自贸试验区商事纠纷调解,发挥争议解决作用;福州市、厦门市人民政府和平潭综合实验区管委会可以根据《中国(福建)自由贸易试验区总体方案》,结合本地实际,依照法定程序制定有关措施,创新、促进和保障自贸试验区建设。

第七章"附则",规定《福建管理办法》的实施日期。

四、《中国(福建)自由贸易试验区条例》

1.《中国(福建)自由贸易试验区条例》的概况

2016年4月1日,福建省第十二届人民代表大会常务委员会第二十二次会议通过《中国(福建)自由贸易试验区条例》(以下简称《福建条例》),《条例》共10章,65条。

第一章"总则",共6条。其中,第1条规定:"为了推进和保障中国(福建)自由贸易试验区建设,根据有关法律、法规和国务院批准的《中国(福建)自由贸易试验区总体方案》(以下简称《总体方案》),结合本省实际,制定本条例。"该条明确条例的立法依据。第 2 条规定条例的试验范围:"本条例适用于经国务院批准设立的中国(福建)自由贸易试验区(以下简称自贸试验区),包括福州片区、厦门片区和平潭片区(以下简称片区)。根据自贸试验区建设与发展的需要,报经国务院批准的自贸试验区扩展区域,适用本条例。"第 4 条明确福建自贸试验区的建设目标:自贸试验区应当成为投资开放、贸易便利、金融创新功能突出、服务体系健全、监管高效便捷、法治环境规范的自由贸易园区,在服务经济转型发展、对台合作和 21 世纪海上丝绸之路核心区建设中发挥示范引领作用。

第二章"管理体制",共 10 条。其中,第 7 条规定:按照统筹管理、分级负责、精干高效的原则,建立权责明确、部门协调、运行高效的自贸试验区管理体制。第 8 条规定:自贸试验区工作领导小组负责领导组织、统筹协调自贸试验区建设发展工作。领导小组的办事机构设在省人民政府商务主管部门,承担领导小组日常工作,履行相关职责。第 9 条规定:片区所在设区的市和平潭综合实验区成立片区工作领导小组,负责研究制定促进片区改革创新的政策措施,加强对片区发展中重大问题的协调,统筹推进片区的改革发展工作。第 10 条规定:省人民政府在自贸试验区各片区设立派出机构(以下简称片区管理机构),负责片区具体事务,履行相关职责。

第三章"投资开放",共 4 条。其中,第 17 条规定:自贸试验区外商投资实行准入前国民待遇加负面清单的管理模式。第 18 条规定:自贸试验区建立与国际惯例相衔接的商事登记制度,简化企业设立登记程序,营造宽松便捷的市场准入环境。第 20 条规定:自贸试验区鼓励企业开展多种形式的境外投资,对一般境外投资项目和设立企业实行备案制。

第四章"贸易便利",共 8 条。其中,第 21 条规定:自贸试验区内深化通关一体化改革,创新通关、查验、税收征管机制,促进区内通关便利,推进自贸试验区与进出境口岸间以及其他海关特殊监管区域货物流转监管制度创新。第 22 条规定:建立"一点接入、一次申报、一次办结"的国际贸易"单一窗口"制度,加快建设电子口岸。第 23 条规定:自贸试验区内海关特殊监管区域与境外之间为"一线"管理,区内海关特殊监管区域与境内区外之间为"二线"管理,按照"一线放开、二线安全高效管住"的原则,在区内建立与国际国内贸易发展需求相适应的监管模式。第 28 条规定:自贸试验区在口岸通关、认证认可、标准计量等方面,加强与 21 世纪海上丝绸之路沿线国家和地区的合作,提升贸易水平。

第五章"金融财税创新",共 9 条。其中,第 29 条规定:自贸试验区内创造条件稳步推进人民币资本项目可兑换、利率市场化、人民币跨境使用和外汇管理等方面的改革创新。第 30 条规定:自贸试验区应当探索本外币账户管理新模式,区内机构和个人可以通过各类本外币账户办理经常项下和政策允许的资本项下结算业务。简化人民币涉外账户分类,促进跨境贸易、投融资结算便利化。开展跨境人民币业务创新,推进区内企业和个人跨境贸易与投资人民币结算业务,发展跨境人民币资金池业务。支持金融机构按照有关规定,为跨境电子商务提供跨境本外币支付结算服务。第 31 条规定:自贸试验区内试行资本项目限额内可兑换,符合条件的区内机构可以在限额内自主开展直接投资、并购、债务工具、金融类投资等交易,统一内外资企业外债政策,提高投融资便利化水平。

第六章"闽台交流与合作",共 8 条。其中,第 38 条规定:自贸试验区按照同等优先、适当放宽的原则,推进闽台合作机制创新。第 39 条规定:自贸试验区推动对台服务贸易自由,在电信和运输服务、商贸服务、建筑业服务、产品认证服务、工程技术服务、专业技术服务等领域对台开放,取消或者放宽对台湾地区企业和居民的资质要求、股权比例限制、经营范围等准入限制措施,推进闽台服务行业管理标准和规则相衔接,促进闽台服务要素便捷流动。第 40 条规定:自贸试验区推动对台货物贸易自由,建立闽台通关合作机制。第 41 条规定:自贸试验区支持两岸金融机构先行先试,创新合作机制。第 42 条规定:自贸试验区实施更加灵活便利的两岸居民入出境政策。第 43 条规定:推动自贸试验区将台胞证号纳入公民统一社会信用代码管理体系进行服务,为台胞提供医疗保险、养老保险等社会保障方面的便利,支持台湾地区人才在自贸试验区学习、就业、创业和居住。第 45 条针对国务院批准的《总体方案》确定的平潭片区先行先试的特殊功能定位,作出指引性规定:平潭片区可以根据改革试点任务要求,探索实行更加开放的涉台投资贸易试验措施。①

第七章"综合监管",共 8 条。其中,第 46 条规定:自贸试验区创新行政管理方式,完善管理规则,注重事中事后监管,推动形成行政监管、行业自律、社会监督、公众参与的综合监管体系。第 47 条规定:自贸试验区建设统一的监管信息共享平台,整合监管信息资源,推动全程动态监管,提高联合监管和协同服务的效能。第 48 条规定:建立自贸试验区内市场主体信用信息记录、公开、共享和使用制度,推行守信激励和失信惩戒联动机制。建立企业年度报告公示制度和企业经营异常名录制度。第 49 条规定:片区管理机构建立多部门合作协调、联动执法的工作机制,实施集中统一的综合行政执法。

第八章"人才保障",共 5 条。其中,第 54 条规定:自贸试验区实行更加开放的人才培养和引进政策,引进优质教育资源,开展教育综合改革试验,建立更加开放便利的境外学历、学位、执业资格、资质、技能等级认定机制,引导人才聚集。第 56 条规定:自贸试验区建立以用人主体认可、业内认同和业绩薪酬为导向的综合人才评价机制,简化认定程序,加强高层次人才和急需人才的引进工作。第 57 条规定:自贸试验区建立高层次人才特殊保障制度,为符合条件的人才提供住房、配偶安置、子女入学、医保社保、便利往来等方面的服务。

第九章"法治环境",共 6 条。其中,第 59 条规定:自贸试验区改革创新需要暂时调整或停止适用有关法律、行政法规、部门规章的部分规定的,有关部门应当及时提出意见,依法定程序争取国家支持自贸试验区先行先试。第 63 条规定:自贸试验区实行相对集中行政复议权制度。第 64 条规定:自贸试验区内建立民商事纠纷多元化解决机制。

第十章"附则",规定该条例自公布之日起施行。

2. 简要评论

《福建条例》与《上海自贸试验区条例》和《天津条例》相比,具有明显的

①　为了促进和保障平潭综合实验区的开放开发,2016 年 4 月 1 日,福建省第十二届人民代表大会常务委员会第二十二次会议在通过《中国(福建)自由贸易试验区条例》的同时,通过了《平潭综合实验区条例》,该条例共 10 章、63 条,就平潭综合实验区的管理体制、规划建设、产业发展、投资贸易促进、金融财税创新、社会建设、生态保护、法治保障等作了规定。

后发优势,主要体现在以下几方面:

一是体系庞大,结构完整,十章的内容涵盖、细化了《总体方案》的各项要求,并针对各片区的不同功能定位,作出个性化的规定。

二是理顺福建自贸试验区的管理体制,规定了具有福建省特色的管理体制,该管理体制既不同于上海,也不同于天津和广东。福建省政府及设区的福州市政府和有关部门,将经济社会管理权限下放片区管理机构,将推进自贸区发展改革创新工作情况纳入政府绩效管理,给各片区最大的发展空间。

三是突出制度创新,对标国际投资贸易规则,规定自贸试验区建立与国际惯例相衔接的商事登记制度,区内各类市场主体的平等地位和发展权利受法律保护,在监管、税收和政府采购等方面享有公平待遇,完善与国际接轨的知识产权管理体制机制和保护制度。

四是体现福建自贸试验区的特殊使命,专设第六章"闽台交流与合作",对闽台交流与合作的各项举措作出详尽规定,并支持企业扩大对 21 世纪海上丝绸之路沿线国家和地区的投资,加强与这些沿线国家和地区的合作。

五是注重人才培养和引进,专设第八章"人才保障",对各项人才培养和引进的举措作出详尽规定。

六是在法治保障方式上不落窠臼,在制定《中国(福建)自由贸易试验区条例》的同时,同步制定了《平潭综合实验区条例》,形成涉自贸试验区"双条例"的格局。

■ 第三节　中国(广东)自贸试验区法治保障概况

广东是我国改革开放的前沿,很多重要改革都起源于广东,在外资合同审批改备案上,广东省也探索得比较早。2012 年 12 月,第十一届全国人大常委会第三十次会议通过《关于授权国务院在广东省暂时调整部分法律规定的行政审批的决定》,《决定》授权国务院在广东省暂时调整部分法律规定的 25 项行政审批,其中包括《中外合资经营企业法》第 12 条第 2 款规定的中外合资经营企业委托经营管理合同的行政审批,将其改为备案。

2014 年 12 月全国人大常委会作出《全国人民代表大会常务委员会关于授权国务院在中国(广东)自由贸易试验区、中国(天津)自由贸易试验区、中国(福建)自由贸易试验区以及中国(上海)自由贸易试验区扩展区域暂时调整有关法律规定的行政审批的决定》后,广东省人大常委会未作出相关地方性法规暂时调整适用的决定。有关法律、法规暂时调整适用的制度由 2016 年 5 月 25 日通过的《中国(广东)自由贸易试验区条例》第 13 条予以规范。①

一、广东自贸试验区的总体要求和主要任务

2015 年 4 月 8 日,国务院下发《国务院关于印发中国(广东)自由贸易试验区总体方案的通知》(国发〔2015〕18 号),公布《中国(广东)自由贸易试验区总体方案》(以下简称《广东总体方案》),明确广东自贸试验区建设的总体要求、主要任务和措施。

1. 总体要求

广东自贸试验区的战略定位是:依托港澳、服务内地、面向世界,将自贸试验区建设成为粤港澳深度合作示范区、21 世纪海上丝绸之路重要枢纽和全国新一轮改革开放先行地。广东自贸试验区的发展目标是:经过 3 年至 5 年改革试验,营造国际化、市场化、法治化营商环境,构建开放型经济新体制,实现粤港澳深度合作,形成国际经济合作竞争新优势,力争建成符合国际高标准的法制环境规范、投资贸易便利、辐射带动功能突出、监管安全高效的自由贸易园区。

按照《广东总体方案》确定的区位布局,广东自贸试验区的实施范围为 116.2 平方公里,涵盖三个片区:广州南沙新区片区 60 平方公里(含广州南沙保税港区 7.06 平方公里),深圳前海蛇口片区 28.2 平方公里(含深圳前海湾保税港区 3.71 平方公里),珠海横琴新区片区 28 平方公里。按区域布

---

① 《中国(广东)自由贸易试验区条例》第 13 条第 1 款规定:"自贸试验区片区的创新需要暂时调整或者停止适用法律、行政法规的部分规定的,有关部门应当及时提出意见,依法定程序争取国家支持先行先试。"第 2 款规定:"自贸试验区片区的创新活动需要暂时调整或者停止适用本省或者片区所在市制定的地方性法规的,省、片区所在市人民政府可以提请省、片区所在市人民代表大会及其常务委员会作出决定。需要暂时调整或者停止适用本省或者片区所在市制定的规章的,省、片区所在市人民政府应当及时作出相关规定。"

局划分,广州南沙新区片区重点发展航运物流、特色金融、国际商贸、高端制造等产业,建设以生产性服务业为主导的现代产业新高地和具有世界先进水平的综合服务枢纽;深圳前海蛇口片区重点发展金融、现代物流、信息服务、科技服务等战略性新兴服务业,建设我国金融业对外开放试验示范窗口、世界服务贸易重要基地和国际性枢纽港;珠海横琴新区片区重点发展旅游休闲健康、商务金融服务、文化科教和高新技术等产业,建设文化教育开放先导区和国际商务服务休闲旅游基地,打造促进澳门经济适度多元发展新载体。按海关监管方式划分,广州南沙新区片区和深圳前海蛇口片区内的非海关特殊监管区域,重点探索体制机制创新,积极发展现代服务业和高端制造业;广州南沙保税港区和深圳前海湾保税港区等海关特殊监管区域,试点以货物贸易便利化为主要内容的制度创新,主要开展国际贸易和保税服务等业务;珠海横琴新区片区试点有关货物贸易便利化和现代服务业发展的制度创新。

2. 主要任务和措施

《广东总体方案》确定广东自贸试验区 5 项主要任务及 14 大类的措施:

(1) 建设国际化、市场化、法治化营商环境。具体采取三类措施:一是优化法治环境。二是创新行政管理体制。三是建立宽进严管的市场准入和监管制度。

(2) 深入推进粤港澳服务贸易自由化。具体采取两类措施:一是进一步扩大对港澳服务业开放。二是促进服务要素便捷流动。

(3) 强化国际贸易功能集成。具体采取两类措施:一是推进贸易发展方式转变。二是增强国际航运服务功能。

(4) 深化金融领域开放创新。具体采取四类措施:一是推动跨境人民币业务创新发展。二是推动适应粤港澳服务贸易自由化的金融创新。三是推动投融资便利化。四是建立健全自贸试验区金融风险防控体系。

(5) 增强自贸试验区辐射带动功能。具体采取三类措施:一是引领珠三角地区加工贸易转型升级。二是打造泛珠三角区域发展综合服务区。三是建设内地企业和个人"走出去"重要窗口。

3. 监管服务和税收政策

《广东总体方案》对广东自贸试验区监管服务和税收政策作出了规定。在监管服务模式上,要求创新通关监管服务模式。广州南沙保税港区、深圳前海湾保税港区等现有海关特殊监管区域,比照中国(上海)自由贸易试验区内海关特殊监管区域的有关监管模式,实行"一线放开"、"二线安全高效管住"的通关监管服务模式,同时实施海关特殊监管区域整合优化措施,并根据自贸试验区发展需要,不断探索口岸监管制度创新。广州南沙新区片区、深圳前海蛇口片区内的非海关特殊监管区域,按照现行通关模式实施监管,不新增一线、二线分线管理方式。珠海横琴新区片区按照《国务院关于横琴开发有关政策的批复》(国函〔2011〕85 号)确定的"一线放宽、二线管住、人货分离、分类管理"原则实施分线管理。经一线进入横琴的进口废物原料、危险化学品及其包装、进入横琴后无法分清批次的散装货物,按现行进出口商品检验模式管理。

在税收政策上,要求抓紧落实现有相关税收政策,充分发挥现有政策的支持促进作用。中国(上海)自由贸易试验区已经试点的税收政策原则上可在广东自贸试验区进行试点,其中促进贸易的选择性征收关税、其他相关进出口税收等政策在广东自贸试验区内的海关特殊监管区域进行试点。广东自贸试验区内的海关特殊监管区域实施范围和税收政策适用范围维持不变。深圳前海深港现代服务业合作区、珠海横琴税收优惠政策不适用于自贸试验区内其他区域。

《广东总体方案》还对法治保障、组织实施、评估推广等事项作出规定,明确要求:广东省要通过地方立法,制定自贸试验区条例和管理办法。

二、《中国(广东)自由贸易试验区管理试行办法》

2015 年 2 月 17 日,广东省人民政府第十二届第四十二次常务会议通过《中国(广东)自由贸易试验区管理试行办法》(以下简称《广东试行办法》),广东省人民政府以第 213 号政府令予以公布,自 2015 年 4 月 21 日起施行。《广东试行办法》以全国人大常委会的《授权决定》、国务院批准的《中国(广东)自由贸易试验区总体方案》和有关法律、法规为依据,结合广东省实际而制定,分为七章,共 42 条。

第一章"总则",共 3 条。主要规定立法目的与依据、适用范围、广东自贸试验区建设的总体要求。

第二章"管理体制",共 4 条。规定广东省自贸试验区管理机构和自贸试验区各片区管理机构的设立;省人民政府成立的自贸试验区工作领导协调机构的职责;省人民政府设立的中国(广东)自由贸易试验区工作办公室履行的具体职责;依托现有管理机构设立的自贸试验区各片区管理机构所负责的自贸试验区各片区的具体事务。

第三章"投资管理",共 5 条。规定自贸试验区对外商投资实行准入前国民待遇加负面清单管理模式;区内投资者可以开展多种形式的境外投资;各片区管理机构组织实施企业准入并联审批、推进工商注册制度便利化;依法实行注册资本认缴登记制、实行"先照后证"。

第四章"贸易发展和便利化",共 6 条。规定自贸试验区实行内外贸一体化发展;区内的广州南沙保税港区、深圳前海湾保税港区等海关特殊监管区域实行"一线放开、二线安全高效管住"的进出境监管服务模式;在自贸试验区开展进出境监管制度创新;自贸试验区建立跨部门的贸易、运输、加工、仓储等业务的综合管理服务平台,设立国际贸易单一窗口;简化区内企业港澳台及外籍员工就业许可审批手续,提供入境、出境和居留的便利。

第五章"自贸试验区功能集成",共 6 条。规定自贸试验区在《内地与香港关于建立更紧密经贸关系的安排》和《内地与澳门关于建立更紧密经贸关系的安排》框架下实施对港澳更深度开放;自贸试验区依托香港连接全球市场网络和澳门辐射葡语国家市场的优势,将自贸试验区建设成为内地"走出去"的重要窗口和综合服务平台;发挥粤港澳三地海空港的联动作用,加强自贸试验区内外航运产业集聚区的协同发展;推进自贸试验区在跨境人民币业务领域的合作和创新发展;对港澳及外籍高层次人才在出入境、在华停居留、项目申报、创新创业、评价激励、服务保障等方面给予特殊政策;创新粤港澳口岸通关模式,加快推进一体化监管方式,推进建设统一高效、与港澳联动的口岸监管机制。

第六章"综合管理与服务",共 17 条。规定在自贸试验区创新行政管理方式,推进政府管理由注重事先审批转为注重事中事后监管,推动形成综合监管体系;各片区建立集中统一的综合行政执法体系,建立部门间合作协调的联动执法工作机制;配合国家有关部门在自贸试验区实施外商投资国家安全审查和经营者集中反垄断审查,实施外商投资全周期监管;配合金融管理部门完善金融风险监测和评估,构建自贸试验区金融宏观审慎管理体系,建立与自贸试验区金融业务发展相适应的风险防范机制;落实现有相关税收政策,按照国家规定,实施促进投资和贸易的有关税收政策,围网区域执行相应的海关特殊监管区域的税收政策;依法保护区内劳动者的就业、获取报酬、休息休假、劳动安全、职业健康、接受培训、保险福利、参与企业管理等权利;加强环境保护工作,探索开展环境影响、危险危害因素评价分类管理,提高环境保护管理水平和效率;加强知识产权保护工作,完善行政保护与司法保护衔接机制。探索建立统一的知识产权管理和执法体制;建立健全企业信用信息归集、披露、运用制度,推进跨部门多领域信用信息综合管理运用,完善激励、警示、惩戒制度;实行企业年度报告公示制度和企业经营异常名录制度;在自贸试验区推进电子政务建设;建设统一的监管信息共享平台,促进监管信息的归集、交换和共享;各片区管理机构及时、完整向省自贸试验区管理机构报送统计数据及业务信息;对试验情况进行专项和综合评估;鼓励律师事务所、会计师事务所、税务师事务所、知识产权服务机构、报关报检机构、检验检测机构、认证机构、船舶和船员代理机构、公证机构、司法鉴定机构、信用服务机构等专业机构在自贸试验区开展业务;申请行政复议或者提起行政诉讼的规定;区内企业发生商事纠纷的诉讼、仲裁或者商事调解的规定。

第七章"附则"规定该试行办法的施行日期。

三、《中国(广东)自由贸易试验区条例》

1.《中国(广东)自由贸易试验区条例》的概况

2016 年 5 月 25 日,广东省第十二届人民代表大会常务委员会第二十六次会议通过了《中国(广东)自由贸易试验区条例》(以下简称《广东条例》),条例共 9 章,85 条,自 2016 年 7 月 1 日起施行。[①]

---

① 2019 年 11 月 29 日,广东省第十三届人民代表大会常务委员会第十五次会议通过《关于修改〈广东省水利工程管理条例〉等十六项地方性法规的决定》。该决定对《中国(广东)自由贸易试验区条例》作出修改:一是删去第 10 条第 1 款中的"检验检疫"、"边防"。二是将第 16 条第 4 款中的"检验检疫部门"修改为"海关"。三是删去第 36 条中的"检验检疫"。四是删去第 69 条中的"和国税地税联合办税"。

第一章"总则",共 5 条。其中,第 1 条规定:为了促进和保障中国(广东)自由贸易试验区的建设与发展,根据《全国人民代表大会常务委员会关于授权国务院在中国(广东)自由贸易试验区、中国(天津)自由贸易试验区、中国(福建)自由贸易试验区以及中国(上海)自由贸易试验区扩展区域暂时调整有关法律规定的行政审批的决定》、国务院批准的《中国(广东)自由贸易试验区总体方案》和有关法律、法规,结合本省实际,制定本条例。该条明确了条例的立法依据。第 3 条规定:广东自贸试验区的建设目标:自贸试验区应当依托港澳、服务内地、面向世界,建立符合国际标准的投资贸易规则体系,培育国际化、市场化、法治化营商环境,推进粤港澳服务贸易自由化,强化国际贸易功能集成,深化金融领域开放创新,增强辐射带动功能,建设成为粤港澳深度合作示范区、21 世纪海上丝绸之路重要枢纽和全国新一轮改革开放先行地。第 5 条规定:建立自贸试验区各片区联动合作机制,相互借鉴,优势互补,互相促进,共同发展。

第二章"管理体制",共 14 条。其中,第 6 条规定:按照统筹管理、分级负责、精干高效的原则,设置省自贸试验区工作办公室和自贸试验区片区管理机构。第 7 条规定:省人民政府自贸试验区工作领导小组负责统筹研究自贸试验区政策、发展规划,研究决定自贸试验区发展重大问题,统筹指导改革试点任务。第 8 条规定:自贸试验区片区管理机构负责决定片区发展的重大问题,统筹推进片区改革试点工作和承担片区的规划、建设、管理与服务等具体事务。第 9 条规定:省人民政府及其有关部门,自贸试验区片区所在市人民政府及其有关部门应当按照各自职责,支持省自贸试验区工作办公室和自贸试验区片区管理机构的各项工作,依法承担自贸试验区有关行政事务。第 11 条规定:省人民政府、自贸试验区片区所在市人民政府应当向片区管理机构下放片区履行职能所需的省级、市级管理权限。对下放的权限,省、市人民政府应当履行指导、协调和监督职责。第 12 条规定:自贸试验区片区管理机构在其职权范围内制定、实施的重大创新措施,报片区所在市人民政府、省自贸试验区工作办公室备案。自贸试验区片区的创新措施涉及省人民政府及其部门权限的,省人民政府及其有关部门应当支持先行先试。自贸试验区片区的创新措施涉及国家有关部门权限的,省人民政府及其有关部门应当为片区积极争取国家有关部门支持先行先试。第 13 条对于根据创新需要暂时调整或者停止适用法律、行政法规、地方性法规的相关内容作出规定。

第三章"投资开放与贸易便利",共 9 条。其中,第 20 条规定:自贸试验区在金融、航运、商贸、专业服务、文化服务、社会服务等现代服务业和新一代信息技术、装备制造等先进制造业领域扩大开放,逐步减少或者取消对国内外投资的准入限制。第 21 条规定:自贸试验区对外商投资实行准入前国民待遇加负面清单管理模式。负面清单外的领域,对外商投资项目实行备案制。第 23 条规定:自贸试验区应当实行一点接入、一次申报、一次办结的国际贸易单一窗口服务模式,加快建设电子口岸,建立跨部门的综合管理服务平台,实现部门之间信息互换、监管互认、执法互助。第 24 条规定:自贸试验区海关特殊监管区域与境外之间的管理为一线管理,海关特殊监管区域与境内区外之间的管理为二线管理。按照一线放开、二线安全高效管住的原则,建立与国际贸易发展需求相适应的监管模式。第 25 条规定:自贸试验区探索创新海关通关监管制度。第 26 条规定:按照进境检疫、适当放宽进出口检验,方便进出、严密防范质量安全风险的原则,在自贸试验区开展检验检疫监管制度创新。第 28 条规定:自贸试验区应当实施促进投资和贸易、金融发展和人才集聚的有关税收激励政策,并按照国家规定进行税收政策试点。

第四章"高端产业促进",共 11 条。第 29 条规定:鼓励自贸试验区片区根据片区特点和实际,发展与片区相适应的高端产业、特色产业,促进先进制造业、服务业等高端产业集聚发展,提高生产服务业国际化程度,推动产业向价值链高端发展。第 31 条规定:鼓励企业在自贸试验区设立全球总部、亚太总部、地区总部及营运总部、研发总部等多形态总部,建立整合物流、贸易、结算等功能的营运中心。第 32 条规定:鼓励引进高新技术产业,推动科技、金融、信息产业深度融合发展。

第五章"金融创新与风险监管",共 7 条。其中,第 40 条规定:在自贸试验区内开展扩大人民币跨境使用、深化外汇管理改革等试点工作。第 41 条规定:支持建立与自贸试验区相适应的本外币账户管理体系,为符合条件的自贸试验区内主体办理经常项下结算业务、国家允许的资本项下结算业务、经批准的资本项目可兑换先行先试业务,促进跨境贸易、投融资便利化。第 42 条规定:自贸试验区应当在风险可控的前提下,探索以资本项目可兑换为重点的外汇管理改革;试行资本项目限额内可兑换,符合条件的区内机构在限额内自主开展直接投资、并购、债务工具、金融类投资等跨境投融资活动。第 43 条规定:推动自贸试验区内跨境交易以人民币计价和结算。推动开展人民币双向融资,支持自贸试验区内金融机构和企业在宏观审慎管理框架下,从境外借入人民币资金并按规定使用,鼓励自贸试验区内银行业金融机构增加对企业境外项目的人民币信贷投放,允许自贸试验区内个体工商户根据业务需要向其境外经营主体提供跨境资金支持。

第六章"'粤港澳合作'和建设'一带一路'",共 15 条。其中,第 47 条规定:自贸试验区应当在国家确定的框架下,推进粤港澳服务贸易自由化,在金融服务、交通航运服务、商贸服务、专业服务、科技文化服务和社会服务等领域,取消或者放宽对港澳投资者资质要求、股比限制、经营范围等准入限制措施。第 50 条规定:自贸试验区应当建立与粤港澳商贸、科技、旅游、物流、信息等服务贸易自由化相适应的金融服务体系。第 56 条规定:自贸试验区应当创新粤港澳口岸通关模式,推进粤港、粤澳查验单位之间信息互换、监管互认、执法互助。第 57 条规定:加强与"一带一路"沿线国家自贸园区合作,探索建立自贸试验区片区与"一带一路"沿线自贸园区之间税收互惠制度,以及双方口岸执法机构之间以"信息互换、监管互认、执法互助"为基本内容的合作机制。第 59 条规定:自贸试验区支持开展海上、陆路、航空货运代理服务及多式联运代理服务、集装箱班列承包等业务,服务"一带一路"沿线国家和地区的转口贸易发展。第 60 条规定:自贸试验区扩大对"一带一路"沿线国家的金融开放,推动设立人民币海外投贷基金,推动人民币作为与"一带一路"沿线国家和地区跨境大额贸易计价和结算的主要货币。

第七章"综合管理与服务",共 12 条。其中,第 62 条规定:自贸试验区应当提高监管公众参与水平,建立行政监管、行业自律、社会监督、公众参与的综合监管体系。第 64 条规定:自贸试验区片区应当依法建立集中统一的综合行政执法体系,相对集中行政执法权。自贸试验区片区综合行政执法机构依法承担相关领域的行政执法职责,其具体职权由片区所在市人民政府依照本条例另行规定。第 65 条规定:自贸试验区应当建立与省、市的企业信用信息平台相对接的自贸试验区企业信用信息数据库及信用公示平台,建立守信激励和失信惩戒联动机制,完善企业信用激励、警示、惩戒制度。第67条规定:自贸试验区片区管理机构应当在企业设立、经营许可、人才引进、产权登记等方面实行一站式受理、集中审批、限时办结、跟踪服务等服务制度。第70条规定:自贸试验区应当制定高层次人才、创新创业人才认定办法及人才引进、培养、服务、激励等相关配套办法,为人才签证、停居留、技术移民、项目与奖励申报、执业、创新创业、购买或者租赁住房、子女入学、医疗保障等提供便利。

第八章"法治环境",共10条。其中,第74条规定:坚持运用法治思维、法治方式,在自贸试验区开展行政体制、管理机制、投资、贸易、金融等各领域的改革创新,为自贸试验区各项建设提供优质、高效的法律服务和法律保障。第75条规定:自贸试验区应当积极借鉴在市场运行规则、管理模式等方面的国际通行规则和国际惯例,营造国际化、市场化、法治化营商环境。

第九章"附则",共2条。其中,第84条规定:自贸试验区片区所在市人民代表大会及其常务委员会、市人民政府可以结合片区实际制定片区建设和管理的配套法规、规章。

2.简要评论

在国务院第一批新增的三个自贸试验区中,广东自贸试验区最后一个出台自贸试验区条例。《广东条例》既落实了国家对四个自贸试验区的普遍要求,又突出了广东自贸试验区的自身特色,并具有较多具有广东特点的创新。

一是采取与上海、天津、福建自贸试验区不同的管理体制,构建省、市自贸试验区工作领导小组,省和片区自贸试验区管理机构的基本架构,体现了统筹管理、分级负责、精干高效的原则,保证管理体制统分结合,运转顺畅。

二是改进自贸试验区综合管理方式,使事中事后监管与事前提示有机衔接,创新性地建立随机抽查机制和事前提示机制,要求自贸区片区要建立市场主体违法经营行为提示清单、经营行为法律责任清单发布制度,规定法律、行政法规未规定检查的,不得擅自开展检查,对法律、行政法规规

269

定的检查事项,建立随机抽取检查对象、随机选派执法检查人员的抽查机制,并首创"第三方评估机制"。

三是在建立容错机制方面,较其他三个自贸试验区条例,将容错免责具体化、条件化,使之成为可操作的务实法律条款,为在广东自贸试验区开展创新提供切实有效的法律保障。

四是坚持高端发展,促进高端产业的聚集发展,在条例中专设第四章"高端产业促进",落实《总体方案》对广东自贸试验区三个片区的产业发展定位与差异化,鼓励各片区根据本片区的特点和实际,发展与本片区相适应的高端产业、特色产业,促进先进制造业、服务业的高端产业的聚集、发展。

五是针对《总体方案》确定的广东自贸试验区先行先试差异化的任务,突出粤港澳合作和对接"一带一路"建设这一区域特色,设立专章,聚焦粤港澳合作参与"一带一路"建设。

第 七 章

后续三批增设的自贸试验区法治保障概况

2017 年 3 月 31 日，国务院批复成立辽宁、浙江、河南、湖北、重庆、四川、陕西自贸试验区，这是继国务院第一批增设广东、天津、福建自贸试验区及上海自贸试验区扩区，自贸试验区的第二次扩容。鉴于全国人大常委会已于 2016 年 9 月修改了"外资三法"等法律中有关外商投资合同审批的规定，第二批增设的自贸试验区开展准入前国民待遇加负面清单的投资管理制度改革已经不存在法律障碍，因此都不需要作出相关法规暂时调整适用的决定。鉴于上海、天津、福建、广东自贸试验区先后制定、公布了自贸试验区条例，相关先行先试的制度性规定已经复制、推广，不少制度已成为自贸试验区常态化的制度安排，一些法规条文也已成为各自贸试验区条例的"通用性规定"，本章在梳理第二批增设的各自贸试验区《总体方案》确定的总体要求、主要任务和措施的基础上，着重介绍各自贸试验区管理办法、自贸试验区条例中个性化、差异化的规定及制度设计，而对于自贸试验区立法中通用性一般规定不面面俱到，仅作概括性提示。

第一节　第二批增设的自贸试验区法治保障概况

一、中国(辽宁)自贸试验区法治保障概况

(一)辽宁自贸试验区的总体要求和主要任务

2017 年 3 月 15 日，国务院印发《关于印发中国(辽宁)自由贸易试验区总体方案的通知》(国发〔2017〕15 号)，公布《中国(辽宁)自由贸易试验区

总体方案》(以下简称《辽宁总体方案》),明确辽宁自贸试验区建设的总体要求、主要任务和措施。

1. 总体要求

辽宁自贸试验区的战略定位是:以制度创新为核心,以可复制可推广为基本要求,加快市场取向体制机制改革,积极推动结构调整,努力将自贸试验区建设成为提升东北老工业基地发展整体竞争力和对外开放水平的新引擎。发展目标是:经过3年至5年改革探索,形成与国际投资贸易通行规则相衔接的制度创新体系,营造法治化、国际化、便利化的营商环境,巩固提升对人才、资本等要素的吸引力,努力建成高端产业集聚、投资贸易便利、金融服务完善、监管高效便捷、法治环境规范的高水平高标准自由贸易园区,引领东北地区转变经济发展方式、提高经济发展质量和水平。

《辽宁总体方案》确定辽宁自贸试验区的区位布局:实施范围119.89平方公里,涵盖三个片区:大连片区59.96平方公里(含大连保税区1.25平方公里、大连出口加工区2.95平方公里、大连大窑湾保税港区6.88平方公里),沈阳片区29.97平方公里,营口片区29.96平方公里。按区域布局划分,大连片区重点发展港航物流、金融商贸、先进装备制造、高新技术、循环经济、航运服务等产业,推动东北亚国际航运中心、国际物流中心建设进程,形成面向东北亚开放合作的战略高地;沈阳片区重点发展装备制造、汽车及零部件、航空装备等先进制造业和金融、科技、物流等现代服务业,提高国家新型工业化示范城市、东北地区科技创新中心发展水平,建设具有国际竞争力的先进装备制造业基地;营口片区重点发展商贸物流、跨境电商、金融等现代服务业和新一代信息技术、高端装备制造等战略性新兴产业,建设区域性国际物流中心和高端装备制造、高新技术产业基地,构建国际海铁联运大通道的重要枢纽。按海关监管方式划分,自贸试验区内的海关特殊监管区域重点探索以贸易便利化为主要内容的制度创新,开展保税加工、保税物流、保税服务等业务;非海关特殊监管区域重点探索投资体制改革,推进制造业转型、金融创新和服务业开放。

2. 主要任务和措施

《辽宁总体方案》确定了辽宁自贸试验区6大任务及19类措施:

(1) 切实转变政府职能。具体采取两类措施:一是深化行政管理体制改革。二是打造更加公平便利的营商环境。

（2）深化投资领域改革。具体采取两类措施：一是提升利用外资水平。二是构筑对外投资服务促进体系。

（3）推进贸易转型升级。具体采取两类措施：一是实施贸易便利化措施。二是完善国际贸易服务体系。

（4）深化金融领域开放创新。具体采取四类措施：一是推动跨境人民币业务创新发展。二是深化外汇管理体制改革。三是增强金融服务功能。四是建立健全金融风险防控体系。

（5）加快老工业基地结构调整。具体采取五类措施：一是深化国资国企改革。二是促进产业转型升级。三是发展生产性服务业。四是构筑科技创新和人才高地。五是推进东北一体化协同发展。

（6）加强东北亚区域开放合作。具体采取四类措施：一是推进与东北亚全方位经济合作。二是加快构建双向投资促进合作新机制。三是构建连接亚欧的海陆空大通道。四是建设现代物流体系和国际航运中心。

（二）辽宁自贸试验区各片区的相关政府规章

《辽宁总体方案》公布后，大连片区、营口片区、沈阳片区分别出台本片区的政府规章，积极推进各项先行先试的举措。

1.《中国（辽宁）自由贸易试验区大连片区管理办法》

2017年11月25日，大连市人民政府以第150号政府令发布《中国（辽宁）自由贸易试验区大连片区管理办法》（以下简称《管理办法》），并自2018年1月1日起施行。《管理办法》共8章，35条，适用于经国务院批准设立的中国（辽宁）自由贸易试验区大连片区。《管理办法》主要有以下亮点：

一是鼓励先行先试，建立健全容错机制。《管理办法》规定：对法律、法规和国家政策未明确禁止或者限制的事项，鼓励公民、法人和其他组织在自贸试验区开展创新活动。建立健全容错机制，建立以支持改革创新为导向的考核评价体系，激发创新活力。

二是实行国际贸易"单一窗口"服务模式。《管理办法》规定：对外商投资实行准入前国民待遇加负面清单管理模式。实行"多证合一、一照一码"的登记模式，推行全程电子化登记，将出口退税申报等功能纳入"单一窗口"建设项目。大连片区内海关特殊监管区域实施"一线放开、二线安全高效管住"的通关监管服务模式,建立货物状态分类监管制度。在自贸试验区内建立与国际大宗商品交易相适应的外汇管理和海关监管制度。

三是稳步扩大金融领域开放,拓展跨境电子商务人民币结算。《管理办法》要求自贸试验区按照风险为本、有效监管的原则,稳步扩大金融领域开放,增强金融服务功能,开展航运、科技、文化、普惠、绿色环保等领域金融创新和健全金融风险防控体系等试点工作。

四是促进老工业基地结构调整,加强东北亚区域开放合作。《管理办法》提出加快智能装备、海洋工程装备、新能源汽车、新材料、高技术船舶、新一代信息技术、生物医药、现代物流、文化创意等产业向自贸试验区集聚,构建先进装备制造业、战略性新兴产业和现代服务业融合发展的产业布局。完善国有企业治理模式和经营机制,健全以管资本为主的国有资产监管体系,稳妥推进区内企业混合所有制改革、经营性国有资产集中统一监管和国有资产资本化。依托自贸试验区加快大连东北亚国际航运中心建设进程,构建智慧港口,吸引港航物流及相关服务企业总部落户。

五是一律取消行政事业性收费。根据《管理办法》规定,除法律、法规规定外,任何单位不得擅自对自贸试验区内企业开展检查和设置评比。除国家及省设立和征收的行政事业性收费项目外,自贸试验区内的行政事业性收费一律取消。

2.《中国(辽宁)自由贸易试验区营口片区运行管理的意见》

2017 年 3 月 20 日,营口市人民政府第六十次常务会议审议通过《关于中国(辽宁)自由贸易试验区营口片区运行管理的意见》(以下简称《管理意见》),旨在处理好三层关系:一是自贸试验区的相对独立与为全市搭建发展平台的关系;二是自贸试验区的发展成果与其他县区、园区既得利益的关系;三是自贸试验区的管理责任与其他县区应尽责任的关系。《管理意见》共 8 条,重点内容有三项:一是明确管理权限,自贸试验区与高新区高度融合、合署办公,享受市级经济管理权限,保持财税管理、债务管理、经济管理、资产处置相对独立。二是明确特殊项目和重点区域的管理方式。三是明确自贸试验区与域内县区、园区的权责边界。

3.《中国(辽宁)自由贸易试验区沈阳片区建设促进办法》

2018 年 11 月 15 日,沈阳市人民政府第二十三次常务会议讨论通过

《中国(辽宁)自由贸易试验区沈阳片区建设促进办法》(以下简称《促进办法》),以沈阳市人民政府第75号令发布,自2019年1月1日起施行。《促进办法》共62条,主要包括总则、管理体制、投资开放和贸易便利化、金融创新和风险监控、国企改革和产业升级、东北亚地区合作和"一带一路"建设、科技创新和人才保障、综合监管和公共服务、法治环境等内容。《促进办法》主要有以下亮点:

一是引入自贸试验区先进制度,保障自贸试验区投资贸易便利化。规定"负面清单制度"、"单一窗口受理制度"、"信用评级管理"、"商事登记制度创新",实现通关检验程序便利,"证照分离"、"多证合一、一照一码"登记制度,核发加载"统一社会信用代码",实现企业名称自主选择。

二是突出社会共治,推动自贸试验区营造国际化、法治化和市场化营商环境。规定"专家咨询委员会制度"、"意见反馈制度"、"综合评估机制",实现行政机关、企业、行业自治组织、专家学者和普通民众共同参与的社会共治发展环境。

三是强化沈阳片区功能定位,助力深化国资国企改革和产业升级。设专章规定国资国企改革和产业升级。将推进自贸试验区国资国企混合所有制改革,员工持股试点,创新国有企业薪酬分配制度改革。通过在自贸试验区内的试验实践,产生溢出效应,带动区域经济协同发展。

(三)《中国(辽宁)自由贸易试验区条例》

2018年7月25日,辽宁省第十三届人大常务委员会第四次会议通过《中国(辽宁)自由贸易试验区条例》(以下简称《辽宁条例》),自2018年10月1日起施行。《辽宁条例》共9章,63条。其中,第一章"总则"共6条,第二章"管理体制与运行机制"共7条,第三章"投资领域改革与开放"共5条,第四章"贸易便利化与转型升级"共6条,第五章"金融领域创新与服务"共9条,第六章"老工业基地结构调整"共10条,第七章"东北亚区域开放与合作"共5条,第八章"综合监管与法治环境"共14条,第九章"附则"1条。《辽宁条例》的内容紧扣《辽宁总体方案》明确的主要任务,涵盖并细化了《辽宁总体方案》规定的各项措施。除了各自贸试验区条例中通用的规定外,《辽宁条例》中具有以下个性化的规定:

一是突出简政放权、放管结合、优化服务的立法理念,规定自贸试验区应当按照统筹协调、分级负责、精简高效的原则，建立与开放型经济相适应的权责明确、运转协调、管理高效、依法行政的管理体制。《辽宁条例》第17条第1款规定：自贸试验区应当统一受理涉及企业管理的行政事务，实施行政审批目录化管理，推进行政审批规范化、标准化和信息化建设，探索推进多评合一、多规合一、统一评审、多图联审、联合验收等新模式。第2款规定：自贸试验区可以试行企业投资项目承诺制，整合、简化投资项目报建手续，建立先建后验的管理模式。

二是围绕《辽宁总体方案》确定的辽宁自贸试验区的功能定位，以专章系统规定、细化老工业基地结构调整的各项措施，包括探索完善以管资本为主的国有资产监管体系，实行分类监管、分类改革；以建立资本优势互补、相互促进的体制机制为目标，推进区内国资国企的混合所有制改革；自贸试验区政策与国家东北振兴重大政策举措，以及沈阳经济区新型工业化综合配套改革试验总体方案等政策相衔接；完善推动产业集群发展的体制机制；完善配套税收政策，逐步推行上海、天津、广东、福建等自贸试验区已经试点的税收政策。

三是聚焦东北亚区域开放与合作，以专章系统规定、细化《辽宁总体方案》中的各项措施，包括推进自贸试验区与"一带一路"沿线国家及日、韩等国家的国际产能和装备制造合作，促进由装备产品输出为主向技术、资本、产品、服务和标准输出并举转变，推动东北亚国家先进制造业、战略性新兴产业、现代服务业等产业在区内集聚发展；加强与"一带一路"沿线国家自由贸易园区的合作，探索建立园区之间税收互惠制度；支持与"一带一路"沿线国家开展海关、认证认可、标准计量等方面的合作与交流，以及贸易供应链安全与便利合作；支持在区内建设国别产业合作园区，推进创新创业、产业升级；加强与"一带一路"沿线国家港口合作，建立跨区域港口联盟、港航联盟，推进海陆空邮联动发展。加强与区外物流产业聚集区协同发展，推进实施多式联运等创新发展模式；在国家确定的框架下，全面融入中蒙俄经济走廊建设，引导优势企业开展境外工程承包，推进境外园区建设。

四是建立健全改革创新的容错纠错机制，规范容错实施程序。《辽宁条例》第61条第1款规定：符合国家和省确定的改革方向的创新活动，出现失误或者造成负面影响和损失时，相关单位和个人尽职尽责、未牟取私利,主动挽回损失、消除不良影响或者有效阻止危害结果发生的,免除其相关责任。该条的规定属于各自贸试验区通用的规定。但第 62 条的规定具有新意,是《辽宁条例》的一大亮点。该条规定:"发生本条例第六十一条规定的情况时,省人民政府和片区所在市人民政府及其主管部门应当启动快速反应机制,及时核查,澄清是非;对诬告陷害者严肃查处;对免责的单位和个人,不作负面评价。"该条明确了容错纠错机制的实施程序,使得该制度更具有操作性。

二、中国(浙江)自贸试验区法治保障概况

（一）浙江自贸试验区的总体要求和主要任务

2017 年 3 月 15 日,国务院印发《关于印发中国(浙江)自由贸易试验区总体方案的通知》(国发〔2017〕16 号),公布《中国(浙江)自由贸易试验区总体方案》(以下简称《浙江总体方案》),确定浙江自贸试验区建设的总体要求、主要任务和措施。

1. 总体要求

浙江自贸试验区的战略定位是:以制度创新为核心,以可复制可推广为基本要求,将自贸试验区建设成为东部地区重要海上开放门户示范区、国际大宗商品贸易自由化先导区和具有国际影响力的资源配置基地。发展目标是:经过三年左右有特色的改革探索,基本实现投资贸易便利、高端产业集聚、法治环境规范、金融服务完善、监管高效便捷、辐射带动作用突出,以油品为核心的大宗商品全球配置能力显著提升,对接国际标准初步建成自由贸易港区先行区。

《浙江总体方案》确定浙江自贸试验区的区位布局,其实施范围为119.95 平方公里,由陆域和相关海洋锚地组成,涵盖三个片区:舟山离岛片区 78.98 平方公里(含舟山港综合保税区区块二 3.02 平方公里),舟山岛北部片区 15.62 平方公里(含舟山港综合保税区区块一 2.83 平方公里),舟山岛南部片区 25.35 平方公里。按区域布局划分,舟山离岛片区鱼山岛重点建设国际一流的绿色石化基地,鼠浪湖岛、黄泽山岛、双子山岛、衢山岛、小衢山岛、马迹山岛重点发展油品等大宗商品储存、中转、贸易产业,海洋锚地重点发展保税燃料油供应服务;舟山岛北部片区重点发展油品等大宗

商品贸易、保税燃料油供应、石油石化产业配套装备保税物流、仓储、制造等产业；舟山岛南部片区重点发展大宗商品交易、航空制造、零部件物流、研发设计及相关配套产业，建设舟山航空产业园，着力发展水产品贸易、海洋旅游、海水利用、现代商贸、金融服务、航运、信息咨询、高新技术等产业。按海关监管方式划分，自贸试验区内的海关特殊监管区域重点探索以贸易便利化为主要内容的制度创新，重点开展国际贸易和保税加工、保税物流、保税服务等业务；非海关特殊监管区域重点探索投资制度、金融制度等体制机制创新，积极发展以油品为核心的大宗商品中转、加工贸易、保税燃料油供应、装备制造、航空制造、国际海事服务等业务。

2. 主要任务和措施

《浙江总体方案》确定浙江自贸试验区的 5 大任务和 16 类措施：

（1）切实转变政府职能。具体采取三类措施：一是深化行政体制改革。二是建立统一开放的市场准入和高标准监管制度。三是提升利用外资水平。

（2）推动油品全产业链投资便利化和贸易自由化。具体采取五类措施：一是建设国际海事服务基地。二是建设国际油品储运基地。三是建设国际一流的石化基地。四是建设国际油品交易中心。五是加快石油石化科技研发和人才集聚。

（3）拓展新型贸易投资方式。具体采取三类措施：一是建设国际矿石中转基地。二是建设舟山航空产业园。三是加强现代贸易投资合作。

（4）推动金融管理领域体制机制创新。具体采取四类措施：一是扩大金融服务领域开放。二是拓展金融服务功能。三是积极发展融资租赁与保险业务。四是建立健全金融风险防范体系。

（5）推动通关监管领域体制机制创新。采取创新通关监管服务模式，对自贸试验区内的海关特殊监管区域实施"一线放开"、"二线安全高效管住"的通关监管服务模式等具体措施。

（二）《中国（浙江）自由贸易试验区条例》

2017 年 12 月 27 日浙江省第十二届人大常务委员会第四十六次会议通过《中国（浙江）自由贸易试验区条例》（以下简称《浙江条例》），自 2018 年 1 月 1 日起施行。《浙江条例》共 8 章 59 条，其中，第一章"总则"共 4 条，

第二章"管理体制"共 7 条,第三章"投资开放与贸易自由"共 7 条,第四章"大宗商品贸易与高端产业促进"共 9 条,第五章"交流合作与航运服务"共 9 条,第六章"金融服务与财税管理"共 11 条,第七章"综合监管与法治环境"共 11 条,第八章"附则"1 条。《浙江条例》的内容紧扣《浙江总体方案》明确的主要任务,涵盖并细化《浙江总体方案》规定的各项措施。除了各自贸试验区条例中通用的规定外,《浙江条例》中具有以下个性化的规定:

一是用立法保证"最多跑一次"。《浙江条例》第 5 条第 1 款规定:自贸试验区推进简政放权、放管结合、优化服务改革,建立权责明确、管理高效、公开透明、运转协调的行政管理体制。第 2 款规定:自然人、法人和非法人组织在自贸试验区内申请办理的事项,申请材料齐全、符合法定受理条件的,应当一次办结,依照法律、法规规定无法一次办结的除外。这意味着浙江自贸试验区将"最多跑一次"用立法的形式固定下来。

二是大力推进"证照分离"改革。《浙江条例》进一步推进"放管服"改革,贯彻落实国务院有关推进"证照分离"改革试点的要求。第 14 条第 1 款规定:自贸试验区推行行政许可告知承诺制。行政许可部门将法定许可条件书面告知申请人,申请人签字承诺和保证其符合法定许可条件,行政许可部门认为能够通过事后监管纠正不符合许可条件的行为且不会产生严重后果的,可以作出行政许可决定。第 2 款规定:行政许可部门应当在许可决定作出后两个月内,对被许可人是否符合法定许可条件进行检查;经检查不符合法定许可条件的,责令限期整改;整改后仍不符合条件的,撤销行政许可。第 3 款规定:直接涉及公共安全、金融安全、生态环境保护以及直接关系人身健康、生命财产安全的行政许可事项不采用本条规定的告知承诺制。实行告知承诺制的行政许可事项的具体范围和程序,由自贸试验区所在地的市人民政府按照国家规定确定,并向社会发布。

三是围绕《浙江总体方案》明确浙江自贸试验区改革创新的重点任务是对接国际标准,推动以油品为核心的大宗商品贸易自由化。以保税燃料油加注为突破口,围绕优化油品全产业链、大宗商品交易便利化等,突出油品的全产业链,在保税燃料油加注及油品储备、加工、运输、交易等环节完善投资、贸易、金融、财税等相关的配套制度,完善保税燃料油供应制度、促进油品储备、石化产业和大宗商品交易、支持高端产业发展。

四是探索建立行政咨询机制。行政咨询制度是中国特色新型智库建设的体现，是加强科学决策的重要举措。《浙江条例》第 10 条规定：自贸试验区可以建立行政咨询机制，为自贸试验区的发展规划、重大项目引进、重要改革措施等提供决策咨询。管委会、驻区工作机构和有关部门可以借鉴国际惯例，委托社会组织或者聘请专业团队承担专业性、技术性或者社会参与性较强的公共管理和服务职能。

五是积极推进"法治浙江"建设的要求，营造法治化营商环境。《浙江条例》第 58 条规定：自贸试验区建立法治工作联席会议制度，健全公共政策转化机制、裁判引导机制、司法预警机制，保障自贸试验区政策与法律、法规的协调统一。这是一项具有浙江特点的重要制度创新。

（三）浙江自贸试验区扩展区域的总体要求和主要任务

国务院批准的《中国（浙江）自由贸易试验区扩展区域方案》（以下简称《浙江扩区方案》）明确了浙江自贸试验区扩展区域建设的总体要求、区位布局、主要任务和措施。

1. 总体要求

浙江自贸试验区扩展区域的功能定位及发展目标是：坚持以"八八战略"为统领，发挥"一带一路"建设、长江经济带发展、长三角区域一体化发展等国家战略叠加优势，着力打造以油气为核心的大宗商品资源配置基地、新型国际贸易中心、国际航运和物流枢纽、数字经济发展示范区和先进制造业集聚区。赋予自贸试验区更大改革自主权，深入开展差别化探索。对标国际先进规则，加大开放力度，开展规则、规制、管理、标准等制度型开放。到 2025 年，基本建立以投资贸易自由化便利化为核心的制度体系，营商环境便利度位居全国前列，油气资源全球配置能力显著提升，国际航运和物流枢纽地位进一步增强，数字经济全球示范引领作用彰显，先进制造业综合实力全面跃升，成为引领开放型经济高质量发展的先行区和增长极。到 2035 年，实现更高水平的投资贸易自由化，新型国际贸易中心全面建成，成为原始创新高端制造的重要策源地、推动国际经济交往的新高地，成为新时代全面展示中国特色社会主义制度优越性重要窗口的示范区。

2. 区位布局

浙江自贸试验区扩展区域实施范围 119.5 平方公里，涵盖三个片区：

宁波片区 46 平方公里(含宁波梅山综合保税区 5.69 平方公里、宁波北仑港综合保税区 2.99 平方公里、宁波保税区 2.3 平方公里),杭州片区 37.51 平方公里(含杭州综合保税区 2.01 平方公里),金义片区 35.99 平方公里(含义乌综合保税区 1.34 平方公里、金义综合保税区 1.26 平方公里)。从功能划分来看,宁波片区建设链接内外、多式联运、辐射力强、成链集群的国际航运枢纽,打造具有国际影响力的油气资源配置中心、国际供应链创新中心、全球新材料科创中心、智能制造高质量发展示范区。杭州片区打造全国领先的新一代人工智能创新发展试验区、国家金融科技创新发展试验区和全球一流的跨境电商示范中心,建设数字经济高质量发展示范区。金义片区打造世界"小商品之都",建设国际小商品自由贸易中心、数字贸易创新中心、内陆国际物流枢纽港、制造创新示范地和"一带一路"开放合作重要平台。

3. 主要任务和措施

《浙江扩区方案》明确了浙江自贸试验区扩展区域的三大任务、十二项具体措施:

(1) 建立以投资贸易自由化便利化为核心的制度体系。具体采取四项措施:一是进一步提升贸易便利化水平。进一步丰富国际贸易"单一窗口"功能,将服务贸易出口退(免)税申报纳入"单一窗口"管理。二是推进投资自由化便利化。探索建立大数据信息监管系统,部分领域在风险可控的前提下,市场主体在领取营业执照的同时,承诺并提交有关材料后,即可依法开展投资经营活动。三是推动金融创新服务实体经济。开展本外币合一银行账户体系试点,提升本外币银行账户业务便利性。四是进一步转变政府职能。深化"最多跑一次"改革,依法经批准将下放至地级及以上城市的省级管理权限下放至自贸试验区。按照"整体智治"现代政府理念,建设数字政府,完善"互联网＋政务服务"、"互联网＋监管"体系,加快政府数字化转型,健全事中事后监管服务,完善中央与地方信息共享机制,促进市场主体管理信息共享。

(2) 高质量建设现代化开放型经济体系。具体采取五项措施:一是打造以油气为核心的大宗商品全球资源配置基地。支持开展油气储备改革试点,支持承接更多政府储备任务,大力发展企业储备,增加储备品种,增强储备能力，成为保障国家能源和粮食安全的重要基地。积极拓展与其他国家的农产品贸易合作，大力发展进境牛肉等高端动物蛋白加工贸易产业。二是打造新型国际贸易中心。支持以市场化方式推进世界电子贸易平台（eWTP）全球布局，探索在数据交互、业务互通、监管互认、服务共享等方面的国际合作及数字确权等数字贸易基础设施建设，打造全球数字贸易博览会。支持境内外跨境电商企业建设国际转口配送基地。创新数字化综合监管制度，探索新型监管模式，实施简化申报、简证放行、简易征管等便利化举措；探索实施"互联网＋核查"、"线上＋线下"核查等创新试点。三是打造国际航运和物流枢纽。探索"互联网＋口岸"新服务，促进海港、陆港、空港、信息港"四港"联动发展，支持全球智能物流枢纽建设，推动海上丝绸之路指数、快递物流指数等成为全球航运物流的风向标，打造全球供应链的"硬核"力量。允许中资非五星旗船开展以宁波舟山港为中转港的外贸集装箱沿海捎带业务。设立国际转口集拼中转业务仓库，建设国际中转集拼中心。推动宁波舟山港与义乌港双核港口一体化和口岸监管无缝对接，实现同港同策，促进海港功能和口岸监管功能向义乌港、浙中公铁联运港等延伸。四是打造数字经济发展示范区。加大以自主深度算法、超强低耗算力和高速广域网络为代表的新一代数字基础设施建设，支持布局IPv6、卫星互联网、6G试验床等网络基础设施，全面拓展数字产业化、产业数字化、数字生活新服务，把国家数字服务出口基地打造为数字贸易先行示范区。加强数字经济领域国际规则、标准研究制定，推动标准行业互信互认。积极推动杭州城西科技创新大走廊、宁波甬江科技创新大走廊与自贸试验区改革联动、创新联动，打造数字经济创新引领区。五是打造先进制造业集聚区。建立关键零部件国际国内双回路供应政策体系。聚焦高性能磁性材料、新型膜材料、先进碳材料等优势产业，前瞻布局智能复合材料、海洋新材料等新兴领域，加速新材料产业升级的关键核心技术攻关及成果转化，积极推动先进材料产业创新中心建设，打造参与全球新材料产业创新竞争的重要平台。聚焦新一代智能技术应用，大力引进若干国内外顶尖的智能制造示范企业，支持区内企业推进国际协同研发，积极融入高端制造业全球供应链、创新链和价值链。加大5G、物联网、工业互联网、人工智能、数据中心等新型基础设施建设力度，加强交通基础设施智能化升级,推动自贸试验区和省内其他区域联动协同,建立高效、快速、便捷、智慧的全球一流基础设施体系。搭建生命大健康产业科研创新平台,鼓励和支持龙头医药企业加大科技投入,与国内外医药科研院所开展合作,建设生物医药公共技术服务平台和开放性专业实验室。加快海水淡化与综合利用、海洋可再生能源等新兴领域自主研发、中试转化、装备定型,积极推动产业规模化发展。

(3)构建安全高效的风险防控体系具体采取三项措施:一是加快完善风险防范机制。加强顶层设计,健全风险防范责任机制,坚持底线思维,强化重大风险防范的政治责任和履责能力。二是打造数字一体化监管服务平台。依托数字化手段,开展自贸试验区一体化风险防控监管平台体系差别化探索。充分利用大数据、人工智能、区块链、5G 等先进信息技术,建设高标准智能化监管平台。三是构建全链条信用管理机制。支持开展企业信用风险分类管理试点工作,加强企业信用风险状况评估分析,提升企业信用风险状况预测预警和动态监测能力,实现对市场主体的精准靶向监管。

三、中国(河南)自贸试验区法治保障概况

(一)河南自贸试验区的总体要求和主要任务

2017 年 3 月 15 日,国务院《关于印发中国(河南)自由贸易试验区总体方案的通知》(国发〔2017〕17 号)公布《中国(河南)自由贸易试验区总体方案》(以下简称《河南总体方案》),确定河南自贸试验区建设的总体要求、主要任务和措施。

1. 总体要求

河南自贸试验区的战略定位是:以制度创新为核心,以可复制可推广为基本要求,加快建设贯通南北、连接东西的现代立体交通体系和现代物流体系,将自贸试验区建设成为服务于"一带一路"建设的现代综合交通枢纽、全面改革开放试验田和内陆开放型经济示范区。发展目标是:经过 3 年至 5 年改革探索,形成与国际投资贸易通行规则相衔接的制度创新体系,营造法治化、国际化、便利化的营商环境,努力将自贸试验区建设成为投资贸易便利、高端产业集聚、交通物流通达、监管高效便捷、辐射带动作

用突出的高水平高标准自由贸易园区,引领内陆经济转型发展,推动构建全方位对外开放新格局。

《河南总体方案》确定了河南自贸试验区的区位布局,其实施范围为119.77平方公里,涵盖三个片区:郑州片区73.17平方公里(含河南郑州出口加工区A区0.89平方公里、河南保税物流中心0.41平方公里),开封片区19.94平方公里,洛阳片区26.66平方公里。按区域布局划分,郑州片区重点发展智能终端、高端装备及汽车制造、生物医药等先进制造业以及现代物流、国际商贸、跨境电商、现代金融服务、服务外包、创意设计、商务会展、动漫游戏等现代服务业,在促进交通物流融合发展和投资贸易便利化方面推进体制机制创新,打造多式联运国际性物流中心,发挥服务"一带一路"建设的现代综合交通枢纽作用;开封片区重点发展服务外包、医疗旅游、创意设计、文化传媒、文化金融、艺术品交易、现代物流等服务业,提升装备制造、农副产品加工国际合作及贸易能力,构建国际文化贸易和人文旅游合作平台,打造服务贸易创新发展区和文创产业对外开放先行区,促进国际文化旅游融合发展;洛阳片区重点发展装备制造、机器人、新材料等高端制造业以及研发设计、电子商务、服务外包、国际文化旅游、文化创意、文化贸易、文化展示等现代服务业,提升装备制造业转型升级能力和国际产能合作能力,打造国际智能制造合作示范区,推进华夏历史文明传承创新区建设。按海关监管方式划分,自贸试验区内的海关特殊监管区域重点探索以贸易便利化为主要内容的制度创新,开展保税加工、保税物流、保税服务等业务;非海关特殊监管区域重点探索投资体制改革,创新内陆地区开放发展机制,完善事中事后监管,积极发展高端制造业和现代服务业。

2. 主要任务和措施

《河南总体方案》确定河南自贸试验区的5大任务和19类措施:

(1)加快政府职能转变。具体采取三类措施:一是深化行政管理体制改革。二是完善市场监管机制。三是提高行政服务效能。

(2)扩大投资领域开放。具体采取两类措施:一是提升利用外资水平。二是构建对外投资合作服务平台。

(3)推动贸易转型升级。具体采取三类措施:一是完善外贸发展载体。二是拓展新型贸易方式。三是创新通关监管机制。

（4）深化金融领域开放创新。具体采取四类措施：一是扩大金融对内对外开放。二是拓展金融服务功能。三是推动跨境投融资创新。四是建立健全金融风险防控体系。

（5）增强服务"一带一路"建设的交通物流枢纽功能。具体采取七类措施：一是畅通国际交通物流通道。二是完善国内陆空集疏网络。三是开展多式联运先行示范。四是扩大航空服务对外开放。五是推进内陆口岸经济创新发展。六是促进国际医疗旅游产业融合发展。七是培育"一带一路"合作交流新优势。

（二）《中国（河南）自由贸易试验区管理试行办法》

2017 年 2 月 21 日，河南省人民政府第一一五次常务会议通过《中国（河南）自由贸易试验区管理试行办法》（以下简称《试行办法》），并以河南省政府第 178 号令公布。《试行办法》设总则、管理体制、投资管理、贸易便利化、金融财税管理、现代交通物流体系与"一带一路"建设、综合管理与服务、法治环境和附则共 9 章，67 条。《试行办法》的主要内容为：

在管理体制方面，明确河南省政府成立河南自贸试验区建设领导小组，统一负责领导组织、统筹管理自贸试验区建设发展工作；领导小组下设办公室，设在商务厅，承担领导小组日常工作。同时，自贸试验区各片区设立管委会，接受自贸试验区建设领导小组和所在地省辖市人民政府的领导，负责决定片区发展的重大问题，统筹推进片区改革试点工作和承担片区的规划、建设、管理与服务等具体事务。

在投资管理方面，明确自贸试验区对外商投资实行准入前国民待遇加负面清单管理模式。在负面清单之外领域，外商投资项目（国务院规定对国内投资项目保留核准的除外）和外商投资企业设立及变更实行事后备案管理。自贸试验区减少或者取消外商投资准入限制，鼓励引进境外资金、先进技术和高端人才，吸引国际组织和机构、金融总部、区域性总部入驻。鼓励企业开展多种形式的境外投资，对一般境外投资项目和设立企业实行备案制，完善对外投资合作业务管理和服务措施。

在贸易便利化方面，明确自贸试验区将深化通关一体化改革，创新通关、查验、税收征管机制，促进区内通关便利，推进自贸试验区与进出境口岸间以及其他海关特殊监管区域货物流转监管制度创新。自贸试验区支

285

持跨境贸易电子商务发展,推进配套平台建设,完善海关监管、检验检疫、退税、物流等支撑系统。支持企业建设出口商品"海外仓"和海外运营中心,加快融入境外零售体系,建设全球性产品交易展示中心和国内进出口货物集散中心。

在金融财税管理方面,明确在自贸试验区内推进人民币资本项目可兑换、利率市场化、人民币跨境使用和外汇管理等方面的改革创新。探索建立与自贸试验区相适应的本外币账户管理体系,促进跨境贸易、投融资结算便利化。支持设立在自贸试验区内的金融租赁公司和融资租赁公司在符合相关规定的前提下,设立项目公司开展飞机、工程机械、大型设备等融资租赁业务。

在现代交通物流体系与"一带一路"建设方面,落实促进国际便利化运输相关政策和双边运输合作机制,建设直达的国际数据通信专用通道,构建畅通的国际交通物流通道。鼓励快递企业利用铁路运送快件,配套建设快件物流基地;周边省市可以在自贸试验区建设专属物流园区,开展现代物流业务。在自贸试验区内注册的符合条件的中外合资旅行社,可以从事除台湾地区以外的出境旅游服务。

此外,《试行办法》还对河南自贸试验区的综合管理、法治环境、综合服务等方面作出相关规定。

(三)关于《中国(河南)自由贸易试验区条例》的立法准备工作

2018年11月,河南省人大常委会公布《河南省人大常委会2018年至2022年地方立法规划》,《规划》将制定《中国(河南)自由贸易试验区条例》作为重点立法项目。2020年3月4日,河南省司法厅在官网上发布关于征求《中国(河南)自由贸易试验区条例(草案征求意见稿)》意见的公告,将河南省商务厅(省自贸办)报送省政府审查的《中国(河南)自由贸易试验区条例(草案征求意见稿)》公开向社会征求意见。

《中国(河南)自由贸易试验区条例(草案征求意见稿)》共设总则、管理体制、投资服务、贸易便利、金融财税创新、现代交通物流体系与"一带一路"建设、法治保障与营商环境、附则共8章,62条。截至2020年8月,尚无信息显示《中国(河南)自由贸易试验区条例》草案起草已完毕并提请河南省人大常委会审议。

四、中国(湖北)自贸试验区法治保障概况

(一)湖北自贸试验区的总体要求和主要任务

2017年3月15日,国务院《关于印发中国(湖北)自由贸易试验区总体方案的通知》(国发〔2017〕18号)公布《中国(湖北)自由贸易试验区总体方案》(以下简称《湖北总体方案》),确定湖北自贸试验区建设的总体要求、主要任务和措施。

1. 总体要求

湖北自贸试验区的战略定位是:以制度创新为核心,以可复制可推广为基本要求,立足中部、辐射全国、走向世界,努力成为中部有序承接产业转移示范区、战略性新兴产业和高技术产业集聚区、全面改革开放试验田和内陆对外开放新高地。发展目标是:经过3年至5年改革探索,对接国际高标准投资贸易规则体系,力争建成高端产业集聚、创新创业活跃、金融服务完善、监管高效便捷、辐射带动作用突出的高水平高标准自由贸易园区,在实施中部崛起战略和推进长江经济带发展中发挥示范作用。

《湖北总体方案》确定湖北自贸试验区的区位布局,其实施范围为119.96平方公里,涵盖三个片区:武汉片区70平方公里(含武汉东湖综合保税区5.41平方公里),襄阳片区21.99平方公里(含襄阳保税物流中心〔B型〕0.281平方公里),宜昌片区27.97平方公里。按区域布局划分,武汉片区重点发展新一代信息技术、生命健康、智能制造等战略性新兴产业和国际商贸、金融服务、现代物流、检验检测、研发设计、信息服务、专业服务等现代服务业;襄阳片区重点发展高端装备制造、新能源汽车、大数据、云计算、商贸物流、检验检测等产业;宜昌片区重点发展先进制造、生物医药、电子信息、新材料等高新产业及研发设计、总部经济、电子商务等现代服务业。按海关监管方式划分,自贸试验区内的海关特殊监管区域重点探索以贸易便利化为主要内容的制度创新,主要开展保税加工、保税物流、保税服务等业务;非海关特殊监管区域重点探索投资体制改革,完善事中事后监管,推动金融制度创新,积极发展现代服务业和高端制造业。

2. 主要任务和措施

《湖北总体方案》确定湖北自贸试验区建设的6大任务、19类措施:

287

（1）加快政府职能转变。具体采取两类措施：一是深化行政管理体制改革。二是强化事中事后监管。

（2）深化投资领域改革。具体采取两类措施：一是提升利用外资水平。二是完善对外投资合作促进体系。

（3）推动贸易转型升级。具体采取三类措施：一是培育新型贸易方式。二是加快服务贸易创新发展。三是创新通关监管服务模式。

（4）深化金融领域开放创新。具体采取四类措施：一是扩大金融领域对外开放。二是增强金融服务功能。三是推进科技金融创新。四是建立健全金融风险防控体系。

（5）推动创新驱动发展。具体采取四类措施：一是深化科技体制改革。二是健全知识产权保护运用机制。三是集聚和利用国际创新要素。四是构建人才支撑系统。

（6）促进中部地区和长江经济带产业转型升级。具体采取三类措施：一是加快建设长江中游航运中心。二是构建国际物流枢纽。三是打造区域发展综合服务平台。

（二）《中国（湖北）自由贸易试验区建设管理办法》

2017年4月10日，在国务院《关于印发中国（湖北）自由贸易试验区总体方案的通知》不到一个月的时间内，湖北省人民政府常务会议审议通过《中国（湖北）自由贸易试验区建设管理办法》（以下简称《管理办法》）。《管理办法》设总则、投资与贸易、金融服务、创新与产业、综合管理、附则6章，共42条。

《管理办法》确立湖北自贸试验区的管理制度，对照《湖北总体方案》和湖北省委、省政府的要求，细化自贸试验区的各项任务和措施，压实相关地区和部门主要责任，将任务细化到岗、措施分解到位、责任落实到人，推动武汉、宜昌、襄阳三大片区竞相发展。

值得关注的是，《管理办法》第22条规定："加快建设现有国家技术标准创新基地和国家宽带网络产品监督检验中心。促进国际先进技术向自贸试验区转移转化。鼓励国外企业在自贸试验区设立外资研发中心。鼓励在自贸试验区建立国际化创新创业孵化平台。"该条规定将国家技术标准创新基地（中国光谷）建设纳入《管理办法》中，这标志着国家标准委批准筹建的国家技术标准创新基地直接服务于中国（湖北）自由贸易试验区建设第一次有了法律依据。

（三）《中国（湖北）自由贸易试验区条例》

2018 年 9 月 30 日,湖北省第十三届人大常务委员会第五次会议通过《中国（湖北）自由贸易试验区条例》（以下简称《湖北条例》）,自 2019 年 1 月 1 日起施行。《湖北条例》共 8 章,69 条,其中,第一章"总则"共 4 条,第二章"管理体制"共 11 条,第三章"投资开放与贸易便利"共 12 条,第四章"金融服务"共 10 条,第五章"创新驱动发展和服务长江经济带建设"共 14 条,第六章"综合管理与服务"共 12 条,第七章"法治环境"共 5 条,第八章"附则"1 条。《湖北条例》的内容紧扣《湖北总体方案》明确的主要任务,涵盖并细化《湖北总体方案》规定的各项措施。除了各自贸试验区条例中通用的规定外,《湖北条例》中具有以下个性化的规定:

一是鼓励改革创新的规定。尽管各自贸试验区条例中普遍规定"容错纠错机制"。但《湖北条例》第 4 条规定:"自贸试验区内建立鼓励改革创新、宽容失败的激励机制和容错纠错机制,完善以支持改革创新为导向的考核评价体系,激发创新活力。"该条款创立了具有新意的"考核评价体系"。

二是在自贸试验区管理体制上,《湖北条例》第 5 条按照统筹管理、分级负责的原则,建立权责明确、部门协调、运行高效的自贸试验区管理体制。第 6—11 条分别确定各相关部门的职责。

三是对省级、市级管理权限的下放作出授权规定。《湖北条例》第 9 条第 1 款规定:省、市人民政府及其有关部门根据自贸试验区建设和改革创新需要,依法授权片区管理机构行使相关的省级、市级管理权限,推动关联、相近类别审批事项全链条授权;不能授权的,应当依法采取委托形式,法律法规明确规定不得授权或者委托的除外。第 2 款规定:片区管理机构根据需要,可以提出行使省级、市级管理权限的目录,依照法定程序报省、市人民政府批准后实施,并向社会公布。

四是对专业运营公司负责片区的规划、建设、管理和服务作出规定。《湖北条例》第 14 条规定:自贸试验区各片区可以借鉴国内外先进经验,结合片区实际,采用市场化运营管理模式,由专业运营公司负责片区的规划、建设、管理和服务等工作。

289

五是对"一线放开"、"二线安全高效管住"的定义作出规范化的释明。《湖北条例》第19条规定：自贸试验区海关特殊监管区域与境外之间的管理为一线管理，海关特殊监管区域与境内区外之间的管理为二线管理，按照"一线放开"、"二线安全高效管住"的原则，建立与国际贸易发展需求相适应的监管模式。

六是聚焦《湖北总体方案》确定的湖北自贸试验区的特殊功能定位，专设第五章"创新驱动发展和服务长江经济带建设"，完善以企业为主体的技术创新体系，探索构建具有国际竞争力的人才制度体系，推进跨国教育和人才培养合作，支持自贸试验区依托国家重点平台布局实施重大标志性项目，支持中部、长江经济带其他地区在自贸试验区建设专属物流园，完善与中部、长江经济带其他地区集疏运体系和保税物流网络，加强与沿海沿江港口、"一带一路"沿线港口合作，建立跨区域港口联盟、港航联盟，增强江海联运服务功能。

七是注重自贸试验区营商环境建设。《湖北条例》第53条规定：省自贸办应当参照国际通行的营商环境评价指标，制定自贸试验区营商环境科学评价体系，委托第三方机构开展自贸试验区企业开办、施工许可、产权登记、信贷获取、投资者保护、纳税、破产清算等方面的评估，定期编制、发布自贸试验区营商环境报告。

八是对暂时调整或者停止适用有关法律、法规的制度作出指引性规定。《湖北条例》第64条第1款规定：自贸试验区改革创新需要暂时调整或者停止适用有关法律、行政法规、部门规章的部分规定的，有关部门应当及时提出意见，依照法定程序报请在自贸试验区先行先试。第2款规定：自贸试验区改革创新需要暂时调整或者停止适用有关地方性法规、政府规章或者规范性文件的，由制定机关按照法定程序作出决定。

五、中国(重庆)自贸试验区法治保障概况

(一)重庆自贸试验区的总体要求和主要任务

2017年3月15日国务院《关于印发中国(重庆)自由贸易试验区总体方案的通知》(国发〔2017〕19号)公布《中国(重庆)自由贸易试验区总体方案》(以下简称《重庆总体方案》)，确定重庆自贸试验区建设的总体要求、主

要任务和措施。

1. 总体要求

重庆自贸试验区的战略定位是：以制度创新为核心，以可复制可推广为基本要求，全面落实党中央、国务院关于发挥重庆战略支点和连接点重要作用、加大西部地区门户城市开放力度的要求，努力将自贸试验区建设成为"一带一路"和长江经济带互联互通重要枢纽、西部大开发战略重要支点。发展目标是：经过 3 年至 5 年改革探索，努力建成投资贸易便利、高端产业集聚、监管高效便捷、金融服务完善、法治环境规范、辐射带动作用突出的高水平高标准自由贸易园区，努力建成服务于"一带一路"建设和长江经济带发展的国际物流枢纽和口岸高地，推动构建西部地区门户城市全方位开放新格局，带动西部大开发战略深入实施。

《重庆总体方案》确定了重庆自贸试验区的区位布局，其实施范围为119.98 平方公里，涵盖 3 个片区：两江片区 66.29 平方公里（含重庆两路寸滩保税港区 8.37 平方公里），西永片区 22.81 平方公里（含重庆西永综合保税区 8.8 平方公里、重庆铁路保税物流中心〔B 型〕0.15 平方公里），果园港片区 30.88 平方公里。按区域布局划分，两江片区着力打造高端产业与高端要素集聚区，重点发展高端装备、电子核心部件、云计算、生物医药等新兴产业及总部贸易、服务贸易、电子商务、展示交易、仓储分拨、专业服务、融资租赁、研发设计等现代服务业，推进金融业开放创新，加快实施创新驱动发展战略，增强物流、技术、资本、人才等要素资源的集聚辐射能力；西永片区着力打造加工贸易转型升级示范区，重点发展电子信息、智能装备等制造业及保税物流中转分拨等生产性服务业，优化加工贸易发展模式；果园港片区着力打造多式联运物流转运中心，重点发展国际中转、集拼分拨等服务业，探索先进制造业创新发展。按海关监管方式划分，自贸试验区内的海关特殊监管区域重点探索以贸易便利化为主要内容的制度创新，开展保税加工、保税物流、保税服务等业务；非海关特殊监管区域重点探索投资领域开放、投资管理体制改革、完善事中事后监管，推动金融制度创新，积极发展高端制造业和现代服务业。

2. 主要任务和措施

《重庆总体方案》确定重庆自贸试验区建设的 6 大任务、20 类措施：

（1）建设法治化国际化便利化营商环境。具体采取三类措施：一是优化法治环境。二是深化行政管理体制改革。三是提高行政管理效能。

（2）扩大投资领域开放。具体采取两类措施：一是提升利用外资水平。二是构筑对外投资服务促进体系。

（3）推进贸易转型升级。具体采取五类措施：一是促进加工贸易转型升级。二是大力发展服务贸易。三是加快发展新型贸易。四是实施高效监管服务模式。五是推进通关机制创新。

（4）深化金融领域开放创新。具体采取五类措施：一是优化跨境金融结算服务。二是推动跨境人民币业务创新发展。三是探索跨境投融资便利化改革创新。四是增强跨境金融服务功能。五是完善金融风险防控体系。

（5）推进"一带一路"和长江经济带联动发展。具体采取两类措施：一是构建多式联运国际物流体系。二是探索建立"一带一路"政策支持体系。

（6）推动长江经济带和成渝城市群协同发展。具体采取三类措施：一是探索建立区域联动发展机制。二是促进区域产业转型升级。三是增强口岸服务辐射功能。按照"零距离换乘"、"无缝衔接"的要求，强化自贸试验区与周边地区水运、铁路、公路、航空等运输方式有机衔接。

（二）《中国（重庆）自由贸易试验区管理试行办法》

2018年8月20日，重庆市第五届人民政府第二十二次常务会议通过《中国（重庆）自由贸易试验区管理试行办法》（以下简称《试行办法》），自2018年9月17日公布之日起施行。《试行办法》设总则、管理体制、投资开放、贸易便利、金融创新、服务国家战略、营商环境、附则8章，共51条，主要规范了以下内容：

一是在管理体制方面，《试行办法》在全面梳理重庆自贸试验区现行管理体制的基础上，重庆自贸试验区工作领导小组、办公室、自贸试验区范围内各区域所在地区政府和开发区、功能区管理机构应当明确专门机构（含7个行政区自贸办和两江新区、西永保税区自贸办）和相关业务主管部门的职能职责进行规范。为更好地发挥自贸试验区办公室统筹协调作用和各业务主管部门的创新能动作用，《试行办法》强调自贸办的统筹协调职能，以及负责投资、贸易、金融、事中事后监管改革等工作的业务主管部门在制度创新和改革试点中的主体责任。

二是在投资开放方面，立足于外商企业最关心的公平待遇问题，明确自贸试验区对外商投资实行准入前国民待遇加负面清单管理制度。境外投资方面，支持企业开展多种形式的境外投资合作，对不涉及敏感国家和地区、敏感行业的境外投资项目实行备案制；鼓励企业创新对外投资合作方式，加强境外投资事后管理和服务，完善境外资产和人员安全风险预警和应急保障体系。

三是在贸易便利方面，按照《重庆总体方案》促进加工贸易转型升级，促进服务贸易、新型贸易发展的要求，明确自贸试验区贸易转型升级的方向和要求，深化自贸试验区通关一体化改革，创新通关、查验机制，实行国际贸易"单一窗口"服务模式，促进区内通关便利。创新海关监管，按照简化监管流程，强化通关便利，保证安全高效的原则对海关特殊监管区及区外，分别规定创新制度，提出具体要求和举措。自贸试验区与周边地区水运、铁路、公路、航空等运输方式有机衔接。

四是在金融创新方面，按照先行先试、风险可控、服务实体经济的原则，在自贸试验区内推进跨境金融结算服务、跨境人民币业务、跨境投融资便利化、跨境金融服务等方面的改革创新。强化金融风险防控体系建设，要求建立金融风险监测和评估机制，金融监管协调机制，金融外汇市场行业自律机制等。

五是在服务国家战略方面，按照《重庆总体方案》要求，规定自贸试验区应当发挥"一带一路"和长江经济带连接点、西部大开发重要战略支点的作用，就自贸试验区服务国家战略作出具体规定。

六是在营商环境方面，按照《重庆总体方案》要求，围绕优化政务服务环境、社会环境、市场环境、创新环境、法治环境作出具体规定。

（三）《中国（重庆）自由贸易试验区条例》

2019 年 9 月 26 日，重庆市第五届人民代表大会常务委员会第十二次会议通过《中国（重庆）自由贸易试验区条例》（以下简称《重庆条例》），共 8 章，56 条。其中，第一章"总则"共 5 条，第二章"管理体制"共 6 条，第三章"投资促进"共 8 条，第四章"贸易便利"共 7 条，第五章"金融创新"共 7 条，第六章"内陆开放"共 8 条，第七章"营商环境"共 12 条，第八章"附则"共 3 条。《重庆条例》的内容紧扣《重庆总体方案》明确的主要任务，涵盖并细化

《重庆总体方案》规定的各项措施。除了各自贸试验区条例中通用的规定外,《重庆条例》中具有以下个性化的规定:①

一是首次对"自由贸易港"作出规定。《重庆条例》第3条第2款规定:"自贸试验区应当积极探索建设符合内陆开放发展定位的自由贸易港。"并在附则第55条第1项中对自由贸易港的含义作了解释:"自由贸易港:是指设在一国(地区)境内关外、货物资金人员进出自由、绝大多数商品免征关税的特定区域,是目前全球开放水平最高的特殊经济功能区。"

二是以鼓励制度创新为主线,重点对管理体制、投资促进、贸易便利、金融创新、内陆开放和营商环境等进行较全面的规定。其中,总则部分明确重庆自贸试验区的主要任务,规定市人民政府在自贸试验区内建立鼓励改革创新、宽容失败的激励机制和容错免责机制。在"投资促进"、"贸易便利"、"金融创新"、"内陆开放"等章节和具体条文中充分体现鼓励创新取向。同时,《重庆条例》对相对成熟定型的制度创新成果用法条固化下来,对目前正在进行试验的事项给予"支持"、"鼓励"。

三是聚焦"内陆开放"。明确自贸试验区应当构建全方位开放新格局,发挥中新(重庆)战略性互联互通示范项目营运中心作用,以及内陆国际物流枢纽和口岸高地功能;明确规定自贸试验区推动跨境铁路单证、多式联运单证的融资、结算便利化;强调支持铁路、公路、水运、航空等多种物流方式联动的西部陆海新通道建设,探索陆上贸易新规则,积极融入"一带一路"和长江经济带发展、成渝城市群联动发展等。

四是积极探索"第三方检测"制度。《重庆条例》第24条规定:"自贸试验区探索建立有利于第三方检验鉴定机构发展和规范的管理制度,按照法律法规和国际通行规则,采信第三方检测结果。"

五是建设知识产权侵权举报投诉和维权援助平台。《重庆条例》第52条从开展知识产权综合管理服务改革试点入手,多方面对加强知识产权保护进行了细化,如建设知识产权侵权举报投诉和维权援助平台,建立跨部门知识产权执法、司法协作机制,完善调解、仲裁、行政裁决、诉讼等多元化

---

① 需要指出的是,国务院批准的各自贸试验区的《总体方案》中确定的主要任务和措施,大部分都是相同、相似的,各自贸试验区制定条例时相互借鉴、取长补短,如此,后续制定的自贸试验区条例中个性化、差异化的条款、制度越来越少。

纠纷解决机制等。

六、中国(四川)自贸试验区法治保障概况

(一)四川自贸试验区的总体要求和主要任务

2017年3月15日国务院《关于印发中国(四川)自由贸易试验区总体方案的通知》(国发〔2017〕20号)公布《中国(四川)自由贸易试验区总体方案》(以下简称《四川总体方案》),确定四川自贸试验区建设的总体要求、主要任务和措施。

1. 总体要求

四川自贸试验区的战略定位是:以制度创新为核心,以可复制可推广为基本要求,立足内陆、承东启西,服务全国、面向世界,将自贸试验区建设成为西部门户城市开发开放引领区、内陆开放战略支撑带先导区、国际开放通道枢纽区、内陆开放型经济新高地、内陆与沿海沿边沿江协同开放示范区。发展目标是:经过3年至5年改革探索,力争建成法治环境规范、投资贸易便利、创新要素集聚、监管高效便捷、协同开放效果显著的高水平高标准自由贸易园区,在打造内陆开放型经济高地、深入推进西部大开发和长江经济带发展中发挥示范作用。

《四川总体方案》确立四川自贸试验区的区位布局,其实施范围为119.99平方公里,涵盖三个片区:成都天府新区片区90.32平方公里(含成都高新综合保税区区块四〔双流园区〕4平方公里、成都空港保税物流中心〔B型〕0.09平方公里),成都青白江铁路港片区9.68平方公里(含成都铁路保税物流中心〔B型〕0.18平方公里),川南临港片区19.99平方公里(含泸州港保税物流中心〔B型〕0.21平方公里)。按区域布局划分,成都天府新区片区重点发展现代服务业、高端制造业、高新技术、临空经济、口岸服务等产业,建设国家重要的现代高端产业集聚区、创新驱动发展引领区、开放型金融产业创新高地、商贸物流中心和国际性航空枢纽,打造西部地区门户城市开放高地;成都青白江铁路港片区重点发展国际商品集散转运、分拨展示、保税物流仓储、国际货代、整车进口、特色金融等口岸服务业和信息服务、科技服务、会展服务等现代服务业,打造内陆地区联通丝绸之路经济带的西向国际贸易大通道重要支点;川南临港片区重点发展航运物流、

港口贸易、教育医疗等现代服务业,以及装备制造、现代医药、食品饮料等先进制造和特色优势产业,建设成为重要区域性综合交通枢纽和成渝城市群南向开放、辐射滇黔的重要门户。按海关监管方式划分,自贸试验区内的海关特殊监管区域重点探索以贸易便利化为主要内容的制度创新,开展保税加工、保税物流、保税服务等业务;非海关特殊监管区域重点探索投资、金融、创新创业等制度改革,完善事中事后监管,积极发展现代服务业和高端制造业。

2. **主要任务和措施**

《四川总体方案》确立四川自贸试验区的 6 大任务及 24 类措施:

(1)切实转变政府职能。具体采取四类措施:一是推进简政放权。二是构建事中事后监管体系。三是优化法治环境。四是建设多方参与的社会治理新体系。

(2)统筹双向投资合作。具体采取五类措施:一是提升利用外资水平。二是构筑对外投资服务促进体系。三是创新国际产能合作。四是深化园区国际合作。五是深化国有企业改革。

(3)推动贸易便利化。具体采取五类措施:一是加快服务贸易创新发展。二是促进服务要素自由流动。三是助推外贸转型升级。四是创新口岸服务机制。五是优化监管通关流程。

(4)深化金融领域改革创新。具体采取四类措施:一是促进跨境投融资便利化。二是增强金融服务功能。三是发展新兴金融业态。四是探索创新金融监管机制。

(5)实施内陆与沿海沿边沿江协同开放战略。具体采取三类措施:一是增强产业辐射带动能力。二是畅通国际开放通道。三是打造沿江开放口岸。

(6)激活创新创业要素。具体采取三类措施:一是优化创新创业制度环境。二是创新科技金融服务机制。三是整合全球创新创业要素。

(二)《中国(四川)自由贸易试验区管理办法》

2017 年 7 月 25 日,四川省人民政府审议通过《中国(四川)自由贸易试验区管理办法》(以下简称《管理办法》),并以第 320 号政府令公布。《管理办法》设总则、管理体制、投资管理和贸易便利、金融创新和风险防范、协同开放和创新创业、综合服务和管理、附则共 7 章,66 条。《管理办法》在对标四川自贸试验区总体方案所确定的战略定位和发展目标,遵循方案赋予的主要任务、措施和建立的保障机制的基础上制定的,以确保总体方案的相关政策入法。《管理办法》重点规范以下内容:

一是理顺四川自贸试验区的管理关系,明确中国(四川)自由贸易试验区领导小组的组织、领导、指导职责,省自贸办承担领导小组日常工作。《管理办法》明确省、市政府及相关部门要依法向自贸试验区下放经济社会管理权限和其他管理权限。各项规定既对标国际标准,同时彰显四川特色。

二是在投资管理和贸易便利方面,立足于外商企业最关心的公平待遇问题,《管理办法》明确自贸试验区对外商投资实行准入前国民待遇加负面清单管理制度;除特别规定外,对于负面清单之外领域的外商投资项目和外商投资企业的设立、变更实行备案制,由自贸试验区负责办理;允许符合条件的境外投资者自由转移其合法投资收益。境外投资方面,《管理办法》明确自贸试验区内企业到境外投资开办企业,对一般性境外投资项目和设立企业实行备案制。同时,还明确了加快推进服务贸易创新发展试点,建立国际贸易"单一窗口"等。

三是在金融创新和风险防范方面,《管理办法》明确四川自贸试验区将开展扩大金融领域对外开放、促进跨境投融资便利化、增强金融服务功能、发展新兴金融业态和探索创新金融监管机制等试点工作,并明确支持在自贸试验区内设立银行、证券、保险等金融机构和民营资本依法合规进入金融业等。

四是在协同开放和创新创业方面,四川将加快构建与"一带一路"沿线相关国家和长江经济带空、铁、公、水联运的综合物流服务体系,建设中欧陆空联运基地,建立国家对外开放口岸;通过建立产业协作发展和收益分享等机制,探索自贸试验区与周边地区产业合作新路径等。

五是在政府职能转变方面,加快推进简政放权,放管结合,强调事中事后监管,实施"清单制＋责任制"管理模式等,同时严格限制行政事业收费、检查排比,最大限度营造宽松的发展环境。

(三)《中国(四川)自由贸易试验区条例》

2019 年 5 月 23 日,四川省第十三届人大常委会第十一次会议通过《中国(四川)自由贸易试验区条例》(以下简称《四川条例》),自 2019 年 7 月 1 日起施行。《四川条例》共 9 章,60 条,其中,第一章"总则"共 6 条,第二章"管理体制"共 5 条,第三章"政务服务"共 9 条,第四章"投资促进"共 6 条,第五章"贸易便利"共 8 条,第六章"金融创新"共 7 条,第七章"法治环境"共 8 条,第八章"协同发展"共 8 条,第九章"附则"共 3 条。条例的内容紧扣《四川总体方案》明确的主要任务,涵盖并细化了《四川总体方案》规定的各项措施。除了各自贸试验区条例中通用的规定外,《四川条例》中具有以下个性化的规定:

一是在条例的结构、内容上,《四川条例》设立了第三章"政务服务",专章规定政务服务的相关内容,这是《四川条例》有别于其他自贸试验区条例的一个特色。

二是在附则中规定了"参照适用"的制度。第 59 条规定:"省人民政府确定的自贸试验区协同改革先行区,参照适用本条例。"这是《四川条例》有别于其他自贸试验区条例的又一个特色。

三是聚焦《四川总体方案》对于四川自贸试验区的特殊要求,在第八章中细化了《四川总体方案》有关协同发展的一系列要求。将第八章协同发展列在第七章法治环境之后、第九章附则之前,也是《四川条例》有别于其他自贸试验区条例的一个特色。

七、中国(陕西)自贸试验区法治保障概况

(一)陕西自贸试验区的总体要求和主要任务

2017 年 3 月 15 日国务院《关于印发中国(陕西)自由贸易试验区总体方案的通知》(国发〔2017〕21 号)公布《中国(陕西)自由贸易试验区总体方案》(以下简称《陕西总体方案》),确定陕西自贸试验区建设的总体要求、主要任务和措施。

1. 总体要求

陕西自贸试验区的战略定位是:以制度创新为核心,以可复制可推广为基本要求,全面落实党中央、国务院关于更好发挥"一带一路"建设对西部大开发带动作用、加大西部地区门户城市开放力度的要求,努力将自贸试验区建设成为全面改革开放试验田、内陆型改革开放新高地、"一带一

路"经济合作和人文交流重要支点。发展目标是:经过 3 年至 5 年改革探索,形成与国际投资贸易通行规则相衔接的制度创新体系,营造法治化、国际化、便利化的营商环境,努力建成投资贸易便利、高端产业聚集、金融服务完善、人文交流深入、监管高效便捷、法治环境规范的高水平高标准自由贸易园区,推动"一带一路"建设和西部大开发战略的深入实施。

根据《陕西总体方案》确定的区位布局,陕西自贸试验区实施范围为119.95 平方公里,涵盖三个片区:中心片区 87.76 平方公里(含陕西西安出口加工区 A 区 0.75 平方公里、B 区 0.79 平方公里,西安高新综合保税区3.64 平方公里和陕西西咸保税物流中心〔B 型〕0.36 平方公里),西安国际港务区片区 26.43 平方公里(含西安综合保税区 6.17 平方公里),杨凌示范区片区 5.76 平方公里。按区域布局划分,自贸试验区中心片区重点发展战略性新兴产业和高新技术产业,着力发展高端制造、航空物流、贸易金融等产业,推进服务贸易促进体系建设,拓展科技、教育、文化、旅游、健康医疗等人文交流的深度和广度,打造面向"一带一路"的高端产业高地和人文交流高地;西安国际港务区片区重点发展国际贸易、现代物流、金融服务、旅游会展、电子商务等产业,建设"一带一路"国际中转内陆枢纽港、开放型金融产业创新高地及欧亚贸易和人文交流合作新平台;杨凌示范区片区以农业科技创新、示范推广为重点,通过全面扩大农业领域国际合作交流,打造"一带一路"现代农业国际合作中心。按海关监管方式划分,自贸试验区内的海关特殊监管区域重点探索以贸易便利化为主要内容的制度创新,开展保税加工、保税物流、保税服务等业务;非海关特殊监管区域重点探索投资体制改革,创新内陆地区开放发展机制,完善事中事后监管,推动金融制度创新,积极发展现代服务业和先进制造业。

2. 主要任务和措施

《陕西总体方案》确立陕西自贸试验区的 7 大任务及 21 类措施:

(1)切实转变政府职能。具体采取两类措施:一是改革创新政府管理方式。二是开展知识产权综合管理改革试点。

(2)深化投资领域改革。具体采取两类措施:一是提升利用外资水平。二是构建对外投资促进体系。

(3)推动贸易转型升级。具体采取两类措施:一是拓展新型贸易方式。二是创新通关监管服务模式。

（4）深化金融领域开放创新。具体采取三类措施：一是推动金融制度创新。二是增强金融服务功能。三是建立健全金融风险防范体系。

（5）扩大与"一带一路"沿线国家经济合作。具体采取三类措施：一是创新互联互通合作机制。二是创新国际产能合作模式。三是创新现代农业交流合作机制。

（6）创建与"一带一路"沿线国家人文交流新模式。具体采取五类措施：一是创新科技合作机制。二是创新教育合作机制。拓展与"一带一路"沿线国家跨境教育合作空间，推动教育资源共享，建设智力丝绸之路。三是创新文化交流合作机制。四是创新旅游合作机制。五是创新医疗卫生合作机制。

（7）推动西部大开发战略深入实施。具体采取四类措施：一是带动区域开放型经济发展。二是推动区域创新发展。三是促进区域产业转型升级。四是构建服务区域发展的人才高地。

（二）陕西省人民政府关于陕西自贸试验区建设的相关制度

为落实国务院批准的《陕西总体方案》确定的各项任务和措施，陕西省人民政府先后出台一些重要的规章、规范性文件。

1.《关于中国（陕西）自由贸易试验区实施部分省级管理事项的决定》

2017年3月30日，陕西省人民政府2017年第三次常务会议通过《关于中国（陕西）自由贸易试验区实施部分省级管理事项的决定》，并以陕西省人民政府令第199号公布，自公布之日起施行。该决定仅一项内容：决定由省级相关部门下放、委托中国（陕西）自由贸易试验区范围内的各管委会实施下列217项省级管理事项。下放项目自规章发布之日起生效，由各管委会实施；委托项目由各管委会和省级相关部门签订委托书后实施。

2.《中国（陕西）自由贸易试验区管理办法》

2017年12月14日，陕西省政府2017年第二十二次常务会议通过《中国（陕西）自由贸易试验区管理办法》（以下简称《管理办法》），并以陕西省人民政府令第207号公布。《管理办法》自公布之日起施行。《管理办法》设总则、管理体制、投资管理、贸易便利化、金融服务、"一带一路"经济合作与人文交流、推动西部大开发、综合管理与服务、附则9章，共51条。

《管理办法》在制定过程中,两次向社会公开征求意见。其主要亮点有:

一是实施证照分离,试行"多证合一、多项联办"。

二是自贸试验区对外商投资实行准入前国民待遇加负面清单管理制度;支持区内符合条件的企业开展境外证券投资。

三是在贸易便利化方面,大力发展生产性服务贸易,推动金融、保险、物流、信息、研发设计等资本和技术密集型服务出口。推动知识产权跨境交易便利化。支持自贸试验区企业建设出口商品"海外仓"和海外运营中心。

四是在金融服务方面,支持符合条件的境内纯中资民营企业在自贸试验区发起设立民营银行,支持符合条件的法人在自贸试验区内设立各类非银行金融机构。允许外商投资在自贸试验区内新设一家合资证券公司。支持区内符合条件的企业开展境外证券投资;引导各类创新主体,设立海外研发中心。

五是针对"一带一路"经济合作与人文交流,鼓励自贸试验区内绿色低碳龙头企业"走出去",建设国际产能合作绿色产业园区。引导各类创新主体在"一带一路"沿线国家共建创新平台,设立海外研发中心。推进面向"一带一路"沿线国家的教育培训基地建设,允许获得硕士及以上学位的优秀外国留学生毕业后在自贸试验区工作并完善留学生居留和创新创业奖励制度。鼓励社会资本以多种形式参与建设文化、旅游产业项目。

六是简化程序,推动境内外专业人才双向流动;在自贸试验区建立健全高层次人才评价机制,简化高层次人才评价认定程序,推动境内外专业人才双向流动,为外籍高层次人才的出入境、工作、在华停居留及其家属、子女来华随居、教育提供便利。

七是自贸试验区实施市场主体信用风险分类监管制度,健全市场主体及从业人员信用信息记录和披露制度,推行守信激励和失信惩戒机制。

3.《关于支持中国(陕西)自由贸易试验区深化改革创新若干措施的意见》

2018年10月17日,陕西省人民政府发布《关于支持中国(陕西)自由贸易试验区深化改革创新若干措施的意见》(陕政发〔2018〕35号)。《意见》共52条,着重规定六个方面的内容:一是赋予自贸试验区更大的改革自主权;二是加快营商环境建设;三是进一步提升投资贸易便利化水平;四是进一步加强金融创新;五是进一步推进差别化改革;六是加快推动自贸试验区产业聚集发展。

4.《中国(陕西)自由贸易试验区"证照分离"改革全覆盖试点实施方案》

2019 年 11 月 30 日,陕西省人民政府办公厅印发《中国(陕西)自由贸易试验区"证照分离"改革全覆盖试点实施方案》的通知(陕政办发〔2019〕35 号)。《方案》旨在贯彻落实《国务院关于在自由贸易试验区开展"证照分离"改革全覆盖试点的通知》(国发〔2019〕25 号)精神,持续深化"放管服"改革,进一步降低企业制度性交易成本,不断激发市场活力和社会创造力,稳步推进陕西省"证照分离"改革全覆盖试点工作。

《方案》的试点范围和内容是:在深入总结陕西省近年来对部分涉企经营许可事项实施"证照分离"改革经验的基础上,自 2019 年 12 月 1 日起,在中国(陕西)自由贸易试验区开展"证照分离"改革全覆盖试点,对中央层面设定的 523 项、陕西省设定的 10 项涉企经营许可事项实行全覆盖清单管理,按照直接取消审批、审批改为备案、实行告知承诺、优化审批服务四种方式分类推进改革,争取形成一批可复制可推广的制度创新成果。其中,对中央层面设定的不涉及地方事权的事项,要按照国务院有关部门制定的实施方案统筹推进。

《方案》的试点任务主要有两项:一是分类推进审批制度改革。在自贸试验区范围内,对纳入"证照分离"改革全覆盖试点的涉企经营许可事项分别采取四种方式进行管理:即直接取消审批(13 项)、审批改为备案(8 项)、实行告知承诺(62 项)、优化审批服务(450 项)。二是落实改革相关配套政策。主要采取四种方式,即推行经营范围规范化登记、强化信息归集共享、持续提升审批效能、加强事中事后监管。

(三)关于《中国(陕西)自由贸易试验区条例》的立法准备工作

2019 年 4 月,陕西省第十三届人大常委会公布陕西省人大常委会五年立法规划。该规划将制定《中国(陕西)自由贸易试验区条例》列为第三类项目即调研项目。2020 年 2 月 15 日,陕西省司法厅发布关于对《中国(陕西)自由贸易试验区条例》(征求意见稿)公开征求意见的公告,将陕西省司法厅正在审查的由省商务厅起草的《中国(陕西)自由贸易试验区条例》(征求意见稿)全文公布,向社会各界征求意见。征求意见截止日期为 2020 年 3 月 25 日。

《中国(陕西)自由贸易试验区条例》(征求意见稿)共 10 章,95 条,10 章的章名分别为:总则、管理体制、创新机制、营商环境、投资贸易自由化便利化、金融服务、"一带一路"经济合作与人文交流、推进西部大开发、保障措施、附则。截至 2020 年 7 月底,尚无该条例草案起草完毕并提请陕西省人大常委会审议的信息。

第二节　第三批增设的自贸试验区法治保障概况

2019 年 8 月 2 日,国务院《关于印发 6 个新设自由贸易试验区总体方案的通知》(国发〔2019〕16 号)公布山东、江苏、广西、河北、云南、黑龙江自贸试验区的总体方案。一年多来,各自贸试验区按照总体方案的要求积极开展先行先试工作,相关的法治保障工作也在有序推进。就作为地方性法规的自贸试验区条例而言,截至 2020 年 7 月底,第三批增设的 6 个自贸试验区中,山东、河北自贸试验区条例草案已经提请省人大常委会审议,江苏、广西自贸试验区条例草案起草已进入公开征求意见阶段。

一、中国(山东)自贸试验区法治保障概况

(一)山东自贸试验区的总体要求和主要任务

2019 年 8 月 2 日,国务院公布《中国(山东)自由贸易试验区总体方案》(以下简称《山东总体方案》),确定山东自贸试验区建设的总体要求、主要任务和措施。

1. 总体要求

山东自贸试验区的战略定位及发展目标是:以制度创新为核心,以可复制可推广为基本要求,全面落实中央关于增强经济社会发展创新力、转变经济发展方式、建设海洋强国的要求,加快推进新旧发展动能接续转换、发展海洋经济,形成对外开放新高地。经过 3 年至 5 年改革探索,对标国际先进规则,形成更多有国际竞争力的制度创新成果,推动经济发展质量变革、效率变革、动力变革,努力建成贸易投资便利、金融服务完善、监管安

303

全高效、辐射带动作用突出的高标准高质量自由贸易园区。

根据《山东总体方案》确定的山东自贸试验区的区位布局,其实施范围为 119.98 平方公里,涵盖三个片区:济南片区 37.99 平方公里,青岛片区 52 平方公里(含青岛前湾保税港区 9.12 平方公里、青岛西海岸综合保税区 2.01 平方公里),烟台片区 29.99 平方公里(含烟台保税港区区块二 2.26 平方公里)。按功能划分,济南片区重点发展人工智能、产业金融、医疗康养、文化产业、信息技术等产业,开展开放型经济新体制综合试点试验,建设全国重要的区域性经济中心、物流中心和科技创新中心;青岛片区重点发展现代海洋、国际贸易、航运物流、现代金融、先进制造等产业,打造东北亚国际航运枢纽、东部沿海重要的创新中心、海洋经济发展示范区,助力青岛打造我国沿海重要中心城市;烟台片区重点发展高端装备制造、新材料、新一代信息技术、节能环保、生物医药和生产性服务业,打造中韩贸易和投资合作先行区、海洋智能制造基地、国家科技成果和国际技术转移转化示范区。

2. 主要任务和措施

《山东总体方案》确定山东自贸试验区的 7 大任务,18 类措施:

(1)加快转变政府职能的具体措施是打造国际一流营商环境。深化商事制度改革,推进"证照分离"改革全覆盖。推行"极简审批"、"不见面审批(服务)",深化"一次办好"改革。全面开展工程建设项目审批制度改革。应用人工智能技术,提高社会治理水平。建立健全以信用监管为核心、与负面清单管理方式相适应的事中事后监管体系。强化竞争政策的基础性地位。配合做好外商投资安全审查工作。

(2)深化投资领域改革。具体采取两类措施:一是深入推进投资自由化便利化。二是完善投资促进和保护机制。

(3)推动贸易转型升级。具体采取三类措施:一是提升贸易便利化水平。二是培育贸易新业态新模式。三是持续优化贸易结构。

(4)深化金融领域开放创新。具体采取三类措施:一是扩大人民币跨境使用。二是促进跨境投融资便利化。三是探索实施金融创新。

(5)推动创新驱动发展。具体采取四类措施:一是加强创新能力建设。二是推进医疗医药行业发展。三是健全知识产权保护和运用体系。

四是优化外籍及港澳台人才发展环境。

（6）高质量发展海洋经济。具体采取三类措施：一是加快发展海洋特色产业。二是提升海洋国际合作水平。三是提升航运服务能力。

（7）深化中日韩区域经济合作。具体采取两类措施：一是探索三国地方经济合作。二是推进区域合作交流便利化。

（二）《中国（山东）自由贸易试验区条例》的立法准备情况

2020年3月23日，山东省司法厅发布了公开征求《中国（山东）自由贸易试验区条例（草案征求意见稿）》意见的公告，就山东省商务厅代省政府起草的《中国（山东）自由贸易试验区条例（草案征求意见稿）》全文公开，征求公众意见。草案征求意见稿设总则、管理体制、投资开放、贸易便利、金融服务、创新驱动、海洋经济、区域经济合作、营商环境、附则，共10章，60条。

2020年6月10日，山东省第十三届人大常委会第二十次会议对《中国（山东）自由贸易试验区条例（草案）》（以下简称《条例（草案）》）进行审议。《条例（草案）》将自贸试验区定位于"以制度创新为核心，探索可复制可推广经验，加快推进新旧动能接续转换、海洋经济高质量发展、区域经济合作持续深化，形成新时代改革开放的新高地"，明确自贸试验区"逐步建成贸易投资便利、金融服务完善、监管安全高效、辐射带动作用突出的高标准高质量自由贸易园区"的发展目标。《条例（草案）》对自贸试验区与省内开发区、海关特殊监管区域的协同发展机制进行规定，对济南、青岛、烟台片区的发展方向及片区间的联动合作机制作了明确规定。

二、中国（江苏）自贸试验区法治保障概况

（一）江苏自贸试验区的总体要求和主要任务

2019年8月2日，国务院公布《中国（江苏）自由贸易试验区总体方案》（以下简称《江苏总体方案》），确定江苏自贸试验区建设的总体要求、主要任务和措施。

1. 总体要求

江苏自贸试验区的战略定位及发展目标是：以制度创新为核心，以可复制可推广为基本要求，全面落实中央关于深化产业结构调整、深入实施

创新驱动发展战略的要求,推动全方位高水平对外开放,加快"一带一路"交汇点建设,着力打造开放型经济发展先行区、实体经济创新发展和产业转型升级示范区。经过3年至5年改革探索,对标国际先进规则,形成更多有国际竞争力的制度创新成果,推动经济发展质量变革、效率变革、动力变革,努力建成贸易投资便利、高端产业集聚、金融服务完善、监管安全高效、辐射带动作用突出的高标准高质量自由贸易园区。

《江苏总体方案》确定了江苏自贸试验区的区位布局,其实施范围为119.97平方公里,涵盖三个片区:南京片区39.55平方公里,苏州片区60.15平方公里(含苏州工业园综合保税区5.28平方公里),连云港片区20.27平方公里(含连云港综合保税区2.44平方公里)。按功能划分,南京片区建设具有国际影响力的自主创新先导区、现代产业示范区和对外开放合作重要平台;苏州片区建设世界一流高科技产业园区,打造全方位开放高地、国际化创新高地、高端化产业高地、现代化治理高地;连云港片区建设亚欧重要国际交通枢纽、集聚优质要素的开放门户、"一带一路"沿线国家(地区)交流合作平台。

2. 主要任务和措施

《江苏总体方案》确定江苏自贸试验区的6大任务,20类措施。

(1) 加快转变政府职能。具体采取三类措施:一是打造国际一流营商环境。二是推进行政管理职能与流程优化。三是创新事中事后监管体制机制。

(2) 深化投资领域改革。具体采取四类措施:一是深入推进投资自由化便利化。二是完善投资促进和保护机制。三是提高境外投资合作水平。四是大力发展总部经济。

(3) 推动贸易转型升级。具体采取三类措施:一是提升贸易便利化水平。二是创新贸易综合监管模式。三是推动服务贸易创新发展。

(4) 深化金融领域开放创新。具体采取三类措施:一是扩大金融领域对内对外开放。二是强化金融对实体经济的支撑。三是推进金融支持科技创新。

(5) 推动创新驱动发展。具体采取五类措施:一是支持制造业创新发展。二是推动现代服务业集聚发展。打造健康服务发展先行区。三是构建开放创新载体。四是完善知识产权保护和运用体系。五是优化创新要素市场配置机制。

（6）积极服务国家战略。具体采取两类措施：一是推动"一带一路"交汇点建设。二是推动长江经济带和长江三角洲区域一体化发展。

（二）《中国（江苏）自由贸易试验区条例》的立法准备情况

江苏省人民政府2020年3月印发的《省政府2020年立法工作计划》中提到，为推进和保障中国（江苏）自由贸易试验区建设，由江苏省商务厅起草《中国（江苏）自由贸易试验区条例》草案，条例草案列入正式立法项目之列，力争年内完成。为增强立法的公开性和透明度，提高立法质量，2020年4月，江苏省商务厅发布《中国（江苏）自由贸易试验区条例（试行）（草案）》（征求意见稿）公开征求意见的通知，全文公开《中国（江苏）自由贸易试验区条例（试行）（草案）》（征求意见稿），征求社会各界意见。

草案征求意见稿设总则、管理体制、投资开放、贸易便利、实体经济创新发展、创新金融服务、服务国家战略、优化营商环境、综合监管、附则，共10章，72条，全面、系统地规定国务院批准的《江苏总体方案》确定的江苏自贸试验区的各项任务、措施，并细化了修改措施。截至2020年7月底，尚无该条例草案起草完毕并提请江苏省人大常委会审议的信息。

三、中国（广西）自贸试验区法治保障概况

（一）广西自贸试验区的总体要求和主要任务

2019年8月2日，国务院公布《中国（广西）自由贸易试验区总体方案》（以下简称《广西总体方案》），确定广西自贸试验区建设的总体要求、主要任务和措施。

1. 总体要求

广西自贸试验区的战略定位及发展目标是：以制度创新为核心，以可复制可推广为基本要求，全面落实中央关于打造西南中南地区开放发展新的战略支点的要求，发挥广西与东盟国家陆海相邻的独特优势，着力建设西南中南西北出海口、面向东盟的国际陆海贸易新通道，形成21世纪海上丝绸之路和丝绸之路经济带有机衔接的重要门户。经过3年至5年改革探索，对标国际先进规则，形成更多有国际竞争力的制度创新成果，推动经

济发展质量变革、效率变革、动力变革,努力建成贸易投资便利、金融服务完善、监管安全高效、辐射带动作用突出、引领中国—东盟开放合作的高标准高质量自由贸易园区。

《广西总体方案》确定广西自贸试验区的区位布局,其实施范围为119.99平方公里,涵盖三个片区:南宁片区46.8平方公里(含南宁综合保税区2.37平方公里),钦州港片区58.19平方公里(含钦州保税港区8.81平方公里),崇左片区15平方公里(含凭祥综合保税区1.01平方公里)。按照功能划分,南宁片区重点发展现代金融、智慧物流、数字经济、文化传媒等现代服务业,大力发展新兴制造产业,打造面向东盟的金融开放门户核心区和国际陆海贸易新通道重要节点;钦州港片区重点发展港航物流、国际贸易、绿色化工、新能源汽车关键零部件、电子信息、生物医药等产业,打造国际陆海贸易新通道门户港和向海经济集聚区;崇左片区重点发展跨境贸易、跨境物流、跨境金融、跨境旅游和跨境劳务合作,打造跨境产业合作示范区,构建国际陆海贸易新通道陆路门户。

2. 主要任务和措施

《广西总体方案》确定广西自贸试验区的7大任务,16类措施:

(1)加快转变政府职能。具体采取两类措施:一是打造国际一流营商环境。二是深入推进行政管理职能与流程优化。

(2)深化投资领域改革。具体采取三类措施:一是深入推进投资自由化便利化。二是完善投资促进和保护机制。三是提高境外投资合作水平。

(3)推动贸易转型升级。具体采取两类措施:一是提升贸易便利化水平。二是培育贸易新业态新模式。

(4)深化金融领域开放创新。具体采取两类措施:一是打造面向东盟的金融开放门户。二是促进跨境投融资便利化。

(5)推动创新驱动发展。具体采取两类措施:一是强化科技创新支撑引领。二是推进人力资源领域改革。

(6)构建面向东盟的国际陆海贸易新通道。具体采取三类措施:一是畅通国际大通道。二是创新多式联运服务。三是打造对东盟合作先行先试示范区。

(7)形成"一带一路"有机衔接的重要门户。具体采取两类措施:一是打造西部陆海联通门户港。二是建设中国—中南半岛陆路门户。

（二）《中国（广西）自由贸易试验区条例》的立法准备情况

2020年4月21日，广西壮族自治区司法厅在官网上发布关于征求《中国（广西）自由贸易试验区条例（草案征求意见稿）》意见的公告，全文公开了《中国（广西）自由贸易试验区条例（草案征求意见稿）》，征求社会各界的意见。草案征求意见稿设总则、管理体制、投资促进、贸易便利、开放合作、综合服务和监管、法治保障、附则，共8章，57条。

起草《条例》的依据主要是《外商投资法》《外商投资法实施条例》《优化营商环境条例》等法律法规，同时参考借鉴了上海、广东、湖北、四川、重庆等省市的立法经验做法。

2020年6月6日，自治区商务厅、司法厅举行《中国（广西）自由贸易试验区条例（草案）》立法论证会。与会专家对广西自贸试验区立法的必要性和《条例》（草案）内容的合法性、可操作性、条款表述规范性等方面展开充分研讨和论证，对《条例》（草案）内容进行了逐条梳理，并提出了具体意见和建议。

2020年7月22日，广西壮族自治区第十三届人大常委会第十七次会议初次审议《中国（广西）自由贸易试验区条例（草案）》。

四、中国（河北）自贸试验区法治保障概况

（一）河北自贸试验区的总体要求和主要任务

2019年8月2日，国务院公布《中国（河北）自由贸易试验区总体方案》（以下简称《河北总体方案》），确定河北自贸试验区建设的总体要求、主要任务和措施。

1. 总体要求

河北自贸试验区的战略定位及发展目标是：以制度创新为核心，以可复制可推广为基本要求，全面落实中央关于京津冀协同发展战略和高标准高质量建设雄安新区要求，积极承接北京非首都功能疏解和京津科技成果转化，着力建设国际商贸物流重要枢纽、新型工业化基地、全球创新高地和开放发展先行区。经过3年至5年改革探索，对标国际先进规则，形成更多有国际竞争力的制度创新成果，推动经济发展质量变革、效率变革、动力

变革,努力建成贸易投资自由便利、高端高新产业集聚、金融服务开放创新、政府治理包容审慎、区域发展高度协同的高标准高质量自由贸易园区。

《河北总体方案》确定河北自贸试验区的区位布局,其实施范围为119.97平方公里,涵盖四个片区:雄安片区33.23平方公里,正定片区33.29平方公里(含石家庄综合保税区2.86平方公里),曹妃甸片区33.48平方公里(含曹妃甸综合保税区4.59平方公里),大兴机场片区19.97平方公里。按照功能划分,雄安片区重点发展新一代信息技术、现代生命科学和生物技术、高端现代服务业等产业,建设高端高新产业开放发展引领区、数字商务发展示范区、金融创新先行区。正定片区重点发展临空产业、生物医药、国际物流、高端装备制造等产业,建设航空产业开放发展集聚区、生物医药产业开放创新引领区、综合物流枢纽。曹妃甸片区重点发展国际大宗商品贸易、港航服务、能源储配、高端装备制造等产业,建设东北亚经济合作引领区、临港经济创新示范区。大兴机场片区重点发展航空物流、航空科技、融资租赁等产业,建设国际交往中心功能承载区、国家航空科技创新引领区、京津冀协同发展示范区。

2. 主要任务和措施

《河北总体方案》确定河北自贸试验区的7大任务,16类措施:

(1)加快转变政府职能。具体采取的措施是:打造国际一流营商环境。推进"证照分离"改革全覆盖。调整完善省级管理权限下放内容和方式。全面开展工程建设项目审批制度改革,实现"一口受理"、"两验终验",推行"函证结合"、"容缺后补"等改革。

(2)深化投资领域改革。具体采取两类措施:一是深入推进投资自由化便利化。二是完善投资促进和保护机制。

(3)推动贸易转型升级。具体采取三类措施:一是提升贸易便利化水平。二是支持开展国际大宗商品贸易。三是建设国际商贸物流重要枢纽。

(4)深化金融领域开放创新。具体采取三类措施:一是增强金融服务功能。二是深化外汇管理体制改革。三是推动跨境人民币业务创新。

(5)推动高端高新产业开放发展。具体采取两类措施:一是支持生物医药和生命健康产业开放发展。二是支持装备制造产业开放创新。

(6)引领雄安新区高质量发展。具体采取三类措施:一是建设金融创新先行区。二是建设数字商务发展示范区。三是推进生命科学与生物技术创新发展。

（7）推动京津冀协同发展。具体采取两类措施：一是推动区域产业协同创新。二是促进要素跨区域流动。

（二）《中国（河北）自由贸易试验区管理办法》

2019年10月10日，河北省人民政府第六十五次常务会议通过了《中国（河北）自由贸易试验区管理办法》（以下简称《管理办法》），并于2019年10月28日以省政府令的形式发布。《管理办法》设总则、管理体制、投资改革、贸易便利、金融创新、产业开放、协同发展、风险防范、营商环境、附则共10章，56条。《管理办法》细化国务院批准的《河北总体方案》确定的任务和措施。

一是在投资改革方面，全面落实外商投资准入前国民待遇加负面清单管理制度，推动准入前和准入后管理措施的有效衔接。允许取得我国一级注册建筑师或者一级注册结构工程师资格的境外专业人士作为合伙人，按照相应资质标准要求设立建筑工程设计事务所。支持外商投资设立航空运输销售代理企业。

二是在贸易便利方面，支持在雄安片区设立综合保税区，在曹妃甸片区建设国际海运快件监管中心，开展平行进口汽车试点。允许商储租赁国有企业商业油罐，支持开展成品油和保税燃料油交割、仓储，允许自贸试验区内企业开展不同税号下保税油品混兑调和。支持正定片区设立进口钻石指定口岸。支持北京大兴国际机场申请设立水果、种子种苗、食用水生动物、肉类、冰鲜水产品等其他特殊商品进出口指定监管作业场地。

三是在金融创新方面，支持试点设立健康保险等外资专业保险机构。允许货物贸易外汇管理分类等级为A类的企业货物贸易收入无需开立待核查账户。支持自贸试验区内银行按照规定发放境外人民币贷款，支持自贸试验区内企业的境外母公司按照有关规定在境内发行人民币债券。建设雄安片区金融创新先行区。

四是在产业开放方面，自贸试验区优化生物医药全球协同研发的试验用特殊物品的检疫查验流程。支持石家庄依法依规建设进口药品口岸，设立首次进口药品和生物制品口岸。支持自贸试验区内符合条件的医疗卫生机构开展干细胞临床前沿医疗技术研究项目,建立项目备案绿色通道。支持建设国家进口高端装备再制造产业示范园区,试点数控机床、石油钻采产品等高附加值大型成套设备及关键零部件进口再制造。

五是在协同发展方面,支持北京非首都功能优先向自贸试验区疏解转移。已在北京市、天津市取得生产经营资质、认证的企业搬迁到自贸试验区后,经审核继续享有原有资质、认证。允许符合条件的北京市、天津市企业将注册地变更到自贸试验区后,继续使用原企业名称。

六是在营商环境方面,自贸试验区实行"证照分离"改革全覆盖,推动涉企经营许可事项照后减证、简化审批。自贸试验区应当全面开展工程建设项目审批制度改革,实现"一口受理"、"两验终验",推行"函证结合"、"容缺后补"等改革。探索实施投资项目先建后验管理新模式。自贸试验区应当建立京津冀人才跨区域资质互认、双向聘任等制度。

(三)《中国(河北)自由贸易试验区条例》的立法准备情况

2020年1月22日,河北省司法厅发布了关于《中国(河北)自由贸易试验区条例(征求意见稿)》公开征求意见的通知,全文公开了河北省司法厅会同省商务厅起草的《中国(河北)自由贸易试验区条例(征求意见稿)》,向社会公开征求意见。《条例》(征求意见稿)设总则、管理体制、投资改革、贸易便利、金融创新、产业开放、协同发展、营商环境、附则共9章,56条。

2020年5月31日,河北省第十三届人大常委会第十七次会议初次审议《中国(河北)自由贸易试验区条例(草案)》。

五、中国(云南)自贸试验区法治保障概况

(一)云南自贸试验区的总体要求和主要任务

2019年8月2日,国务院公布《中国(云南)自由贸易试验区总体方案》(以下简称《云南总体方案》),确定云南自贸试验区建设的总体要求、主要任务和措施。

1. 总体要求

云南自贸试验区的战略定位及发展目标是:以制度创新为核心,以可复制可推广为基本要求,全面落实中央关于加快沿边开放的要求,着力打造"一带一路"和长江经济带互联互通的重要通道,建设连接南亚东南亚大

通道的重要节点,推动形成我国面向南亚东南亚辐射中心、开放前沿。经过 3 年至 5 年改革探索,对标国际先进规则,形成更多有国际竞争力的制度创新成果,推动经济发展质量变革、效率变革、动力变革,努力建成贸易投资便利、交通物流通达、要素流动自由、金融服务创新完善、监管安全高效、生态环境质量一流、辐射带动作用突出的高标准高质量自由贸易园区。

《云南总体方案》确定云南自贸试验区的区位布局,其实施范围为119.86 平方公里,涵盖三个片区:昆明片区 76 平方公里(含昆明综合保税区 0.58 平方公里),红河片区 14.12 平方公里,德宏片区 29.74 平方公里。按照功能划分,昆明片区加强与空港经济区联动发展,重点发展高端制造、航空物流、数字经济、总部经济等产业,建设面向南亚东南亚的互联互通枢纽、信息物流中心和文化教育中心;红河片区加强与红河综合保税区、蒙自经济技术开发区联动发展,重点发展加工及贸易、大健康服务、跨境旅游、跨境电商等产业,全力打造面向东盟的加工制造基地、商贸物流中心和中越经济走廊创新合作示范区;德宏片区重点发展跨境电商、跨境产能合作、跨境金融等产业,打造沿边开放先行区、中缅经济走廊的门户枢纽。

2. 主要任务和措施

《云南总体方案》确定云南自贸试验区的 6 项主要任务,19 类措施:

(1)加快转变政府职能。具体采取三类措施:一是推进行政管理职能与流程优化。二是优化外籍及港澳台人才发展环境。三是创新事中事后监管体制机制。

(2)深化投资领域改革。具体采取两类措施:一是深入推进投资自由化便利化。二是完善投资促进和保护机制。

(3)推动贸易转型升级。具体采取四类措施:一是提升贸易便利化水平。二是创新贸易监管模式。三是创新推进跨境电子商务发展。四是培育新业态新模式。

(4)深化金融领域开放创新。具体采取三类措施:一是扩大金融领域对外开放。二是推动跨境人民币业务创新发展。三是促进跨境投融资便利化。

(5)创新沿边经济社会发展新模式。具体采取三类措施:一是创新沿边跨境经济合作模式。二是探索推进边境地区人员往来便利化。三是加

313

大科技领域国际合作力度。

(6)加快建设我国面向南亚东南亚辐射中心。具体采取四类措施：一是构建连接南亚东南亚的国际开放大通道。二是打造区域跨境物流中心。三是建设沿边资源储备基地。四是全力打造世界一流的健康生活目的地。

(二)《中国(云南)自由贸易试验区管理办法》

2020年2月4日,云南省第十三届省人民政府第五十八次常务会议通过《中国(云南)自由贸易试验区管理办法》(以下简称《管理办法》),并于2020年3月5日公布。《管理办法》设总则、管理体制、投资管理和贸易便利、金融开放创新、沿边开放和跨境合作、面向南亚东南亚辐射中心建设、法治环境和综合服务、附则共8章57条。其立法依据主要是《外商投资法》《外商投资法实施条例》《优化营商环境条例》等法律、行政法规,以及国务院批准的《总体方案》。与其他自贸试验区的法律制度相比,其个性化、差异化的内容主要有以下几方面:

在管理体制方面,明确自贸试验区建立顾问制度,建立健全工作咨询机制,为自贸试验区建设发展提供决策参考。

在投资管理和贸易便利方面,统一内外资人才中介机构投资者资质要求,并且规定自贸试验区依法制定外商投资促进和便利化政策措施,建立健全外商投资服务体系,完善外商投资促进、项目跟踪服务和投诉工作机制。在贸易便利方面,重点体现提升贸易便利化水平,培育新业态新模式。

在金融开放创新方面,根据《云南总体方案》有关金融领域开放创新的规定,依法依规开展跨境电商人民币结算,推动跨境电商线上融资及担保方式创新。

在沿边开放和跨境合作方面,充分发挥"沿边"和"跨境"区位优势,规定创新沿边跨境经济合作模式,依托跨境经济合作区、边境经济合作区开展国际产能合作。

在面向南亚东南亚辐射中心建设方面,推动孟中印缅经济走廊、中国—中南半岛经济走廊陆路大通道建设,支持开展面向南亚东南亚国家的国际多式联运,推进国际道路运输便利化进程。在法治环境和综合服务方面,建立畅通有效的政企沟通机制,规定制定和调整有关政策措施、制度规范应当主动征求自贸试验区市场主体意见;推行"互联网+政务服务"模式,拓展"一部手机办事通"一网通办功能,推行一个窗口、一网通办、一次办结等制度。

（三）关于云南自贸试验区地方立法的情况

截至 2020 年 7 月底,尚无云南省相关部门起草《中国(云南)自由贸易试验区条例》草案的信息。2020 年云南省人大常委会无制定《中国(云南)自由贸易试验区条例》的立法计划。

六、中国(黑龙江)自贸试验区法治保障概况

（一）黑龙江自贸试验区的总体要求和主要任务

2019 年 8 月 2 日,国务院公布《中国(黑龙江)自由贸易试验区总体方案》(以下简称《黑龙江总体方案》),确定黑龙江自贸试验区建设的总体要求、主要任务和措施。

1. 总体要求

黑龙江自贸试验区的战略定位及发展目标是:以制度创新为核心,以可复制可推广为基本要求,全面落实中央关于推动东北全面振兴全方位振兴、建成向北开放重要窗口的要求,着力深化产业结构调整,打造对俄罗斯及东北亚区域合作的中心枢纽。经过 3 年至 5 年改革探索,对标国际先进规则,形成更多有国际竞争力的制度创新成果,推动经济发展质量变革、效率变革、动力变革,努力建成营商环境优良、贸易投资便利、高端产业集聚、服务体系完善、监管安全高效的高标准高质量自由贸易园区。

《黑龙江总体方案》确定黑龙江自贸试验区的区位布局,其实施范围为119.85 平方公里,涵盖三个片区:哈尔滨片区 79.86 平方公里,黑河片区 20 平方公里,绥芬河片区 19.99 平方公里(含绥芬河综合保税区 1.8 平方公里)。按照功能划分,哈尔滨片区重点发展新一代信息技术、新材料、高端装备、生物医药等战略性新兴产业,科技、金融、文化旅游等现代服务业和寒地冰雪经济,建设对俄罗斯及东北亚全面合作的承载高地和联通国内、辐射欧亚的国家物流枢纽,打造东北全面振兴全方位振兴的增长极和示范区;黑河片区重点发展跨境能源资源综合加工利用、绿色食品、商贸物流、旅游、健康、沿边金融等产业,建设跨境产业集聚区和边境城市合作示范区,打造沿边口岸物流枢纽和中俄交流合作重要基地;绥芬河片区重点发

展木材、粮食、清洁能源等进口加工业和商贸金融、现代物流等服务业,建设商品进出口储运加工集散中心和面向国际陆海通道的陆上边境口岸型国家物流枢纽,打造中俄战略合作及东北亚开放合作的重要平台。

2.主要任务和措施

《黑龙江总体方案》确定黑龙江自贸试验区的6大任务和13类措施:

(1)加快转变政府职能。具体措施是打造国际一流营商环境。推进"证照分离"改革全覆盖和政务服务"最多跑一次"。调整完善省级管理权限下放内容和方式。深入探索地方营商环境法治化体系建设。探索建立普通注销登记制度和简易注销登记制度相互配套的市场主体退出制度。完善知识产权评估机制、质押融资风险分担机制和方便快捷的质物处置机制。加强国际商事仲裁交流合作,提高商事纠纷仲裁国际化水平。建立健全以信用监管为核心、与负面清单管理方式相适应的事中事后监管体系。强化竞争政策的基础性地位。配合做好外商投资安全审查工作。

(2)深化投资领域改革。具体采取三类措施:一是深入推进投资自由化便利化。二是完善投资促进和保护机制。三是提高境外投资合作水平。

(3)推动贸易转型升级。具体采取两类措施:一是提升贸易便利化水平。二是培育贸易新业态新模式。

(4)深化金融领域开放创新。具体采取两类措施:一是促进跨境投融资便利化。二是增强金融服务功能。

(5)培育东北振兴发展新动能。具体采取两类措施:一是加快实体经济转型升级。二是推进创新驱动发展。支持开展国际人才管理改革试点。

(6)建设以对俄罗斯及东北亚为重点的开放合作高地。具体采取三类措施:一是建设面向俄罗斯及东北亚的交通物流枢纽。二是提升沿边地区开放水平。三是畅通交往渠道。

(二)黑龙江省关于自贸试验区建设的相关规范性文件

为贯彻落实国务院批准的《黑龙江总体方案》的要求,黑龙江省人民政府及相关部门发布相关规范性文件。

1.《关于加强中国(黑龙江)自由贸易试验区公平竞争审查工作的指导意见》

2020年3月17日,黑龙江省公平竞争审查工作联席会议办公室发布

《关于加强中国(黑龙江)自由贸易试验区公平竞争审查工作的指导意见》(以下简称《指导意见》)。《指导意见》旨在通过落实公平竞争审查制度,防止片区管委会及其所属部门制定出台含有排除、限制竞争内容的政策措施或者签订含有排除、限制竞争内容的合同、协议等,维护片区公平竞争的市场秩序,打造片区市场化、法治化、国际化的营商环境。

《指导意见》从加强组织保障、明确审查范围、规范审查流程、创新审查机制、强化宣传培训、受理投诉举报六个方面为片区管委会做好片区的公平竞争审查工作提出了 18 条明确具体的指导意见。除国务院《关于在市场体系建设中建立公平竞争审查制度的意见》(国发〔2016〕34 号)中规定的政策措施应当进行公平竞争审查外,《指导意见》还将以片区管委会名义与经营者签订的合作协议、合作备忘录以及"一事一议"形式的会议纪要等也纳入公平竞争审查范围;从建立片区管委会公平竞争审查工作联席会议制度和配齐配强联席会议办公室公平竞争审查工作人员两个方面为片区公平竞争审查工作提供了组织保障;明确规定政策制定机关在出台政策措施前应当广泛征求意见;确定审查时咨询、答复及争议解决的具体流程;通过鼓励建立专业复审机制、绩效考核机制、责任追究机制等,强化公平竞争审查的刚性约束;鼓励片区引入第三方评估机构协助开展公平竞争审查工作,对有关政策措施实施情况进行公平竞争审查评估;鼓励片区通过建立公平竞争审查投诉举报平台等方式,畅通投诉举报渠道,动员全社会共同维护公平竞争的市场秩序,推动形成社会共治格局。

2.《关于进一步深化对外开放做好利用外资工作若干措施》

2020 年 7 月 23 日,黑龙江省人民政府印发黑龙江《关于进一步深化对外开放做好利用外资工作若干措施》(以下简称《若干措施》)。《若干措施》提出的一系列措施中包括落实准入前国民待遇加负面清单制度、加大中国(黑龙江)自由贸易试验区开放力度、构建全球化投资促进网络、提高来华工作便利度、打造外商投资企业公平竞争环境等。相关措施中包括在政府采购、标准制定、资金补助、产业政策、科技政策、资质许可、注册登记、上市融资等方面给予外商投资企业同等待遇;支持自由贸易试验区各片区在电信、保险、证券、科研和技术服务、教育、卫生等重点领域实现更大力度的开放。

（三）关于黑龙江自贸试验区地方立法的情况

2020 年 4 月 7 日公布的《黑龙江省政府 2020 年立法工作计划》将制定《中国（黑龙江）自由贸易试验区条例》作为调研项目,由省商务厅起草。黑龙江省人大常委会 2020 年立法计划未列入制定《中国（黑龙江）自由贸易试验区条例》的项目。

第三节　第四批增设的自贸试验区的总体要求和主要任务

2020 年 8 月 30 日,国务院印发《关于北京、湖南、安徽自由贸易试验区总体方案及浙江自由贸易试验区扩展区域方案的通知》（国发〔2020〕10 号）。9 月 21 日国务院向社会正式公布《中国（北京）自由贸易试验区总体方案》《中国（湖南）自由贸易试验区总体方案》《中国（安徽）自由贸易试验区总体方案》《中国（浙江）自由贸易试验区扩展区域方案》。截至 2020 年 10 月,上述四个自贸试验区总体方案刚刚公布,各自贸试验区的法治保障工作正在酝酿之中,有鉴于此,本节仅概要介绍北京、湖南、安徽自由贸易试验区的总体要求和主要任务。

一、中国（北京）自贸试验区的总体要求和主要任务

国务院批准的《中国（北京）自由贸易试验区总体方案》（以下简称《北京总体方案》）明确了北京自贸试验区建设的总体要求、区位布局、主要任务和措施。

1. 总体要求

北京自贸试验区的战略定位及发展目标是:以制度创新为核心,以可复制可推广为基本要求,全面落实中央关于深入实施创新驱动发展、推动京津冀协同发展战略等要求,助力建设具有全球影响力的科技创新中心,加快打造服务业扩大开放先行区、数字经济试验区,着力构建京津冀协同发展的高水平对外开放平台。赋予自贸试验区更大改革自主权,深入开展差别化探索。对标国际先进规则,加大开放力度,开展规则、规制、管理、标准等制度型开放。经过三年至五年改革探索,强化原始创新、技术创新、开放创新、协同创新优势能力,形成更多有国际竞争力的制度创新成果,为进

一步扩大对外开放积累实践经验,努力建成贸易投资便利、营商环境优异、创新生态一流、高端产业集聚、金融服务完善、国际经济交往活跃、监管安全高效、辐射带动作用突出的高标准高质量自由贸易园区。强化自贸试验区改革同北京市改革的联动,各项改革试点任务具备条件的在中关村国家自主创新示范区全面实施,并逐步在北京市推广试验。

2. 区位布局

北京自贸试验区的实施范围为 119.68 平方公里,涵盖三个片区:科技创新片区 31.85 平方公里,国际商务服务片区 48.34 平方公里(含北京天竺综合保税区 5.466 平方公里),高端产业片区 39.49 平方公里。按照功能划分,科技创新片区重点发展新一代信息技术、生物与健康、科技服务等产业,打造数字经济试验区、全球创业投资中心、科技体制改革先行示范区;国际商务服务片区重点发展数字贸易、文化贸易、商务会展、医疗健康、国际寄递物流、跨境金融等产业,打造临空经济创新引领示范区;高端产业片区重点发展商务服务、国际金融、文化创意、生物技术和大健康等产业,建设科技成果转换承载地、战略性新兴产业集聚区和国际高端功能机构集聚区。

3. 主要任务和措施

《北京总体方案》确定了北京自贸试验区七大任务及二十二类措施:

(1)推动投资贸易自由化便利化。具体采取三项措施:一是深化投资领域改革。全面落实外商投资准入前国民待遇加负面清单管理制度。探索引进考试机构及理工类国际教材。完善外商投资促进、项目跟踪服务和投诉工作机制。二是提升贸易便利化水平。推动北京首都国际机场、北京大兴国际机场扩大包括第五航权在内的航权安排。持续拓展国际贸易"单一窗口"服务功能和应用领域。支持北京天竺综合保税区打造具有服务贸易特色的综合保税区。三是创新服务贸易管理。试行跨境服务贸易负面清单管理模式。

(2)深化金融领域开放创新。具体采取三项措施:一是扩大金融领域开放。开展本外币一体化试点。允许区内银行为境外机构人民币银行结算账户(NRA 账户)发放境外人民币贷款,研究推进境外机构投资者境内证券投资渠道整合,研究推动境外投资者用一个 NRA 账户处理境内证券投资事宜。允许更多外资银行获得证券投资基金托管资格。二是促进金融科技创新。围绕支付清算、登记托管、征信评级、资产交易、数据管理等环节,支持金融科技重大项目落地,支持借助科技手段提升金融基础设施服务水平。三是强化金融服务实体经济。允许通过北京产权交易所等依法合规开展实物资产、股权转让、增资扩股的跨境交易。在依法依规、风险可控的前提下,支持区内汽车金融公司开展跨境融资,按照有关规定申请保险兼业代理资格。

(3) 推动创新驱动发展。具体采取三项措施:一是优化人才全流程服务体系。探索制定分层分类人才吸引政策。二是强化知识产权运用保护。探索研究鼓励技术转移的税收政策。探索建立公允的知识产权评估机制,完善知识产权质押登记制度、知识产权质押融资风险分担机制以及质物处置机制。三是营造国际一流创新创业生态。赋予科研人员职务科技成果所有权或长期使用权,探索形成市场化赋权、成果评价、收益分配等制度。鼓励跨国公司设立研发中心,开展"反向创新"。

(4) 创新数字经济发展环境。具体采取三项措施:一是增强数字贸易国际竞争力。对标国际先进水平,探索符合国情的数字贸易发展规则,加强跨境数据保护规制合作,促进数字证书和电子签名的国际互认。二是鼓励发展数字经济新业态新模式。加快新一代信息基础设施建设,探索构建安全便利的国际互联网数据专用通道。三是探索建设国际信息产业和数字贸易港。在风险可控的前提下,在软件实名认证、数据产地标签识别、数据产品进出口等方面先行先试。建设数字版权交易平台,带动知识产权保护、知识产权融资业务发展。

(5) 高质量发展优势产业。具体采取四项措施:一是助力国际交往中心建设。着眼于服务国家总体外交,持续提升重大国事活动服务保障能力。鼓励国际组织集聚。探索开展本外币合一跨境资金池试点,支持符合条件的跨国企业集团在境内外成员之间集中开展本外币资金余缺调剂和归集业务,对跨境资金流动实行双向宏观审慎管理。二是满足高品质文化消费需求。打造国际影视动漫版权贸易平台,探索开展文化知识产权保险业务,开展宝玉石交易业务,做强"一带一路"文化展示交易馆。允许符合条件的外资企业开展面向全球的文化艺术品(非文物)展示、拍卖、交易业务。三是创新发展全球领先的医疗健康产业。简化国内生物医药研发主体开展国际合作研发的审批流程。加速急需医疗器械和研发用材料试剂、设备通关。四是优化发展航空服务。推动北京首都国际机场和北京大兴国际机场联动发展,建设世界级航空枢纽。

(6)探索京津冀协同发展新路径。具体采取三项措施:一是助力高标准建设城市副中心。探索实施相对集中行政许可权试点。鼓励金融机构开展全球资产配置,建设全球财富管理中心。支持设立全国自愿减排等碳交易中心。在国家金融监管机构等的指导下,支持设立北京城市副中心金融风险监测预警与监管创新联合实验室,构建京津冀金融风险监测预警平台。简化特殊人才引进流程。二是深化产业链协同发展。将自贸试验区打造为京津冀产业合作新平台,创新跨区域产业合作,探索建立总部—生产基地、园区共建、整体搬迁等多元化产业对接合作模式。鼓励北京、天津、河北自贸试验区抱团参与"一带一路"建设,坚持稳妥有序原则,共建、共享境内外合作园区。三是推动形成统一开放市场。加强京津冀三地技术市场融通合作,对有效期内整体迁移的高新技术企业保留其高新技术企业资格。逐步实现北京、天津、河北自贸试验区内政务服务"同事同标",推动实现政务服务区域通办、标准互认和采信、检验检测结果互认和采信。探索建立北京、天津、河北自贸试验区联合授信机制,健全完善京津冀一体化征信体系。

(7)加快转变政府职能。具体采取三项措施:一是持续打造国际一流营商环境。推进"证照分离"改革。对新经济模式实施审慎包容监管,探索对新技术新产品加强事中事后监管。二是强化多元化法治保障。允许境外知名仲裁及争议解决机构经北京市人民政府司法行政部门登记并报国务院司法行政部门备案,在区内设立业务机构,就国际商事、投资等领域民商事争议开展仲裁业务,依法支持和保障中外当事人在仲裁前和仲裁中的财产保全、证据保全、行为保全等临时措施的申请和执行。三是健全开放型经济风险防范体系。推行以信用为基础的分级分类监管制度。进一步落实好外商投资安全审查制度,完善反垄断审查、行业管理、用户认证、行为审计等管理措施。健全金融风险监测和预警机制,强化反洗钱、反恐怖融资和反逃税工作,不断提升金融风险防控能力。坚持底线思维,依托信息技术创新风险研判和风险防控手段,建立联防联控机制。

二、中国(湖南)自贸试验区的总体要求和主要任务

国务院批准的《中国(湖南)自由贸易试验区总体方案》(以下简称《湖南总体方案》)明确了湖南自贸试验区建设的总体要求、区位布局、主要任务和措施。

1. 总体要求

湖南自贸试验区的战略定位及发展目标是:以制度创新为核心,以可复制可推广为基本要求,全面落实中央关于加快建设制造强国、实施中部崛起战略等要求,发挥东部沿海地区和中西部地区过渡带、长江经济带和沿海开放经济带结合部的区位优势,着力打造世界级先进制造业集群、联通长江经济带和粤港澳大湾区的国际投资贸易走廊、中非经贸深度合作先行区和内陆开放新高地。赋予自贸试验区更大改革自主权,深入开展差别化探索。对标国际先进规则,加大开放力度,开展规则、规制、管理、标准等制度型开放。经过三年至五年改革探索,形成更多有国际竞争力的制度创新成果,为进一步扩大对外开放积累实践经验,推动先进制造业高质量发展,提升关键领域创新能力和水平,形成中非经贸合作新路径新机制,努力建成贸易投资便利、产业布局优化、金融服务完善、监管安全高效、辐射带动作用突出的高标准高质量自由贸易园区。

2. 区位布局

湖南自贸试验区实施范围为 119.76 平方公里,涵盖三个片区:长沙片区 79.98 平方公里(含长沙黄花综合保税区 1.99 平方公里),岳阳片区 19.94 平方公里(含岳阳城陵矶综合保税区 2.07 平方公里),郴州片区 19.84 平方公里(含郴州综合保税区 1.06 平方公里)。从功能划分看,长沙片区重点对接"一带一路"建设,突出临空经济,重点发展高端装备制造、新一代信息技术、生物医药、电子商务、农业科技等产业,打造全球高端装备制造业基地、内陆地区高端现代服务业中心、中非经贸深度合作先行区和中部地区崛起增长极。岳阳片区重点对接长江经济带发展战略,突出临港经济,重点发展航运物流、电子商务、新一代信息技术等产业,打造长江中游综合性航运物流中心、内陆临港经济示范区。郴州片区重点对接粤港澳大湾区建设,

突出湘港澳直通,重点发展有色金属加工、现代物流等产业,打造内陆地区承接产业转移和加工贸易转型升级重要平台以及湘粤港澳合作示范区。

3. 主要任务和措施

《湖南总体方案》明确了湖南自贸试验区七大任务、二十三项具体措施:

(1)加快转变政府职能。具体采取三项措施:一是营造国际一流营商环境。开展优化营商环境改革举措先行先试。开展强化竞争政策实施试点,创造公平竞争的制度环境。二是优化行政管理职能与流程。深化商事制度改革,探索商事主体登记确认制,试行"自主查询、自主申报"制度。开展"证照分离"改革全覆盖试点。三是创新事中事后监管体制机制。加强信用体系建设,实行信用风险分类监管。建立重大风险防控和应对机制,依托国家企业信用信息公示系统(湖南)创新事中事后监管。建立商事纠纷诉前调解、仲裁制度,支持搭建国际商事仲裁平台。

(2)深化投资领域改革。具体采取两项措施:一是建立更加开放透明的市场准入管理模式。全面落实外商投资准入前国民待遇加负面清单管理制度。二是提升对外投资合作水平。创新境外投资管理,对境外投资项目和境外开办企业,属于省级备案管理范围的,可由自贸试验区备案管理,同时加强事中事后监管。

(3)推动贸易高质量发展。具体采取四项措施:一是提升贸易便利化水平。建设具有国际先进水平的国际贸易"单一窗口",将出口退税、服务外包、维修服务等事项逐步纳入,推动数据协同、简化和标准化。二是创新贸易综合监管模式。实现长沙黄花综合保税区与长沙黄花国际机场航空口岸联动。支持内销选择性征收关税政策在自贸试验区内的综合保税区试点。三是推动加工贸易转型升级。创新区内包装材料循环利用监管模式。支持区内企业开展深加工结转,优化出口退税手续。四是培育贸易新业态。支持自贸试验区内的综合保税区依法依规适用跨境电商零售进口政策。支持跨境电商企业在重点国别、重点市场建设海外仓。

(4)深化金融领域开放创新。具体采取四项措施:一是扩大金融领域对外开放。开展外商投资股权投资企业合格境外有限合伙人(QFLP)试点。放宽外商设立投资性公司申请条件,申请前一年外国投资者的资产总额要求降为不低于2亿美元,取消对外国投资者在中国境内已设立外商投资企业的数量要求。二是促进跨境投融资便利化。开展资本项目收入支付便利化改革试点,简化资本项下外汇收入支付手续,无需事先逐笔提供真实性证明材料。开展货物贸易外汇收支便利化试点。放宽跨国公司外汇资金集中运营管理准入条件。三是增强金融服务实体经济功能。支持开展外部投贷联动和知识产权质押、股权质押、科技融资担保等金融服务。支持金融机构运用区块链、大数据、生物识别等技术提升金融服务能力。支持开展政府投资基金股权投资退出便利化试点。四是建立健全金融风险防控体系。加强对重大风险的识别和系统性金融风险的防范。探索建立覆盖各类金融市场、机构、产品、工具的风险监测监控机制。强化反洗钱、反恐怖融资、反逃税工作。完善金融执法体系,建立公平、公正、高效的金融案件审判和仲裁机制,有效打击金融违法犯罪行为。

(5)打造联通长江经济带和粤港澳大湾区的国际投资贸易走廊具体采取四项措施:一是深入对接长江经济带发展战略。完善区域协同开放机制,积极推进长江经济带沿线自贸试验区合作共建。二是实现湘粤港澳服务业联动发展。积极对接粤港澳大湾区建设,实现市场一体、标准互认、政策协调、规则对接。发展湘粤港澳智能物流,打造面向粤港澳大湾区的中部地区货运集散中心。推进粤港澳大湾区口岸和湖南地区通关监管协作。三是畅通国际化发展通道。在对外航权谈判中支持长沙黄花国际机场获得包括第五航权在内的航权安排,开展经停第三国的航空客货运业务。四是优化承接产业转移布局。积极探索承接沿海产业转移的路径和模式,开展飞地经济合作,建立健全区域间互动合作和利益分享机制。探索建立跨省域资质和认证互认机制。

(6)探索中非经贸合作新路径新机制。具体采取两项措施:一是建设中非经贸深度合作先行区。比照现行中西部地区国际性展会留购展品免征进口关税政策,支持办好中国—非洲经贸博览会。试点推进对非认证认可和合格评定结果国际互认工作。二是拓展中非地方合作。探索中非经贸合作新模式,推动建设中非经贸合作公共服务平台,打造中非经贸合作示范高地。

(7)支持先进制造业高质量发展。具体采取四项措施:一是打造高端装备制造业基地。支持国家级工业设计研究院、国家级轨道交通装备检验检测认证机构建设。支持发展航空航天衍生制造、试验测试、维修保障和服务网络体系。二是支持企业参与"一带一路"建设。支持龙头企业建设面向"一带一路"沿线国家和地区的跨境寄递服务网络、国际营销和服务体系。三是推动创新驱动发展。构建以完善重点产业链为目标的技术创新体系,支持关键共性技术研究和重大科技成果转化。四是强化知识产权保护和运用。完善有利于激励创新的知识产权归属制度。结合区内产业特色,搭建针对性强、便利化的知识产权公共服务平台,建立知识产权服务工作站,培养知识产权服务人才,构建一体化的知识产权信息公共服务体系。建立多元化知识产权争端解决与快速维权机制。探索建立公允的知识产权评估机制,优化知识产权质押登记服务,完善知识产权质押融资风险分担机制以及方便快捷的质物处置机制。

三、中国(安徽)自贸试验区的总体要求和主要任务

国务院批准的《中国(安徽)自由贸易试验区总体方案》(以下简称《安徽总体方案》)明确了安徽自贸试验区建设的总体要求、区位布局、主要任务和措施。

1. 总体要求

安徽自贸试验区的战略定位及发展目标是:以制度创新为核心,以可复制可推广为基本要求,全面落实中央关于深入实施创新驱动发展、推动长三角区域一体化发展战略等要求,发挥在推进"一带一路"建设和长江经济带发展中的重要节点作用,推动科技创新和实体经济发展深度融合,加快推进科技创新策源地建设、先进制造业和战略性新兴产业集聚发展,形成内陆开放新高地。赋予自贸试验区更大改革自主权,深入开展差别化探索。对标国际先进规则,加大开放力度,开展规则、规制、管理、标准等制度型开放。经过三年至五年改革探索,形成更多有国际竞争力的制度创新成果,为进一步扩大对外开放积累实践经验,推动科技创新、产业创新、企业创新、产品创新、市场创新,推进开放大通道大平台大通关建设,努力建成贸易投资便利、创新活跃强劲、高端产业集聚、金融服务完善、监管安全高效、辐射带动作用突出的高标准高质量自由贸易园区。

2. 区位布局

安徽自贸试验区实施范围为 119.86 平方公里，涵盖三个片区：合肥片区 64.95 平方公里（含合肥经济技术开发区综合保税区 1.4 平方公里），芜湖片区 35 平方公里（含芜湖综合保税区 2.17 平方公里），蚌埠片区 19.91 平方公里。从功能划分来看，合肥片区重点发展高端制造、集成电路、人工智能、新型显示、量子信息、科技金融、跨境电商等产业，打造具有全球影响力的综合性国家科学中心和产业创新中心引领区。芜湖片区重点发展智能网联汽车、智慧家电、航空、机器人、航运服务、跨境电商等产业，打造战略性新兴产业先导区、江海联运国际物流枢纽区。蚌埠片区重点发展硅基新材料、生物基新材料、新能源等产业，打造世界级硅基和生物基制造业中心、皖北地区科技创新和开放发展引领区。

3. 主要任务和措施

《安徽总体方案》明确了安徽自贸试验区七大任务、十九项具体措施：

（1）加快转变政府职能。采取的具体措施是打造国际一流营商环境：深入实施送新发展理念、送支持政策、送创新项目、送生产要素和服务实体经济"四送一服"工程。开展强化竞争政策实施试点，创造公平竞争的制度环境。以全国审批事项最少、办事效率最高、投资环境最优、市场主体和人民群众获得感最强为目标，营造"四最"营商环境。构建"互联网＋营商环境监测"系统。推行"全省一单"权责清单制度体系。进一步深化工程建设项目审批制度改革。探索建立运用互联网、大数据、人工智能、区块链等技术手段优化行政管理的制度规则。

（2）深化投资领域改革。具体采取三项措施：一是深入推进投资自由化便利化。在科研和技术服务、电信、教育等领域加大对外开放力度，放宽注册资本、投资方式等限制。简化外商投资项目核准程序。二是强化投资促进和保护。鼓励自贸试验区在法定权限内制定外商投资促进政策。三是提升对外投资合作水平。完善境外投资政策和服务体系，为优势产业走出去开拓多元化市场提供优质服务。

（3）推动贸易高质量发展。具体采取三项措施：一是优化贸易监管服务体系。加快建设具有国际先进水平的国际贸易"单一窗口"。优化海关监管模式，综合运用多种合格评定方式，实施差异化监管。完善和推广"海关 ERP 联网监管",大力推进网上监管,开展"互联网+核查"、"线上+线下"核查等创新试点。二是培育发展贸易新业态新模式。支持合肥、芜湖跨境电商综合试验区建设。支持合肥、芜湖片区开展跨境电商零售进口试点。依法依规开展跨境电商人民币结算,推动跨境电商线上融资及担保方式创新。三是提升国际贸易服务能力。支持建设合肥国际航空货运集散中心、芜湖航空器维修保障中心。支持自贸试验区符合条件的片区,按规定申请设立综合保税区。

（4）深化金融领域开放创新。具体采取两项措施:一是扩大金融领域对外开放。落实放宽金融机构外资持股比例、拓宽外资金融机构业务经营范围等措施,支持符合条件的境内外投资者依法设立各类金融机构。研究开展合格境外有限合伙人(QFLP)政策试点。探索开展离岸保险业务。二是推进科技金融创新。加强国家科技成果转化引导基金与安徽省科技成果转化引导基金合作。支持自贸试验区符合条件的商业银行在依法依规、风险可控的前提下,探索设立金融资产投资公司。

（5）推动创新驱动发展。具体采取四项措施:一是建设科技创新策源地。健全支持基础研究、原始创新的体制机制,推动建成合肥综合性国家科学中心框架体系,争创国家实验室,探索国家实验室建设运行模式。二是促进科技成果转移转化。打造"政产学研用金"六位一体科技成果转化机制。支持参与建设相关国家技术创新中心。支持建设关键共性技术研发平台,产学研合作、信息发布、成果交流和交易平台。鼓励建设国际化创新创业孵化平台。支持模式国际化、运行市场化、管理现代化的新型研发机构建设。三是深化国际科技交流合作。支持重要国际组织在合肥综合性国家科学中心设立总部或分支机构,在世界前沿关键领域参与或按程序报批后发起组织国际大科学计划和大科学工程。鼓励建设国际联合研究中心(联合实验室)等国际科技合作基地,探索建立符合国际通行规则的跨国技术转移和知识产权分享机制。四是激发人才创新创业活力。建立以人才资本价值实现为导向的分配激励机制,探索和完善分红权激励、超额利润分享、核心团队持股跟投等中长期激励方案。

（6）推动产业优化升级。具体采取两项措施:一是支持高端制造业发展。支持将生物医药、高端智能装备、新能源汽车、硅基新材料等产业纳入新一批国家战略性新兴产业集群。二是培育布局未来产业。支持超前布局量子计算与量子通信、生物制造、先进核能等未来产业。支持量子信息、类脑芯片、下一代人工智能等新技术的研发应用。

（7）积极服务国家重大战略。具体采取三项措施：一是推动长三角区域一体化高质量发展。对接上海、江苏、浙江自贸试验区，推动长三角地区自贸试验区协同发展，共同打造对外开放高地。二是推动长江经济带发展和促进中部地区崛起战略实施。支持安徽自贸试验区与长江经济带、中部地区其他自贸试验区联动发展。支持长江中上游地区集装箱在自贸试验区内中转集拼业务发展。三是积极服务"一带一路"建设。与"一带一路"沿线国家和地区共建科技创新共同体，支持参与沿线国家基础设施建设。

第 八 章

海南自贸试验区（港）法治保障概况

海南作为我国最年轻的省份，是全国最大的经济特区。1988 年 4 月 13 日，第七届全国人大第一次会议决定撤销广东省海南行政区，设立海南省，建立经济特区，海南经济特区成为我国唯一的省级经济特区。2018 年 10 月 16 日，国务院发布《中国（海南）自由贸易试验区总体方案》，支持海南积极复制推广现有自贸试验区成熟改革试点经验，发挥全岛试点优势，加大制度创新的力度，为逐步探索、稳步推进海南自由贸易港建设，分步骤、分阶段建立自由贸易港政策体系打好坚实基础。海南经济特区三十而立之年，再次担当改革开放新使命。海南全岛 3.54 万平方公里"全域性"对外开放，以更广阔的试验空间，更多元的试验基础，更全面的试验内容，更积极主动的开放战略，打造我国面向太平洋和印度洋的重要对外开放门户，展现我国对外开放的信心和决心。

■ 第一节 海南全面深化改革开放的战略决策

2018 年 4 月 13 日，习近平总书记在庆祝海南建省办经济特区 30 周年大会发表重要讲话，宣布党中央决定支持海南全岛建设自由贸易试验区，支持海南逐步探索、稳步推进中国特色自由贸易港建设，分步骤、分阶段建立自由贸易港政策和制度体系，并要求海南高举改革开放旗帜，创新思路、凝聚力量、突出特色、增创优势，努力成为新时代全面深化改革开放的新标杆，形成更高层次改革开放新格局。海南全岛建设自由贸易试验区，逐步探索、稳步推进中国特色自由贸易港建设，是党中央着眼于国际国内发展大局，深入研究、统筹考虑、科学谋划作出的重大决策,是彰显我国扩大对外开放、积极推动经济全球化决心的重大举措。

2018年4月11日,中共中央、国务院发布《关于支持海南全面深化改革开放的指导意见》(中发〔2018〕12号)(以下简称《指导意见》)。《指导意见》共31条,涉及海南全面深化改革开放的重大意义、总体要求、建设现代化经济体系、推动形成全面开放新格局、服务和融入国家重大战略、加强和创新社会治理、加快生态文明体制改革、完善人才发展制度、保障措施等10个方面的内容。

一、海南全面深化改革开放的战略定位与发展目标

《指导意见》确立海南全面深化改革开放的战略定位:

一是全面深化改革开放试验区。大力弘扬敢闯敢试、敢为人先、埋头苦干的特区精神,在经济体制改革和社会治理创新等方面先行先试。适应经济全球化新形势,实行更加积极主动的开放战略,探索建立开放型经济新体制,把海南打造成为我国面向太平洋和印度洋的重要对外开放门户。

二是国家生态文明试验区。牢固树立和践行绿水青山就是金山银山的理念,坚定不移走生产发展、生活富裕、生态良好的文明发展道路,推动形成人与自然和谐发展的现代化建设新格局,为推进全国生态文明建设探索新经验。

三是国际旅游消费中心。大力推进旅游消费领域对外开放,积极培育旅游消费新热点,下大气力提升服务质量和国际化水平,打造业态丰富、品牌集聚、环境舒适、特色鲜明的国际旅游消费胜地。

四是国家重大战略服务保障区。深度融入海洋强国、"一带一路"建设、军民融合发展等重大战略,全面加强支撑保障能力建设,切实履行好党中央赋予的重要使命,提升海南在国家战略格局中的地位和作用。

《指导意见》确定海南全面深化改革开放各阶段的发展目标:

到2020年,与全国同步实现全面建成小康社会目标,确保现行标准下农村贫困人口实现脱贫,贫困县全部摘帽;自贸试验区建设取得重要进展,国际开放度显著提高;公共服务体系更加健全,人民群众获得感明显增强;生态文明制度基本建立,生态环境质量持续保持全国一流水平。

　　到 2025 年,经济增长质量和效益显著提高;自由贸易港制度初步建立,营商环境达到国内一流水平;民主法制更加健全,治理体系和治理能力现代化水平明显提高;公共服务水平和质量达到国内先进水平,基本公共服务均等化基本实现;生态环境质量继续保持全国领先水平。

　　到 2035 年,在社会主义现代化建设上走在全国前列;自由贸易港的制度体系和运作模式更加成熟,营商环境跻身全球前列;人民生活更为宽裕,全体人民共同富裕迈出坚实步伐,优质公共服务和创新创业环境达到国际先进水平;生态环境质量和资源利用效率居于世界领先水平;现代社会治理格局基本形成,社会充满活力又和谐有序。

　　到 21 世纪中叶,率先实现社会主义现代化,形成高度市场化、国际化、法治化、现代化的制度体系,成为综合竞争力和文化影响力领先的地区,全体人民共同富裕基本实现,建成经济繁荣、社会文明、生态宜居、人民幸福的美好新海南。

二、海南全面深化改革开放的主要任务

　　《指导意见》明确海南全面深化改革开放的主要任务。

　　(一)建设现代化经济体系

　　《指导意见》要求,建设现代化经济体系应当坚持质量第一、效益优先,以供给侧结构性改革为主线,推动经济发展质量变革、效率变革、动力变革,提高全要素生产率,加快建立开放型生态型服务型产业体系,进一步完善社会主义市场经济体制,不断增强海南的经济创新力和竞争力。建设现代化经济体系聚焦四个方面的工作重点:一是深化供给侧结构性改革。二是实施创新驱动发展战略。三是深入推进经济体制改革。四是提高基础设施网络化智能化水平。《指导意见》明确了每一项工作重点的具体推进措施与要求。

　　(二)推动形成全面开放新格局

　　《指导意见》要求,推动形成全面开放新格局应当坚持全方位对外开放,按照先行先试、风险可控、分步推进、突出特色的原则,第一步,在海南全境建设自贸试验区,赋予其现行自贸试验区试点政策;第二步,探索实行符合海南发展定位的自由贸易港政策。推动形成全面开放的新格局应聚

焦三个方面的工作重点：

一是高标准高质量建设自由贸易试验区。以现有自由贸易试验区试点内容为主体，结合海南特点，建设中国（海南）自由贸易试验区，实施范围为海南岛全岛。以制度创新为核心，赋予更大的改革自主权，支持海南大胆试、大胆闯、自主改，加快形成法治化、国际化、便利化的营商环境和公平统一高效的市场环境。更大力度转变政府职能，深化简政放权、放管结合、优化服务改革，全面提升政府治理能力。实行高水平的贸易和投资自由化便利化政策，对外资全面实行准入前国民待遇加负面清单管理制度，围绕种业、医疗、教育、体育、电信、互联网、文化、维修、金融、航运等重点领域，深化现代农业、高新技术产业、现代服务业对外开放，推动服务贸易加快发展，保护外商投资合法权益。推进航运逐步开放。发挥海南岛全岛试点的整体优势，加强改革系统集成，力争取得更多制度创新成果，彰显全面深化改革和扩大开放试验田作用。

二是探索建设中国特色自由贸易港。根据国家发展需要，逐步探索、稳步推进海南自由贸易港建设，分步骤、分阶段建立自由贸易港政策体系。海南自由贸易港建设要体现中国特色，符合海南发展定位，学习借鉴国际自由贸易港建设经验，不以转口贸易和加工制造为重点，而以发展旅游业、现代服务业和高新技术产业为主导，更加强调通过人的全面发展，充分激发发展活力和创造力，打造更高层次、更高水平的开放型经济。及时总结59国外国人入境旅游免签政策实施效果，加大出入境安全措施建设，为进一步扩大免签创造条件。完善国际贸易"单一窗口"等信息化平台。积极吸引外商投资以及先进技术、管理经验，支持外商全面参与自由贸易港建设。在内外贸、投融资、财政税务、金融创新、出入境等方面探索更加灵活的政策体系、监管模式和管理体制，打造开放层次更高、营商环境更优、辐射作用更强的开放新高地。

三是加强风险防控体系建设。出台有关政策要深入论证、严格把关，成熟一项推出一项。打好防范化解重大风险攻坚战，有效履行属地金融监管职责，构建金融宏观审慎管理体系，建立金融监管协调机制，加强对重大风险的识别和系统性金融风险的防范，严厉打击洗钱、恐怖融资及逃税等金融犯罪活动，有效防控金融风险。优化海关监管方式，强化进出境安全准入管理,完善对国家禁止和限制入境货物、物品的监管,高效精准打击走私活动。建立检验检疫风险分类监管综合评定机制。强化企业投资经营事中事后监管,实行"双随机、一公开"监管全覆盖。

(三)创新促进国际旅游消费中心建设的体制机制

《指导意见》要求,深入推进国际旅游岛建设,不断优化发展环境,进一步开放旅游消费领域,积极培育旅游消费新业态、新热点,提升高端旅游消费水平,推动旅游消费提质升级,进一步释放旅游消费潜力,积极探索消费型经济发展的新路径。创新促进国际旅游消费中心建设的体制机制应聚焦三个方面的工作重点:一是拓展旅游消费发展空间。二是提升旅游消费服务质量。三是大力推进旅游消费国际化。

(四)服务和融入国家重大战略

《指导意见》规定,支持海南履行好党中央赋予的重要使命,持续加强支撑保障能力建设,更好服务海洋强国、"一带一路"建设、军民融合发展等国家重大战略实施。服务和融入国家重大战略聚焦四个方面的工作重点:一是加强南海维权和开发服务保障能力建设。二是深化对外交往与合作。三是推进军民融合深度发展。四是加强区域合作交流互动。

(五)加强和创新社会治理

《指导意见》要求,始终坚持以人民为中心的发展思想,完善公共服务体系,加强社会治理制度建设,不断满足人民日益增长的美好生活需要,形成有效的社会治理、良好的社会秩序,使人民获得感、幸福感、安全感更加充实、更有保障、更可持续。加强和创新社会治理聚焦三个方面的工作重点:一是健全改善民生长效机制。二是打造共建共治共享的社会治理格局。三是深化行政体制改革。

(六)加快生态文明体制改革

《指导意见》要求,牢固树立社会主义生态文明观,像对待生命一样对待生态环境,实行最严格的生态环境保护制度,还自然以宁静、和谐、美丽,提供更多优质生态产品以满足人民日益增长的优美生态环境需要,谱写美丽中国海南篇章。加快生态文明体制改革应聚焦三个方面的工作重点:一是完善生态文明制度体系。二是构建国土空间开发保护制度。三是推动形成绿色生产生活方式。

（七）完善人才发展制度

《指导意见》要求，实施人才强国战略，深化人才发展体制机制改革，实行更加积极、更加开放、更加有效的人才政策，加快形成人人渴望成才、人人努力成才、人人皆可成才、人人尽展其才的良好环境。完善人才发展制度聚焦四个方面的工作重点：一是创新人才培养支持机制。二是构建更加开放的引才机制。三是建设高素质专业化干部队伍。四是全面提升人才服务水平。

第二节　海南自由贸易试验区的总体要求、主要任务

2018 年 9 月 24 日，国务院印发《关于印发中国（海南）自由贸易试验区总体方案的通知》（国发〔2018〕34 号），公布《中国（海南）自由贸易试验区总体方案》（以下简称《海南自贸区总体方案》），明确海南自贸试验区建设的总体要求、主要任务和措施。

一、海南自贸试验区的总体要求

海南自贸试验区的战略定位是：发挥海南岛全岛试点的整体优势，紧紧围绕建设全面深化改革开放试验区、国家生态文明试验区、国际旅游消费中心和国家重大战略服务保障区，实行更加积极主动的开放战略，加快构建开放型经济新体制，推动形成全面开放新格局，把海南打造成为我国面向太平洋和印度洋的重要对外开放门户。

海南自贸试验区的发展目标是：对标国际先进规则，持续深化改革探索，以高水平开放推动高质量发展，加快建立开放型生态型服务型产业体系。到 2020 年，自贸试验区建设取得重要进展，国际开放度显著提高，努力建成投资贸易便利、法治环境规范、金融服务完善、监管安全高效、生态环境质量一流、辐射带动作用突出的高标准高质量自贸试验区，为逐步探索、稳步推进海南自由贸易港建设，分步骤、分阶段建立自由贸易港政策体系打好坚实基础。

海南自贸试验区的实施范围是：海南岛全岛。从功能划分来看，按照海南省总体规划的要求，以发展旅游业、现代服务业、高新技术产业为主

导,科学安排海南岛产业布局。按发展需要增设海关特殊监管区域,在海关特殊监管区域开展以投资贸易自由化便利化为主要内容的制度创新,主要开展国际投资贸易、保税物流、保税维修等业务。在三亚选址增设海关监管隔离区域,开展全球动植物种质资源引进和中转等业务。

二、海南自贸试验区的主要任务

《海南自贸区总体方案》确定海南自贸试验区 5 大领域的任务、24 类措施:

一是加快构建开放型经济新体制。具体采取六类措施:一是大幅放宽外资市场准入。二是提升贸易便利化水平。三是创新贸易综合监管模式。四是推动贸易转型升级。五是加快金融开放创新。六是加强"一带一路"国际合作。

二是加快服务业创新发展。具体采取四类措施:一是推动现代服务业集聚发展。二是提升国际航运能力。三是提升高端旅游服务能力。四是加大科技国际合作力度。

三是加快政府职能转变。具体采取六类措施:一是深化机构和行政体制改革。二是打造国际一流营商环境。三是深入推进行政管理职能与流程优化。四是全面推行"互联网＋政务服务"模式。五是完善知识产权保护和运用体系。六是提高外国人才工作便利度。

四是加强重大风险防控体系和机制建设。具体采取四类措施:一是建立健全事中事后监管制度。二是建立健全贸易风险防控体系。三是建立健全金融风险防控体系。四是加强口岸风险防控。

五是坚持和加强党对自贸试验区建设的全面领导。具体采取四类措施:一是加强党的领导。二是强化法制保障。三是完善配套政策。四是加强组织实施。

■ 第三节　海南自由贸易港的总体要求、主要任务

《指导意见》提出海南全岛建设自由贸易试验区,并在海南自贸试验区建设的基础上逐步探索、稳步推进中国特色自由贸易港建设,引起社会广

泛的关注。

一、自由贸易区与自由贸易港的关系

自由贸易区与自由贸易港是既有区别、又有联系的两个不同的概念。自由贸易区通常是指在国境内关外设立的，以优惠税收和海关特殊监管政策为主要手段，以贸易自由化、便利化为主要目的的多功能经济性特区。原则上是指在没有海关"干预"的情况下允许货物进口、制造、再出口。[1]其核心是营造一个符合国际惯例的，对内外资的投资都要具有国际竞争力的国际商业环境。自由贸易港则是指设在国家与地区境内、海关管理关卡之外的，允许境外货物、资金自由进出的港口区，对进出港区的全部或大部分货物免征关税，并且准许在自由港内，开展货物自由储存、展览、拆散、改装、重新包装、整理、加工和制造等业务活动，是目前全球开放水平最高的特殊经济功能区。新加坡、阿联酋迪拜、荷兰鹿特丹都是比较典型的自由贸易港。

自由贸易区与自由贸易港存在显著的差别：一是功能不同。自由贸易区主要是发挥投资、贸易、金融自由化、便利化的功能。自由贸易港除具备自由贸易区的功能外，还可以在港内自由改装、加工和长期储存或销售。二是关税地位不同。自由贸易港的显著特征在于外国商品进出港口时免交关税。自由贸易区则无免交关税的制度。三是"自由度"不同。与自由贸易区相比，自由贸易港的"自由"范围更广泛，除了贸易自由外，还包括投资自由、雇工自由、经营自由、经营人员出入境自由等。自由贸易港还允许开展离岸贸易，在离岸贸易的基础上，进一步开放高端服务业，发展离岸金融等相关业务。四是设定的区域不同。自由贸易区通常是在城市周边划定一定的区域，范围较为有限。自由贸易港划定的区域更广泛，通常设在外贸货物吞吐量大、国际航线多、联系的国家和地区多、腹地外向型经济发达的港口。[2]简而言之，自由贸易港是自由贸易区的升级。为此，中央决定

---

[1]　中国自由贸易试验区与国外的自由贸易园区不同，重在制度创新，国务院批准的各自贸试验区的《总体方案》中都没有税收优惠的制度。

[2]　除海南探索自由贸易港以外，作为沿海开放城市的上海也积极探索与自由贸易港有关的先行先试。国务院批准的上海自贸试验区《2.0版方案》明确要求上海自贸试验区探索建立自由贸易港。国务院批准的上海自贸试验区临港新片区总体方案提出上海实施特区政策。同样设立在重要港口舟山的浙江自贸试验区也在积极探索自由贸易港政策。

海南在自贸试验区的基础上逐步探索、稳步推进中国特色自由贸易港建设,符合自由贸易港建设的客观规律。

在法治保障领域,与自贸试验区相比,自由贸易港涉及的法律问题更为复杂。其一,自贸试验区具有中国特色,根据现阶段中国的国情,经济社会的发展现状进行适度试验,与国际社会通行的自由贸易园区存在差异。[1]自由贸易港则对标国际最高水平、最高标准,在规则、制度层面与国际通行的规章结合得更为紧密。其二,自贸试验区的先行先试负有可复制、可推广的使命,法治保障的重要方式是立法机关作出相关法律、法规暂时调整适用的方式,试验成功的则修改法律,相关试验事项全面复制推广。自由贸易港的探索则不负有"复制"、"推广"的使命,法治保障无法采用作出暂时调整适用法律的授权决定这一方式。其三,与自贸试验区的先行先试相比,自由贸易港涉及更多的国家事权、中央专属立法权,如果说地方立法在自贸试验区的法治保障领域尚有有限的立法权限,在自由贸易港的关税领域,地方几乎没有立法空间。因此,应该由全国人大或者全国人大常委会直接行使立法权。

二、海南自由贸易港建设的总体要求

2020 年 6 月 1 日,中共中央、国务院印发《海南自由贸易港建设总体方案》,明确海南自由贸易港建设的总体要求、制度设计、分步骤分阶段安排、组织实施。这一方案勾勒海南自由贸易港建设的蓝图,确定海南自由贸易港建设的时间表、线路图。

《海南自由贸易港建设总体方案》确定海南自由贸易港建设应遵循的五项基本原则:

一是借鉴国际经验。坚持高起点谋划、高标准建设,主动适应国际经贸规则重构新趋势,充分学习借鉴国际自由贸易港的先进经营方式、管理方法和制度安排,形成具有国际竞争力的开放政策和制度,加快建立开放

---

[1]　2013 年上海自贸试验区向国务院报送的相关方案采用的名称是"上海自由贸易园区"。国务院经研究后采用了"中国(上海)自由贸易试验区"。这一修改有两层含义:一是自贸试验区的先行先试是国家试验,应当冠名为"中国(上海)";二是自贸试验区现阶段具有"试验"性质,不同于国外的自由贸易园区,应该冠名为"试验区"。

型经济新体制,增强区域辐射带动作用,打造我国深度融入全球经济体系的前沿地带。

二是体现中国特色。确保海南自由贸易港建设正确方向。充分发挥全国上下一盘棋和集中力量办大事的制度优势,调动各方面积极性和创造性,集聚全球优质生产要素,着力在推动制度创新、培育增长动能、构建全面开放新格局等方面取得新突破。

三是符合海南定位。紧紧围绕国家赋予海南建设全面深化改革开放试验区、国家生态文明试验区、国际旅游消费中心和国家重大战略服务保障区的战略定位。

四是突出改革创新。强化改革创新意识,赋予海南更大改革自主权,支持海南全方位大力度推进改革创新,积极探索建立适应自由贸易港建设的更加灵活高效的法律法规、监管模式和管理体制。

五是坚持底线思维。坚持稳扎稳打、步步为营,统筹安排好开放节奏和进度,成熟一项推出一项,不急于求成、急功近利。

海南自由贸易港的实施范围为海南岛全岛。《海南自由贸易港建设总体方案》确定海南自由贸易港建设的发展目标:

到 2025 年,初步建立以贸易自由便利和投资自由便利为重点的自由贸易港政策制度体系。营商环境总体达到国内一流水平,市场主体大幅增长,产业竞争力显著提升,风险防控有力有效,适应自由贸易港建设的法律法规逐步完善,经济发展质量和效益明显改善。

到 2035 年,自由贸易港制度体系和运作模式更加成熟,以自由、公平、法治、高水平过程监管为特征的贸易投资规则基本构建,实现贸易自由便利、投资自由便利、跨境资金流动自由便利、人员进出自由便利、运输来往自由便利和数据安全有序流动。营商环境更加优化,法律法规体系更加健全,风险防控体系更加严密,现代社会治理格局基本形成,成为我国开放型经济新高地。

到 21 世纪中叶,全面建成具有较强国际影响力的高水平自由贸易港。

三、海南自由贸易港的制度设计

《海南自由贸易港建设总体方案》以贸易投资自由化便利化为重点,

以各类生产要素跨境自由有序安全便捷流动和现代产业体系为支撑,以特殊的税收制度安排、高效的社会治理体系和完备的法治体系为保障,在明确分工和机制措施、守住不发生系统性风险底线的前提下,构建海南自由贸易港政策制度体系。该制度体系包括下列 11 个领域、39 类制度。

(一)贸易自由便利

在实现有效监管的前提下,建设全岛封关运作的海关监管特殊区域。对货物贸易,实行以"零关税"为基本特征的自由化便利化制度安排。对服务贸易,实行以"既准入又准营"为基本特征的自由化便利化政策举措。具体采取四类措施:1."一线"放开。制定海南自由贸易港进口征税商品目录,目录外货物进入自由贸易港免征进口关税。以联运提单付运的转运货物不征税、不检验。从海南自由贸易港离境的货物、物品按出口管理。2."二线"管住。对鼓励类产业企业生产的不含进口料件或者含进口料件在海南自由贸易港加工增值超过30%(含)的货物,经"二线"进入内地免征进口关税,照章征收进口环节增值税、消费税。3.岛内自由。货物在海南自由贸易港内不设存储期限,可自由选择存放地点。实施"零关税"的货物,海关免于实施常规监管。4.推进服务贸易自由便利。

(二)投资自由便利

大幅放宽海南自由贸易港市场准入,强化产权保护,保障公平竞争,打造公开、透明、可预期的投资环境,进一步激发各类市场主体活力。具体采取四类措施:1.实施市场准入承诺即入制。2.创新完善投资自由制度。3.建立健全公平竞争制度。4.完善产权保护制度。

(三)跨境资金流动自由便利

坚持金融服务实体经济,重点围绕贸易投资自由化便利化,分阶段开放资本项目,有序推进海南自由贸易港与境外资金自由便利流动。具体采取四类措施:1.构建多功能自由贸易账户体系。2.便利跨境贸易投资资金流动。3.扩大金融业对内对外开放。4.加快金融改革创新。

(四)人员进出自由便利

根据海南自由贸易港发展需要,针对高端产业人才,实行更加开放的人才和停居留政策,打造人才集聚高地。在有效防控涉外安全风险隐患的前提下,实行更加便利的出入境管理政策。具体采取三类措施:1.对外籍高层次人才投资创业、讲学交流、经贸活动方面提供出入境便利。2.建立健全人才服务管理制度。3.实施更加便利的出入境管理政策。

（五）运输来往自由便利

实施高度自由便利开放的运输政策,推动建设西部陆海新通道国际航运枢纽和航空枢纽,加快构建现代综合交通运输体系。具体采取两类措施:1.建立更加自由开放的航运制度。2.提升运输便利化和服务保障水平。

（六）数据安全有序流动

在确保数据流动安全可控的前提下,扩大数据领域开放,创新安全制度设计,实现数据充分汇聚,培育发展数字经济。采取的具体措施是:有序扩大通信资源和业务开放。

（七）现代产业体系

大力发展旅游业、现代服务业和高新技术产业,不断夯实实体经济基础,增强产业竞争力。具体采取三类措施:1.发展旅游业。2.发展现代服务业。3.发展高新技术产业。

（八）税收制度

按照零关税、低税率、简税制、强法治、分阶段的原则,逐步建立与高水平自由贸易港相适应的税收制度。具体采取五类措施:1.零关税。全岛封关运作前,对部分进口商品,免征进口关税、进口环节增值税和消费税。全岛封关运作、简并税制后,对进口征税商品目录以外、允许海南自由贸易港进口的商品,免征进口关税。2.低税率。对在海南自由贸易港实质经营的企业,实行企业所得税优惠税率。对符合条件的个人,实行个人所得税优惠税率。3.简税制。结合我国税制改革方向,探索推进简化税制。改革税种制度,降低间接税比例,实现税种结构简单科学、税制要素充分优化、税负水平明显降低、收入归属清晰、财政收支大体均衡。4.强法治。税收管理部门按实质经济活动所在地和价值创造地原则对纳税行为进行评估和预警,制定简明易行的实质经营地、所在地居住判定标准,强化对偷漏税风险的识别,防范税基侵蚀和利润转移,避免成为"避税天堂"。5.分阶段。按照海南自由贸易港建设的不同阶段,分步骤实施零关税、低税率、简税制的安排,最终形成具有国际竞争力的税收制度。

（九）社会治理

着力推进政府机构改革和政府职能转变,鼓励区块链等技术集成应用于治理体系和治理能力现代化,构建系统完备、科学规范、运行有效的自由贸易港治理体系。具体采取四类措施:1.深化政府机构改革。2.推动政府职能转变。3.打造共建共治共享的社会治理格局。4.创新生态文明体制机制。

（十）法治制度

建立以海南自由贸易港法为基础,以地方性法规和商事纠纷解决机制为重要组成的自由贸易港法治体系,营造国际一流的自由贸易港法治环境。具体采取三类措施:一是制定实施海南自由贸易港法。以法律形式明确自由贸易港各项制度安排,为自由贸易港建设提供原则性、基础性的法治保障。二是制定经济特区法规。在遵循宪法规定和法律、行政法规基本原则的前提下,支持海南充分行使经济特区立法权,立足自由贸易港建设实际,制定经济特区法规。三是建立多元化商事纠纷解决机制。完善国际商事纠纷案件集中审判机制,提供国际商事仲裁、国际商事调解等多种非诉讼纠纷解决方式。

（十一）风险防控体系

制定实施有效措施,有针对性防范化解贸易、投资、金融、数据流动、生态和公共卫生等领域重大风险。具体采取六类措施:一是贸易风险防控。二是投资风险防控。三是金融风险防控。四是网络安全和数据安全风险防控。五是公共卫生风险防控。六是生态风险防控。

四、海南自由贸易港建设的分步骤分阶段安排

（一）2025年前重点任务

该时期围绕贸易投资自由化便利化,在有效监管基础上,有序推进开放进程,推动各类要素便捷高效流动,形成早期收获,适时启动全岛封关运作。该时期的重点任务主要有18类:一是加强海关特殊监管区域建设。二是实行部分进口商品零关税政策。三是减少跨境服务贸易限制。四是实行"极简审批"投资制度。五是试点改革跨境证券投融资政策。六是加快金融业对内对外开放。七是增强金融服务实体经济能力。八是实施更

加便利的免签入境措施。九是实施更加开放的船舶运输政策。十是实施更加开放的航空运输政策。十一是便利数据流动。十二是深化产业对外开放。十三是优化税收政策安排。十四是加大中央财政支持力度。十五是给予充分法律授权。十六是强化用地用海保障。十七是做好封关运作准备工作。十八是适时启动全岛封关运作。

（二）2035 年前重点任务

该时期进一步优化完善开放政策和相关制度安排，全面实现贸易自由便利、投资自由便利、跨境资金流动自由便利、人员进出自由便利、运输来往自由便利和数据安全有序流动，推进建设高水平自由贸易港。该时期的重点任务有 7 类：一是实现贸易自由便利。二是实现投资自由便利。三是实现跨境资金流动自由便利。四是实现人员进出自由便利。五是实现运输来往自由便利。六是实现数据安全有序流动。七是进一步推进财税制度改革。

第四节　海南自贸试验区（港）的立法概况

（一）全国人大常委会的授权决定

为支持海南全岛建设自由贸易试验区，支持海南逐步探索、稳步推进中国特色自由贸易港建设，党中央、国务院印发《指导意见》，国务院印发了《海南自贸区总体方案》，这些文件赋予海南一系列试点政策，并提出各项改革政策措施，凡涉及调整现行法律或行政法规的，经全国人大或国务院统一授权后实施。为落实党中央、国务院决策部署，推动海南自贸试验区试点政策落地，2019 年 7 月，海南省人民政府向国务院报送《关于提请审议落实〈中共中央　国务院关于支持海南全面深化改革开放的指导意见〉〈中国（海南）自由贸易试验区总体方案〉涉及暂时调整法律、行政法规和经国务院批准的部门规章规定事项（第一批）的请示》。在此基础上，司法部会同海南省人民政府和有关部门认真梳理研究，拟订《关于授权国务院在中国（海南）自由贸易试验区暂时调整实施有关法律规定的决定（草案）》。

决定草案规定，授权国务院在海南自贸试验区暂时调整实施《土地管理法》等 3 部法律的有关规定：

1. 根据《海南自贸区总体方案》关于海南省人民政府报国务院批准土地征收事项由国务院授权海南省人民政府批准的规定,暂时调整实施《土地管理法》第35条第1款、第46条第1款的有关规定,对海南自贸试验区内由国务院批准的土地征收事项,由国务院授权海南省人民政府批准。在严格落实永久基本农田保护政策,确保海南自贸试验区耕地总量不减少、质量不降低,建设用地在现有基础上不增加的前提下,由海南省人民政府制定具体管理办法,完善落实事中事后监管措施,经国务院自然资源主管部门同意后实施。

2. 根据《指导意见》和《海南自贸区总体方案》关于支持海南建设全球动植物种质资源引进中转基地的规定,暂时调整实施《种子法》第31条第1款的有关规定,在海南自贸试验区从事种子进出口业务的,其种子生产经营许可证核发权限由国务院农业农村主管部门、林业主管部门下放至海南省农业农村主管部门、林业主管部门。在严格实施引进种质资源的隔离与监管,防止生物入侵,加强风险评估和检疫监管的前提下,由海南省人民政府制定具体管理办法,完善落实事中事后监管措施,经国务院农业农村主管部门、林业主管部门同意后实施。

3. 根据《指导意见》关于支持海南开通跨国邮轮旅游航线,支持三亚等邮轮港口开展公海游航线试点和国发〔2018〕34号文件关于研究支持三亚等邮轮港口参与中资方便旗邮轮公海游试点的规定,暂时调整实施《海商法》第4条第2款的有关规定,将海南自贸试验区港口开展中资方便旗邮轮海上游业务的邮轮企业(经营主体)及邮轮的市场准入许可、仅涉及海南自贸试验区港口的外籍邮轮多点挂靠航线许可权限由国务院交通运输主管部门下放至海南省交通运输主管部门。基于海南海域情况及海南国际邮轮发展状况,在五星红旗邮轮投入运营前,允许中资邮轮运输经营主体在海南三亚、海口邮轮港开展中资方便旗邮轮海上游业务。由海南省人民政府制定具体管理办法,组织相关部门及三亚、海口市人民政府依职责落实监管责任,加强对试点经营主体和邮轮运营的监管。

决定草案规定,上述法律暂时调整实施适用于海南自贸试验区(海南岛全岛)。

《指导意见》提出,到 2025 年,自由贸易港制度初步建立。鉴于海南承担着自由贸易港建设的使命,调整实施有关法律规定的期限应当与海南自由贸易港法的立法进程相衔接。因此,决定草案明确,上述调整在 2024 年 12 月 31 日前试行。

2020 年 4 月 29 日,第十三届全国人大第十七次会议通过《关于授权国务院在中国(海南)自由贸易试验区暂时调整适用有关法律规定的决定》,授权国务院在中国(海南)自由贸易试验区暂时调整适用《土地管理法》《种子法》《海商法》的有关规定(目录附后),暂时调整适用的期限至 2024 年 12 月 31 日。暂时调整适用有关法律规定,必须建立健全事中事后监管制度,有效防控风险,国务院及其有关部门要加强指导、协调和监督,及时总结试点工作经验,并就暂时调整适用有关法律规定的情况向全国人民代表大会常务委员会作出中期报告。对实践证明可行的,修改完善有关法律;对实践证明不宜调整的,恢复施行有关法律规定。该决定自 2020 年 5 月 1 日起施行。

(二) 关于《海南自由贸易港法》的立法

中央作出增设海南自由贸易港法的决定后,有关海南自由贸易港的立法如何开展引起学者的关注。在上海自贸试验区法治保障的讨论中,不少观点认为应当由全国人大常委会或者国务院制定上海自贸试验区法或者条例。鉴于这些意见未得到采纳,在讨论海南自由贸易港的立法主体时,学者的观点大多倾向于经全国人大常委会授权,由海南启动地方立法程序,理由是:自由贸易区(港)的制度建设及于海南全岛,自贸区与行政区划一致,而海南全省是经济特区,具有特区立法权,在法律授权领域具有先天优势。我国《立法法》第 74 条明确规定,全国人民代表大会可以授权经济特区制定法规,在经济特区范围内实施。这为全国人大授权海南自贸试验区"先行先试"进行法律规则的特殊设计提供了明确而直接的法律依据。[①]

中央发布《指导意见》后,海南省委高度重视自贸试验区和中国特色自

---

① 参见饶常林:《我国自由贸易区(港)的模式转变与法治一体建设》,《行政管理改革》2019 年第 5 期。

贸港法治建设,提前谋划,积极开展立法前期工作。2019 年 3 月第十三届全国人大第二次会议期间,海南代表团形成并向大会提交关于制定海南自由贸易港法的议案,被受理为大会二号议案。同时,海南代表团在审议全国人大常委会工作报告时,提出将启动"海南自由贸易港法"立法调研、起草工作写入工作报告、列入全国人大常委会 2019 年工作任务的建议,被大会所采纳,这意味着海南自由贸易港法正式纳入全国人大常委会工作计划、提上国家立法日程。

全国人大常委会制定《海南自由贸易港法》具有标志性的意义,这是继 1980 年 8 月 26 日第五届全国人大常委会第十五次会议批准施行《广东省经济特区条例》40 年后,在国家层面再一次为一个地区立法,将为探索建设中国特色自由贸易港提供基础性、根本性的法治保障,更进一步彰显了全面依法治国、重大改革于法有据的战略思想和治国理念。这一立法具有相当的难度,涉及中央与地方的事权如何划分,如何在海南自由贸易港建立具有国际竞争力的税收制度等问题,也涉及地方的财政收入不仅将面临下跌,甚至要给出大规模补贴的制度性安排。我们期待着《海南自由贸易港法》早日问世。

（三）海南省有关海南自贸试验区法治保障的举措

2018 年 4 月《指导意见》发布后,海南省人大常委会着眼于加快建立与海南全面深化改革开放相适应的法规体系,加大立法工作力度,积极开展重点领域改革立法,打造一流的营商环境。

1.《中国（海南）自由贸易试验区商事登记管理条例》

2018 年 12 月 26 日,海南省第六届人大常委会第八次会议通过《中国（海南）自由贸易试验区商事登记管理条例》(以下简称《管理条例》),自 2019 年 1 月 1 日起施行。

《管理条例》设总则、登记程序、监督管理、法律责任、负责 5 章,共 66 条,全面规范海南全岛商事登记行为。在商事登记方面,《管理条例》完善了信息共享和执法协作、证照分离改革中的"双告知"、经营场所登记与许可之间的衔接和"一址多照"等制度规定,对全岛登记管辖、自主申报登记、注册官制度、申请人身份验证等十三个方面的工作进行了重大改革。《管理条例》设计了五大制度创新:

345

一是突出"全岛通办"的特点和"全网通办"的要求,实现全岛统一流程、统一标准、统一程序、统一登记机关、统一版式。

二是破解"准入难"的同时解决"退出难"的问题,率先把简易注销的网络公告时间从45天减少到7天。

三是首次在海南尝试建立信用修复制度,鼓励企业通过主动纠正自己的失信行为等,提前解除或者移出经营异常名录。

四是率先减免个别商事主体的信息公示义务。

五是原则上允许符合一定条件、在国外注册运营达到一定年限、具有良好的社会信誉的外国公司直接落地在海南的特定区域。

2.《中国(海南)自由贸易试验区重点园区极简审批条例》

2019年3月26日,海南省第六届人大常委会第十次会议通过《中国(海南)自由贸易试验区重点园区极简审批条例》(以下简称《极简审批条例》),自2019年4月1日起实施。《极简审批条例》设总则、审批事项和评估事项精简、审批程序和流程优化、监管和服务、法律责任、附则6章,共42条。

极简审批,指在"多规合一"的前提下,按照"先行先试、精简高效、诚信自律、快进严管、融合发展"的原则,通过实施"规划代立项"、以区域评估取代单个项目评估、优化项目服务、推行承诺制度、建立"准入清单"、强化事中事后监管、实行联合验收、建立诚信档案、实施退出机制等改革措施,切实做到最大限度简化行政审批,大幅度压缩项目审批时限。《极简审批条例》规定在海南全省各重点园区逐步推行规划代立项审批等极简审批、区域评估代单个项目评估,实行准入清单和告知承诺管理,组织联合验收,强化事中事后监管,以及实施其他极简审批做法。重点园区名录由省人民政府公布。《极简审批条例》明确,博鳌乐城国际医疗旅游先行区、海口国家高新技术产业开发区、海南老城经济开发区三个产业园区(以下简称"三园")范围内的建设项目,依照相关规定实施特别极简审批。其他重点园区推广适用或者部分推广适用"三园"特别极简审批的,由省人民政府评估论证后,报省人民代表大会常务委员会决定,或者另行制定经济特区法规规定。《极简审批条例》还鼓励重点园区结合实际需要,探索改革做法,创新管理模式,深化本区域的极简审批改革,并对自身适用范围作了说明。《极简审批条例》的出台标志着海南极简审批改革有了立法层面的支撑。

3. 关于制定《中国(海南)自由贸易试验区条例》的工作

2019 年 1 月 29 日,海南省第六届人大第二次会议通过的《海南省人民代表大会常务委员会工作报告》显示,2019 年海南省人大常委会将着眼于以立法引领、推动和保障海南全面深化改革开放。在自贸区区域综合建设方面,拟制定中国(海南)自由贸易试验区条例、博鳌乐城国际医疗旅游先行区条例。

2020 年,海南省人大常委会将着眼于加快构建海南自由贸易港法律体系推进立法工作,全力配合全国人大常委会加快制定海南自由贸易港法,同时还将努力争取全国人大及其常委会赋予海南更大的立法权,授权海南省人大及其常委会根据自由贸易港建设需要,对有关重点领域进行立法创新,或者对现行有关法律进行调整。按照 2020 年海南省人大常委会的立法计划,拟安排审议海口江东新区条例、崖州湾科技城条例、洋浦经济开发区条例、国际船舶管理条例等法规以及关于海南生态软件园等重点园区管理体制改革的法规性决定。

第九章

上海自贸试验区发展期法治保障的实践创新

上海自贸试验区 2013 年 9 月 29 日挂牌,开始了初创期的先行先试。在党中央、国务院的正确领导和国家相关部门的大力支持下,上海市积极履行主体责任,依法有序推进各项先行先试举措,上海自贸试验区的制度创新成果成功地在全国复制、推广,倡导的法治引领先行先试的效应也逐渐释放,上海自贸试验区顺利通过初创期阶段性的"压力测试"。2015 年 4 月 8 日国务院印发《进一步深化中国(上海)自由贸易试验区改革开放方案》(《2.0 版方案》),2017 年 3 月 24 日,中央全面深化改革领导小组第三十三次会议审议通过了《全面深化中国(上海)自由贸易试验区改革开放方案》,3 月 30 日,国务院《关于印发全面深化中国(上海)自由贸易试验区改革开放方案的通知》(国发〔2017〕23 号)公布《全面深化中国(上海)自由贸易试验区改革开放方案》(《3.0 版方案》),上海自贸试验区的先行先试由此进入深化自贸试验区改革的发展期。从总体上讲,与初创期相比,发展期上海自贸试验区的法治保障任务更重,难度更大,既要有战略上的前瞻思考,又要有"战役"上的系列谋划。

■ 第一节 上海自贸试验区《2.0 版方案》的总体要求和主要任务

为进一步深化自贸试验区的改革开放,形成深化改革新动力、扩大开放新优势,为我国全面深化改革和扩大开放探索新途径、积累新经验,第十二届全国人大常委会第十二次会议于 2014 年 12 月 28 日作出《全国人民代表大会常务委员会关于授权国务院在中国(广东)自由贸易试验区、中国(天津)自由贸易试验区、中国(福建)自由贸易试验区以及中国(上海)自由贸易试验区扩展区域暂时调整有关法律规定的行政审批的决定》。根据《决定》,上海自贸试验区的四至范围将在原先上海外高桥保税区、上海外高桥保税物流园区、洋山保税港区、上海浦东机场综合保税区四个海关特殊监管区域28.78平方公里的基础上,扩展至陆家嘴金融片区34.26平方公里、金桥开发片区20.48平方公里、张江高科技片区37.2平方公里,扩区后的上海自贸试验区的总面积为120.72平方公里。2015年4月8日,国务院印发《关于进一步深化中国(上海)自由贸易试验区改革开放方案的通知》(国发〔2015〕21号),公布《进一步深化中国(上海)自由贸易试验区改革开放方案》(《2.0版方案》)。《2.0版方案》确定上海自贸试验区深化改革开放的总体要求、主要任务和措施。

一、上海自贸试验区深化改革开放的总体要求

国务院批准的《2.0版方案》规定,上海自贸试验区深化改革开放的指导思想是:按照党中央、国务院决策部署,紧紧围绕国家战略,进一步解放思想,坚持先行先试,把制度创新作为核心任务,把防控风险作为重要底线,把企业作为重要主体,以开放促改革、促发展,加快政府职能转变,在更广领域和更大空间积极探索以制度创新推动全面深化改革的新路径,率先建立符合国际化、市场化、法治化要求的投资和贸易规则体系,使自贸试验区成为我国进一步融入经济全球化的重要载体,推动"一带一路"建设和长江经济带发展,做好可复制可推广经验总结推广,更好地发挥示范引领、服务全国的积极作用。

上海自贸试验区深化改革开放的发展目标是:按照党中央、国务院对自贸试验区"继续积极大胆闯、大胆试、自主改"、"探索不停步、深耕试验区"的要求,深化完善以负面清单管理为核心的投资管理制度、以贸易便利化为重点的贸易监管制度、以资本项目可兑换和金融服务业开放为目标的金融创新制度、以政府职能转变为核心的事中事后监管制度,形成与国际投资贸易通行规则相衔接的制度创新体系,充分发挥金融贸易、先进制造、科技创新等重点功能承载区的辐射带动作用,力争建设成为开放度最高的

投资贸易便利、货币兑换自由、监管高效便捷、法制环境规范的自由贸易园区。

二、上海自贸试验区深化改革开放的主要任务和措施

《2.0版方案》确定上海自贸试验区深化改革开放的5大主要任务和25类措施：

一是加快政府职能转变。围绕该项任务,应当采取完善负面清单管理模式、加强社会信用体系应用、加强信息共享和服务平台应用、健全综合执法体系、健全社会力量参与市场监督制度、完善企业年度报告公示和经营异常名录制度、健全国家安全审查和反垄断审查协助工作机制、推动产业预警制度创新、推动信息公开制度创新、推动公平竞争制度创新、推动权益保护制度创新、深化科技创新体制机制改革十二类具体措施。

二是深化与扩大开放相适应的投资管理制度创新。围绕该项任务,应当采取进一步扩大服务业和制造业等领域开放、推进外商投资和境外投资管理制度改革、深化商事登记制度改革、完善企业准入"单一窗口"制度四类具体措施。

三是积极推进贸易监管制度创新。围绕该项任务,应当采取在自贸试验区内的海关特殊监管区域深化"一线放开"、"二线安全高效管住"贸易便利化改革、推进国际贸易"单一窗口"建设、统筹研究推进货物状态分类监管试点、推动贸易转型升级、完善具有国际竞争力的航运发展制度和运作模式五类具体措施。

四是深入推进金融制度创新。要求加大金融创新开放力度,加强与上海国际金融中心建设的联动。具体方案由中国人民银行会同有关部门和上海市人民政府另行报批。

五是加强法制和政策保障。围绕该项任务,应当采取健全法制保障体系、探索适应企业国际化发展需要的创新人才服务体系和国际人才流动通行制度、研究完善促进投资和贸易的税收政策三类具体措施。

值得关注的是,《2.0版方案》旨在深入推进上海自贸试验区1.0版《总体方案》确定的各项任务,两者在措辞上有显著的差异,1.0版《总体方案》较多地采用"探索""实施""建立""构筑"等措辞,《2.0版方案》则较多地采

用"完善""健全""加快推进""积极推进""深入推进"等措辞。两者在建设目标上也有显著的差异,2013 年 1.0 版《总体方案》的表述是:"建设成为具有国际水准的投资贸易便利、货币兑换自由、监管高效便捷、法制环境规范的自由贸易试验区,为我国扩大开放和深化改革探索新思路和新途径,更好地为全国服务。"2015 年《2.0 版方案》的表述是:"充分发挥金融贸易、先进制造、科技创新等重点功能承载区的辐射带动作用,力争建设成为开放度最高的投资贸易便利、货币兑换自由、监管高效便捷、法制环境规范的自由贸易园区。"后者的要求显然更高、推进难度更大。《2.0 版方案》中也有一些 1.0 版《总体方案》没有的全新的改革任务,如"探索建立采信第三方信用产品和服务的制度安排";"配合国家有关部门试点建立与开放市场环境相匹配的产业预警体系,及时发布产业预警信息";"探索实行工商营业执照、组织机构代码证和税务登记证'多证联办'或'三证合一'登记制度"等。这表明上海自贸试验区先行先试进入"第二季"后,各项测试的压力明显加大了,这无疑对法治保障工作提出了新的要求。耐人寻味的是,《2.0 版方案》将进一步深化上海自贸试验区改革开放的发展目标定位于"力争建设成为开放度最高的投资贸易便利、货币兑换自由、监管高效便捷、法制环境规范的自由贸易园区"。这是我国官方文件中首次出现"自由贸易园区"的提法,其传递的信号是:一俟上海自贸试验区进一步深化改革开放的发展目标得以实现,相关的压力测试即将结束,"自由贸易试验区"的法定名称将改为"自由贸易园区"。

三、上海自贸试验区深化改革开放的突破点

《2.0 版方案》的实施,标志着上海自贸试验区建设进入以深化改革开放为主旨的"第二季"。前述国务院国发〔2015〕21 号通知要求,扩展区域后的上海自贸试验区要当好改革开放排头兵、创新发展先行者,继续以制度创新为核心,贯彻长江经济带发展等国家战略,在构建开放型经济新体制、探索区域经济合作新模式、建设法治化营商环境等方面,率先挖掘改革潜力,破解改革难题。要积极探索外商投资准入前国民待遇加负面清单管理模式,深化行政管理体制改革,提升事中事后监管能力和水平。国发〔2015〕21 号通知同时要求,上海市人民政府和有关部门要解放思想、改革

创新,大胆实践、积极探索,统筹谋划、加强协调,支持自贸试验区先行先试。要加强组织领导,明确责任主体,精心组织好《2.0 版方案》的实施工作,有效防控各类风险。要及时总结评估试点实施效果,形成可复制可推广的改革经验,更好地发挥示范引领、服务全国的积极作用。

需要说明的是,在上海自贸试验区先行先试的进程中,《2.0 版方案》实施时间短暂,只是 1.0 版《总体方案》与《3.0 版方案》之间的一个过渡性的"补充方案",不啻 1.0 版《总体方案》的"加强版"。从时间跨度来看,《2.0 版方案》形成于 2015 年 4 月 8 日,距离 2013 年 9 月 18 日国务院印发 1.0 版《总体方案》不到一年半,距离 2017 年 3 月 24 日《3.0 版方案》出台不到两年。从《2.0 版方案》确定的上海自贸试验区的任务、措施来看,在 1.0 版《总体方案》的基础上,进一步深化各项先行先试举措。1.0 版《总体方案》确定的上海自贸试验区的总体目标是:"经过两至三年的改革试验",力争建设成为具有国际水准的投资贸易便利、货币兑换自由、监管高效便捷、法制环境规范的自由贸易试验区,为我国扩大开放和深化改革探索新思路和新途径,更好地为全国服务。这表明《2.0 版方案》的实施期仍处在 1.0 版《总体方案》确定的"两至三年的改革试验"期。与此同时,在《2.0 版方案》确定的上海自贸试验区的五大任务中,"加快政府职能转变"为第一项任务,该方案确定的 25 类措施中,围绕"加快政府职能转变"该项任务的措施多达 12 类。有鉴于此,上海自贸试验区"第二季"在全面推进各项先行先试举措、深化上海自贸试验区改革开放的同时,将"加强政府职能转变"作为突破口,并且在整合、优化上海自贸试验区的管理体制上取得突破。

上海自贸试验区运行之初,按照深化行政体制改革的要求,坚持简政放权、放管结合,在自贸试验区建立事权划分科学、管理高效统一、运行公开透明的行政管理体制。按照这一管理体制,上海市人民政府的职责定位于"组织实施改革试点工作,依法制定与自贸试验区建设、管理有关的规章和政策措施"。这一定位既与《总体方案》的要求相一致,同时也符合《立法法》《地方组织法》规定的直辖市人民政府有权制定政府规章、县级以上人民政府有权制定政策,发布决定和命令的相关规定。与此同时,上海市人民政府在市级层面建立自贸试验区建设协调机制——"中国(上海)自由贸易试验区管理委员会"(以下简称"管委会"),推进改革试点工作,组织有关部门制定、落实阶段性目标和各项措施。管委会的法律性质定位为上海市人民政府派出机构。《上海自贸试验区条例》第8条第1款采用列举式的方式对管委会的七项具体职责作了细化规定,赋予作为市人民政府派出机构的管委会组织实施市人民政府制定的上海自贸试验区发展规划和各项政策措施,以管委会的名义制定相关行政管理制度、负责处理各项行政事务的权力。鉴于自贸试验区的先行先试在动态中推进,中央相关部门的政策性措施也在滚动推出,自贸试验区的管理体制、执法体制需要在实践探索中不断调整、完善,《上海自贸试验区条例》第8条第1款中设计了一条有关管委会"履行市人民政府赋予的其他职责"的兜底性的规定,为市政府必要时赋予管委会其他职责预先提供法律支撑。第8条第2款规定:市人民政府在自贸试验区建立综合审批、相对集中行政处罚的体制和机制,由管委会集中行使本市有关行政审批权和行政处罚权。管委会实施行政审批和行政处罚的具体事项,由市人民政府确定并公布。

需要说明的是,根据1.0版《总体方案》,上海自贸试验区涵盖上海外高桥保税区、上海外高桥保税物流园区、洋山保税港区和上海浦东机场综合保税区四个海关特殊监管区域,这四个海关特殊监管区域均属于上海浦东新区行政管辖的范围之内,[①]但上海自贸试验区的行政管理由管委会负责,浦东新区人民政府不行使行政管理职权,上海自贸试验区范围内的社会管理事务由浦东新区负责。

《2.0版方案》的实施,表明上海自贸试验区的发展开始"换挡加速",上海自贸试验区的管理体制需要作出重大调整。上海自贸试验区扩展后,面临的首要问题是如何依法构建适合先行先试需要的新的管理体制和运行机制。在《2.0版方案》确定的120.72平方公里中,扩展前的28.78平方公里属上海市"市属市管"的四个海关特殊监管区域,而新扩的陆家嘴金融片区、金桥开发片区、张江高科技片区属上海市浦东新区管理。这意味着同一个自贸试验区存在两套不同的管理体制,这显然与自贸试验区行政管理体制

---

① 洋山深水港是位于上海东南外海的浙江省嵊泗县崎岖列岛的一个大型深水海港,是上海港的重要组成部分,陆地区域位于上海市浦东新区芦潮港,面积达6平方公里。洋山的行政管辖权属于浙江,根据国家有关决定,洋山深水港区的港航行政管理职能将由上海市负责履行,管理工作由上海市港口管理局负责,由上海国际港务(集团)股份有限公司(前身为上海港务局)经营。

"事权划分科学、管理高效统一、运行公开透明"的要求不相吻合。调整、优化上海自贸试验区的行政管理体制既要研究上海自贸试验区管委会的事权如何覆盖,又要研究如何在非特殊监管区域实现贸易监管的便利化。

2015年4月27日,上海自贸试验区扩展区域正式挂牌,扩区后上海自贸试验区的管理体制框架揭开了面纱。[①]

在上海市市级层面,设立自贸试验区推进工作领导小组及其办公室。

在浦东新区层面,自贸试验区管委会与浦东新区人民政府合署办公,承担统一管理自贸试验区各功能区域,推进浦东全区落实自贸试验区改革试点任务的主体责任。管委会主任由市政府分管领导和浦东新区区委主要领导共同担任,常务副主任由浦东新区政府主要领导担任,根据工作需要设副主任若干名。管委会内设3个职能局,分别为综合协调局、政策研究局、对外联络局,承担自贸试验区改革推进、政策协调、制度创新研究、统计评估等职能。

在片区层面,上海自贸试验区将设置5个区域管理局,分别为保税区管理局、陆家嘴管理局、金桥管理局、张江管理局、世博管理局。保税区管理局负责管理保税区域(28.78平方公里)的行政事务,作为市政府派出机构,委托浦东新区管理。区域内市政府部门派驻机构,将根据运行情况与浦东新区机构设置逐步调整衔接。海关、检验检疫、海事等中央驻区监管部门机构设置保持不变。陆家嘴、金桥、张江、世博4个区域管理局,与陆家嘴金融贸易区管委会、金桥经济技术开发区管委会、张江高科技园区管委会、世博地区开发管委会合署办公,分别负责落实陆家嘴(24.33平方公里)、金桥(20.48平方公里)、张江(37.2平方公里)、世博(9.93平方公里)区域的自贸试验区改革试点任务,同时仍全面负责管理原管辖范围内的行政事务。

这一新的管理框架重点加强两个机制,一是强化市级层面统筹协调机制。市领导小组定期召开会议,研究部署自贸试验区改革开放试点任务;领导小组办公室牵头与国家及市相关部门沟通协调,拟订相关规划、计划,

① 参见《上海自贸试验区扩区后的管理体制框架和下一步工作作出安排》,《解放日报》2015年4月28日。

负责全市范围自贸试验区复制推广工作;管委会(浦东新区人民政府)及时梳理汇总需研究协调的重大事项和重点难点问题,提请领导小组及其办公室审议决策和协调推进。二是建立区级层面整体推进机制。管委会3个内设职能局成立后,其他有关行政职能由浦东新区政府相关部门对应承接,区政府管理体制机制按照自贸试验区率先转变政府职能的要求,适时进行相应优化和调整。这一管理体制的重大调整体现了"有利推进、减少震动、强化统筹、有效衔接"的原则。上海市委和市政府调整自贸试验区管委会的设置,将自贸试验区管委会推进改革的职能与浦东新区政府的改革职能相融合,意在凸显作为区级政府的上海浦东新区政府的主体责任,由其统一管理、推进其辖区内自贸试验区各功能区域的改革试点任务,这一探索有助于将上海自贸试验区先行先试的成功经验辐射到整个浦东新区。

上海自贸试验区管理体制调整后,在浦东新区完整的一级政府框架下加快了政府职能转变,将自贸试验区部分对外开放措施和事中事后监管措施辐射到整个浦东新区。管委会(浦东新区人民政府)及时制定"政府职能转变方案",推出系列政府改革措施,进一步优化和推进权力公开透明运行;对授权自贸试验区管委会行使的66项行政审批和管理事项,以及10项行政处罚事项进行全面梳理、明确职权,在保税区域集中行使自贸试验区行政审批权和行政处罚权,在新扩区域仍由浦东新区行政主体负责相应工作;开展管镇联动试点,对与开发区高度重合的镇,通过管镇联动,进一步理顺管委会和镇的事权关系,把经济发展职能向管委会集中、社会管理职能向镇集中;积极探索开展法定机构试点。

■ 第二节　上海自贸试验区实施《2.0版方案》的法治需求

《2.0版方案》对进一步深化上海自贸试验区的改革开放提出新的要求,上海自贸试验区"第二季"的法治保障工作如何推进? 上海自贸试验区先行先试后续的法治保障需求有哪些? 这些问题具有一定的前瞻性,更是贯彻重大改革于法有据要求,以法治引领自贸试验区建设亟待解决的现实性问题,需要加强顶层设计。总体上说,这种需求主要是国家层面提供法治保障的需求,也有上海地方层面法治保障的需求。

一、应由国家层面提供的法治保障需求

国务院印发的国发〔2015〕21号通知规定：全国人民代表大会常务委员会已经授权国务院，在自贸试验区扩展区域暂时调整《外资企业法》《中外合资经营企业法》《中外合作经营企业法》和《台湾同胞投资保护法》规定的有关行政审批；扩展区域涉及《国务院关于在中国（上海）自由贸易试验区内暂时调整有关行政法规和国务院文件规定的行政审批或者准入特别管理措施的决定》（国发〔2013〕51号）和《国务院关于在中国（上海）自由贸易试验区内暂时调整实施有关行政法规和经国务院批准的部门规章规定的准入特别管理措施的决定》（国发〔2014〕38号）暂时调整实施有关行政法规、国务院文件和经国务院批准的部门规章的部分规定的，按规定程序办理；自贸试验区需要暂时调整实施其他有关行政法规、国务院文件和经国务院批准的部门规章的部分规定的，按规定程序办理。

根据中共上海市委主要领导的要求，上海市人大常委会将"全国人大常委会关于中国（上海）自由贸易试验区暂时调整实施法律决定到期后如何应对"问题的调研列为2015年度重点工作之一，组成由上海市人大常委会分管立法工作的副主任主持、领导，由上海市人大法制委员会、常委会法制工作委员会组织实施的调研组，围绕立法如何引领和推动上海自贸试验区改革发展这一主线，开展一系列调研工作。调研组广泛听取上海自贸试验区管委会、自贸试验区领导小组办公室、浦东新区政府、上海市人民政府发改委、商务委、法制办等部门的意见，多次赴自贸试验区开展实地调查，听取相关企业关于自贸试验区新一轮先行先试的立法需求，学习考察、比较研究广东、天津、福建自贸试验区的主要改革举措，并多次赴北京听取全国人大常委会法工委、国务院法制办领导对进一步加强上海自贸试验区立法保障的重要意见，力求准确把握政府、企业、社会等各方面有关上海自贸试验区近、中期法治保障的需求和建议。①调研组分别委托上海财经大学、华东政法大学、上海对外经贸大学自贸试验区的研究机构开展平行研究，

---

① 本章有关上海自贸试验区近、中期法治保障的需求及其实现路径的相关内容，参考、借鉴了上海市人大常委会调研组相关的调研成果，在此对参与该项调研工作的各位同事一并致以谢意。

以增强相关调研结论的科学性、客观性。在充分调研的基础上，上海市人大常委会法工委梳理出上海自贸试验区"第二季"需要国家层面提供法治保障的具体需求。

（一）需要全国人大常委会提供法治保障的事项

综合各方面的意见，上海自贸试验区近、中期需要全国人大常委会提供法治保障的事项主要有以下几项：

1. 依法弥补《授权决定》期限届满后可能出现的法律真空

2013 年 8 月 30 日，全国人大常委会通过《关于授权国务院在中国（上海）自由贸易试验区暂时调整实施有关法律规定的行政审批的决定》（以下简称《授权决定》）。《授权决定》规定，有关行政审批的调整在 3 年内试行，自 2013 年 10 月 1 日起施行。《授权决定》规定的授权范围为："上海外高桥保税区、上海外高桥保税物流园区、洋山保税港区和上海浦东机场综合保税区基础上设立的中国（上海）自由贸易试验区内。"根据上述规定，《授权决定》于 2016 年 9 月 30 日期满。

2014 年 12 月 28 日，全国人大常委会通过《全国人大常委会关于授权国务院在中国（广东）、中国（天津）、中国（福建）自由贸易试验区以及中国（上海）自由贸易试验区扩展区域暂时调整有关法律规定的行政审批的决定》（以下简称《扩展决定》）。《扩展决定》自 2015 年 3 月 1 日起施行，于 2018 年 2 月 28 日期满。《扩展决定》对授权范围作了严格的规定，详细列明"中国（上海）自由贸易试验区扩展区域四至范围"：陆家嘴金融片区共 34.26 平方公里、金桥开发片区共 20.48 平方公里、张江高科技片区共 37.2 平方公里。三个片区总共 91.94 平方公里。《扩展决定》甚至列明了每个片区的四至范围。

鉴于《授权决定》与《扩展决定》的实施期限、实施区域并不重叠，2016 年 9 月 30 日《授权决定》期限届满，其实施范围内的上海外高桥保税区、上海外高桥保税物流园区、洋山保税港区和上海浦东机场综合保税区（总面积 28.78 平方公里）将出现法律真空，亟须全国人大常委会及时作出相应的立法安排。

2. 适时启动修改"外资三法"/制定《外国投资法》的程序

上述《授权决定》《扩展决定》授权国务院在上海自贸试验区内，对国家规定实施准入特别管理措施之外的外商投资,暂时调整"外资三法"规定的有关行政审批的部分条款(后者在授权内容上增加了暂时调整《台湾同胞投资保护法》有关行政审批的规定)。两个决定规定:对实践证明可行的,应当修改完善有关法律;对实践证明不宜调整的,恢复施行有关法律规定。鉴于《授权决定》于 2016 年 9 月 30 日期满,《扩展决定》于 2018 年 2 月 28 日期满,因此需要全国人大常委会对授权决定的实施效果及时进行评估,适时启动修改"外资三法"或制定《外国投资法》的立法程序。

3. 修改《文物保护法》有关禁止外资拍卖企业从事文物拍卖经营活动的相关条款

2013 年 8 月 26 日国务院提交全国人大常委会审议的《授权决定》草案的第二项内容是暂停实施《文物保护法》第 55 条第 3 款有关禁止设立中外合资、中外合作和外商独资的文物商店或者经营文物拍卖的拍卖企业的规定。《授权决定》草案的说明称:国务院批准的上海自贸试验区《总体方案》提出,允许符合条件的外商独资或中外合资、中外合作拍卖企业在试验区内从事文物拍卖业务,其文物拍卖资质申请及拍卖标的审核工作纳入现行管理体制。此项开放试验措施需要在试验区内暂停实施《文物保护法》第 55 条第 3 款中关于禁止设立中外合资、中外合作和外商独资的经营文物拍卖的拍卖企业的规定。鉴于全国人大常委会在审议过程中删除了《授权决定》草案第二项的内容,上海自贸试验区无法就外商独资或中外合资、中外合作拍卖企业在上海自贸试验区内从事文物拍卖业务开展先行先试。[①]

在市人大常委会调研过程中,相关部门反映:近年来,我国文物拍卖市场发展迅速,2012 年文物艺术品成交额达到 288.52 亿元,较 2002 年增加 10 倍以上;现有文物拍卖企业 360 多家,整体规模和实力显著增强,一些知名企业开始实施"走出去"战略,在全球各地征集拍品,并在境外举行拍卖活动,具备了与外资拍卖企业进行竞争的能力。因此,允许符合条件的外资拍卖企业在上海自贸试验区 28.78 平方公里的海关特殊监管区域内从事文物拍卖经营活动风险可控,且有利于引进先进的经营理念、成熟的行

[①] 为了与全国人大常委会《授权决定》的内容相衔接,国务院正式批准的《中国(上海)自由贸易试验区总体方案》中删除了有关允许符合条件的外商独资或中外合资、中外合作拍卖企业在试验区内从事文物拍卖业务的相关规定。

业标准和高端的从业人员,提高中国文物拍卖行业的整体水平和国际影响,培育面向全球的竞争新优势,也有利于促成更多流失海外中国文物的回归。为此,建议对《文物保护法》第55条第3款中关于禁止设立中外合资、中外合作和外商独资的经营文物拍卖的拍卖企业的规定作出相应修改或者暂时调整实施。

4. 修改《行政许可法》有关相对集中行使行政许可权的规定

《行政许可法》第25条规定:"经国务院批准,省、自治区、直辖市人民政府根据精简、统一、效能的原则,可以决定一个行政机关行使有关行政机关的行政许可权。"在市人大常委会调研过程中,相关部门认为《行政许可法》关于相对集中行政许可权的规定,在很大程度上限制了省级政府在相对集中行政许可权方面的作为,为进一步推进行政审批制度改革,提高行政效率、降低投资成本,促进经济发展,并有效复制和推广上海自贸试验区改革试点经验,建议全国人大常委会下放相对集中行使行政许可权的决定权,将《行政许可法》第25条的规定修改为"经省、自治区、直辖市人民政府批准,下一级人民政府根据精简、统一、效能的原则,可以决定一个行政机关行使有关行政机关的行政许可权"。

关于上海自贸试验区提出的修改《行政许可法》第25条规定,下放相对集中行使行政许可权的决定权等立法需求,上海市人大常委会调研组与全国人大常委会法工委、国务院法制办有关部门的主要负责人进行深入的研究,并达成共识:国务院批准的《中国(上海)自由贸易试验区总体方案》提出明确要求上海自贸试验区"建立一口受理、综合审批和高效运作的服务模式",这一要求可以理解为国务院已就省级人民政府决定进行相对集中行使行政许可权这一事项作出了批准。有鉴于此,上海自贸试验区近、中期在行使相对集中行政许可权的决定权方面不存在法律障碍。

5. 制定全国统一的自由贸易园区法

鉴于自贸试验区的先行先试是实施国家战略,大多数先行先试事项涉及国家事权,属于中央专属立法事项,应由国家层面立法。在四个自贸试验区相继成立,酝酿制定适用于各个自贸试验区的地方性法规的情况下,一些专家、学者呼吁全国人大常委会制定统一的"自由贸易园区法",或由国务院制定统一的"自由贸易园区条例"。

（二）需要国务院提供法治保障的事项

在上海自贸试验区先行先试推进过程中，国务院于 2013 年 12 月 21 日作出《国务院关于在中国（上海）自由贸易试验区内暂时调整有关行政法规和国务院文件规定的行政审批或者准入特别管理措施的决定》（国发〔2013〕51 号），于 2014 年 9 月 4 日作出《国务院关于在中国（上海）自由贸易试验区内暂时调整实施有关行政法规和经国务院批准的部门规章规定的准入特别管理措施的决定》（国发〔2014〕38 号），鉴于这两个决定均未明确规定暂时调整实施行政法规、国务院文件、部门规章相关规定的期限，在上海自贸试验区后续法治保障工作中，不存在要求国务院延长相关决定实施期限的立法需求。上海市人大常委会的调研表明，上海自贸试验区近、中期需要国务院提供法治保障的事项聚焦在进一步调整行政法规和国务院文件规定的外资准入特别管理措施上，以加大上海自贸试验区对外开放力度。相关部门梳理出了需要国务院暂时调整适用的下列 13 项行政法规和经国务院批准的法律文件规定的特别管理措施：

1.《国际海运条例》第 25 条第 2 款

该款规定："外国国际船舶运输经营者不得经营中国港口之间的船舶运输业务，也不得利用租用的中国籍船舶或者舱位，或者以互换舱位等方式变相经营中国港口之间的船舶运输业务。"

2.《国内水路运输管理条例》第 11 条

该条第 1 款规定："外国的企业、其他经济组织和个人不得经营水路运输业务，也不得以租用中国籍船舶或者舱位等方式变相经营水路运输业务。"第 2 款规定："香港特别行政区、澳门特别行政区和台湾地区的企业、其他经济组织以及个人参照适用前款规定，国务院另有规定的除外。"

3.《旅行社条例》第 23 条

该条规定："外商投资旅行社不得经营中国内地居民出国旅游业务以及赴香港特别行政区、澳门特别行政区和台湾地区旅游的业务，但是国务院决定或者我国签署的自由贸易协定和内地与香港、澳门关于建立更紧密经贸关系的安排另有规定的除外。"

4.《船舶和海上设施检验条例》第 4 条

该条规定："中国船级社是社会团体性质的船舶检验机构，承办国内外船舶、海上设施和集装箱的入级检验、鉴证检验和公证检验业务；经船检局授权，可以代行法定检验。"

5.《外商投资产业指导目录（2015 年修订）》禁止外商投资产业目录第27 项

该项目录禁止外商经营"音像制品和电子出版物的出版、制作业务"。

6.《外商投资产业指导目录（2015 年修订）》禁止外商投资产业目录第30 项

该项目录禁止外商投资"电影制作公司、发行公司、院线公司"。

7.《外商投资产业指导目录（2015 年修订）》禁止外商投资产业目录第31 项

该项目录禁止外商从事"新闻网站、网络出版服务、网络视听节目服务、互联网上网服务营业场所、互联网文化经营（音乐除外）"。

8.《外商投资产业指导目录（2015 年修订）》限制外商投资产业目录第28 项

该项目录限制外商从事"市场调查（限于合资、合作，其中广播电视收听、收视调查要求中方控股）"。

9.《外商投资产业指导目录（2015 年修订）》限制外商投资产业目录第29 项

该项目录限制外商投资经营"资信调查与评级服务公司"。

10.《外商投资产业指导目录（2015 年修订）》鼓励外商投资产业目录第 209 项

该项目录鼓励外商投资"轨道交通运输设备"，但仅限于合资、合作。

11.《外商投资产业指导目录（2015 年修订）》鼓励外商投资产业目录第 223 项

该项目录鼓励外商投资"船舶低、中速柴油机及曲轴的制造"，但限于中方控股。

12.《外商投资产业指导目录（2015 年修订）》鼓励外商投资产业目录第 210 项

该项目录鼓励外商投资"民用飞机设计、制造与维修：干线、支线飞机（限于中方控股），通用飞机（限于合资、合作）"。

13.《外商投资产业指导目录（2015 年修订）》鼓励外商投资产业目录第 207 项

该项目录鼓励外商投资"新能源汽车关键零部件制造：能量型动力电池（能量密度≥110 Wh/kg，循环寿命≥2000 次，外资比例不超过 50％），电池正极材料（比容量≥150 mAh/g，循环寿命 2000 次不低于初始放电容量的 80％），电池隔膜（厚度 15—40 μm，孔隙率 40％—60％）；电池管理系统，电机管理系统，电动汽车电控集成；电动汽车驱动电机（峰值功率密度≥2.5 kW/kg，高效区：65％工作区效率≥80％），车用 DC/DC（输入电压 100 V—400 V），大功率电子器件（IGBT，电压等级≥600 V，电流≥300 A）；插电式混合动力机电耦合驱动系统"。

二、应由上海地方层面提供的法治保障需求

国务院印发的国发〔2015〕21 号通知要求：加强地方立法，对试点成熟的改革事项，适时将相关规范性文件上升为地方性法规和规章。建立自贸试验区综合法律服务窗口等司法保障和服务体系。扩区后上海自贸试验区的法制保障工作主要是应对以下几个问题：

1. 上海是否需要因应全国人大常委会《扩展决定》对相关地方立法作出暂时调整的决定

全国人大常委会的《扩展决定》在三年内暂时调整《外资企业法》《中外合资经营企业法》《中外合作经营企业法》和《台湾同胞投资保护法》有关行政审批的规定在上海自贸区扩展区域的适用。上海无需因应全国人大常委会的这一《扩展决定》对相关地方立法作出暂时调整的决定，原因在于上海自贸试验区"第一季"的法制保障工作注重顶层设计，积极创新立法方式，充分发挥立法智慧，并且未雨绸缪，独辟蹊径，为自贸试验区未来发展的法制保障预留空间。上海市人大常委会于 2013 年 9 月 26 日通过《关于在中国（上海）自由贸易试验区暂时调整实施本市有关地方性法规规定的决定》。该《决定》第 1 条第 2 款规定："凡法律、行政法规在中国（上海）自由贸易试验区调整实施有关内容的，本市有关地方性法规作相应调整实施。"《决定》第 2 条规定："本市其他有关地方性法规中的规定，凡与《中国（上海）自由贸易试验区总体方案》不一致的，调整实施。"这一前瞻性的制

度安排,确保国家法律、行政法规的效力一俟调整,上海市相关地方立法的效力随之同步调整,并且一揽子解决了自贸试验区先行先试过程中现在存在的及未来三年内可能出现的上海市地方性法规的规定与法律、行政法规、政府规章的规定相冲突的法律问题。

基于上海市人大常委会的这一决定,当适用于上海自贸试验区扩展区域的地方性法规与全国人大常委会决定暂时调整的四部法律有关行政审批的规定不一致时,上海市相关地方性法规的规定自行作相应调整,无需启动修法的程序。

2.《上海自贸试验区条例》是否需要对调整范围作相应修改

《2.0版方案》实施之初,上海自贸试验区管委会(浦东新区政府)希望对现行《上海自贸试验区条例》的适用范围进行修改,明确规定该条例适用于扩展的陆家嘴金融片区、金桥开发片区、张江高科技片区。鉴于《上海自贸试验区条例》草案审议过程中,上海市人大常委会删除了《条例》(草案)第2条对上海自贸试验区涵盖的四个海关特殊监管区域——列举的表述,现行《条例》第2条规定:"本条例适用于经国务院批准设立的中国(上海)自由贸易试验区。"鉴于扩展的陆家嘴金融片区、金桥开发片区、张江高科技片区亦经国务院批准,该三个片区亦属于国务院批准设立的"中国(上海)自由贸易试验区"不可分割的组成部分,现行《上海自贸试验区条例》无需进行修改,自动适用于自贸试验区的扩展区域。

需要说明的是,《2.0版方案》发布之际,《上海自贸试验区条例》刚刚实施8个月,且《2.0版方案》是在1.0版《总体方案》的基础上对相关改革创新举措的进一步深化提出要求,《上海自贸试验区条例》总体上能够适应《2.0版方案》实施的需要,在当时情况下,修改条例的必要性并不明显。但是,扩区后上海自贸试验区的实践探索有了新的进展,自贸试验区在管理体制、区域功能、区域定位上作了重大调整,与现行《上海自贸试验区条例》的规定不尽一致:

一是在管理体制上,现行《条例》按照上海自贸试验区2013年9月挂牌之时的构架,将管委会定位为市政府派出机构,原综合保税区管委会翻牌为自贸试验区管委会。按照扩区后的管理体制,管委会与浦东新区政府合署办公;管委会保税区管理局为市政府派出机构,委托浦东新区政府管理;陆家嘴金融片区、金桥开发片区、张江高科技片区的区域管理局与相应区域的开发区管委会合署办公(其中陆家嘴金融片区按区域功能差异,分别有陆家嘴管理局和世博管理局,与陆家嘴金融贸易区管委会和世博地区开发管委会合署办公),均为浦东新区政府派出机构。因此,上海自贸试验区目前的管理体制与《条例》第二章规定的管理体制存在一定差异。

二是在区域功能上,现行《条例》调整的自贸试验区保税区片区建立在上海外高桥保税区、上海外高桥保税物流园区、洋山保税港区和上海浦东机场综合保税区基础上,均为海关特别监管区。扩区后,陆家嘴金融片区、金桥开发片区、张江高科技片区将分别成为发挥金融贸易、先进制造、科技创新等重点功能承载区的辐射带动作用。现行《条例》有关投资开放、贸易便利、金融服务、税收管理等章节的内容,需要按照上海自贸试验区各片区功能的不同侧重点进一步予以丰富。

三是在区域定位的表述上,随着上海自贸试验区范围的扩大、功能的拓展,《条例》需要针对陆家嘴金融片区、金桥开发片区、张江高科技片区不同的区域定位作出准确的描述。而现行条例中基于海关特别监管区的功能而表述的自贸试验区与境外之间的管理为"一线"管理,自贸试验区与境内区外之间的管理为"二线"管理等条文主要适用于作为保税区片区的28.78平方公里,与上海自贸试验区扩展区域 91.94 平方公里的区域定位不尽相符。

诸如此类的问题需要在总结实践经验、评估先行先试成效的基础上,提出具体的修改方案,适时修改《条例》。

此外,需要整合各个扩展片区相关法律资源,及时研究现行《上海市陆家嘴金融贸易区综合暂行规定》《上海市促进张江高科技园区发展的若干规定》等规章、规范性文件是否需要调整,怎样进行调整。

3. 部分先行先试事项扩展到整个浦东新区产生法治保障新需求

2015 年 12 月 16 日,国务院常务会议审议通过《关于上海市开展证照分离改革试点总体方案》,中央决定在上海市浦东新区推进"证照分离"改革试点。这意味着上海自贸试验区建立和扩区以来率先开展的市场准入领域的"先照后证"改革试点扩展到了整个浦东新区。按照《关于上海市开展证照分离改革试点总体方案》的要求,这项改革试点必须坚持"简政放权、放管结合、优化服务",聚焦加快破解办证难,提高政府效率,深入推进"证照分离"改革试点:对于市场能够有效调节、行业能够自律管理的事项,一律取消审批;对于政府需要获得信息、开展行业引导、制定产业政策、维护公共利益的事项改为备案管理;对于暂时不能取消审批,但通过事中事后监管能够纠正不符合审批条件的行为,实行告知承诺制;对暂时不能取消审批,也不适合告知承诺制的事项,简化办事流程、公开办事程序,提高透明度和可预期性。同时,将按照中央要求,切实转变政府管理理念,不断加强监管,监管越到位,放得才越开。但是,对涉及国家安全、公共安全和生态环保等特定活动,还是要坚持底线思维、加强风险控制、强化市场准入管理。

然而,无论是全国人大常委会关于暂时调整法律适用的决定、国务院关于暂时调整适用行政法规的决定,还是上海市人大常委会关于暂时调整适用地方性法规的决定,授权暂时调整适用法律、行政法规、上海市地方性法规的范围均限于上海自贸试验区,并非整个浦东新区的行政区划,一旦国务院决定在浦东新区范围内暂时调整实施部分相关法规、国务院文件和经国务院批准的部门规章,现行的《上海市人民代表大会常务委员会关于在中国(上海)自由贸易试验区暂时调整实施本市有关地方性法规规定的决定》将作修改,将授权范围扩展至整个浦东新区,或制定《上海市人民代表大会常务委员会关于在浦东新区暂时调整实施本市有关地方性法规规定的决定》。

第三节　1.0版《总体方案》向《2.0版方案》过渡期法治保障的难点

为贯彻落实国务院批准的《2.0版方案》的要求,上海自贸试验区在深化各项改革举措的过程中,应当围绕"法治先行"、"法治引领"这条主线,确保各项先行先试举措于法有据。为此,应当聚焦重点、难点,突出针对性、实效性,在系统调研、准确把握上海自贸试验区近、中期法治保障需求的基础上,以问题为导向,就各项法治保障需求的必要性、可行性、可操作性,尤其是实现路径进行细化研究,一一提出具体方案。

一、全国人大及其常委会提供法治保障的难点与实现路径

鉴于投资领域的法治保障工作涉及全国人大及其常委会的立法权限，属于全国人大常委会法制工作委员会的工作范围，上海市人大常委会法工委从 2015 年 4 月起多次专程赴北京听取全国人大常委会法制工作委员会领导的重要意见，并与全国人大常委会法制工作委员会、国务院法制办、商务部等与自贸试验区法治保障工作有关的职能部门的主要负责人进行深入座谈研究。

1. 关于全国人大常委会《授权决定》期限届满的难点与应对之策

在需要国家层面提供法治保障的各项工作中，时间最为紧迫的工作首推全国人大常委会 2013 年《授权决定》到期后法治保障的应对之策。根据《立法法》第 10 条第 3 款的规定："被授权机关应当在授权期限届满的六个月以前，向授权机关报告授权决定实施的情况，并提出是否需要制定、修改或者废止法律的意见；需要继续授权的，可以提出相关意见，由全国人民代表大会及其常务委员会决定。"这意味着作为被授权机关的国务院最迟应该在 2016 年 3 月 30 日之前，向全国人大常委会报告《授权决定》实施的情况，并提出是否需要制定、修改或者废止法律的意见。

为积极、稳妥地解决这一问题，上海市人大常委会法工委在前期研究的基础上，进一步听取国家相关部门领导及学者的意见，经过多次论证、反复斟酌，依照优选顺序，提出了以下工作路径。

路径之一：加快"外资三法"全面修改的进程

2013 年《授权决定》明确规定，"上述行政审批的调整在三年内试行，对实践证明可行的，应当修改完善有关法律；对实践证明不宜调整的，恢复施行有关法律规定"。鉴于《国务院关于自由贸易试验区工作进展情况的报告》充分肯定了上海自贸试验区建设一年多来已取得的阶段性成果，其中包括以负面清单管理为核心的外商投资管理制度的先行先试成功，因此，修改"外资三法"的基本条件已经具备，且具有一定的可行性。

依循这一路径的具体方案是：通过全面修改"外资三法"或者制定《外国投资法》，对外商投资全面实行有限核准加普遍备案的管理方式，并授权可根据外商投资管理的实际需要制定实施细则，对备案管理作出更加全

面、具体的规定。需要关注的是,《全国人大常委会 2016 年度立法工作计划》关于 2016 年立法工作计划的项目安排,除了传统的第一类"继续审议的法律案"、第二类"初次审议的法律案"、第三类"预备项目"之外,新增第四类项目,即"做好改革试点立法授权决定相关工作",列明涉自贸试验区的 2013 年《授权决定》、2015 年《扩展决定》及其他授权决定的到期日,规定"授权决定实施期满,对实践证明可行,由有关方面及时提出依法修改有关法律的议案,适时安排全国人大常委会审议"。

应该说,修改"外资三法"的路径是最佳的捷径,通过修法的方式将上海自贸试验区的成功经验正式"入法",既是实施《授权决定》的必然要求,也有利于向海内外展示上海自贸试验区依法改革的实践成就,有利于全面复制、推广上海自贸试验区的改革经验,指导新一轮的改革实践。但是,近期能否打通这一路径尚存在一些难以确定的因素。

其一,国家层面对以负面清单管理为核心的外商投资管理制度的改革持既积极、又慎重的态度,该项制度前期仅在上海自贸试验区 28.78 平方公里进行探索,国务院在充分肯定该项制度创新取得积极成效的同时,并未考虑在非自贸试验区复制、推广该项制度。[①]

其二,2015 年该项制度的探索仍然在四个自贸试验区推进,而全国人大常委会于 2015 年作出的《扩展决定》直到 2018 年 2 月 28 日才期限届满,在此之前修改"外资三法"将使《扩展决定》形同虚设。

其三,2015 年 1 月商务部起草的《外国投资法(草案征求意见稿)》提出通过制定统一的《外国投资法》取代"外资三法",这一立法思路并未取得广泛的共识,且立法进程受制于全球经贸规则的发展及我国与相关国家(地区)双边、多边经贸谈判进程等种种不确定的因素,何时启动正式的立法程序尚无时间表。

其四,全国人大常委会拟将《外国投资法》(修改"外资三法")列入 2016 年度的立法预备项目,显然无法在 2016 年 9 月 30 日《授权决定》期限届满前完成立法程序。

---

① 《国务院关于推广中国(上海)自由贸易试验区可复制改革试点经验的通知》(国发〔2014〕65 号)并未将上海自贸试验区以负面清单管理为核心的外商投资管理制度的改革成果列入可复制、可推广的经验之内。

基于上述情况,这一路径虽然是最佳路径,但其可行性不容乐观。

路径之二:对《授权决定》暂时调整适用的 11 项行政审批作"打包修改"

在无法依循路径一的情况下,可以在 2016 年 9 月 30 日《授权决定》期限届满前,由全国人大采取"打包修改"的方式对《授权决定》暂时调整适用的"外资三法"中的 11 项行政审批作一揽子修改。在全面修改"外资三法"条件尚不成熟的情况下,采用这种短平快的方式可以及时解决《授权决定》到期后 28.78 平方公里出现法律真空的问题,体现外商投资管理体制"负面清单加备案管理"的改革成果。但是,依循这一路径的前提是"负面清单加备案管理"的内容"入法"的条件已经成熟。鉴于该项制度的探索仍然在四个自贸试验区内推进,全国人大常委会的《扩展决定》尚未到期,这一路径是否可行同样不容乐观。

路径之三:延长 2013 年《授权决定》的有效期

在前述路径一、路径二于 2016 年 9 月 30 日《授权决定》期限届满前难以走通的情况下,延长 2013 年《授权决定》的有效期是较为可行、简便的方案。依循这一路径的具体方案是:由全国人大常委会作出决定,将全国人大常委会 2013 年《授权决定》的施行期限延长至 2018 年 2 月 28 日(即 2015 年《扩展决定》的到期日)。采用这一方案既可以及时弥补 2013 年《授权决定》期满后上海自贸试验区 28.78 平方公里内可能出现的法律真空,又可以实现《授权决定》与《扩展决定》在施行期限上的对接,同时也符合《立法法》第 10 条第 2 款有关授权决定的期限最长不超过 5 年的规定。但是,延长《授权决定》的有效期只是一种应急性的立法技术处理,无涉在上海自贸试验区 28.78 平方公里内暂时调整适用相关法律三年的试验成效,亦不涉及是否修改相关法律的问题。一旦采用这一方案,立法机关的相关说明要准确到位,以免引发不必要的猜测、误读。

路径之四:其他行之有效的变通方法

上海自贸试验区的四至范围从原有的 28.78 平方公里扩展到现有的 120.72 平方公里,这是国家推进自贸试验区先行先试的战略安排,由此产生了全国人大常委会 2013 年《授权决定》与 2015 年《扩展决定》实施期限上的差异。为此,全国人大常委会应当因应上海自贸试验区先行先试的特殊性,在后续问题的处理上不妨采取一些行之有效的变通方法。

在全国人大常委会审议《扩展决定》草案时，有的委员已经注意到2013年《授权决定》与2015年《扩展决定》之间的衔接问题。为此，在全国人大法律委员会《关于授权国务院在中国（广东）自由贸易试验区、中国（天津）自由贸易试验区、中国（福建）自由贸易试验区以及中国（上海）自由贸易试验区扩展区域暂时调整有关法律规定的行政审批的决定（草案）审议结果的报告》中对此问题有所回应。该审议结果报告称："决定草案与去年全国人大常委会通过的有关上海自由贸易试验区的授权决定如何衔接，需要统筹研究。法律委员会经同国务院法制办公室、商务部研究认为，中国（上海）自由贸易试验区与其扩展区域在授权方面的衔接，可以在实际工作中加强统筹协调。"全国人大法律委员会对于决定草案所作的审议结果报告属于广义的立法解释的范畴，①反映了立法机关的立法意图，对于两个决定如何衔接的技术处理具有直接的指导性。"在实际工作中加强统筹协调"的表述寓意深刻，具有较大的操作空间，不排除由全国人大常委会有关委员会作出询问答复的方式，明确2013年《授权决定》到期后上海自贸试验区原有28.78平方公里内相关先行先试的法律依据。

2. 关于修改"外资三法"/制定《外国投资法》的问题

前文述及，基于种种原因，全国人大常委会近期启动修改"外资三法"或制定《外国投资法》的条件尚不成熟，因此，修改"外资三法"/制定《外国投资法》似难以解2013年《授权决定》期限届满后上海自贸试验区28.78平方公里出现法律真空的燃眉之急。但是，上海自贸试验区先行先试的成功探索既凸显修改"外资三法"/制定《外国投资法》的必要性，也为相关立法活动提供实践支撑，在自贸试验区运行中期、远期，全国人大常委会启动相关立法程序势在必行。

《全国人大常委会2016年度立法工作计划》已将《外国投资法》（修改"外资三法"）列入预备项目，由有关方面抓紧调研和起草工作，视情安排审议。上海自贸试验区应密切关注国家层面立法的最新动向，积极推动立法进程，最大限度地将自贸试验区先行先试的成功经验固化为法律规定。

---

① 广义的立法解释主要有三种类型：一是立法机关在法律条文中对相关问题作出解释；二是法律统一审议机关对法律草案所作的审议结果报告；三是法律适用中立法机关所作的解释。

值得一提的是,2016 年 9 月 3 日,全国人大常委会通过《全国人民代表大会常务委员会关于修改〈中华人民共和国外资企业法〉等四部法律的决定》。此次修改是按照全国人大常委会授权决定规定的期限和要求进行的专题修改,不涉及其他事项。修正案草案严格落实全国人大常委会授权决定的要求,内容与授权决定的规定保持一致,在 4 部法律中分别增加一条规定:对不涉及国家规定实施准入特别管理措施的,将相关审批事项改为备案管理;国家规定的准入特别管理措施由国务院发布或者批准发布。全国人大常委会的这一立法举措采纳了上海提出的第二种路径。2019 年 3 月 15 日,第十三届全国人大第二次会议表决通过了《外商投资法》,该法生效之日,《中外合资经营企业法》《中外合作经营企业法》《外资企业法》同时废止。全国人大的这一立法举措采纳了上海提出的第一种路径。

3. 关于调整适用《文物保护法》相关规定的问题

暂时调整实施《文物保护法》第 55 条第 3 款的规定,放宽外资在文物拍卖方面的市场准入限制,是国务院提请全国人大常委会审议的 2013 年《授权决定》(草案)的内容之一。在决定草案审议过程中,不少人大常委会组成人员对该项内容持有不同意见。全国人大法律委员会的审议结果报告认为,对放开外商投资文物拍卖企业的市场准入应当慎重,2002 年《文物保护法》修改时增加规定禁止设立外商投资文物拍卖企业,是适应市场经济发展新形势,加强文物保护的举措,这些年来发挥了积极作用,目前我国文物保护仍然面临着严峻局面,不宜仓促放开。法律委员会经同国务院法制办公室研究,建议将决定草案中的"暂时停止实施《中华人民共和国文物保护法》的有关规定"予以删除。

鉴于上海自贸试验区先行先试两年多来,我国文物保护面临的严峻局面并无明显改观,国家相关部门对于放宽外资在文物拍卖方面的市场准入限制可能存在风险的担忧并未消除,再次提请全国人大常委会作出暂时调整实施《文物保护法》第 55 条第 3 款规定的决定缺乏可行性。上海市人大常委会调研组在与国家有关部门沟通中还了解到,我国在与有关国家开展相关双边谈判中,已将文物拍卖列入需要采取准入特别管理措施的负面清单之内,这更给全国人大常委会作出这一决定增加了难度。

4. 关于制定全国统一的自由贸易园区法的问题

在上海自贸试验区筹备及运行初期,部分学者十分关注事权及立法权限问题,呼吁由全国人大常委会制定《中国(上海)自由贸易试验区法》,或者由国务院制定《中国(上海)自由贸易试验区条例》,以便从根本上解决自贸试验区立法的依据问题。在《中国(上海)自由贸易试验区条例》及相关立法成功破解了地方性法规规制自贸试验区事项的立法难题后,有关地方立法法律依据的争议得到了平息。然而,随着国务院批准成立中国(广东)自贸试验区、中国(天津)自贸试验区、中国(福建)自贸试验区后,情况发生了新的变化,在出现若干个自贸试验区的情况下,相关的立法发展方向是国家层面统一立法,还是各个自贸试验区各自立法,需要认真研究,加强指导。值得关注的是,国家有关部门出台的一些规范性文件出现了集中、统一的发展趋向。①

在这样的背景下,一些法律专家、社会人士呼吁制定全国统一的自由贸易园区法,②从应然角度讲,国家层面统一立法有利于维护国家法制统一原则,有利于加强法律层面的顶层设计,也有利于在国家立法的指导下,发挥各自贸试验区所在地地方性法规补充、细化的功能。但是,从实然角度看,国家层面尚未将统一立法列入议事日程,无论是全国人大常委会还是国务院,均未将自贸试验区立法项目列入立法计划。与此同时,近、中期国家层面是否可能推动自贸试验区统一立法,需要对国家层面有关自贸试验区发展战略的未来走向作出准确的判断。在当时的情况下,存在一些对未来自贸试验区发展走向产生影响的不确定因素:一是自贸试验区调法决定为期3年,3年以后是否继续推进现行自贸试验区的压力测试,抑或增加新的压力测试项目;二是上海自贸试验区部分先行先试的成功经验已经向非自贸试验区复制、推广,未来各自贸试验区可复制、可推广的经验越来越

---

① 　上海自贸试验区运转前两年,上海市出台了适用于上海自贸试验区范围的2013年版负面清单、2014年版负面清单。2015年国务院批准成立广东、天津、福建自贸试验区后,经国务院同意,国家相关部门制定了统一适用于各自贸试验区的《自由贸易试验区外商投资准入特别管理措施》(负面清单)。

② 　如2015年3月,全国政协常委周汉民、全国政协委员徐钧健分别提交提案,建议"尽快制定《中国自由贸易区促进法》",将上海自贸试验区实践和经验上升至全国性立法来加以固化。周汉民在解释提案的目的时认为,尽快制定《中国自由贸易区促进法》,可以为现在的四个自贸试验区以及未来的自贸试验区的设立和运行厘定法律框架,避免政出多门,防止自贸试验区"寻租"。

多,在未来全国各地普遍复制自贸试验区经验的情况下,现有的自贸试验区是否继续存续;三是未来"外资三法"完成修改,或制定统一的《外国投资法》,是否还有必要制定统一的自由贸易园区法;四是自贸试验区的未来发展还受到中美 BIT(双边投资协定)谈判、中欧 BIT 谈判结果的影响。在情况尚不明朗的现阶段无法期待国家层面启动自由贸易园区法的立法程序。

二、国务院提供法治保障的实现路径

与全国人大常委会提供的法治保障实现路径相比,国务院层面法治保障需求的实现路径较为平坦、便捷。从相关部门提出的法治保障需求来看,上海自贸试验区近、中期需要聚焦在进一步调整行政法规和国务院文件规定的外资准入特别管理措施上,具体表现在 13 项行政法规和经国务院批准的法律文件规定的特别管理措施,其中,4 项为暂时调整行政法规的相关条款,9 项为调整《外商投资产业指导目录(2015 年修订)》的相关目录。

1. 关于暂时调整相关行政法规规定的实现路径

总体上看,国务院关于暂时调整实施行政法规规定的程序性规定比较宽松,且处于动态推进的状态。在上海自贸试验区先行先试推进过程中,国务院分别于 2013 年 12 月 21 日、2014 年 9 月 4 日作出在上海自贸试验区内暂时调整有关行政法规、国务院文件、经国务院批准的部门规章规定的行政审批或者准入特别管理措施的决定,该两个决定均未明确规定暂时调整实施行政法规、国务院文件、部门规章相关规定的期限,并且明确规定"国务院将根据试验区改革开放措施的实施情况,适时对本决定的内容进行调整"。有鉴于此,国务院在暂时调整行政法规方面游刃有余、灵活自如。上海市人大常委会调研组在与商务部、国务院法制办等部门沟通中了解到,商务部按照统筹推进四个自贸试验区对外开放工作的要求,已将第三批行政法规及国务院文件调整实施的方案上报国务院办公厅,该批暂时调整实施的行政法规将涵盖上海自贸试验区近期需要调整实施的《国际海运条例》第 25 条第 2 款、《国内水路运输管理条例》第 11 条、《旅行社条例》第 23 条、《船舶和海上设施检验条例》第 4 条。

2. 关于调整《外商投资产业指导目录》的需求

总体上说，《外商投资产业指导目录》与《自由贸易试验区外商投资准入特别管理措施（负面清单）》相辅相成，具有动态调整外商投资政策的相同功能。2015 年 4 月 8 日国务院办公厅印发《自由贸易试验区外商投资准入特别管理措施（负面清单）》的通知，明确规定"自印发之日起 30 日后实施，并适时调整"。与负面清单管理方式相同，《外商投资产业指导目录》也采用动态调整的管理方式，1995 年我国推出了第一版《外商投资产业指导目录》之后，分别于 1997 年、2002 年、2004 年、2007 年、2011 年作出修订，目前有效的是 2015 年修订版。因此，上海自贸试验区近期调整《外商投资产业指导目录（2015 年修订）》中 9 项目录的需求，可以依循适时修订《外商投资产业指导目录》《自由贸易试验区外商投资准入特别管理措施（负面清单）》的路径。

三、上海地方层面提供法治保障的实现路径

1. 关于延长《上海授权决定》期限的问题

2013 年 9 月 26 日通过的《上海市人民代表大会常务委员会关于在中国（上海）自由贸易试验区暂时调整实施本市有关地方性法规规定的决定》于 2016 年 9 月 30 日期满。上海自贸试验区扩区后，上海市人大常委会未作出进一步的授权决定，原因是 2013 年《上海授权决定》第 1 条第 2 款已规定："凡有关法律、行政法规在中国（上海）自由贸易试验区调整实施有关内容的，本市有关地方性法规作相应调整实施。"鉴于全国人大常委会已作出《扩展决定》，上海地方层面无需再作决定。

《上海授权决定》2016 年 9 月 30 日期满的问题如何应对，取决于全国人大常委会对 2013 年《授权决定》期限届满采取何种处理方式，在全国人大常委会未完成修改"外资三法"或制定《外国投资法》、未采用"打包修改"的方式对《授权决定》暂时调整适用的"外资三法"中的 11 项行政审批作一揽子修改的情况下，上海市人大常委会拟对《上海授权决定》的实施期限进行修正，将实施期限延长至 2018 年 2 月 28 日（即 2015 年《扩展决定》的到期日）。上海市人大常委会应将该修正案的立法项目列入 2016 年度立法计划。

需要说明的是,2016 年 12 月 29 日,上海市第十四届人大常委会第三十四次会议决定,对《上海市人民代表大会常务委员会关于在中国(上海)自由贸易试验区暂时调整实施本市有关地方性法规规定的决定》进行修改,将原决定的第 1 条修改为:"在中国(上海)自由贸易试验区内,凡法律、行政法规调整实施有关内容的,本市有关地方性法规作相应调整实施。"将原决定的第 2 条修改为:"在中国(上海)自由贸易试验区内,本市地方性法规的规定,凡与《中国(上海)自由贸易试验区总体方案》、《进一步深化中国(上海)自由贸易试验区改革开放方案》不一致的,调整实施。"

2. 关于修改《上海自贸试验区条例》的问题

相关部门提出的修法动因主要是上海自贸试验区扩区导致自贸试验区的管理体制、区域功能、区域定位需作相应的调整。上海市人大常委会在调研过程中对这一问题进行深入研究后认为,现行《上海自贸试验区条例》作为上海自贸试验区建设发展的"基本法",对推进自贸试验区建设进行了全面的规范。考虑到自贸试验区的建设是一个不断推进、动态发展的过程,《上海自贸试验区条例》较好处理了改革的阶段性与法规相对稳定性之间的关系,以前瞻性的视角为未来的制度创新预留空间。例如,第 2 条规定"本条例适用于经国务院批准设立的中国(上海)自由贸易试验区",这一规定对自贸试验区的区域扩围保持了必要的包容度,可以理解为适用于上海自贸试验区的 120.72 平方公里。再如第二章关于管理体制和执法体制的规定也有一定的开放度。上海市人民政府相关部门也未将修改条例申报为 2016 年度上海地方立法的正式项目、预备项目或调研项目。有鉴于此,上海市人大常委会法工委认为条例继续实施与实践并无明显差异,建议相关部门密切关注上海自贸试验区深化改革的进展情况,适时启动修法程序。

3. 关于制定上海信用体系建设方面的地方性法规

关于制定上海信用体系建设方面的地方性法规的必要性、紧迫性,各方面取得了高度的共识,上海市人大常委会将该立法项目列入 2015 年度立法预备项目,并作为市人大常委会重点调研课题,由市人大常委会分管副主任领衔,课题组的研究已经取得了重要的阶段性成果。鉴于信用体系建设涉及面宽泛,立法难度较大,需要协调的环节较多,起草工作难以一蹴而就。该立法项目已列为上海市人大常委会 2016 年度的立法计划,并作为常委会重点推进的立法项目。

2017 年 6 月 23 日,上海市第十四届人大常委会第三十八次会议通过了《上海市社会信用条例》,这是上海的创制性地方性法规,也是全国首部综合性地方信用立法。《条例》将"诚信上海"建设纳入了法治的轨道,既是对国家信用改革战略性任务的落实,也是上海信用体系建设的重要组成部分。条例已于 2017 年 10 月 1 日正式实施。[①]这一条例的出台满足了上海自贸试验区的立法需求。

4. 关于完善信息共享和服务平台应用的相关问题

关于上海自贸试验区信息共享和服务平台应用问题,既有制度建设层面的问题,又有实践应用层面存在的问题。在制度建设层面,上海市政府2014 年 5 月发布《上海市公共信用信息归集和使用管理试行办法》(沪府发〔2014〕39 号)。《上海自贸试验区条例》第 39 条第 1 款至第 3 款、第 41 条第 1 款至第 3 款对信息共享和服务平台应用作了较为详尽的规定。第 41条第 3 款规定:"监管信息归集、交换、共享的办法,由管委会组织驻区机构和有关部门制定。"为进一步推进自贸试验区社会信用体系建设,结合自贸试验区实际,上海自贸试验区管委会于 2015 年 1 月发布《中国(上海)自由贸易试验区公共信用信息管理使用办法》和《中国(上海)自由贸易试验区信用信息查询服务规程》,作为上海自贸试验区社会信用体系建设的制度规范。在实践应用方面,上海自贸试验区(保税区域)依托上海市公共信用信息服务平台,正在推进建设公共信用信息子平台,完善与信用信息、信用产品使用有关的一系列制度;自贸试验区子平台正在推进各类市场主体的公共信用信息归集查询、数据目录管理等功能开发工作,已开通信用信息综合查询服务,探索开展事前诚信承诺、事中评估分类、事后联动奖惩的信用管理模式。可以说,目前上海自贸试验区信息共享和服务平台应用方面已基本实现有法可依,有章可循。

对于相关部门提出的完善信息共享和服务平台应用方面相关制度的立法需求,需要统筹考虑上海市政务信息化建设的整体推进情况,在充分

---

① 参见丁伟:《以法治引领"诚信上海"建设》,《文汇报》2017 年 1 月 18 日。

论证后提出具体的制度设计方案。鉴于当时尚不具备立法条件,需要各相关部门抓紧开展立法的前期研究工作,待条件成熟时,适时启动相关的立法程序。

在总结上海自贸试验区近三年事中事后监管改革成果经验的基础上,2016 年 8 月 5 日上海市人民政府办公厅印发《进一步深化中国(上海)自贸试验区与浦东新区事中事后监管体系建设总体方案》。《方案》围绕营造法治化、国际化、便利化的营商环境和公平、统一、高效的市场环境,确定事中事后监管体系建设的八项任务,其中包括创新监管方式方法,充分运用大数据、"互联网+"等方式,建立和完善以信息共享为基础、以信息公示为手段、以信用约束为核心的现代化监管制度。这一方案的出台满足了上海自贸试验区先行先试的需求。

5. 关于探索建立陆家嘴金融城法定机构的问题

法定机构,指依据特定的法律、法规或规章设立,依法承担公共事务管理职能或公共服务职能,不列入行政机关序列,具有独立法人地位的公共机构。其基本功能在于明确政府的决策职能和执行职能,政府通过立法的方式成立机构,逐步将部分执行职能社会化。实行法定机构改革,既可实现政事分开、管办分离,也可提升公共服务的品质。我国广东省率先在广州、深圳等市开展了法定机构改革试点,并已取得一些经验和成效。2007 年开始,深圳市在借鉴新加坡法定机构经验的基础上开始推行法定机构的试点,2011 年广东省机构编制委员会办公室在借鉴深圳先行试点的基础上出台《关于在部分省属事业单位和广州、深圳、珠海市开展法定机构试点工作指导意见》。深圳的前海合作区是内地唯一采取法定机构模式推动区域开发的开发区。前海管理局是国家唯一负责区域开发和综合管理的法定机构,在充分授权、封闭运作的基础上,管理局将政府行政管理职能和市场化开发运营职能有机结合,有效激发组织的内生动力和活力,构建政府、市场、社会良性互动的法定机构治理格局。

为此,相关部门建议探索建立作为法定机构的上海自贸试验区陆家嘴金融城发展局,制定相应的地方性法规或政府规章,明确法定机构的组织机构、职能权限、运作形式、经费来源、治理方式等内容,依法赋予该法定机构承担相应的公共管理和公共服务职能。鉴于该立法的核心内容涉及机构设置、职能权限、经费来源等重大立法事项,需要各相关部门进行科学论证、充分协调、沟通,形成正式方案,待立法条件成熟后,才能进入立法程序。为此,上海市立法研究所与浦东新区人大常委会及相关职能部门密切合作,就建立陆家嘴金融城法定机构的相关问题进行深入研究。

2016 年 6 月,浦东新区第五届人大常委会第三十四次会议审议通过《浦东新区人民代表大会常务委员会关于促进和保障陆家嘴金融城体制改革的决定》,该决定提出,浦东新区探索金融城体制改革,应当借鉴国际国内经验,结合金融城功能定位,深化制度创新,构建"业界共治＋法定机构"的公共治理架构,由区政府联合业界发起设立陆家嘴金融城理事会,依据该决定设立陆家嘴金融城发展局。2016 年 8 月 27 日,按照企业化组织、市场化运作的"法定机构"——上海陆家嘴金融城发展局正式投入运作,率先实施"业界共治＋法定机构"治理。与原来传统的行政管理机构相比,作为法定机构的上海陆家嘴金融城发展局不再列入政府部门序列,在全国率先以企业法人的形式登记注册成立,实行企业化组织。发展局的工作部门设置,以优化综合部门、强化业务部门、搭建专业运作平台为组建原则,由此实现了轻型化、扁平化、国际化的改革目标。与此同时,作为法定机构的上海陆家嘴金融城发展局具有鲜明的公益性特征,不参与市场竞争、不以营利为目的,其主要职能是实施和协调金融城的公共事务,组织和落实理事会业界共治的相关事项,提升金融城发展的能力与效率,打造开放度更高、便利化更优的营商环境,更好地为企业提供专业化、精细化服务,更好地促进金融城的发展与繁荣。

第四节 上海自贸试验区《3.0 版方案》的总体要求和主要任务

为贯彻落实党中央、国务院决策部署,对照国际最高标准、最好水平的自由贸易区,全面深化自贸试验区改革开放,加快构建开放型经济新体制,在新一轮改革开放中进一步发挥引领示范作用,2017 年 3 月 30 日,国务院《关于印发全面深化中国(上海)自由贸易试验区改革开放方案的通知》(国发〔2017〕23 号)公布《全面深化中国(上海)自由贸易试验区改革开放方案》(《3.0版方案》),确定了上海自贸试验区全面深化改革开放的总体要求、主要任务和措施。上海自贸试验区建设由此进入以全面深化改革开放为主旨的"第三季"。

一、上海自贸试验区全面深化改革开放的总体要求

国务院批准的《3.0版方案》确定上海自贸试验区全面深化改革开放的总体要求,上海自贸试验区全面深化改革开放的指导思想是:认真落实党中央、国务院决策部署,统筹推进"五位一体"总体布局和协调推进"四个全面"战略布局,坚持稳中求进工作总基调,坚定践行新发展理念,坚持以制度创新为核心,继续解放思想、勇于突破、当好标杆,进一步对照国际最高标准、查找短板弱项,大胆闯、大胆试、自主改,坚持全方位对外开放,推动贸易和投资自由化便利化,加大压力测试,切实有效防控风险,以开放促改革、促发展、促创新;进一步加强与上海国际金融中心和具有全球影响力的科技创新中心建设的联动,不断放大政策集成效应,主动服务"一带一路"建设和长江经济带发展,形成经济转型发展新动能和国际竞争新优势;更大力度转变政府职能,加快探索一级地方政府管理体制创新,全面提升政府治理能力;发挥先发优势,加强改革系统集成,力争取得更多可复制可推广的制度创新成果,进一步彰显全面深化改革和扩大开放试验田作用。

《3.0版方案》确定上海自贸试验区全面深化改革开放的建设目标:

到2020年,率先建立同国际投资和贸易通行规则相衔接的制度体系,把自贸试验区建设成为投资贸易自由、规则开放透明、监管公平高效、营商环境便利的国际高标准自由贸易园区,健全各类市场主体平等准入和有序竞争的投资管理体系、促进贸易转型升级和通关便利的贸易监管服务体系、深化金融开放创新和有效防控风险的金融服务体系、符合市场经济规则和治理能力现代化要求的政府管理体系,率先形成法治化、国际化、便利化的营商环境和公平、统一、高效的市场环境。强化自贸试验区改革同上海市改革的联动,各项改革试点任务具备条件的在浦东新区范围内全面实施,或在上海市推广试验。

值得关注的是,国务院批准的《2.0版方案》将上海自贸试验区的地域范围从28.78平方公里扩大到120.72平方公里,使上海自贸试验区(不包

括后来设立的上海自贸试验区临港新片区）成为除海南自贸试验区以外，我国 20 个自贸试验区中面积最大的自贸试验区。《3.0 版方案》虽然未进一步扩大上海自贸试验区的地域面积，但明确授权上海自贸试验区"各项改革试点任务具备条件的在浦东新区范围内全面实施，或在上海市推广试验"。这一授权规定不仅为上海实施《2.0 版方案》而采用的管委会与浦东新区政府合二为一的管理体制"背书"，而且使得上海自贸试验区的各项试点任务向上海全境辐射提供了政策依据，这为上海自贸试验区的建设与上海"五个中心"建设的联动，带动上海经济社会的发展提供了难得的契机。

二、上海自贸试验区全面深化改革开放的主要任务和措施

《3.0 版方案》确定上海自贸试验区全面深化改革开放 5 大任务、21 个领域先行先试的措施：

一是加强改革系统集成，建设开放和创新融为一体的综合改革试验区。方案要求上海自贸试验区加强制度创新的系统性、整体性、协同性，围绕深化投资管理体制改革、优化贸易监管服务体系、完善创新促进机制，统筹各环节改革，增强各部门协同，注重改革举措的配套组合，有效破解束缚创新的瓶颈，更大程度激发市场活力。具体采取 9 个领域的措施：1.建立更加开放透明的市场准入管理模式。2.全面深化商事登记制度改革。3.全面实现"证照分离"。4.建成国际先进水平的国际贸易"单一窗口"。5.建立安全高效便捷的海关综合监管新模式。6.建立检验检疫风险分类监管综合评定机制。7.建立具有国际竞争力的创新产业监管模式。8.优化创新要素的市场配置机制。9.健全知识产权保护和运用体系。

二是加强同国际通行规则相衔接，建立开放型经济体系的风险压力测试区。方案要求上海自贸试验区按照国际最高标准，为推动实施新一轮高水平对外开放进行更为充分的压力测试，探索开放型经济发展新领域，形成适应经济更加开放要求的系统试点经验。具体采取 5 个领域的措施：1.进一步放宽投资准入。2.实施贸易便利化新规则。3.创新跨境服务贸易管理模式。4.进一步深化金融开放创新。5.设立自由贸易港区。

三是进一步转变政府职能，打造提升政府治理能力的先行区。方案要求上海自贸试验区加强自贸试验区建设与浦东新区转变一级地方政府职

能的联动,系统推进简政放权、放管结合、优化服务改革,在行政机构改革、管理体制创新、运行机制优化、服务方式转变等方面改革创新,全面提升开放环境下政府治理能力。具体采取 3 个领域的措施:1.健全以简政放权为重点的行政管理体制。2.深化创新事中事后监管体制机制。3.优化信息互联共享的政府服务体系。

四是创新合作发展模式,成为服务国家"一带一路"建设、推动市场主体走出去的桥头堡。方案要求上海自贸试验区坚持"引进来"和"走出去"有机结合,创新经贸投资合作、产业核心技术研发、国际化融资模式,探索搭建"一带一路"开放合作新平台,建设服务"一带一路"的市场要素资源配置功能枢纽,发挥自贸试验区在服务"一带一路"建设中的辐射带动作用。具体采取 3 个领域的措施:1.以高标准便利化措施促进经贸合作。2.增强"一带一路"金融服务功能。3.探索具有国际竞争力的离岸税制安排。

五是服务全国改革开放大局,形成更多可复制可推广的制度创新成果。方案要求上海自贸试验区紧紧把握自贸试验区的基本定位,坚持先行先试,充分发挥各方面的改革创新主动性和创造性,为全面深化改革和扩大开放,取得更多制度创新成果。具体采取的措施是加快形成系统性的改革经验和模式。把理念创新、体制机制创新、政策创新和加强风险防控等方面的改革试点经验作为重点,加强试点经验的总结和系统集成。

值得关注的是,《3.0 版方案》首次提出"自由贸易港"概念,明确规定上海自贸试验区设立自由贸易港区,在洋山保税港区和上海浦东机场综合保税区等海关特殊监管区域内,设立自由贸易港区。对标国际最高水平,实施更高标准的"一线放开"、"二线安全高效管住"贸易监管制度。根据国家授权实行集约管理体制,在口岸风险有效防控的前提下,依托信息化监管手段,取消或最大程度简化入区货物的贸易管制措施,最大程度简化一线申报手续。探索实施符合国际通行做法的金融、外汇、投资和出入境管理制度,建立和完善风险防控体系。

三、上海自贸试验区落实《3.0 版方案》的具体举措

按照国发〔2017〕23 号通知和国务院批准的《3.0 版方案》的要求,上海市认真组织落实,将《3.0 版方案》确定的上海自贸试验区全面深化改革开

放的 5 大任务、21 个领域先行先试的措施分解细化为 98 项改革任务,确定了至 2020 年上海自贸试验区全面深化改革开放的核心、关键环节、目标和推进工作的载体。

上海自贸试验区全面深化改革开放的核心是:坚持制度创新,加快构建开放型经济新体制。关键是:与国际投资和贸易通行规则相衔接,加快健全投资管理、贸易监管、金融服务、政府管理"四个体系"。建设目标是:瞄准国际最高标准、最好水平的自贸试验区,率先形成法治化、国际化、便利化的营商环境和公平、统一、高效的市场环境。推进工作的载体是:"三区一堡"、"三个联动"。

"三区",指建设开放与创新驱动融为一体的综合改革试验区、建立开放型经济体系的风险压力测试区、打造提升政府治理能力的先行区。

建设开放与创新驱动融为一体的综合改革试验区,核心是树立系统思想,注重改革举措配套组合,放大政策集成效应。《3.0 版方案》实施初期的重点举措一是完善负面清单管理模式;二是拓展自由贸易账户功能。

建立开放型经济体系的风险压力测试区,关键是对照国际最高开放标准,在风险可控的条件下,进行更为充分的压力测试,为推动实施新一轮高水平对外开放积累试点经验。《3.0 版方案》实施初期,上海积极开展拟定实施自由贸易港区建设的方案。自由贸易港不是保税区或者海关特别监管区域的简单升级版,而是对标国际最高水平,率先探索更高标准、更高水平的经济管理体制机制。

打造提升政府治理能力的先行区,其目的是通过政府职能再造,探索建立经济管理新体制,实现更优的环境、更方便的准入、更有效的事中事后监管。核心是深化放管服改革。《3.0 版方案》实施初期的工作重点之一是推进"证照分离"改革。

"一堡",指将上海自贸试验区建设成为服务国家"一带一路"建设、推动市场主体走出去的桥头堡。总的考虑是,以经贸合作为突破口,以金融开放为核心,以基础设施建设为重点,以人文交流和人才培训为纽带,以同全球友城和跨国公司合作为切入点。

"三个联动",指加强自贸试验区区内改革与上海全市改革、与上海国际金融中心建设、与具有全球影响力的科技创新中心建设的联动。"三个联动"的核心是利用上海自贸试验区平台,把深层次的制度瓶颈和体制机制障碍放到自贸试验区先行突破,把金融开放和科技体制机制的改革举措放到自贸试验区率先探索,深化多项国家战略的联动实施。

到 2018 年年底,上海自贸试验区《3.0 版方案》明确的 98 项任务,除自由贸易港等 2 项外,其他 96 项已完成,实现三年任务、两年基本完成。"三区一堡"建设全面推进,综合改革试验区建设取得新突破,风险压力测试区建设稳步深化,提升政府治理能力的先行区初步形成,服务国家"一带一路"建设、推动市场主体走出去的桥头堡功能进一步凸显。"三个联动"建设也取得新进展,与国际金融中心建设的联动深入推进,服务科技创新的能力持续提升。在此基础上,上海倾力打造"三区一堡"升级版(4.0 版),升级版方案聚焦可复制可推广的改革创新系统集成,将"三区一堡"的建设作为自贸试验区建设的长期任务。与此同时,贯彻落实《关于支持自由贸易试验区深化改革创新若干措施》("国务院 38 号文"),研究制定上海自贸试验区新片区方案,聚焦差异化的风险压力测试,深化推进一批重点项目。

■ 第五节　上海自贸试验区全面深化改革开放的法治保障

一、上海自贸试验区全面深化改革开放的法治需求

上海是自贸区试验的首发地,在既无国家授权,又无成功经验可资借鉴的情况下,上海大胆闯、大胆试、自主改,闯出了一条自贸试验区法治保障的路子,上海法治保障模式在各自贸试验区得到了复制、推广。在上海自贸试验区七年来的先行先试探索中,党中央、国务院赋予上海自贸试验区压力测试的任务不断加码,上海自贸试验区的各项制度创新不断深化,相关的制度需求也最为紧迫。

需要说明的是,2019 年 7 月 27 日国务院印发《中国(上海)自由贸易试验区临港新片区总体方案》,新片区是上海新一轮对外开放的重大平台,它不是自贸试验区区域面积的简单扩大,而是制度的创新和功能的重构。为此,自 2019 年 7 月 27 日起,上海自贸试验区分为两大块,一块是《2.0 版方

案》确定的面积为 120.72 平方公里的七个片区；另一块是《中国（上海）自由贸易试验区临港新片区总体方案》规定的上海自贸试验区临港新片区。鉴于两者先行先试的任务和措施存在重大差异，两者法治保障的需求、提供法治保障的方式、路径都存在差异。本章仅讨论《2.0 版方案》扩区后面积为 120.72 平方公里的上海自贸试验区的法治保障。

　　上海自贸试验区全面深化改革开放新时期法治保障集中体现在对《上海自贸试验区条例》的修改上。《2.0 版方案》发布之时，《上海自贸试验区条例》刚刚实施 8 个月，其规定总体上能够适应《2.0 版方案》实施的需要，修改条例的必要性并不明显，在编制《上海市人大常委会 2016 年立法计划》时，上海市人民政府各相关部门没有提出将修改条例列入立法计划的申请。《3.0 版方案》公布前后，因种种原因各相关部门仍未主动提出修法。①上海市人大常委会法制工作委员会研究后认为，《上海自贸试验区条例》实施于 2014 年 8 月 1 日，条例制定时所依据的是 1.0 版《总体方案》，尽管条例的制度设计具有一定的前瞻性，可以适用于《2.0 版方案》《3.0 版方案》，但是，毕竟时过境迁，与条例制定时的情形相比，上海自贸试验区先行先试的内涵已从 1.0 版《总体方案》演变为《3.0 版方案》，外延已从 28.78 平方公里扩大为 120.72 平方公里。《上海自贸试验区条例》已明显不适应上海自贸试验区全面深化改革开放的现实需要。为此，上海市人大常委会决定将修改条例列为 2017 年立法计划中的重点调研项目。

　　2017 年，上海市人大财经委员会与浦东新区人民政府积极沟通，成立了修法小组，联合开展了一系列调研活动，于同年 11 月形成了关于《上海自贸试验区条例》修订的调研报告。调研报告在充分调研的基础上提出了条例修改的必要性和紧迫性：一是贯彻中央和国家新要求。党的十九大报告提出"要赋予自由贸易试验区更大自主权，积极探索建设自由贸易港"。这是上海立足时代继续当好全国改革开放排头兵和创新发展先行者的突

---

　　① 按照《上海市制定地方性法规条例》第 17 条第 2 款规定，市人民政府、市人民代表大会各专门委员会可以向常务委员会提出地方性法规案。《2.0 版方案》实施前，上海自贸试验区管委会的工作由上海市人民政府发改委负责，相关的立法工作由发改委牵头，会同上海市人民政府商务委、上海市人民政府法制办公室研究决定后，以上海市人民政府的名义向市人大常委会提出。《2.0 版方案》实施后，上海自贸试验区管委会的工作实际由浦东新区人民政府负责。而无论是管委会还是浦东新区人民政府，均不是《上海市制定地方性法规条例》第 17 条第 2 款规定的提出地方性法规案的主体。

破口。《3.0 版方案》明确了自贸试验区新一轮建设的目标任务,上海自贸试验区要对标国际最高标准、最好水平,全面深化自贸试验区改革开放,探索建设自由贸易港,加快建设"三区一堡",建立健全国际高标准自由贸易园区"四大体系",即健全投资管理体系、贸易监管服务体系、金融服务体系、政府管理体系。条例修改要与时俱进,紧跟改革进程,让改革在法治轨道上推进。二是适应国际国内经济发展新形势。近年来面对复杂多变的国内外经济形势,建设自贸试验区遇到了很多新的问题和挑战。面对我国经济发展进入新常态等一系列深刻变化,国家全面深化改革各项任务正在全面发力、多点突破,向纵深推进。在这一背景下,上海自贸试验区要保持先发优势,适应国际国内经济发展新形势,有必要在修改条例中进一步明确自身功能定位,凸显上海特色,不断提升对内、对外开放水平。三是体现自贸试验区建设新变化。2015 年 4 月上海自贸试验区扩区,实施范围拓展,条例的实施范围相应扩大,条例中原实施区域全部在海关特殊监管区域,而新拓展区域都是非海关特殊监管区域,有关管理方式、区域功能定位、承担任务有所不同。上海自贸试验区的管理体制进行了相应调整,实行管委会与浦东新区合署办公的新体制。为此,条例有必要根据上海自贸试验区范围、体制发生的新变化,作出相应修改。四是总结自贸试验区改革发展新实践。上海自贸试验区事中事后监管成熟经验和好的做法,如浦东新区近年来积极探索开展综合执法、监管信息共享、信用体系建设等改革成果需要通过修改条例加以固化。随着"证照分离"改革深入推进,需要条例赋予自贸试验区更大的改革自主权来推进这项改革。上海自贸试验区在率先试点外商投资负面清单的基础上,进一步试点市场准入负面清单,从过去仅针对外资公平准入拓展到各类市场主体的准入,需要条例作出相应调整。调研报告同时提出条例修改的原则及主要内容,建议将修改《上海自贸试验区条例》列入上海市人大常委会 2018 年立法计划,上海市人民政府有关部门与浦东新区政府联合组成条例修改起草小组。

2018 年,上海市人大常委会将修改《上海自贸试验区条例》列为本年度正式立法项目。为确保本项立法顺利进行,市人大常委会和市政府成立了由市人大常委会分管副主任、市政府分管副市长任双组长的立法领导小组,具体起草工作由自贸试验区管委会(浦东新区政府)负责,市人大财经委、常委会法工委等部门提前参与,作为起草小组成员单位共同推进。起草小组充分听取有关企业协会、专家,以及中央驻沪机构、上海市有关部门的意见,对有关问题进行反复研究和论证,数易其稿,拟于当年11月提请市人大常委会审议。条例修改的基本思路是:以制度创新为主线,以全方位扩大开放、实现高质量发展、努力推动长三角一体化、积极服务国家"一带一路"建设为着眼点,充分反映自贸试验区改革的最新实践。

这次修法注重把握四个要求,第一,充分贯彻党中央、国务院全面深化改革扩大开放的战略部署;第二,充分体现自贸试验区各项改革创新的重要成果,充分固化、完善这些制度创新内容;第三,适应国际形势变化的要求,充分反映国际经贸规则的新发展新趋势;第四,充分借鉴世界银行营商环境评估先进经验,对自贸试验区营商环境建设的相关环节进行流程再造,进一步提升上海市营商环境综合竞争力。为了充分贯彻中央要求、反映调研成果、对接世界银行营商环境评估指数的标准、体现政府职能转变的要求,起草组对条例的章节布局重新作了梳理,由原来按照《总体方案》模式的"总则、管理体制、投资开放、贸易便利、金融服务、税收管理、综合监管、法治环境、附则"模式,调整为以企业需求为导向的结构,即"总则、管理体制、投资开放、公共服务、贸易便利、金融服务、权益保护、综合监管、附则"等九章,增加了公共服务、企业退出、权益保护等内容,充分体现了"放管服"的理念。修改稿对条例各章都作了相应的修改。但是,该修改稿未能如期提交市人大常委会审议。主要是两个方面的原因,一是2018年11月5日,习近平总书记在首届上海进博会开幕式的讲话中宣布将增设上海自贸试验区新片区,近期党中央、国务院将发布《长江三角洲区域一体化发展规划纲要》和《中国(上海)自由贸易试验区临港新片区总体方案》,明确新片区的发展目标和任务。二是修改稿由上海自贸试验区管委会(浦东新区政府)负责,一些重要制度的修改需要进一步与国家有关部门沟通。①

---

① 　鉴于上海自贸试验区的制度创新涉及国家事权,2014年《上海自贸试验区条例》在起草过程中,上海市人民政府发改委、商务委等部门与国家发改委、商务部及"一行三会"等中央相关部门就条例文本逐条推敲,达成共识。

上海市人大常委会原本计划于 2019 年、2020 年继续将修改《上海自贸试验区条例》列为当年立法计划的正式项目，适时提请市人大常委会审议。①但由于上海自贸试验区、上海自贸试验区临港新片区改革开放中出现的新情况、新变化，如何处理好自贸试验区与新片区的关系、如何处理好条例修改中一般性与特殊性的关系等问题，相关部门尚未形成共识。截至 2020 年 9 月，相关部门尚未形成条例修改稿。

二、上海自贸试验区全面深化改革开放法治保障的难点

在"1＋3＋7＋1＋6＋3"从南到北 21 个自贸试验区的"雁阵"格局中，上海自贸试验区作为"领头雁"起步最早。随着自贸试验区先行先试的不断推进，问题也在不断沉淀，上海自贸试验区最早触碰问题。自贸试验区的先行先试需要法治引领，然而，如何引领首先要明确路在何方。站在"再出发"十字路口的上海自贸试验区在法治保障方面进入了"船到中流浪更急，人到半山路更陡"的关键时期。《上海自贸试验区条例》的修改连续三年列为立法计划的正式项目，但迟迟未进入立法程序，足以说明法治保障工作的难度。对《上海自贸试验区条例》进行修改既需要在宏观层面把握对自贸试验区的发展产生重大影响的国际政治、经济发展格局的变化趋势，我国经济发展战略发展的大背景，又要从中观层面把握对自贸试验区未来立法产生影响的自贸试验区发展七年来我国经济、法律制度发生的重大变化，更要从微观层面把握好自贸试验区已有的法律制度与将要创设的新制度之间的关系。

（一）修改《上海自贸试验区条例》中观层面的难点

2014 年起草、审议《上海自贸试验区条例》之时，我国自贸试验区的先行先试起步伊始，相关的制度设计除遵循国家法制统一原则外，不受掣肘，如同一张白纸，可画最新最美的图画。然而，七年后的今天，情况发生了很大变化，修改《上海自贸试验区条例》在中观层面存在一些需要深化研究的问题。

---

① 按照上海市人大常委会编制年度立法计划的要求，凡列入当年立法计划正式项目的，均应当明确法规草案提请市人大常委会初次审议的具体月份。由于《上海自贸试验区条例》的修改存在不确定性，故 2019 年、2020 年的立法计划不列明条例初审的时间，而是规定"适时提请审议"。

其一,上海自贸试验区总体方案确定的先行先试事项 98 项,各自贸试验区虽各具独特定位,但先行先试事项大多重合。而国务院历次复制推广的改革试点经验已达到 89 项,基本涵盖了所有领域。这是否意味着自贸试验区与非自贸试验区已无实质性区别? 倘若自贸试验区与非自贸试验区无实质性区别,《上海自贸试验区条例》是否还有存在的必要? 修改条例是否还有实际意义?

其二,就国家层面自贸试验区的法治保障而言,全国人大常委会唯一的立法举措是暂时调整适用有关外商投资审批制度的相关法律规定。然而,2016 年 9 月《外资企业法》等四部法律已打包修改,2018 年 6 月,国家出台统一适用于全国的外商投资负面清单。2019 年 3 月《外商投资法》已经表决通过,现行的"外资三法"也已经废止。这是否意味着非自贸试验区实施自贸试验区的做法已不存在法律上的障碍? 倘若结论是肯定的,那么同样产生《上海自贸试验区条例》是否还有存在的必要、修改条例是否还有实际意义的问题。

其三,2018 年 11 月 23 日,国务院印发《关于支持自由贸易试验区深化改革创新若干措施的通知》(国发〔2018〕38 号)。《通知》指出:党的十九大报告强调要赋予自贸试验区更大的改革自主权,为新时代自贸试验区建设指明了新方向、提出了新要求。《通知》旨在贯彻落实党中央、国务院决策部署,支持自贸试验区深化改革创新,进一步提高建设质量。《通知》提出,要加大改革授权和开放力度,给予政策扶持,体现特色定位。为此,《通知》提出了 53 项切口小、见效快的工作措施,其中 14 项适用于特定自贸试验区。《通知》要求,要深刻认识支持自贸试验区深化改革创新的重大意义,贯彻新发展理念,鼓励地方大胆试、大胆闯、自主改,进一步发挥自贸试验区全面深化改革和扩大开放试验田作用。这是否意味着在现有自贸试验区已经遍布从南到北 21 个地区,自贸试验区的绝大部分试验成果已经全面复制、推广的情况下,我国自贸试验区未来的发展趋势、发展方向、建设重心将着眼于各自贸试验区特色化、差异化的制度创新? 如果结论是肯定的,那么《上海自贸试验区条例》的修改方向是保留现行条例的框架体系、基本内容(其中绝大部分内容已成为普适性的规定),全面系统地规范上海自贸试验区的各项事项,还是聚焦上海自贸试验区特色化、差异化的制度

387

创新事项,突出制度创新的前瞻性?

(二)修改《上海自贸试验区条例》微观层面的难点

抛开需要解决的中观层面的问题不谈(事实上微观层面的问题如何解决很大程度上取决于中观层面的问题如何解决),修改《上海自贸试验区条例》在微观层面存在一些需要深化研究的问题:

其一,如何处理好上海自贸试验区和上海自贸试验区临港新片区之间的关系。鉴于 2019 年 7 月 27 日国务院印发的《中国(上海)自由贸易试验区临港新片区总体方案》有关临港新片区的名称上有"中国(上海)自由贸易试验区"的前缀,《上海自贸试验区条例》修改时是否应将临港新片区纳入条例的适用范围,起草部门始终举棋不定。2019 年 7 月 30 日,市政府常务会议通过《中国(上海)自由贸易试验区临港新片区管理办法》,《管理办法》总体上以新片区的总体方案为依据,为临港新片区量身打造,规定了新片区的管理体制、建设目标、功能定位以及具体制度创新,成为新片区初创时期的主要制度供给。该管理办法属于过渡时期的制度性规定,按照计划将由上海市人大常委会就临港新片区的先行先试事项制定地方性法规。尽管临港新片区名称上有"自贸试验区"的前缀,但是又是相对独立的。从管理体制来看,新片区的管理机构是"临港新片区管委会",而不是条例中的"自贸试验区管委会"。"临港新片区管委会"是市人民政府的派出机构,既不是"自贸试验区管委会"的派出机构或者下属单位,也不是浦东新区政府的派出机构或者下属单位。这就需要研究、确定在法治保障上,在立法载体上将自贸试验区与临港新片区合二为一,还是分而治之?

其二,如何处理好可复制、推广与不可复制、推广之间的关系。按照1.0 版《总体方案》《2.0 版方案》《3.0 版方案》的要求,上海自贸试验区应发挥"试验田"的作用,其先行先试举措需要向全国复制、推广。而临港新片区的方案是实施特殊支持政策,赋予新片区更大改革自主权,成为特殊经济功能区,其制度创新成果不强调复制、推广。①倘若在立法载体上将两者

---

① 不少观点强调临港新片区的改革开放举措不复制、不推广,这一论断过于武断,严格来说,新片区的制度在一定范围内是有限度地复制、推广的。国务院批准的《中国(上海)自由贸易试验区临港新片区总体方案》第 22 条对"带动长三角新一轮改革开放"提出了要求:定期总结评估新片区在投资管理、贸易监管、金融开放、人才流动、运输管理、风险管控等方面的制度经验,制定推广清单,明确推广范围和监管要求,按程序报批后有序推广实施。这意味着新片区的制度经验在长三角范围内可以推广。

合二为一,在同一部法规中是否适合将可复制、推广与不复制、推广的制度糅合在一起?

其三,如何处理好条例修改中自贸试验区特殊性制度规则与全社会普适性制度规则之间的关系。2014年制定的《上海自贸试验区条例》属于上海自贸试验区初创期关于上海自贸试验区的基础性法规,其主要制度设计注重可复制、可推广,其不少规定多年来在实践中的经验已在全国范围内复制和推广。从2018年上海自贸试验区管委会(浦东新区人民政府)牵头起草的《上海自贸试验区条例》修改稿草案初稿内容来看,主要增加了固化改革成果(证照分离改革)、优化营商环境(企业设立与退出简化)、转变政府职能(改革自主权下放与容错机制)和推动制度创新(知识产权保护、金融风险防范等)四个方面的内容。这些内容更多在一般性制度方面进行探索,实践中也不局限于自贸试验区。从其规范内容看,条例修改草案初稿不啻"浦东新区改革发展条例"。倘若《上海自贸试验区条例》中大部分条款属于全社会普适性制度规则,无法体现自贸试验区的特殊性,那么修改后的《上海自贸试验区条例》是否名副其实,称得上是"自贸试验区条例"?倘若剔除了普适性的、全社会一般性制度规则,只剩下数量有限的、专门适用于自贸试验区的特殊性制度规则,那么是否能支撑起现有《上海自贸试验区条例》的框架结构,是否需要将"条例"改为"若干规定"?

三、突破上海自贸试验区法治保障瓶颈的基本思路

在高起点、高标准、高水平上推动自贸区试验立法"再出发",应注重问题导向、需求导向、实效导向。需要准确识变、科学应变、主动求变。以下几个问题需要深入调研、准确研判:

一是在立法方式上,研究是否应当破除现行《上海自贸试验区条例》框架结构的束缚。现行条例建立在1.0版《总体方案》的基础上,随着自贸试验区外延扩展至陆家嘴、张江、金桥片区,先行先试的内涵从1.0版《总体方案》上升为《3.0版方案》,并且又出现了临港新片区的方案。从相关专家学者提交的条例修改的专家建议稿、上海自贸试验区管委会(浦东新区人民政府)牵头起草的《上海自贸试验区条例》修改稿草案初稿内容来看,基本上沿袭、保留了现行条例的框架体系,在现行条例的基础上修修补补,但

不少规定捉襟见肘,这表明现行条例的框架已经明显框不住、承载不了上海自贸试验区全面深化改革开放的新需求。为此,应该考虑采用立新废旧的立法方式,在现行条例的基础上打造新版的上海自贸试验区条例。

二是在立法思路上,研究是否应当破除思维定势的束缚。2014年相关部门起草《上海自贸试验区条例》时,受经济开发区立法思维定势的束缚,在立法思路上受制于国务院批准的1.0版《总体方案》,把条例草案搞成总体方案的翻版。在人大审议修改过程中,力主条文少一点、立意高一点,为先行先试预留更多制度创新的空间。笔者当时提出了负面清单的立法思路,即立法重在明确市场主体不得为的行为,条例没有禁止、限制的行为都可为。时至今日,自贸试验区的绝大多数经验都已复制、推广,在立法思路上应当采取反向思维,重点研究哪些事项只有自贸试验区才能做,需要规范。与此同时,《3.0版方案》明确规定:上海自贸试验区"各项改革试点任务具备条件的在浦东新区范围内全面实施,或在上海市推广试验"。修改条例似应对"具备条件"的认定标准、确认程序等规定进行细化。在立法思路上同样采取反向思维,明确哪些事项是不能在浦东新区范围内全面实施,或在上海市推广试验,否则,都可以在浦东新区范围内全面实施,或在上海市推广试验。[①]总体上讲,自贸试验区条例还是应当聚焦自贸试验区的特殊性、专有性,增强制度供给的针对性、有效性,凡不属于自贸试验区独有的普适性规范原则上不宜入法。2020年,上海市人大常委会先后制定《上海市优化营商环境条例》、修改《上海市促进中小企业发展条例》、制定《上海市外商投资条例》,这些地方性法规对普适性的制度都有明确、具体的规定,且对上海自贸试验区等特殊区域的制度适用作出指引性规定。倘若《上海自贸试验区条例》对普适性的制度重复作出规定,既影响地方性法规之间的和谐一致,又无法凸显自贸试验区条例的针对性、特殊性。

三是在立法载体上,研究是否应当破除路径依赖的束缚。自贸试验区条例修改酝酿了多年,原因是多方面的,包括《3.0版方案》中提出自贸港建

---

① 2020年上海自贸试验区的重点工作之一是对上海自贸试验区近七年的改革举措进行梳理评估,及时总结形成新一批改革试点经验或最佳实践案例,全面落实国家明确复制、推广的改革经验,评估比对国家发布的202项改革试点经验复制推广清单,研究新一轮复制推广清单,具备条件的在全上海直接推广试验。

设,相关部门受路径依赖的束缚,意图在立法载体上将自贸港与自贸试验区融为一体。社会各方面高度关注新片区的建设,新片区的法治保障工作是整个自贸试验区法治保障工作的重中之重。但是,现有自贸试验区与新片区的法治保障既有联系,又有区别。现有自贸试验区的先行先试主要是制度创新,基本上已有法可依,有章可循,不存在国家立法授权的问题。而临港新片区属于适用于特定自贸试验区的改革新举措,习近平总书记提出要对标国际上公认的竞争力最强的自贸试验区。上海市委书记李强指出,新片区是上海新一轮对外开放的重大平台,它不是自贸试验区区域面积的简单扩大,而是制度的创新和功能的重构。要准确把握目标定位,紧紧围绕"形成更具国际市场影响力和竞争力的特殊经济功能区"这一要求,进行大胆探索。要找准靶子,深入研究、抓住关键,创新突破。临港新片区作为"特殊经济功能区",其探索创新涉及国家层面在关税、贸易监管、金融、外汇、投资和出入境管理制度等方面的事权下放与立法授权。因此,在地方立法的载体上既要与现有的自贸试验区立法有所区分,又要相互衔接。

修改《上海自贸试验区条例》可以设计多种方案:方案一是《上海自贸试验区条例》仅规范《3.0版方案》的内容,作为上海自贸试验区立法的一般规定。有关临港新片区的制度,目前仍适用上海市人民政府制定的《中国(上海)自由贸易试验区临港新片区管理办法》,条件成熟时再上升为上海市地方性法规。2013年上海自贸试验区运行初期就采用这种"先管理办法后条例"的法治路径,新片区的制度入法后,再废止现行的管理办法。方案二是在《上海自贸试验区条例》总则中对临港新片区的法律适用作出指引性的规定,并对上海市人民政府制定相关管理办法作出授权规定。[①]方案一、方案二都是在立法载体上分而治之,这意味着上海将存在《中国(上海)自由贸易试验区条例》和《中国(上海)自由贸易试验区临港新片区条例》两部地方性法规并列的局面。方案三是在《上海自贸试验区条例》中设立专章,集中规范临港新片区的特殊制度。

---

①　《中国(上海)自由贸易试验区临港新片区管理办法》在法律位阶上属于政府规章,一些制度设计需要人大常委会的授权。

全面深化改革开放新时期上海自贸试验区立法的"再出发",既有立法层面上海地方立法个性的问题,又带有我国自贸试验区立法中存在的共性问题,给我们的有益启示是:在高起点、高标准、高水平上推动上海自贸试验区立法"再出发",应当破除条条框框的束缚、破除思维定势的束缚、破除路径依赖的束缚,以更加奋发有为的姿态,努力谱写新时代上海地方立法的新篇章。

第十章

上海自贸试验区临港新片区法治保障的实践探索

设立中国（上海）自由贸易试验区临港新片区（以下简称临港新片区）是党中央总揽全局、科学决策，坚持全方位开放，主动引领经济全球化健康发展的重要举措。临港新片区的设立标志着上海自贸试验区将在更深层次、更宽领域、以更大力度推进全方位高水平开放。临港新片区也将成为上海面向未来发展的重要战略空间，在上海建设具有世界影响力的社会主义现代化国际大都市、推进全方位高水平开放等重大战略任务中承担特殊使命、发挥特殊作用。

■ 第一节 上海自贸试验区临港新片区的总体要求和主要任务

2019年7月27日，国务院下发关于同意设立中国（上海）自由贸易试验区临港新片区的批复（国函〔2019〕68号）。2019年8月6日，国务院印发《中国（上海）自由贸易试验区临港新片区总体方案》（以下简称《临港新片区方案》），该方案明确了临港新片区建设的总体要求、主要任务和措施。

一、上海自贸试验区临港新片区建设的总体要求

临港新片区建设的指导思想是：坚持新发展理念，坚持高质量发展，推动经济发展质量变革、效率变革、动力变革，对标国际上公认的竞争力最强的自由贸易园区，选择国家战略需要、国际市场需求大、对开放度要求高但其他地区尚不具备实施条件的重点领域，实施具有较强国际市场竞争力的

开放政策和制度,加大开放型经济的风险压力测试,实现新片区与境外投资经营便利、货物自由进出、资金流动便利、运输高度开放、人员自由执业、信息快捷联通,打造更具国际市场影响力和竞争力的特殊经济功能区,主动服务和融入国家重大战略,更好服务对外开放总体战略布局。

临港新片区的发展目标是:到 2025 年,建立比较成熟的投资贸易自由化便利化制度体系,打造一批更高开放度的功能型平台,集聚一批世界一流企业,区域创造力和竞争力显著增强,经济实力和经济总量大幅跃升。到 2035 年,建成具有较强国际市场影响力和竞争力的特殊经济功能区,形成更加成熟定型的制度成果,打造全球高端资源要素配置的核心功能,成为我国深度融入经济全球化的重要载体。

临港新片区的规划范围是:在上海大治河以南、金汇港以东以及小洋山岛、浦东国际机场南侧区域设置新片区。按照"整体规划、分步实施"原则,先行启动南汇新城、临港装备产业区、小洋山岛、浦东机场南侧等区域,面积为 119.5 平方公里。《临港新片区方案》明确,新片区的开发利用须遵守土地、无居民海岛利用和生态环境、城乡规划等法律法规,并符合节约集约利用资源的有关要求;支持按照国家相关法规和程序,办理合理必需用海手续。

值得关注的是,与国务院批准的各自贸试验区的总体方案不同的是,《临港新片区方案》有两个重大的制度性规定:一是"参照经济特区管理"。该方案明确规定:"新片区参照经济特区管理。国家有关部门和上海市要按照总体方案的要求,加强法治建设和风险防控,切实维护国家安全和社会安全,扎实推进各项改革试点任务落地见效。"二是"加大赋权力度"。方案对"加大赋权力度"作了专门规定:"赋予新片区更大的自主发展、自主改革和自主创新管理权限,在风险可控的前提下授权新片区管理机构自主开展贴近市场的创新业务。新片区的各项改革开放举措,凡涉及调整现行法律或行政法规的,按法定程序经全国人大或国务院统一授权后实施。"《临港新片区方案》还要求"国家有关部门进一步向上海市和中央在沪单位放权,按照总体方案,支持、指导制定相关实施细则"。

《临港新片区方案》同时对"带动长三角新一轮改革开放"专门提出了要求:定期总结评估新片区在投资管理、贸易监管、金融开放、人才流动、运输管理、风险管控等方面的制度经验,制定推广清单,明确推广范围和监管要求,按程序报批后有序推广实施。加强新片区与海关特殊监管区域、经济技术开发区联动,放大辐射带动效应。

2019年11月,习近平总书记在上海考察时对上海自贸试验区临港新片区建设提出新要求:"上海自贸试验区临港新片区要努力成为集聚海内外人才开展国际创新协同的重要基地、统筹发展在岸业务和离岸业务的重要枢纽、企业走出去发展壮大的重要跳板、更好利用两个市场两种资源的重要通道、参与国际经济治理的重要试验田,有针对性地进行体制机制创新,强化制度建设,提高经济质量。"习近平关于"五个重要"的指示,进一步阐述了临港新片区的战略定位和发展目标,进一步明确了新片区特殊经济功能区的内涵和实质。参与国际经济治理,加快接轨国际通行规则,打造良好的国际对话环境。

二、上海自贸试验区临港新片区的主要任务和措施

（一）《临港新片区方案》确定的主要任务和措施

《临港新片区方案》确定了临港新片区建设的3大任务、16个领域的改革措施,其中,不少领域的开放度、自由度大大超出了新片区以外的上海自贸试验区与其他自贸试验区。

一是建立以投资贸易自由化为核心的制度体系。在适用自由贸易试验区各项开放创新措施的基础上,支持新片区以投资自由、贸易自由、资金自由、运输自由、人员从业自由等为重点,推进投资贸易自由化便利化。具体采取7个领域的措施:1.实施公平竞争的投资经营便利。如借鉴国际上自由贸易园区的通行做法,实施外商投资安全审查制度,在重点领域加大对外开放力度,放宽注册资本、投资方式等限制,促进各类市场主体公平竞争。探索试行商事主体登记确认制,尊重市场主体民事权利,对申请人提交的文件实行形式审查。支持新片区加强国际商事纠纷审判组织建设。允许境外知名仲裁及争议解决机构经上海市人民政府司法行政部门登记并报国务院司法行政部门备案,在新片区内设立业务机构,就国际商事、海事、投资等领域发生的民商事争议开展仲裁业务,依法支持和保障中外当事人在仲裁前和仲裁中的财产保全、证据保全、行为保全等临时措施的申

请和执行。2.实施高标准的贸易自由化。如在新片区内设立物理围网区域,建立洋山特殊综合保税区,作为对标国际公认、竞争力最强自由贸易园区的重要载体,在全面实施综合保税区政策的基础上,取消不必要的贸易监管、许可和程序要求,实施更高水平的贸易自由化便利化政策和制度。3.实施资金便利收付的跨境金融管理制度。4.实施高度开放的国际运输管理。5.实施自由便利的人员管理。6.实施国际互联网数据跨境安全有序流动。7.实施具有国际竞争力的税收制度和政策。如对境外进入物理围网区域内的货物、物理围网区域内企业之间的货物交易和服务实行特殊的税收政策。扩大新片区服务出口增值税政策适用范围,研究适应境外投资和离岸业务发展的新片区税收政策。对新片区内符合条件的从事集成电路、人工智能、生物医药、民用航空等关键领域核心环节生产研发的企业,自设立之日起 5 年内减按 15% 的税率征收企业所得税。研究实施境外人才个人所得税税负差额补贴政策。在不导致税基侵蚀和利润转移的前提下,探索试点自由贸易账户的税收政策安排。

二是建立全面风险管理制度。以风险防控为底线,以分类监管、协同监管、智能监管为基础,全面提升风险防范水平和安全监管水平。具体采取 3 个领域的措施:1.强化重点领域监管。如建立涵盖新片区管理机构、行业主管部门、区内企业和相关运营主体的一体化信息管理服务平台。聚焦投资、贸易、金融、网络、生态环境、文化安全、人员进出、反恐反分裂、公共道德等重点领域,进一步完善外商投资安全审查、反垄断审查、行业管理、用户认证、行为审计等管理措施。2.加强信用分级管理。如按照“守法便利”原则,把信用等级作为企业享受优惠政策和制度便利的重要依据。3.强化边界安全。如高标准建设智能化监管基础设施,实现监管信息互联互认共享。守住“一线”国门安全、“二线”经济社会安全。加强进境安全管理,对新片区进境货物实行“两段准入”监管模式。对禁限管制(核生化导爆、毒品等)、重大疫情、高风险商品安全等重大紧急或放行后难以管控的风险,以及法律、行政法规有明确要求的,依法实施“准许入境”监管。对非高风险商品检验、风险可控的检疫等其他风险可依法实施“合格入市”监管。

三是建设具有国际市场竞争力的开放型产业体系。发挥开放型制度体系优势,推动统筹国际业务、跨境金融服务、前沿科技研发、跨境服务贸易等功能集聚,强化开放型经济集聚功能。加快存量企业转型升级,整体提升区域产业能级。具体采取 6 个领域的措施:1.建立以关键核心技术为突破口的前沿产业集群。2.发展新型国际贸易。3.建设高能级全球航运枢纽。4.拓展跨境金融服务功能。5.促进产城融合发展。6.加强与长三角协同创新发展。

《临港新片区方案》确定临港新片区建设的上述任务、措施表明:临港新片区绝不仅仅是简单的上海自贸试验区面积的扩大,而是有明确的、更高的定位,有更重要的战略任务,代表着根本的制度创新,是上海自贸试验区全面深化改革开放的再升级。

在功能定位上,临港新片区把"自由"放在更加突出的位置,强调"打造更具国际市场影响力和竞争力的特殊经济功能区",并"参照经济特区管理"。

在发展方向上,临港新片区把"产业"放在更加突出的位置,强调"建设具有国际市场竞争力的开放型产业体系"。

在区域建设上,临港新片区把产城融合放在更加突出的位置,强调"打造开放创新、智慧生态、产城融合、宜业宜居的现代化新城"。

在管理体制上,临港新片区把"放权"放在更加突出的位置,被赋予更大的自主发展、自主改革和自主创新管理权限。

在监管政策上,临港新片区设立洋山特殊综合保税区。作为海关特殊监管区域的一种新的类型,在全面实施综合保税区政策的基础上,取消不必要的贸易监管、许可和程序要求,实施更高水平的贸易自由化便利化政策和制度,打造国际贸易开放创新的新枢纽,根据新片区企业的业务特点,积极探索相适应的海关监管制度。

(二)上海市落实《临港新片区方案》的举措

根据《临港新片区方案》的要求,上海市要切实履行主体责任,高标准高质量建设新片区,加快形成成熟定型的制度体系和管理体制,更好地激发市场主体参与国际市场的活力。在新片区总体方案提交中央审议后,按照中共上海市委、市政府的部署,上海市各相关部门抓紧推进新片区启动运行的相关准备工作,提前谋划新片区总体方案落实工作的要求。从体现政策措施突破力度、便于市场主体操作、可落地可考核出发,将《临港新片区方案》逐项细化为 78 项工作任务,明确相关部门的职责分工。市委办公厅、市政府办公厅联合印发《关于组织实施〈中国(上海)自由贸易试验区临港新片区总体方案〉重点任务的通知》,对于各项任务分工落实提出要求:一是主动服务国家战略。《临港新片区方案》有明确表述的政策制度加快推进实施;相对原则的探索性、试验性政策制度,加强与国家主管部门沟通,争取将达成的共识转化为具体的、实质性的突破,形成实施细则或工作方案。二是大胆开展差异化探索。在全面实施自贸试验区政策的基础上,加大开放型经济的风险压力测试,立足国家战略需要、国际市场需求大、对开放度要求高、上海有优势的重点领域,围绕上海国际经济、金融、航运、贸易和科技创新中心建设,在推进投资和贸易自由化便利化方面大胆创新探索。三是项目化清单化推进。坚持目标导向、问题导向,细化分解总体方案各项政策举措,梳理形成重点任务、责任分工清单,明确时间表、责任方、路线图,加强督促检查,确保各项重点任务落地见效。四是及时总结完善提升。牵头部门或单位要加强统筹协调,加快落实实施细则或工作方案,做好各项任务进展情况的跟踪分析,及时总结推进过程中的经验,评估工作实效,在此基础上进一步探索形成新的突破口。该通知对各部门"协同推进"提出明确要求:各项任务分工中列第一位的为牵头部门或单位,各部门各单位的主要负责人要亲自挂帅、靠前指挥,高标准推进各项重点任务落地见效;部分涉及国家事权的重点任务,各相关部门、各相关单位按照新片区方案的要求,主动形成工作方案,加强与国家主管部门的沟通衔接,推动政策措施落地,争取最好的政策实施效果;实施过程中出现需要综合协调的情况或问题,可及时与上海自贸试验区推进工作领导小组办公室联系,重大事项及时向市委、市政府报告;加强督查检查工作。按照新片区方案重点任务的分工部署和目标要求,对各项重点任务的落实情况组织开展监督检查和绩效评估工作。为确保新片区启动运行顺畅,在新片区挂牌前制定新片区管理体制方案、新片区特殊支持政策方案、新片区管理暂行办法、新片区政务服务方案,并推动制定海关特殊综合保税区海关监管办法。

2019 年 8 月 20 日上午,上海自贸试验区临港新片区在临港滴水湖畔正式揭牌,临港新片区正式启动运行。为聚焦重点加大支持力度,举全市之力推动新片区高质量发展建设,中共上海市委、市政府深入贯彻落实中央的决策部署,于 2019 年 8 月 30 日印发《关于促进中国(上海)自由贸易试验区临港新片区高质量发展实施特殊支持政策的若干意见》(以下简称《若干意见》),《若干意见》9 大部分,共 50 条,从 2019 年 9 月 1 日起实施,有效期至 2023 年 8 月 31 日。《若干意见》的总体考虑体现在三方面:一是落实国家战略,侧重上海市事权给予支持。为加快推动国家重大战略的落地,在全面实施新片区总体方案明确的开放政策和制度基础上,《若干意见》从上海市事权出发,在新片区发展急需的政策上给予支持,和《临港新片区方案》一起,构筑起支撑新片区发展的政策框架体系。二是坚持"三个优先",体现特殊支持。原则上重大改革举措优先在新片区试点,支持浦东新区改革开放再出发的政策优先在新片区适用,符合新片区产业发展方向的重大项目、研发平台、基础设施优先在新片区布局。同时按照"政策从优"原则,今后上海市出台的政策,对企业和人才的支持力度优于本政策的,普遍适用于新片区。三是聚焦发展重点,体现导向性。围绕将新片区打造成具有较强国际市场影响力与竞争力的特殊经济功能区,建设开放创新、智慧生态、产城融合、宜业宜居的现代化新城的目标,从提升新片区产业能级,吸引高端人才,完善城市服务功能出发,《若干意见》着力推进"两集聚一融合",即强化新片区开放型经济的功能集聚,打造具有核心竞争力的产业新高地;加快符合产业发展方向的国内外人才集聚,打造创新活力迸发的人才新高地;推动产城融合,不断丰富城市服务功能,打造品质生活新高地。

《若干意见》聚焦管理权限、专业人才、财税金融、规划土地、产业发展、住房保障、基础设施等方面,形成 50 条政策措施,这些政策配合中央赋予新片区的开放制度和专门政策,努力将新片区打造成"要素资源最集聚、体制功能最完善、市场主体最活跃"的经济增长极。这些政策措施主要反映在以下 8 个方面:一是赋予新片区更大的改革自主权。支持新片区对标最高标准最好水平,大胆闯、大胆试、自主改,从先行先试、政策从优、充分赋权的角度制定了 3 条政策。二是打造更具吸引力的人才发展环境。聚焦吸引国内和国际两方面人才,实行更加积极、更加开放、更有针对性的人才政策,为新片区"吸引人、留住人、用好人"。共 12 条政策,其中,国内、国际人才政策各 6 条。国内人才方面侧重于支持人才引进落户和人才的培养激励。国际人才方面侧重于吸引境外专业人才来新片区工作的各项便利。三是加大财税金融政策支持力度。按照"地方财力留用、市区专项扶持"的原则，5 年内新片区产生的地方收入全部用于新片区。综合运用财政资金、税收、金融、吸引社会投资等政策为新片区发展提供资金保障，共 8 条政策。四是加大规划土地政策支持力度。以规划为引领，优化新片区空间格局，促进资源要素高效率配置，主要从编制国土空间规划，优化资源指标，提高容积率，提升园区平台创新服务能力等方面制定 5 条政策。五是推动高端产业集聚发展。围绕新片区总体发展定位，坚持创新引领，着力打造世界级前沿产业集群，提升科技创新和产业融合能力，围绕重大项目和平台集聚、新一代信息基础设施布局、工业互联网建设、应用场景开放、高新技术企业认定、专利服务等制定 6 条政策。六是加大对人才的住房保障力度。在以市场化方式解决居住的基础上，坚持"房住不炒"和"两个不是权宜之计"，有序实施"一城一策"，建立多主体供应、多渠道保障、租购并举的区域性住房体系，包括完善购房政策和住房保障政策等，为新片区人才提供稳定的居住环境，共 6 条政策。七是构建便捷的交通网络体系。按照独立城市节点城市的定位，着力构建对外高效畅达、对内便捷绿色、管理智能便民的综合交通体系，共 5 条政策。八是提升城市服务功能。坚持以人为本，坚持产城融合，不断丰富城市服务功能，打造高品质生活，建设宜业宜居新型城市，围绕优化教育和医疗资源、促进文化休闲、丰富商业网点、打造绿色生态环境和加强城市精细化管理等方面，制定 5 条政策。

《若干意见》提出，《临港新片区方案》规定的特殊支持政策力度大、含金量高、系统性强，目标是努力把新片区建设成为新时代改革开放的新标杆。落实《临港新片区方案》，一要聚焦实施。特殊支持政策在临港新片区管委会的管辖范围内实施，方案中有明确规定的，按照相关规定执行。特殊支持政策的实施以管委会为主体，各部门积极配合，原则上要实现"区内事区内办"。二要提高落地效率。50 条政策中约有 10 条政策需要进一步制定实施细则，比如专项发展资金、税收支持等，相关部门将抓紧研究制定有关实施细则，让企业及时全面享受支持政策，提升企业获得感。三要跟踪完善，动态评估。今后上海市出台的政策，新片区按照"政策从优"原则，普遍适用。同时,要加强政策评估,持续优化完善。

《临港新片区方案》确定的 78 项任务、《若干意见》规定的 50 条支持政策构成临港新片区运行初期的工作重点。上海市发改委、临港新片区管委会等相关部门根据涉及国家事权事项和上海市事权事项的不同情况,细化研究各项任务区、支持政策的实施细则,明确操作路径和落地方式,全力对接攻关,积极推进落实。

■ 第二节　上海自贸试验区临港新片区建设的制度建设

按照《临港新片区方案》的要求,上海市要切实履行主体责任,高标准、高质量建设新片区,加快形成成熟定型的制度体系和管理体制,更好地激发市场主体参与国际市场的活力。为此,在临港新片区运行初期,将制度建设作为新片区建设的重要一环。上海市人民政府及其相关部门、临港新片区管委会等部门出台了一系列规章、规范性文件,中央相关部门也出台了支持临港新片区的相关支持措施。

一、《中国(上海)自由贸易试验区临港新片区管理办法》

为落实《临港新片区方案》所确定的改革开放要求,确定临港新片区的管理体制,全面体现新片区改革亮点,衔接国家授权改革措施,为新片区顺利运作提供法治保障,2019 年 7 月 30 日上海市政府第 60 次常务会议通过了《中国(上海)自由贸易试验区临港新片区管理办法》(以下简称《管理办法》)。《管理办法》于 2019 年 8 月 20 日临港新片区挂牌之日公布,并自公布之日起施行。《管理办法》文号为上海市人民政府令第 19 号,属于上海市人民政府规章。《管理办法》设总则、管理体制、投资经营便利、贸易自由、金融开放、国际运输便利、人才服务、信息快捷联通、财税支持、风险防范和附则共 11 章,49 条。

(一)临港新片区管理办法的主要内容

2019 年 8 月 20 日,上海市人民政府在《管理办法》公布之日,解读了其 10 个方面的主要内容:

一是明确新片区的功能定位。其一,确定适用范围。其适用的区域范围与《总体方案》保持一致，即上海大治河以南、金汇港以东以及小洋山岛、浦东国际机场南侧区域。按照"整体规划，分步实施"的原则，先行启动区域面积为119.5平方公里，包含临港地区南部区域76.5平方公里、小洋山岛区域18.3平方公里和浦东国际机场南侧区域24.7平方公里。临港新片区的管辖区域，横跨了浦东新区与奉贤区，另外，小洋山岛的区域，部分归浙江省管辖。其二，明确区域功能。对标国际公认的竞争力最强的自由贸易园区，实施具有较强国际市场竞争力的开放政策和制度。其三，突出产城融合。提升城市服务功能，打造开放创新、智慧生态、产城融合、宜业宜居的现代化新城。

二是建立科学高效的管理体制。其一，确立管委会法律地位。明确中国（上海）自由贸易试验区临港新片区管委会作为市政府派出机构，负责落实新片区改革试点任务，承担新片区经济管理职责，统筹管理和协调新片区有关行政事务。其二，赋予管委会管理职责。明确管委会在新片区发展规划、产业布局等方面的职责，集中行使本市有关行政审批权和行政处罚权。其三，明确相关部门职责。市有关部门和相关区政府应当支持新片区改革创新和管委会的各项工作，对于管委会职责范围之外的事务，仍按照现行管理体制各负其责。

三是实施公平竞争的投资经营便利。其一，加大重点领域开放。在电信、保险、证券等领域放宽注册资本、投资方式等限制，推动产业集聚。其二，试行商事主体登记确认制。对申请人提交的登记材料实行形式审查，及时予以登记确认，核发营业执照。其三，健全争议解决方式。支持境外知名仲裁及争议解决机构在新片区内设立机构，开展民商事争议仲裁业务。

四是推进高标准的贸易自由化。其一，依法建立洋山特殊综合保税区。在全面实施综合保税区政策的基础上，优化贸易监管、许可和程序要求，实施更高水平的贸易自由化便利化政策和制度。其二，发展新型贸易。完善新型国际贸易与国际市场投融资服务的系统性制度支撑体系，发展医疗服务、艺术品拍卖等新型贸易。其三，促进服务贸易。加快推动文化服务、技术产品、信息通信、医疗健康等资本技术密集型服务贸易发展。

五是实施资金便利收付的跨境金融管理制度。其一，扩大金融开放。

落实金融业对外开放举措,支持符合条件的境外投资者依法设立各类金融机构。其二,开展跨境金融服务。支持金融机构提供各类跨境金融服务,简化跨境人民币业务办理流程。其三,便利境外资金使用。允许境外募集的资金自主用于新片区以及境外经营投资。其四,推进资本项目开放。探索新片区内资本自由流入流出和自由兑换,逐步放开资本项目可兑换。

六是提高国际运输开放水平。其一,优化国际航运服务。创新船舶登记制度,逐步放开船舶法定检验,建设国际航运补给服务体系,推动发展航运指数衍生品业务。其二,提高多式联运效率。以洋山深水港、浦东国际机场和芦潮港铁路集装箱中心站为载体,实行海运、空运、铁路运输信息共享。其三,发展国际航空业务。支持开展航空中转集拼业务,实行更加便利的海关监管制度。

七是实施自由便利的人才服务。其一,优化户籍和居住证办理。优化新片区人才直接落户政策,对符合条件的人才,缩短新片区居住证转办常住户口年限。其二,加强技能人才引进。聚焦新片区重点产业布局,制定技能人才引进目录。其三,放宽从业资格限制。允许具有境外金融、建筑等职业资格的专业人才在新片区提供服务,允许境外人员参加我国相关职业资格考试。其四,提供出入境便利。对从事经贸活动的外国人、现代服务业高端人才在出入境和停居留等方面给予便利。其五,提供就业和创业便利。对符合条件的外籍人员,在办理海外人才居住证、工作许可等方面提供便利。

八是实现数据跨境安全有序流动。其一,加强基础设施建设。建设完备的国际通信设施,构建安全便利的国际互联网数据专用通道。其二,保障跨境数据安全流动。聚焦集成电路、人工智能、生物医药和总部经济等关键领域,试点开展安全评估,建立数据安全管理机制。其三,强化数据保护。开展国际合作规则试点,加大对专利、版权、商业秘密等权利和数据的保护力度。

九是提供具有国际竞争力的财税支持。其一,探索国际业务税收支持。扩大服务出口增值税政策适用范围,探索试点自由贸易账户的税收政策。其二,完善产业和人才税收政策。对符合条件的重点产业给予企业所得税支持,研究实施境外人才个人所得税支持政策。其三,财政资金支持。

设立新片区专项发展资金,统筹用于新片区发展。

十是建立全面防控风险的综合监管制度。其一,加强全面风险管理。创新行政管理方式,推动形成综合监管体系。其二,加强重点领域监管。聚焦重点领域,进一步完善外资安全审查、反垄断审查等管理措施。其三,强化金融风险防范。建立统一高效的金融管理体制机制,切实防范金融风险。其四,施行信用分级管理。按照守信便利原则,实施失信名单披露、市场禁入和退出制度。其五,开展边界安全监管。建设高标准智能化监管基础设施,实现监管信息互联互认共享。

(二)对临港新片区《管理办法》的简要评论

《管理办法》的出台不但为临港新片区的运行初期及时提供制度支撑,同时也明确新片区的法治保障沿袭 2013 年上海自贸试验区运行之初的法治保障路径,即"先管理办法后条例",待作为市政府规章的《管理办法》实施一段时间后再启动地方性法规的立法。这一"先易后难"、"先探索后总结"、"先规章后条例"的法治保障路径符合立法的科学规律。这一路径设计对《上海自贸试验区条例》修改时机、修改内容等立法决策也产生了重大影响。①《管理办法》制定于新片区运行之前,其相关制度设计经新片区实践检验将为上海市适时制定相关地方性法规奠定基础。

值得关注的是,《管理办法》一如 2013 年 9 月 29 日上海自贸试验区挂牌之日上海市人民政府出台《中国(上海)自由贸易试验区管理办法》,鲜有学者对于作为过渡性制度安排的政府规章"合法性"与否的问题予以关注,但一旦进入地方立法阶段,"合法性"的问题却成为关注的焦点问题之一。以 2014 年上海市人大常委会制定《上海自贸试验区条例》为例,学者关注"合法性"的问题,主要原因在于条例涉及属于中央专属立法权限的投资、贸易、金融等事项,倘若地方性法规都不能涉足该领域,更遑论地方政府规章。从《管理办法》的主要内容来看,是以国务院批准的《临港新片区方案》为依据,从落实《临港新片区方案》确定的各项任务的角度作出指引性规定,其创制性的规定主要是体现在新片区的管理体制,总体上不存在"合法

---

① 尽管临港新片区与《3.0 版方案》确定的上海自贸试验区的先行先试内容存在重大差异,相关部门压倒性的观点是:《上海自贸试验区条例》的修改应将临港新片区纳入其调整范围,否则,宁可不修改条例。

性"的问题。

当然,《管理办法》有关管理体制的相关规定存在一些值得研究的法律问题。如,《管理办法》第 7 条(行政审批和行政处罚)规定:"新片区实行综合审批、相对集中行政处罚的体制和机制,由管委会集中行使本市有关行政审批权和行政处罚权。管委会实施行政审批和行政处罚的具体事项,由市人民政府另行规定。"相对集中行政许可权,指省、自治区、直辖市人民政府决定一个行政机关行使有关行政机关的行政许可权。《行政许可法》第 25 条规定:"经国务院批准,省、自治区、直辖市人民政府根据精简、统一、效能的原则,可以决定一个行政机关行使有关行政机关的行政许可权。"这意味着相对集中行政许可权的设立需要"经国务院批准"。相对集中行政处罚权,指依法将两个或两个以上行政机关的行政处罚权集中由一个行政机关行使,原行政机关不得再行使已集中的行政处罚权的一种行政执法制度。《行政处罚法》第 16 条规定:"国务院或者经国务院授权的省、自治区、直辖市人民政府可以决定一个行政机关行使有关行政机关的行政处罚权。"这意味着相对集中行政处罚权的设立需要"国务院或者经国务院授权"。尽管国务院未就临港新片区管委会集中行使上海市有关行政审批权和行政处罚权专门作出"批准"、"授权",但国务院批准的《临港新片区方案》对"加大赋权力度"作了专门规定:"赋予新片区更大的自主发展、自主改革和自主创新管理权限,在风险可控的前提下授权新片区管理机构自主开展贴近市场的创新业务。"这一"赋权"无疑是《管理办法》设定相对集中行政审批权和行政处罚权的重要依据。

二、临港新片区支持金融业创新发展的制度

(一)临港新片区支持金融业创新发展的若干措施

为深入贯彻落实《临港新片区方案》的有关精神,在更深层次、更宽领域,以更大力度推进全方位高水平开放,推进实施资金便利收付的跨境金融管理制度,加大开放型经济的风险压力测试,上海自贸试验区临港新片区管委会于 2019 年 9 月 20 日发布《中国(上海)自由贸易试验区临港新片区支持金融业创新发展的若干措施》(以下简称《若干措施》)。《若干措施》共 9 条,分别对重点扶持领域、扶持对象、金融机构扶持措施、金融功能性

机构扶持措施、金融人才扶持措施、金融创新奖励、招商引资奖励、经营承诺作出规定。

《若干措施》以尽快将优质金融资源吸引集聚到新片区,形成金融开放创新新高地为目标,积极落实国家战略,突出重点扶持领域。选择国家战略需要、国际市场需求大、对开放度要求高但其他地区尚不具备实施条件的重点金融领域,建设一批更高开放度的功能型金融平台,打造全球高端金融资源要素配置的核心功能,不断拓展跨境金融服务的深度和广度。实施综合性政策扶持,强化人才政策保障。针对在新片区新设立的金融机构和金融功能性机构,给予落户奖励、经营贡献奖励、用地扶持、购房和租房扶持、人才奖励等一揽子扶持政策。加大对金融高管和专业人才的保障力度,在人才落户、人才公寓、人才住房补贴、子女教育和医疗保障等方面给予优惠政策。通过形成政策"组合拳",加快招引优质金融机构和金融人才来新片区落户发展。聚焦引进重点机构,提升金融创新能力。着力建设一批重大总部型、功能型金融机构和金融平台,支持金融机构对照国际标准开展跨境金融服务,加强跨境资金的灵活使用,支持新片区企业建设资金管理中心,对特殊或创新业务进行个性化服务和研究定制化政策。鼓励金融机构在跨境金融和离岸金融方面开展产品创新、服务创新和制度创新,并对作出突出贡献的机构和个人给予奖励。《若干措施》通过功能性政策、税收政策、财政政策和综合配套政策,有助于推动新片区金融业务更加创新、金融机构更加集聚、总部功能更加强大、金融高端人才更加丰富,加快将新片区打造成更具国际市场影响力和竞争力的特殊经济功能区。

(二)临港新片区外汇管理改革试点实施细则

为落实党中央、国务院关于深化自贸试验区改革开放的重大决策部署,进一步支持上海自贸试验区建设,经国家外汇管理局批准,国家外汇管理局上海市分局于2019年7月17日印发《进一步推进中国(上海)自由贸易试验区外汇管理改革试点实施细则》(4.0版)的通知(上海汇发〔2019〕62号)。2019年《实施细则》是对2018年《实施细则》前期政策的全面更新和梳理,内容涵盖了上海已实施试点和新增试点政策。国家外汇管理局上海市分局采取更新版本的方式,是对市场关于"一个文件就能弄懂全部创新政策"诉求的积极响应,从制度使用角度细化了优质营商服务。2019年

《实施细则》从简政放权、贸易和投资便利化、总部经济发展、离岸金融服务四个方面为上海自贸试验区创新试点增加新动能。作为贯彻《国务院关于支持自由贸易试验区深化改革创新若干措施的通知》（国发〔2018〕38 号）的重要举措之一，2019 年《实施细则》既体现了上海市场自主创新的内容，也涵盖了其他自贸试验区或特殊经济区域探索推广的经验。

一是继续加大简政放权力度，降低市场的"脚底成本"。区内主体可在线上申请行政许可业务，如进出口单位名录登记、境内个人参与境外上市公司股权激励计划登记等；将外债注销登记功能下放至银行直接办理，取消办理时间限定。

二是不断提升贸易投融资便利化程度，建立健全宏观审慎资本流动管理。在区内试点资本项目外汇收入支付便利化，支持非投资性外资企业真实、合规的境内股权投资；支持选择"投注差"借用外债的企业调整为以跨境融资宏观审慎管理模式借用外债，并允许合理的融资提款币种、偿还币种与签约币种不一致。

三是持续优化跨境资金集中运营，服务总部经济和结算中心发展，降低区内企业适用《跨国公司跨境资金集中运营管理规定》（汇发〔2019〕7 号）开展跨境资金池业务的国际收支规模门槛。对区内企业，将"上年度本外币国际收支规模 1 亿美元"门槛降低为"上年度本外币国际收支规模 5 000 万美元"，继续鼓励总部企业做大做实。

四是实现跨境金融联动，提升离岸服务辐射能级。区内银行可向境外机构发放办理贸易融资贷款，并提供外汇 NRA 账户服务，支持银行向境外机构提供外汇 NRA 账户资金质押外汇贷款服务。

三、临港新片区促进产业发展的制度

2019 年 10 月 18 日，临港新片区管委会发布临港新片区促进产业发展若干政策和集聚发展集成电路、人工智能、生物医药和航空航天四大重点产业的若干支持措施（简称"1＋4"产业政策），打造以关键核心技术为突破口的世界级前沿产业集群。

（一）临港新片区促进产业发展若干政策

为促进临港新片区产业发展，着力打造世界级前沿产业集群，提升科

技创新和产业融合能力,加快存量企业转型升级,整体提升区域产业能级,建设具有国际市场竞争力的开放型产业体系,临港新片区管委会发布《中国(上海)自由贸易试验区临港新片区促进产业发展若干政策》(沪自贸临管经〔2019〕12号,以下简称《若干政策》)。《若干政策》共20条,其支持领域及方向是:全方位聚焦和支持国家、上海市明确在临港新片区重点发展的集成电路、人工智能、生物医药、航空航天四大产业(以下简称"新片区重点发展的四大产业"),重点支持新一代信息技术、高端装备制造、智能网联汽车、新材料、新能源、节能环保等先进制造业和战略性新兴产业领域的重大项目,配套支持国家和上海市立项的重大项目以及特定出资事项。《若干政策》有关支持类别及内容体现在4个方面:

一是关键核心技术与产品突破。包括支持关键核心技术研发项目、支持重大技术装备或核心部件实现首台(套、批)突破、支持采购区内企业研发、制造的产品及服务。

二是产业能力建设及提升。包括支持战略性新兴产业项目建设、支持企业推进智能化建设、支持企业推进技术改造,促进产业转型升级、支持企业节能减排、支持特殊重大项目。

三是自主创新能力建设。包括支持国内高新技术企业认定、支持科技"小巨人"培育、支持企业主导或参与标准制定、支持企业知识产权工作。

四是产业创新环境建设。包括支持功能型平台建设、支持创新载体建设、支持行业协会及产业联盟建设、支持创新资源集聚及创新创业活动。

《若干政策》规定,以上政策及支持措施的实施细则、申报通知、申报指南,由临港新片区管委会另行制定发布。对特别重大的项目采取"一事一议"、"一企一策"方式加大支持力度。该政策自2019年9月1日起实施,有效期至2023年8月31日。

(二)临港新片区集聚发展航空航天产业若干措施

为促进临港新片区航空航天产业的集聚和发展,临港新片区管委会根据《临港新片区方案》、临港新片区《管理办法》和《关于促进中国(上海)自由贸易试验区临港新片区高质量发展实施特殊支持政策的若干意见》(沪委发〔2019〕20号)等文件精神,配套细化《中国(上海)自由贸易试验区临港新片区促进产业发展若干政策》(沪自贸临管经〔2019〕12号),制定《中国(上海)自由贸易试验区临港新片区集聚发展航空航天产业若干措施》(沪自贸临管经〔2019〕16 号,以下简称《若干措施》)。《若干措施》共 10 条,其支持范围为:工商注册地、实际经营地和财税户管地在临港新片区内的航空航天产业领域企业和与之相关的配套服务企业,以及经临港新片区管委会认定后列入可支持范围的相关科研机构、高等院校、功能平台、创新载体等机构在临港新片区实施的与航空航天产业相关的项目。支持内容涉及 10 个方面:全球协同布局重大项目、核心技术和产品攻关、全产业链发展和产业集群建设、扩大区内交易采购、企业规模化发展、并购重组、示范应用、测试验证、获得资质认定以及其他支持措施。

(三)临港新片区集聚发展集成电路产业若干措施

为促进临港新片区集成电路产业的集聚和发展,临港新片区管委会制定《中国(上海)自由贸易试验区临港新片区集聚发展集成电路产业若干措施》(沪自贸临管经〔2019〕13 号)。《若干措施》共 10 条,其支持范围为:工商注册地、实际经营地和财税户管地在临港新片区内的集成电路设计、制造、封装测试、设备材料、EDA 等领域企业和与之相关的配套服务企业,以及经临港新片区管委会认定后列入可支持范围的相关科研机构、高等院校、功能平台、创新载体等机构在临港新片区实施的与集成电路产业相关的项目。支持内容为 10 项措施,包括支持重大项目优先布局、支持核心技术和产品攻关、支持企业规模化发展、支持 EDA 软件购买和研发、支持 IP购买、支持测试验证、支持企业流片、支持推广应用、支持生产性用电及其他支持措施。

(四)临港新片区集聚发展人工智能产业若干措施

为促进临港新片区人工智能产业的集聚和发展,临港新片区管委会制定《中国(上海)自由贸易试验区临港新片区集聚发展人工智能产业若干措施》(沪自贸临管经〔2019〕14 号)。《若干措施》共 10 条,其支持范围为:工商注册地、实际经营地和财税户管地在临港新片区内的人工智能产业领域企业和与之相关的配套服务企业,以及经临港新片区管委会认定后列入可支持范围的相关科研机构、高等院校、功能平台、创新载体等机构在临港新片区实施的与人工智能产业相关的项目。《若干措施》提出发展人工智能产业 10 条支持措施,重点围绕新片区的功能定位和产业基础,促进人工智能技术与集成电路、生物医药、航空航天、高端装备制造及战略性新兴产业等方面的深度融合。支持政策中着重提出丰富应用场景的 6 块支持方向，吸引全球人工智能最新成果在新片区"先试先行"，打造一批面向全球、面向未来的创新应用。

（五）临港新片区集聚发展生物医药产业若干措施

为促进临港新片区生物医药产业的集聚和发展，临港新片区管委会制定《中国（上海）自由贸易试验区临港新片区集聚发展生物医药产业若干措施》（沪自贸临管经〔2019〕15 号）。《若干措施》共 10 条，其支持范围为：工商注册地、实际经营地和财税户管地在临港新片区内的生物医药领域企业和与之相关的配套服务企业，以及经临港新片区管委会认定后列入可支持范围的相关科研单位、高等院校、功能平台、创新载体等机构在临港新片区实施的与生物医药产业相关的项目。《若干措施》提出了集聚发展生物医药产业的 10 条支持措施，围绕高端"研发＋制造＋服务"布局，聚焦生物技术药物、精准医疗、高端医疗器械等领域，力争在新片区构建完善的生物医药科技产业链，承接高端生物医药研发项目的产业化需求，填补国内空白的国产化和工业化的生物医药制备项目。

上述"1＋4"产业政策共 56 条，其中，促进产业发展若干政策 16 条，集聚发展集成电路、人工智能、生物医药和航空航天四大重点产业支持措施共 40 条。有关集聚发展集成电路、人工智能、生物医药和航空航天的若干措施聚焦产业链核心环节、企业面临诉求痛点，以及目前受制于人的"国内空白"和"卡脖子"技术，以促进产业发展、科技创新为核心，进行政策设计制定。这些政策具有覆盖面广、精准性高，以及支持力度大的三大特点。如政策支持关键核心技术与产品突破，具体包括：支持关键核心技术研发项目、重大技术装备或核心部件首台（套、批）突破和与之相关的区内企业之间研发、制造的产品及服务的采购等方面，原则上重大技术攻关项目支持金额不超过人民币 5 000 万元。政策支持产业能力建设及提升，包括重点支持战略性新兴产业项目建设、技术改造、节能减排和特殊重大项目等。对于符合临港新片区产业导向、总投资超过 100 亿元等条件的特殊重大项目，按照一定比例给予支持，支持金额原则上不超过 10 亿元。对新片区重点发展的四大产业中符合国家战略需要、国际市场需求大、对开放度要求高但其他地区尚不具备实施条件的重大项目,采取"一事一议"、"一企一策"等予以专项支持。

四、临港新片区支持人才发展若干措施

为促进临港新片区人才集聚,推动人员自由执业,实现各类人才在新片区各展其才、各尽其用,打造创新活力迸发的海内外人才高地,根据《临港新片区方案》《中国(上海)自由贸易试验区临港新片区管理办法》(沪府令 19 号)和《关于促进中国(上海)自由贸易试验区临港新片区高质量发展实施特殊支持政策的若干意见》(沪委发〔2019〕20 号)等文件精神,临港新片区管委会于 2019 年 11 月 20 日召开政策发布会,并正式发布《中国(上海)自由贸易试验区临港新片区支持人才发展若干措施》。《若干措施》共49 条,围绕加大国内人才引进、促进海外人才引进、加强人才住房保障、实施人才专项奖励、加大人才培养培育力度、集聚人力资源服务机构、优化人才服务环境七大方面内容,共提出 48 条措施。其中,加大国内人才引进方面,新片区针对在新片区工作并居住的各类人才实施居住证专项加分、缩短"居转户"年限、公益事业单位录用应届毕业生落户加分、管委会直接审批人才直接引进落户、重点机构紧缺急需人才直接引进落户、紧缺急需技能人才直接引进落户、高等级技能人才直接引进落户、特殊人才推荐落户八方面优惠政策。在缩短"居转户"年限方面,按照区域发展和产业导向,对符合一定条件的非本市户籍人才,购房资格由居民家庭调整为个人,可购买新片区普通商品房一套。缩短非本市户籍人才在新片区购房缴纳个人所得税或社会保险金的年限,将自购房之日前连续缴纳满 5 年及以上,调整为连续缴纳满 3 年及以上。在加强人才住房保障方面,新片区将定向微调新片区住房限购政策,调整商品住房选房购房制度,实施限价商品房政策,建设"先租后售"公租房,实施人才租房补贴,可申请租赁人才公寓等6 个方面人才住房政策,对于在新片区工作的人才形成政策的梯度对接,满足人才租房、购房的多样化需求。具体到控制限价商品房供应量方面,加大人才公寓供给力度,将部分限价商品房在房源性质不变的情况下,转为人才公寓使用;聚焦激励人才,提高供应的精准性,对新片区有贡献的企业和人才予以倾斜。在建设"先租后售"公租房方面,建成后 10 年内作为

公租房使用,其中50%房源可由单位按门栋整体购买作为公租房中单位租赁房使用。公租房建成10年后可作为商品住房按套上市转让。

五、支持临港新片区园区平台提升创新服务能力工作的实施意见

为贯彻落实中共上海市委、市人民政府《关于促进中国(上海)自由贸易试验区临港新片区高质量发展实施特殊支持政策的若干意见》(沪委发〔2019〕20号),优化临港新片区科研创新空间格局,促进土地资源要素高质量高效率配置,支持临港新片区内园区平台提升创新服务能力,临港新片区管委会于2019年11月14日制定《关于支持临港新片区园区平台提升创新服务能力工作的实施意见》(以下简称《实施意见》)。《实施意见》共12条,其所称的园区平台,指经临港新片区管委会认定的、承担各类园区开发建设、运营管理的平台型企业。《实施意见》对考核评价机制、新增土地供应、存量土地收购、切实降低园区平台用地成本、结合市场化方向,创新用地政策、鼓励土地混合利用、加强园区平台物业转让、租赁管理、用地绩效监督管理、加强全生命周期管理等事项作了规定。

《实施意见》提出推行"先租后让"试点以新增土地供应,鼓励园区平台以"以房换地"形式收购需退出的工业用地,合理有效开发利用地下空间。在新增土地供应方面,临港新片区园区平台获取标准厂房类工业用地、通用类研发用地,可采用"带产业项目"挂牌方式供应。新片区推行"先租后让"试点,可将土地以"先租后让"方式租赁给园区平台,同时约定租期及租金,租金价格不高于临港新片区整体水平,租约到期后,可选择采用弹性年期出让有条件续期方式将土地出让给园区平台。在存量土地收购方面,新片区鼓励园区平台收购企业节余工业用地用于建设标准厂房、通用类研发物业。《实施意见》规定,新增标准厂房类工业用地、通用类研发用地出让给园区平台的,标准厂房类工业用地出让价格不得低于相同地段工业用地基准地价的70%,通用类研发用地出让价格不得低于相同地段产业项目类研发用地基准地价的70%。在创新用地政策上,经临港新片区产业主管部门核实需退出的工业用地,鼓励园区平台以"以房换地"形式进行收购。园区平台可在与原土地权利人沟通协商基础上收购其工业用地,用于开发建设符合原土地权利人生产需求的标准厂房或通用类研发物业,并转让或出

租给原土地权利人,其余部分可由园区平台自行开发建设。《实施意见》鼓励园区平台采用"先租后售"方式提供标准厂房、通用类研发物业。园区平台建设的标准厂房、通用类研发物业,可以转让不超过 50％,可转让部分,直接转让的比例不得超过物业总量的 30％,鼓励采用"先租后售"方式供应,在承租企业或机构的税收、就业、研发投入等指标达到临港新片区产业主管部门设定条件后,再转让物业。新片区将确保不少于 50％部分以租赁方式提供给高新技术企业、"四新"企业、生产性服务企业等,并在租金上给予一定扶持。扶持小微企业孵化发展,降低其创新创业门槛。对于符合临港新片区创新产业发展要求的小微企业,鼓励大中型企业对其的带动效应,并在厂房租赁上给予一定的租金支持或租金减免政策。

六、临港新片区审判、仲裁制度的建设

国务院批准的《临港新片区方案》将实施公平竞争的投资经营便利作为新片区制度创新的重要任务之一,明确提出"支持新片区加强国际商事纠纷审判组织建设。允许境外知名仲裁及争议解决机构经上海市人民政府司法行政部门登记并报国务院司法行政部门备案,在新片区内设立业务机构,就国际商事、海事、投资等领域发生的民商事争议开展仲裁业务,依法支持和保障中外当事人在仲裁前和仲裁中的财产保全、证据保全、行为保全等临时措施的申请和执行"。为此,最高人民法院、上海市高级人民法院分别出台为临港新片区建设提供司法服务和保障的措施,上海市司法行政部门出台支持境外仲裁机构在临港新片区设立业务机构的管理办法。

（一）最高人民法院关于临港新片区司法服务和保障制度

为贯彻落实中央关于设立临港新片区的重大战略部署,充分发挥司法职能作用,推动新片区建设,最高人民法院根据国务院批准的《临港新片区方案》,于 2019 年 12 月 27 日发布《关于人民法院为中国（上海）自由贸易试验区临港新片区建设提供司法服务和保障的意见》（法发〔2019〕31 号,以下简称《意见》）。《意见》从四个方面提出 18 项司法服务和保障措施。

《意见》要求,紧紧围绕中央交给新片区的重大任务,充分发挥新片区差异化创新的制度优势;坚持法治引领,找准人民法院工作与新片区建设的结合点和着力点,营造新片区国际一流法治化营商环境;坚持改革创新,

突出前瞻性,探索司法服务保障措施创新、审判机制方法创新,优化营商环境,为建立投资贸易自由化制度体系提供司法支撑;坚持问题导向,聚焦新片区创新发展中出现的新情况、新问题,为建设现代化新城积累司法实践经验。《意见》要求依法保障新片区建设的制度创新。人民法院要聚焦新片区特殊经济功能区和现代化新城的战略目标,充分认识新片区加大开放型经济风险压力测试的要求,充分发挥司法职能,切实保护境内外企业合法权益,对标国际最高标准,推动实现新片区与境外投资经营便利、货物自由进出、资金流动便利、运输高度开放、人员自由执业、信息快捷联通,建设开放创新、智慧生态、产城融合、宜业宜居的现代化新城。《意见》提出提供司法服务与保障的一系列具体措施:一是加大改革创新,推动完善新片区多元化纠纷解决体系。采取加强新片区国际商事审判组织建设、创新国际商事审判运行机制、支持上海建设成为亚太仲裁中心、积极推动完善新片区多元化纠纷解决机制等措施。二是强化审判职能,依法保障新片区以投资贸易自由化为核心的制度体系。采取加强刑事审判,为新片区营造安全稳定的社会环境;加强行政审判,依法支持新片区重点领域监管、妥善化解跨境金融纠纷,为新片区营造健康有序的金融市场环境;加强对知识产权及数据的保护力度,保障新片区国际互联网数字跨境安全;充分发挥海事司法职能,推动新片区实施高度开放;加强案件执行力度,完善新片区市场主体救治和退出机制等措施。《意见》同时要求加强协同管控,充分发挥司法防范和应对风险压力的作用;建立适应新片区风险压力测试功能的重大敏感案件专项管理机制;建设与新片区相适应的社会信用体系;加强信息化建设,提升新片区纠纷解决的便利化程度;加强案例指导和司法解释,优化新片区法治环境;拓展国际司法交流机制,建立与国际接轨的交流学习和人才培养机制,加强涉外商事海事审判人员的专业培训,鼓励支持国际商事法官参与和推动相关领域国际规则制定,培养具有国际视野的涉外商事海事审判队伍。

(二)上海法院服务保障临港新片区建设的实施意见

为深入贯彻落实中央关于增设临港新片区的决策部署,充分发挥审判职能作用,为高标准高质量建设新片区、加快打造更具国际市场影响力和竞争力的特殊经济功能区提供有力的司法服务保障,上海市高级人民法院

（以下简称上海高院）于 2019 年 12 月 30 日召开新闻发布会，对外发布《上海法院服务保障中国（上海）自由贸易试验区临港新片区建设的实施意见》（以下简称《实施意见》）和《上海法院涉外商事纠纷诉讼、调解、仲裁多元化解决一站式工作机制的指引（试行）》。《实施意见》要求准确把握服务保障新片区建设的总体目标，按照中央、最高人民法院、上海市委的决策部署，紧紧围绕建设更具国际市场影响力和竞争力的特殊经济功能区的目标，对标世界最高标准、最好水平，充分发挥审判职能作用，以推进审判体系、审判能力和审判方式现代化为目标，更新审判理念，完善体制机制，公正高效司法，依法维护新片区新型政策制度体系顺畅有序运行，为新片区建设营造良好的法治化营商环境，为上海加快推进外向型经济建设和高质量发展提供有力的司法服务保障。

《实施意见》从提高思想认识、营造国际一流法治化营商环境、强化司法政策的开放性包容度、完善司法体制机制、加强人才队伍建设五个方面，共提出 21 项举措，这些举措包括"三个对接"、"一个保障"。所谓"三个对接"是指对接新片区"建立以投资贸易自由化为核心的特殊制度体系"，对接"建设具有国际市场竞争力的开放型产业体系"，对接"建立全面风险管理制度"探索。所谓"一个保障"是指全力打造国际一流法治化营商环境，为新片区高质量发展提供有力司法制度供给和司法保障。《实施意见》体现了推进国际商事审判体制机制的创新完善、强化我国法院对国际商事纠纷的司法管辖、强化涉新片区司法政策的开放性和包容度、深化国际商事诉讼机制改革、完善国际商事诉讼便民机制五大创新亮点。如《实施意见》强化我国法院对国际商事纠纷的司法管辖，规定上海法院将探索受理没有连接点的国际商事案件，即外国当事人对与我国司法辖区没有连接点的国际商事案件，约定由上海国际商事审判专门组织管辖的，可由上海国际商事审判专门组织进行管辖，但应当遵守我国法律或者司法解释关于级别管辖的规定。这一规定有利于强化我国法院对与新片区相关的离岸交易、跨境交易等国际商事交易的司法管辖权，依法维护中外企业在国际商事交易中的合法权益，促进我国企业更好地防范化解相关法律风险。《实施意见》还提出与符合条件的国际商事调解机构、仲裁机构加强沟通，共同构建"一站式"纠纷解决平台，完善国际商事纠纷多元化解决机制。

415

（三）境外仲裁机构在临港新片区设立业务机构的制度

2019年10月8日，在第二届上海国际进博会配套论坛"上海国际高峰仲裁论坛"上，上海市司法局发布《境外仲裁机构在中国（上海）自由贸易区临港新片区设立业务机构管理办法》（以下简称《管理办法》）。《管理办法》共25条。《管理办法》第3条规定：该办法所称的境外仲裁机构，是指在外国和我国香港、澳门特别行政区，台湾地区合法成立的不以营利为目的的仲裁机构，以及我国加入的国际组织设立的开展仲裁业务的机构。第6条规定：境外仲裁机构申请在新片区设立业务机构的，应当具备下列条件：(1)在境外合法成立并存续5年以上；(2)在境外实质性开展仲裁业务，有较高国际知名度；(3)业务机构负责人没有因故意犯罪受过刑事处罚的。第14条规定：业务机构可就国际商事、海事、投资等领域发生的民商事争议开展下列涉外仲裁业务：(1)案件受理、庭审、听证、裁决；(2)案件管理和服务；(3)业务咨询、指引、培训、研讨。第18条规定，业务机构不得开展不具有涉外因素争议案件的仲裁业务。业务机构不得再设立分支机构或者派出机构。第25条规定，办法自2020年1月1日起施行，有效期3年，至2022年12月31日终止。根据《管理办法》的上述规定，自2020年1月1日起，符合条件的境外仲裁机构可以在临港新片区设立业务机构。

《管理办法》的制定具有相应的政策依据，国务院批准的《临港新片区方案》明确提出"允许境外知名仲裁及争议解决机构经上海市人民政府司法行政部门登记并报国务院司法行政部门备案，在新片区内设立业务机构，就国际商事、海事、投资等领域发生的民商事争议开展仲裁业务"。2019年12月27日最高人民法院发布的《关于人民法院为中国（上海）自由贸易试验区临港新片区建设提供司法服务和保障的意见》规定，支持上海建设成为亚太仲裁中心。支持新片区仲裁制度改革创新，支持经登记备案的境外仲裁机构在新片区就国际商事、海事、投资等领域发生的民商事纠纷开展仲裁业务。支持新片区内注册的企业之间约定在特定地点、按照特定仲裁规则、由特定人员对有关争议进行仲裁。探索司法支持国际投资领域争端解决机制的方法与途径。充分尊重中外当事人对纠纷解决途径的选择权，着力推动新片区调解制度创新。鼓励商事调解机构参与国际商事、海事、投资、知识产权等领域纠纷的调解，加大运用在线调解方式，为中外当事人提供高效、便捷、低成本的纠纷解决渠道,形成调解、仲裁与诉讼相互衔接的多元化纠纷解决机制,为实施高标准贸易和投资自由化便利化提供法律服务。然而,《管理办法》在法律位阶上属于上海市司法局发布的规范性文件,而仲裁事项属于《立法法》第8条规定的全国人大及其常委会行使专属立法权的事项。换言之,即使是国务院行政法规亦无法对仲裁事项作出规定。因此,贯彻国务院批准的《临港新片区方案》提出的临港新片区开展仲裁制度改革创新的要求,如何做到重大改革于法有据需要在实践中积极探索,并得到国家立法机关及时的法治支撑。

■ 第三节　上海自贸试验区临港新片区法治保障的需求

临港新片区的制度创新不是自贸试验区制度创新的扩大版,而是升级版,这一重大的制度性变革同样需要法治引领、保障,而其法治保障的方法与自贸试验区的法治保障存在明显差异。

一、临港新片区法治保障需求与供给的显著特征

上海是我国自贸试验区的始发地,在自贸试验区的法治保障领域积极探索,闯出了一条具有上海特色的法治保障的路径,总结了一系列行之有效的自贸试验区法治保障的经验,该经验已成为上海自贸试验区可复制、可推广经验的重要组成部分。2019年7月党中央、国务院作出设立上海自贸试验区临港新片区的战略决策,赋予了上海改革开放新的重大使命,如何为临港新片区的制度创新提供有效的法治保障,已成为上海立法工作者需要完成的重要而急迫的任务。同以往自贸试验区的法治保障需求与供给相比,临港新片区法治保障需求与供给具有以下特征:

(一)临港新片区法治保障需求的范围更大

以上海自贸试验区《总体方案》为例,上海为贯彻落实总体方案规定的制度创新的任务,将《总体方案》规定的上海自贸试验区制度创新的任务、措施分解为98项具体的工作,并对照相关法律、行政法规的规定,进行梳理研究,明确哪些事项需要国家层面提供法律支撑,哪些事项需要上海地方层面提供法律支撑。《临港新片区方案》印发后,其规定的临港新片区制

417

度创新的任务、措施被分解为 78 项具体的工作。尽管临港新片区制度创新任务、措施的数量有所下降，但赋予了临港新片区改革开放新的内涵，要求推进深层次的改革开放，需要真正触及根本性突破，特别是在企业资金的自由流动、税收举措、知识产权保护等方面的先行先试。与此同时，在风险可控的前提下，临港新片区要为新机制提供压力测试，打造特殊经济功能区。在法治需求方面，临港新片区不但涉及投资、贸易、金融等事项，还涉及一系列自贸试验区未曾涉足的重要领域，如建立洋山特殊综合保税区，作为对标国际公认、竞争力最强的自由贸易园区的重要载体，在全面实施综合保税区政策的基础上，取消不必要的贸易监管、许可和程序要求，实施更高水平的贸易自由化便利化政策和制度；实施具有国际竞争力的税收制度和政策，对新片区内符合条件的企业自设立之日起 5 年内减按 15％的税率征收企业所得税；在不导致税基侵蚀和利润转移的前提下，探索试点自由贸易账户的税收政策安排；支持新片区加强国际商事纠纷审判组织建设；允许境外知名仲裁及争议解决机构在新片区内设立业务机构，就国际商事、海事、投资等领域发生的民商事争议开展仲裁业务，依法支持和保障中外当事人在仲裁前和仲裁中的财产保全、证据保全、行为保全等临时措施的申请和执行等。这些新增制度创新的事项大大增加了临港新片区法治保障的需求。

（二）临港新片区法治供给的难度更大

在开展《总体方案》法制保障工作的过程中，有关地方立法"合法性"的质疑如影随形，上海地方立法的实践在重大改革于法有据的问题上交出了一份合格的答卷，其基本经验是，对于需要国家层面提供法律支撑的事项涉及投资、贸易、金融等属于国家事权、国家专属立法权规范的事项，上海地方不作创制性规定。无论是立法理论，还是立法实践，均表明在该等领域地方无创制性立法的空间。而临港新片区新增的制度创新事项，多数属于国家事权、国家专属立法权规范的事项，且领域更为敏感，国家事权、国家专属立法权的色彩更浓厚。如关税、税收制度、外贸监管等领域，断然没有地方立法的空间。国际商事纠纷审判组织建设、国际商事仲裁领域的制度创新亦属于全国人大及其常委会专属立法事项，地方立法无法涉足。更有甚者，《临港新片区方案》明确规定"新片区参照经济特区管理"，要求国家有关部门和上海市要按照总体方案的要求,加强法治建设和风险防控,切实维护国家安全和社会安全,扎实推进各项改革试点任务落地见效。为临港新片区提供法治保障,需要厘定"新片区参照经济特区管理"的含义。这些领域均需要全国人大常委会提供相应的法治保障。倘若新片区参照经济特区管理需要国家层面作出相应安排,不排除全国人民代表大会启动修改《立法法》程序的可能。这表明与自贸试验区制度创新的法治保障供给相比,临港新片区法治保障供给的难度更大,层次更高。

（三）临港新片区法治保障的力度更大

2013 年中央决定设立上海自贸试验区的主要目的之一,是为应对跨太平洋伙伴关系协定(TPP)等国际协定谈判而进行更高标准的制度测试。而六年后中央决定设立上海自贸试验区临港新片区的主要目的之一,是应对当前世界投资贸易格局大变革、跨国公司全球产业链布局调整、全球科技革命新竞争与新合作、国家间战略博弈等挑战,彰显我国坚持全方位开放、主动引领经济全球化健康发展的态度。《临港新片区方案》倾力将临港新片区打造为特殊经济功能区,使之成为中国经济新的增长点、增长极。为此,《临港新片区方案》作出了前所未有的两项重大制度性规定,即"参照经济特区管理"和"加大赋权力度"。按照《立法法》第 90 条第 2 款规定:"经济特区法规根据授权对法律、行政法规、地方性法规作变通规定的,在本经济特区适用经济特区法规的规定。"这意味着新片区参照经济特区管理,有望对相关法律、行政法规及地方性法规作"变通"规定,这在很大程度上加大了临港新片区法治保障的力度。《临港新片区方案》对"加大赋权力度"作了专门规定,赋予新片区更大的自主发展、自主改革和自主创新管理权限,在风险可控的前提下授权新片区管理机构自主开展贴近市场的创新业务。在通常情况下,加大赋权力度,必然相应地加大法治保障的力度。这表明在法治保障方面,临港新片区既面临挑战,同时也面临重大机遇。

（四）临港新片区的法治保障方式更独特

2013 年 8 月 30 日,上海自贸试验区挂牌在即,为确保重大改革于法有据,全国人大常委会作出了授权国务院在上海自贸试验区暂时调整相关法律有关行政审批规定的决定。鉴于 2000 年《立法法》对这一授权制度没有明确规定,围绕全国人大常委会这一授权方式,专家学者提出了"合法性"

的质疑。2015 年 3 月 15 日全国人民代表大会通过《立法法》修正案决定，修改后的《立法法》第 13 条规定："全国人民代表大会及其常务委员会可以根据改革发展的需要，决定就行政管理等领域的特定事项授权在一定期限内在部分地方暂时调整或者暂时停止适用法律的部分规定。"这是国家立法机关以与时俱进的科学态度，总结国家层面有关上海自贸试验区法治保障工作的实践，将成功的经验上升为立法制度，将授权立法固化为长效制度。可以说，这一授权立法的模式已经成为改革发展型法治保障的不二之路。《临港新片区方案》规定，"新片区的各项改革开放举措，凡涉及调整现行法律或行政法规的，按法定程序经全国人大或国务院统一授权后实施"。然而，2019 年 10 月上海市人大常委会法制工作委员会等部门就临港新片区法治保障事宜向全国人大常委会法工委请示、沟通时，笔者发现并提出了在自贸试验区法治保障中行使有效的"授权立法"恐怕在临港新片区的法治保障中难以奏效。理由是，《立法法》第 10 条第 2 款规定："授权的期限不得超过五年，但是授权决定另有规定的除外。"第 3 款规定："被授权机关应当在授权期限届满的六个月以前，向授权机关报告授权决定实施的情况，并提出是否需要制定有关法律的意见；需要继续授权的，可以提出相关意见，由全国人民代表大会及其常务委员会决定。"第 11 条规定："授权立法事项，经过实践检验，制定法律的条件成熟时，由全国人民代表大会及其常务委员会及时制定法律。法律制定后，相应立法事项的授权终止。"这意味着授权决定必须有一定的期限，期限届满应及时制定法律，而一旦制定法律，则授权先行先试事项自然在全国复制、推广。但是，临港新片区与自贸试验区制度创新的任务不尽一致，其相关的制度创新的成果不要求向全国复制、推广。这是临港新片区法治保障工作面临的新情况、新问题。这表明上海自贸区临港新片区的实践探索对我国立法制度的改革、完善又一次提出了新的需求。

二、临港新片区法治保障的主要需求

临港新片区的法治保障需求不是凭空出现的，而是源自新片区的实践。在临港新片区先行先试过程中，上海市各相关部门高度重视法治保障工作，在不同阶段提出法治保障的需求。

（一）上海市相关部门前期提出的法治保障需求

临港新片区运行之初,上海市发展改革委于 2019 年 9 月就推进立法需求的调研,商请各部门对《临港新片区方案》分解出的 78 项任务中需要国家层面调整法律法规的事项进行研究,初步梳理出有 10 项政策涉及调法调规,建议由上海市人大常委会法工委、上海市司法局进行研究,并按照"新片区参照经济特区管理"的口径,向国家争取一揽子变通实施法律法规的权力。

2019 年 10 月 15 日,上海市人大常委会副主任莫负春率市人大常委会法工委、上海市高级人民法院、上海市改革发展委员会、上海市司法局等部门的负责人专程赴北京向全国人大常委会法工委请示关于中国(上海)自由贸易试验区临港新片区、长三角生态绿色一体化发展示范区等法治保障事项。上海市人大常委会法工委会同有关部门对相关法治保障问题进行了初步研究和梳理。上海市改革发展委员会、上海市司法局、临港新片区管委会等部门从落实《临港新片区方案》的法制保障需求和经济特区法律制度这两个层面作了梳理。在落实《临港新片区方案》的法制保障需求方面,各单位各部门提出了《行政许可法》等 8 部法律个别条款调整适用或者新增个别条款的需求。在经济特区法律制度层面,主要涉及了《立法法》的相关规定,希望按照"新片区参照经济特区管理"的精神,向国家争取一揽子变通实施。涉及 8 部法律的相关调法需求及其理由如下:

1.《行政许可法》第 12 条第 5 项

《行政许可法》第 12 条第 5 项规定:"下列事项可以设定行政许可……(五)企业或者其他组织的设立等,需要确定主体资格的事项。"相关部门建议全国人大常委会授权在临港新片区停止执行该条款。调法的理由是:《临港新片区方案》规定临港新片区探索试行商事主体登记确认制,尊重市场主体民事权利,对申请人提交的文件实行形式审查;完善商事登记撤销制度,对以欺骗、贿赂等不正当手段取得登记的,登记机关可以依法撤销登记。临港新片区制定商事主体登记确认制工作方案,需要停止执行《行政许可法》的上述规定。

2.《涉外民事关系法律适用法》第 3 条

相关部门建议在《涉外民事关系法律适用法》第 3 条中增设一款,作为第 2 款,规定:"除违反我国法律的基本原则或损害国家主权、安全和社会公共利益外,允许特殊经济功能区和自贸试验区内的涉外民商事法律关系的当事人自由选择适用境外法律或者国际商事通行规则、商事惯例。"增设该款的理由是:《临港新片区方案》支持新片区加强国际商事纠纷审判组织建设,上海市高级人民法院积极推动设立上海国际商事法院。

3.《仲裁法》第 6 条、《民事诉讼法》第 283 条

相关部门建议:一是增加关于临时仲裁的规定。在《仲裁法》第 6 条中增加一款,作为第 2 款,规定:"在自贸试验区内注册的企业可以约定在境内设定地点、按照特定仲裁规则、由特定人员对有关争议进行仲裁。"二是对境外仲裁机构内地业务机构作出的仲裁裁决的性质作出明确规定。在《民事诉讼法》第 283 条中增加一款,作为第 2 款,规定:"境外仲裁机构在内地依法设立的业务机构作出的裁决,视为境内仲裁裁决。一方当事人不履行裁决的,另一方当事人可以依照《中华人民共和国仲裁法》第六章及本法有关规定向人民法院申请执行。当事人对裁决的效力有异议的,可以依照《中华人民共和国仲裁法》第五章的规定,向境外仲裁机构的内地业务机构所在地的中级人民法院申请撤销裁决。"增加上述条款的理由是:《临港新片区方案》允许境外知名仲裁及争议解决机构经上海市人民政府司法行政部门登记报国务院司法行政部门备案,在新片区内设立业务机构,就国际商事、海事、投资等领域发生的民商事争议开展仲裁业务,依法支持和保障中外当事人在仲裁前和仲裁中的财产保全、证据保全、行为保全等临时措施的申请和执行。为此,上海市司法局拟制定境外仲裁机构在中国设立业务机构的管理办法。

4.《海商法》第 4 条

《海商法》第 4 条第 1 款规定:"中华人民共和国港口之间的海上运输和拖航,由悬挂中华人民共和国国旗的船舶经营。但是,法律、行政法规另有规定的除外。"第 2 款规定:"非经国务院交通主管部门批准,外国籍船舶不得经营中华人民共和国港口之间的海上运输和拖航。"

相关部门建议暂停实施上述相关内容,允许中外籍国际航行集装箱船舶试点开展经洋山港区中转的沿海捎带业务。理由是:《临港新片区方案》要求优化监管流程,扩大中资方便旗船沿海捎带政策实施效果,研

究在对等原则下允许外籍国际航行船舶开展以洋山港为国际中转港的外贸集装箱沿海捎带业务。相关部门需要形成提高方便旗船沿海捎带便利化和政策效果的工作方案,研究形成外轮集装箱沿海捎带业务工作方案。

5.《出境入境管理法》第 22 条

《出境入境管理法》第 22 条是外国人免办签证的主要法律依据,该条规定:"外国人有下列情形之一的,可以免办签证:

(一)根据中国政府与其他国家政府签订的互免签证协议,属于免办签证人员的;

(二)持有效的外国人居留证件的;

(三)持联程客票搭乘国际航行的航空器、船舶、列车从中国过境前往第三国或者地区,在中国境内停留不超过二十四小时且不离开口岸,或者在国务院批准的特定区域内停留不超过规定时限的;

(四)国务院规定的可以免办签证的其他情形。"

相关部门建议,在报请国务院批准在自贸试验区临港新片区推行进一步细化的 144 小时入境免签政策时,可分别考虑依据第三项或第四项规定:

如考虑依据第三项规定,即"外国人有下列情形之一的,可以免办签证……持联程客票搭乘国际航行的航空器、船舶、列车从中国过境前往第三国或者地区,在中国境内停留不超过二十四小时且不离开口岸,或者在国务院批准的特定区域内停留不超过规定时限的",则需要在报请国务院批准 144 小时入境免签政策时,为将自贸试验区新片区视为"第三地区"提供足够的法律依据。

如考虑依据第四项规定,即"国务院规定的可以免办签证的其他情形",则需要国务院专门出台行政法规支持自贸试验区新片区免签政策。

相关部门提出上述建议的理由是:《临港新片区方案》要求新片区建立外国人才在新片区内工作许可制度和人才签证制度;为新片区内从事商务、交流、访问等经贸活动的外国人提供更加便利的签证和停居留政策措施。相关部门拟制定特定国家和地区外籍人士到新片区商务旅行 144 小时入境免签的实施细则。

423

6.《道路交通安全法》

建议在《道路交通安全法》中增设无人驾驶调试、无人驾驶路权分配、无人驾驶交通事故责任认定等方面的规范。这一建议的理由是:《临港新片区方案》要求建设完善的国际通信设施,加快5G、IPv6、云计算、物联网、车联网等新一代信息基础设施建设,提升新片区宽带接入能力、网络服务质量和应用水平,构建安全便利的国际互联网数据专用通道。相关部门将在临港、洋山港开拓无人驾驶调试道路里程。

7.《专利法》第60条

《专利法》第60条规定:"未经专利权人许可,实施其专利,即侵犯其专利权,引起纠纷的,由当事人协商解决;不愿协商或者协商不成的,专利权人或者利害关系人可以向人民法院起诉,也可以请求管理专利工作的部门处理。管理专利工作的部门处理时,认定侵权行为成立的,可以责令侵权人立即停止侵权行为,当事人不服的,可以自收到处理通知之日起十五日内依照《中华人民共和国行政诉讼法》向人民法院起诉;侵权人期满不起诉又不停止侵权行为的,管理专利工作的部门可以申请人民法院强制执行。进行处理的管理专利工作的部门应当事人的请求,可以就侵犯专利权的赔偿数额进行调解;调解不成的,当事人可以依照《中华人民共和国民事诉讼法》向人民法院起诉。"相关部门建议在该条款最后增加"达成的调解协议经人民法院依法确认有效,一方当事人拒绝履行或者未全部履行的,对方当事人可以向人民法院申请强制执行。"理由是:《临港新片区方案》要求开展国际合作规则试点,加大对专利、版权、企业商业秘密等权利及数据的保护力度,主动参与引领全球数字经济交流合作。相关部门拟形成进一步加大对专利、版权、企业商业秘密等权利及数据保护力度的工作方案。在《专利法》第60条中增加该规定有利于加强专利行政执法力度,提高行政调解的效力和强制力。

8.《文物保护法》第55条第3款

《文物保护法》第55条第3款规定:"禁止设立中外合资、中外合作和外商独资的文物商店或者经营文物拍卖的拍卖企业。"

相关部门建议允许临港新片区符合条件的外商独资或者中外合资、中外合作拍卖企业在中国(上海)自由贸易试验区临港新片区从事文物拍卖业务。这一建议的理由是：争取在临港新片区允许外资从事文物拍卖试点，需要允许符合条件的外商独资企业开展面向全球的文化艺术品展示、拍卖、交易。

与此同时，上海市高级人民法院提出设立上海国际商事法院的需求。理由是：《临港新片区方案》明确，"支持新片区加强国际商事纠纷审判组织建设"。按照《人民法院组织法》的相关规定，"专门人民法院的设置、组织、职权和法官任免，由全国人民代表大会常务委员会规定"。上海市高级人民法院积极开展了有关设立"上海国际商事法院"的前期工作。上海市人大监察司法委也向全国人大监察司法委作了汇报。

上海市高级人民法院对标最高标准、最好水平，努力营造国际一流法治化营商环境，对上海国际商事法院的必要性作了充分调研，并与中央有关部门作了沟通协调。其一，设立上海国际商事法院是服务保障国家战略，加快建设开放型经济新体制的迫切需要。为确保新片区新型制度体系顺畅有序运行，并尽快建成更有影响力、竞争力的高质量的特殊经济功能区，加快设立专业化、高水平的上海国际商事法院势在必行。其二，设立上海国际商事法院是完善上海法院审判组织体系，服务保障上海"五个中心"建设、促进全方位对外开放的迫切需要。上海为对接"五个中心"中的航运、科创、金融三个专门领域，先后设立了海事法院、金融法院、知识产权法院三个专门法院，司法服务保障"五个中心"建设的专业化水平不断提升，但与"国际贸易中心"直接配套衔接的专门审判组织体系尚未建立。设立上海国际商事法院，加强国际商事审判组织体系建设，强化我国法院对离岸交易、跨境交易等国际商事交易的司法管辖权，有利于更好地回应全球投资者和贸易商的司法需求，依法维护中外企业在国际商事交易中的合法权益，加快上海"五个中心"建设，提升上海乃至我国全方位对外开放的能级和水平。其三，设立上海国际商事法院是发挥新片区示范引领功能，促进长三角区域一体化建设、带动长江经济带和华东地区高质量发展的现实需要，有利于率先探索扩大开放条件下司法服务保障国际贸易投资自由的有效做法，建立健全与扩大开放特殊制度体系相适应、与国际通行规则相衔接的国际商事审判制度体系，统一和完善国际商事纠纷司法裁判标准，促进区域内涉外法律适用统一，更好服务保障长三角区域一体化建设，带动长江经济带和华东地区高质量发展。其四,设立上海国际商事法院是提高中国司法专业化水平更好参与国际商事纠纷解决机制全球竞争的内在要求,有利于提升中国司法的国际竞争力和影响力,进一步增强中国司法在全球治理体系中的制度性话语权和影响力,为我国深度融入经济全球化进程加快培育参与和引领国际经济合作竞争新优势提供有力司法保障。其五,设立上海国际商事法院是适应新片区规模体量及相应司法需求的客观需要。新片区设立后,上海中级法院层级涉外案件年均收案量将达到 4 000 件左右,且呈递增趋势。案件类型结构也将发生新变化。新片区高度开放的制度设计,将涌现出一批新产业、新业态和新型交易模式。与此相适应,一大批新型的跨境货物贸易、国际投资、国际航运、高岸服务贸易、离岸金融交易等纠纷类型将不断出现,涉及国际贸易、投资、航运、金融规则、惯例的案件也将层出不穷。在上海设立一个有别于新片区之外的,在司法程序、法律适用、审判方式等机制上对接外向型经济建设需要、符合国际通行规则的国际商事法院,对国家治理现代化的推进具有十分重要的意义。调研同时表明,上海具有设立国际商事法院的基础性优势,上海在世界银行全球营商环境评估中排位靠前,上海在解决商事纠纷的时间、成本、司法程序质量指数等方面居于全球领先水平。上海有较为专业的国际商事审判体系,建立了适应国际商事审判需要的配套工作机制,有一支较强的国际商事审判队伍。

(二)上海市相关部门近期提出的法治保障需求

2020 年 3 月,临港新片区管委会会同上海市人大常委会、市发改委、市司法局、市审改办等部门就新片区法治保障工作进行多次研讨,认为亟须解决的问题是临港新片区的立法保障模式,希望上海市人大常委会在下列事项上予以支持:

1. 积极争取综合授权模式办理临港新片区调法事项。前期已经梳理在区域内涉及调法的相关事项,将向第十届全国人大提交议案,争取经全国人大常委会授权国务院在临港新片区暂停适用或变通适用有关条款。

2. 积极研究并争取全国人大授权在临港新片区行使经济特区立法权。根据《临港新片区方案》有关临港新片区参照经济特区管理的要求,前期已委托上海财经大学和上海社科院开展相关研究。需要进一步争取全国人大支持,给予临港新片区综合授权并明确参照经济特区管理的具体操作方案。

3. 关于临港新片区的地方立法工作,考虑到《临港新片区管理办法》基本满足目前的需要,且相关政策还未落地,立法条件尚不成熟,建议暂不制定《临港新片区条例》,而是在《上海自贸试验区条例》中设立专章。待各项政策基本落地后再研究制定《临港新片区条例》,将相关制度成果固化为地方性法规。

2020 年 7 月,临港新片区向全国人大常委会法工委提交相关调研汇报材料,提请全国人大常委会法工委关心支持以下事项:

1. 关于在临港新片区停止适用或变通适用有关法律

临港新片区对照《临港新片区方案》明确的制度创新举措,已梳理一批需在临港新片区停止适用或变通适用的法律条文清单,包括《民事诉讼法》《涉外民事关系法律适用法》《仲裁法》《海上交通安全法》等法律的有关规定。近期,临港新片区管委会将会同市相关部门加强与对口国家部委请示汇报,在此基础上,形成更为成熟的法律调整目录清单报国务院,由国务院依照《立法法》的规定向全国人大常委会提出,提请全国人大常委会授权国务院在临港新片区内停止适用或变通适用上述法律规定,支持临港新片区进一步加大开放型经济风险压力测试,加大差异化探索力度。

2. 关于参照经济特区管理

我国现有深圳、珠海、汕头、厦门、海南 5 个经济特区,享有授权立法和职权立法"双重立法权"。《临港新片区方案》明确临港新片区"参照经济特区管理",进行差异化探索打造"特殊经济功能区",但未明确参照经济特区管理的具体内涵和操作路径。2020 年 5 月 18 日,中共中央、国务院印发的《关于新时代加快完善社会主义市场经济体制的意见》也强调,要"建设好临港新片区,赋予其更大的自主发展、自主改革和自主创新管理权限"。因此,提请全国人大出台决定,明确临港新片区参照经济特区管理,赋予上海市经济特区立法权;或者由全国人大常委会授权上海市人大及其常委会在《临港新片区方案》规定的范围内针对临港新片区的特殊制度创新需求进行专门立法,确保临港新片区充分行使自主发展、自主改革和自主创新管理权限。

3. 关于设立上海国际商事法院

拟在临港新片区设立的上海国际商事法院将是全国首家国际商事法院,此前,只在最高人民法院层面设立两个国际商事审判庭。提请全国人大常委会加快工作进度,支持推动上海国际商事法院尽早设立。

4. 关于参照适用海南自贸港法

《海南自由贸易港建设总体方案》明确建立以海南自由贸易港法为基础,以地方性法规和商事纠纷解决机制为重要组成的自由贸易港法治体系,国家层面给予了充分的立法保障。自由贸易港是目前全球开放水平最高的特殊经济功能区,临港新片区已经在一定程度上体现自由贸易港的理念,具备了进一步对标自由贸易港发展的基础和条件。鉴于国家正在研究制定海南自由贸易港法,提请全国人大常委会在海南自由贸易港法附则条款明确包括临港新片区在内的经国家批准的具有自贸港性质的特殊经济功能区可以参照适用。

第四节　上海自贸试验区临港新片区法治保障的实现路径

临港新片区法治保障的需求能否得到及时、有效的支持,取决于其实现路径是否适当、可行,是否具有可操作性。为增强临港新片区法制供给的有效性,应以问题为导向,需求为导向,在总结自贸试验区法治保障的成功经验基础上,针对临港新片区制度创新的差异化要求,在现有法律的框架下,设计出适合临港新片区法治保障特殊需求的实现路径。

一、关于临港新片区法治保障实现路径的基本认识

(一)专家学者的基本认识

在上海自贸试验区设立之初,自贸试验区这一新生事物引起社会各界的高度关注,有关自贸试验区法治保障问题的研究是国内法学界研究的热点,各种研讨、论坛此起彼伏,相关的研究成果也不计其数。而临港新片区设立以来,法学界以往那种理论研究繁荣的景象不复存在。从应然角度

讲,临港新片区作为自贸试验区的升级版,其自由度、开放度大大超过自贸试验区,与自贸试验区相比,本应该关注度更高。出现这一现象的原因是多方面的:一是2013年自贸试验区的设立成为法学研究的一个增长点,吸引了学者的目光。但这一议题研究目前看来还不够深入。二是上海自贸试验区法治保障的成功实践很大程度上解除了学者的疑惑,该领域研究没有进一步展开。三是七年来,我国自贸试验区不断扩大、增容,自贸试验区的绝大部分做法已经在全国复制、推广,该领域理论研究的拓展还有待时日。尽管如此,在身处临港新片区所在地的上海,临港新片区的法治保障引起了法律界专家、学者的关注。临港新片区并委托上海财经大学、上海市社会科学院开展法治保障的相关研究。

2019年8月12日,由上海市法学会自贸区法治研究会、上海财经大学法学院主办的"中国(上海)自贸区临港新片区法治保障研讨会"在上海财经大学成功举办,来自各高校的学者、实务部门的专家参加了研讨。在这一研讨会上,一些学者的发言谈及了临港新片区法治保障的路径问题。有的学者认为,从6年前上海启动第一个自由贸易试验区开始,自贸试验区都非常强调试验可复制可推广,但此次临港新片区方案中的说法却是选择国家战略需要、国际市场需求大、对开放度要求高但其他地区尚不具备实施条件的重点领域。这实际上强调了差异化发展的思路,即在临港新片区的试验是不可复制不可推广的。有的学者分析了临港新片区的历史传承以及特殊性,提出了法治建设的两大路径:一是从"调法路径"到"创法路径"。不再由全国人大去调整法律,而是由全国人大抽象性地立一个自贸试验区的法律,再将临港新片区包括进去,具体条文就由上海地方立法。二是"综合赋权"改革开放。由国务院下放、委托地方开展立法。有的学者认为,从2013年上海自贸试验区总体方案到临港新片区方案,反映出对自贸试验区探索内容和要求的进一步具体化、清晰化。从法治角度而言,其本质体现了对"企业友好型法治环境"的需求,政府基于企业的需求导向而提供法律制度供给,政府的职能也应重在公共服务,通过公共服务提供对企业的支持和保障。因此,临港新片区方案落实的法治路径的核心在于:从以监管为核心而构建的法律关系为主,转变为以合约为核心而构建的平等主体之间的法律关系为主,来调整临港新片区在进一步开放过程中的各

429

类行为和活动。①

针对相关实务部分提出的临港新片区法治保障的具体需求,也有学者就法治保障的实现路径进行研究,提出了以下三条具体的法治路径:②

1. 上海市人大及其常委会依职权立法

具体方式是修订《中国(上海)自由贸易试验区条例》,颁布《中国(上海)自由贸易试验区新片区条例》,作为新片区运行的"基本法"。主张两个条例分立的理由:一是新片区有参照经济特区授权立法的立法路径,可以进行变通规定。二是新片区的制度与上海自贸试验区有较大差异。两条例是一般法与特别法的关系。即自贸试验区条例应是新片区条例制定的依据之一。自贸试验区与新片区的共性问题宜由自贸试验区条例规定。

2. 授权暂时调整(停止)法律适用在新片区的运用

认为授权暂时调整(停止)法律适用在新片区的立法中运用,应该没有异议。但在运用中有些问题需要进一步厘清:一是关于被授权主体。在自贸试验区的授权暂时调整(停止)法律适用的被授权主体迄今只有国务院,而根据新片区总体方案的明确要求:支持新片区加强国际商事纠纷审判组织建设。上海即将建设国际商事法院,涉及我国现行《民事诉讼法》《法官法》《律师法》等调整适用,由全国人大及其常委会授权最高人民法院暂时调整(停止)法律适用更为合适。应争取上海市人大及其常委会成为授权暂时调整(停止)法律适用的被授权主体。新片区改革措施的落地,需要被授权主体保持开放性。二是关于暂时调整的方式。授权暂时调整(停止)法律适用规范分为授权暂时调整与授权暂时停止两种方式,新片区的法律调整,应该两种方式都需要运用,因此,新片区总体方案的法律调整宜采广义解释,即包括授权暂时调整与暂时停止两种调整方式,以便根据不同需要,采取不同的措施。三是暂时调整的特定事项。增设新片区不是简单的原有自贸试验区扩区,也不是简单的现有政策平移,是全方位、深层次、根本性的制度创新变革。因此,新片区需要授权调整法律的特定事项不唯行政管理,还涉及"五自由一便捷"以及"产城融合"等诸多经济社会的特定事

---

① 参见《上海自贸区临港新片区法治保障研讨会举办》,《经济日报》2019 年 8 月 14 日。
② 参见郑少华:《中国(上海)自贸试验区新片区立法保障论》,《东方法学》2020 年第 3 期。

项。所以,《立法法》第 13 条在新片区的运用,宜对行政管理等特定事项作"等外"解释。四是调整期限。暂时调整(停止)法律适用的"暂时"宜确定在 3 年至 5 年为宜,具体时限应根据不同的特定事项来确定。

3. 临港新片区"参照"经济特区授权立法

认为新片区"参照"经济特区授权立法,也即"参照"经济特区管理,获得经济特区授权立法。主张新片区获得经济特区授权立法的理由:一是新片区总体方案明确规定"新片区参照经济特区管理",说明新片区参照经济特区管理,既是新片区加快推进实施的现实选择之路,又是对经济特区管理的经验推广。二是经济特区授权立法在建立符合国际惯例的社会主义市场经济法律体系和与之相适应的高效廉洁的政府管理体制方面成效明显,在先行先试的立法方面发挥了积极作用,新片区参照经济特区授权立法,将有助于新片区目标的实现。三是新片区大量的改革措施仅仅依靠授权暂时调整(停止)法律适用与地方人大及其常委会职权立法显然无法满足,需要授权立法,发挥先行先试与变通规定的作用。鉴于新片区在行政辖区上隶属浦东新区,在行政管理上,其管委会又是上海市政府派出机构,由于浦东新区按《立法法》的规定没有立法权,即使全国人大授权立法,亦无法具备职权立法的权力,因此,建议全国人大授权上海市人大及其常委会在新片区范围内参照经济特区授权立法。

(二)实务部门的基本认识

有关临港新片区法治保障的需求及其实现路径,上海市人民政府改革发展委员会、司法局、临港新片区管委会等相关部门经过近一年的研究、论证,形成一致的认识,并有明确的工作目标和清晰的工作方案。

在上海地方层面的法治保障领域,采取"先管理办法后地方立法"的路径。临港新片区挂牌之日已公布作为上海市人民政府规章的《中国(上海)自由贸易试验区临港新片区管理办法》(以下简称《管理办法》),相关部门计划适时启动上海市地方立法的程序,目前基本倾向于在修改《上海自贸试验区条例》时一并考虑临港新片区的立法问题,即将临港新片区纳入《上海自贸试验区条例》的适用范围之中。

在需要国家层面提供法治保障领域,其具体需求与实现路径是:一是争取以综合授权模式办理临港新片区调法事项,由全国人大常委会授权国务院在临港新片区暂停适用或变通适用有关条款,具体涉及 8 部法律具体条款的暂停适用或增设修改规定。二是争取全国人大授权在临港新片区行使经济特区立法权。三是请求全国人大常委会设立上海国际商事法院。四是请求全国人大常委会明确临港新片区可以参照适用海南自由贸易港法,具体路径是:在海南自由贸易港法附则条款中明确,包括临港新片区在内的经国家批准的具有自贸港性质的特殊经济功能区可以参照适用。

二、临港新片区各项法治保障需求及实现路径的具体分析

临港新片区的法治保障是继自贸试验区先行先试的法治保障,我国改革开放的进一步深化对上海制度供给能力提出的新要求,作为我国改革开放排头兵、创新发展先行者的上海,又一次站在新的起跑线上。临港新片区的法治保障工作也给上海法律工作者提供了展示立法智慧、立法技能的新舞台。总体上看,相关部门提出的临港新片区法治保障需求不仅适合当前临港新片区制度创新的制度需求,同时也具有一定的前瞻性。与此同时,有关法治保障需求的实现路径,实务部门与学者的思路、操作路径大致相同,两者也存在共同的特征,即基本沿袭自贸试验区法治保障的路径,这也是实务部门、法学界普遍存在的共性问题。在充分肯定、积极支持临港新片区法治保障的前提下,有必要针对临港新片区制度创新的差异性特点,对各项法治需求实现路径的可行性、可操作性进行具体分析,提出切实可行的工作方案。

(一)关于临港新片区的地方立法问题

有关临港新片区上海地方立法的制度供给,各方在"先管理办法后地方立法"的立法方向上形成共识,但在规章转化为地方立法的路径上认识不尽一致。路径之一是"合二为一",将临港新片区的内容纳入《上海自贸试验区条例》;路径之二是"分而治之",临港新片区单独成法,上海形成《上海自贸试验区条例》《上海自贸试验区临港新片区条例》并驾齐驱的"双条例"立法格局。

应该说,两种意见各有千秋,在立法技术上都是可行的。路径之一的最大优点在于节约立法成本,在现行《上海自贸试验区条例》中为临港新片区设立专编或者专章,能够有效满足临港新片区的立法需求。与此同时,

将临港新片区纳入自贸试验区条例符合国务院批准的《临港新片区方案》将新片区冠名为"中国（上海）自由贸易试验区临港新片区"的决策本意，在立法逻辑上也更为严密。路径之二的最大优点在于能充分体现临港新片区开放度、自由度更大的特点，在制度设计上更具有针对性，更契合临港新片区制度创新不复制和推广的差异化特征，也有助于彰显法治保障的功效。

尽管目前上海市政府相关部门倾向于采取"合二为一"的立法路径，但不排除未来有其他选项。鉴于《上海市制定地方性法规条例》赋予了市政府提出立法案的法定职权，其决策应得到尊重。但是，在具体的工作方案上，无论是采取"合二为一"还是"分而治之"的立法路径，现行《上海自贸试验区条例》的修改与临港新片区的立法拟一并进行，同步推进，在立法过程中统筹协调、妥善处理好上海自贸试验区与临港新片区之间既有区别、又彼此关联的关系。

（二）关于国家层面的"授权决定"问题

由全国人大常委会作出"授权决定"，授权国务院在临港新片区暂时调整/停止适用相关法律的规定，这一法治需求的实现路径无疑源自上海自贸试验区运行初期国家层面法治保障的模式。然而，针对临港新片区差异化的制度创新任务和法治保障需求，这一作出"授权决定"的路径是否行得通，值得商榷。按照相关工作原则，凡提请全国人大常委会作出授权决定，请求由决定作出规范的事项应当准确、慎重、严密，排除由全国人大常委会作出决定之外的各种其他选项。围绕临港新片区"授权决定"的必要性、可行性，有些法律问题需要深化研究。

1. 关于"授权事项"的必要性

上海市政府相关部门提出需要暂时调整/停止适用相关法律规定的清单，涉及8部法律的相关规定，其中，部分需求的必要性值得进一步推敲。

其一，相关部门建议在《涉外民事关系法律适用法》第3条中增设一款，作为第2款，规定"除违反我国法律的基本原则或损害国家主权、安全和社会公共利益外，允许特殊经济功能区和自贸试验区内的涉外民商事法律关系的当事人自由选择适用境外法律或者国际商事通行规则、商事惯例"。增设该款的理由是：《临港新片区方案》支持新片区加强国际商事纠纷审判组织建设，上海市高级人民法院积极推动设立上海国际商事法院。

433

要求《涉外民事关系法律适用法》第 3 条增设第 2 款的必要性值得商榷。《涉外民事关系法律适用法》第 3 条规定："当事人依照法律规定可以明示选择涉外民事关系适用的法律。"第 4 条规定："中华人民共和国法律对涉外民事关系有强制性规定的,直接适用该强制性规定。"第 5 条规定："外国法律的适用将损害中华人民共和国社会公共利益的,适用中华人民共和国法律。"综合上述条文可得知,《涉外民事关系法律适用法》明确规定,在不损害我国社会公共利益,不规避我国法律强制性规定的情况下,当事人可以充分行使选择法律的权利。按照公认的国际私法的基本常识,一国国际私法规定的允许当事人选择的法律,当然包括外国法律、国际商事通行规则、商事惯例。因此,《涉外民事关系法律适用法》已经可以满足需求,要求增设第二款毫无必要。倘若增设该第二款,那就意味着特殊经济功能区和自贸试验区外的涉外民商事法律关系的当事人不能自由选择适用境外法律或者国际商事通行规则、商事惯例,这显然不符合《涉外民事关系法律适用法》的立法本意,也与公认的国际私法规则相悖。与此同时,《涉外民事关系法律适用法》是否增设第二款的内容,与设立上海国际商事法院并无直接关联。

其二,相关部门建议在《仲裁法》中增加关于临时仲裁的规定,在《民事诉讼法》中增加境外仲裁机构在内地依法设立的业务机构作出的裁决视为境内仲裁裁决等规定。且不论增加该等规定的可行性(一旦增加该等规定,授权决定期限届满将修改法律,该等规定将普遍适用),仅就必要性而言,也需要进一步斟酌。我国《仲裁法》《民事诉讼法》对需要增设的规定未作规定,由此产生了这样一个问题:对于临港新片区需要探索的事项(如临时仲裁),中国法律既没有赋权性的规定,也没有禁止性的规定,在这种情况下,根据"法无禁止皆可为"的原则,对于作为民间组织的仲裁机构,是否可认为其在中国境内开展临时仲裁不违反中国法律的规定,该行为应视为有效。如果答案是肯定的,在《仲裁法》《民事诉讼法》中增设相关规定似无必要。

其三,相关部门建议在《专利法》第 60 条中增加"达成的调解协议经人民法院依法确认有效,一方当事人拒绝履行或者未全部履行的,对方当事人可以向人民法院申请强制执行"的表述。这一立法需求同样意义不大。

《行政诉讼法》第 60 条第 1 款规定："人民法院审理行政案件，不适用调解。但是，行政赔偿、补偿以及行政机关行使法律、法规规定的自由裁量权的案件可以调解。"第 94 条规定："当事人必须履行人民法院发生法律效力的判决、裁定、调解书。"第 95 条规定："公民、法人或者其他组织拒绝履行判决、裁定、调解书的，行政机关或者第三人可以向第一审人民法院申请强制执行，或者由行政机关依法强制执行。"《民事诉讼法》第 97 条规定："调解达成协议，人民法院应当制作调解书。调解书应当写明诉讼请求、案件的事实和调解结果。调解书由审判人员、书记员署名，加盖人民法院印章，送达双方当事人。调解书经双方当事人签收后，即具有法律效力。"《行政诉讼法》第 60 条第 1 款规定："人民法院审理行政案件，不适用调解。但是，行政赔偿、补偿以及行政机关行使法律、法规规定的自由裁量权的案件可以调解。"第 94 条规定："当事人必须履行人民法院发生法律效力的判决、裁定、调解书。"第 95 条规定："公民、法人或者其他组织拒绝履行判决、裁定、调解书的，行政机关或者第三人可以向第一审人民法院申请强制执行，或者由行政机关依法强制执行。"上述规定表明，达成的调解协议经人民法院依法确认有效的，一方当事人拒绝履行或者未全部履行的，无论是行政诉讼还是民事诉讼，对方当事人均可以向人民法院申请强制执行。

2. 关于"授权决定"的可行性

《立法法》第 13 条规定："全国人民代表大会及其常务委员会可以根据改革发展的需要，决定就行政管理等领域的特定事项授权在一定期限内在部分地方暂时调整或者暂时停止适用法律的部分规定。"这一条规定是 2020 年《立法法》修改时的新增规定，全国人民代表大会增设这一规定的直接动因是上海自贸试验区投资制度的先行先试提出了立法需求。然而，临港新片区的制度创新采取这一立法授权的路径，无法满足新片区差异化的特殊要求。《立法法》第 10 条第 2 款规定："授权的期限不得超过五年，但是授权决定另有规定的除外。"第 11 条规定："授权立法事项，经过实践检验，制定法律的条件成熟时，由全国人民代表大会及其常务委员会及时制定法律。法律制定后，相应立法事项的授权终止。"这意味着全国人大常委会一旦作出暂时调整适用相关法律规定的决定，该等法律规定在授权决定期限届满将作出修改,在全国范围普遍适用,这不符合临港新片区的制度创新不向全国复制、推广的差异化要求。因此,按照《立法法》的授权立法模式,或者机械地理解《立法法》的条文,无法满足临港新片区的立法需求。

3. 关于"授权立法"的几点思考

临港新片区的制度创新的法治保障是继七年前上海自贸试验区调法决定后,我国改革开放进一步深化对法治保障提出的新要求,以下几个问题值得研究:

其一,《立法法》第 10 条、第 11 条的规定是否当然适用于第 13 条规范的事项。根据《立法法》的条序安排,第 9 条规定授权国务院先行制定行政法规的情形。第 10 条规定授权决定应当明确授权的目的、事项、范围、期限以及被授权机关实施授权决定应当遵循的原则,授权的期限不得超过 5 年等事项。第 11 条规定授权立法事项经过实践检验条件成熟时,及时制定法律。第 12 条规定被授权机关应当严格按照授权决定行使被授予的权力,被授权机关不得将被授予的权力转授给其他机关。至此,《立法法》有关"授权立法"的要求已经闭环。在这之后再规定第 13 条,且该条规定专门针对"改革发展的需要",而改革发展的最大特点就是只有进行时,没有完成时。因此,似乎有理由将第 13 条视为《立法法》关于"授权立法"的特殊规定,不适用第 10 条至第 12 条的规定,否则,第 13 条的规定应当紧接着第 9 条的规定,即先分别规定授权国务院制定行政法规、授权在一定期限内在部分地方暂时调整或者暂时停止适用法律的部分规定这两种授权种类,再对授权提出相关要求。

其二,如何解读"授权"的内涵。如果狭义地理解《立法法》第 13 条的表述,"授权"是指"就行政管理等领域的特定事项授权在一定期限内在部分地方暂时调整或者暂时停止适用法律的部分规定",即授权的内涵是暂时调整或者暂时停止适用法律的部分规定。如果从广义上理解,"授权"的内涵并不限于暂时调整或者暂时停止适用法律的部分规定。在立法学中,授权立法是由具备授权资格的立法主体依据授权法的规定,遵循相应程序要求,将立法权授予另一个能承担立法责任的机关,该机关根据授权要求而进行的立法活动及其制定的规范性法律文件。从静态层面说,授权立法是指无法定立法权的主体(受权主体)依据享有法定立法权的主体(授权主体)的立法授权而制定的规范性法律文件;从动态层面说,授权立法则是指受权主体根据授权主体的立法授权而进行的制定规范性法律文件的活动。就临港新片区的"授权立法"而言,应当扩大视野疆域,赋予"调整"、"授权"新内涵,不拘泥于《立法法》的条文。切合临港新片区法治保障需求的立法路径不是暂时调整或者暂时停止适用部分法律规定,而是由全国人大常委会在不触及现行法律规定的前提下,仅就相关制度创新事项对临港新片区作出赋权性的规定。如关于临时仲裁制度,不应采取在《仲裁法》第6条中增加一款的立法路径,而是在不触及《仲裁法》的情况下,由全国人大常委会专门针对临港新片区作出规定:"在临港新片区内注册的企业可以约定在境内设定地点、按照特定仲裁规则、由特定人员对有关争议进行仲裁。"这是一条法律效力优先于《仲裁法》的特殊规定,无论制度创新探索多少年,制度创新成功与否,都不产生修改《仲裁法》的问题,也不存在复制、推广的问题。这一"授权立法"模式应成为临港新片区授权立法的首选立法路径。

其三,如何把握"授权期限"的限制性规定。倘若前述首选立法路径难以走通,应当进一步研究《立法法》第10条有关"授权期限"的规定,因为修改法律导致临港新片区制度创新成果复制、推广是在授权决定期限届满后再启动。《立法法》第10条规定授权的期限不得超过5年,而《临港新片区方案》规定了2035年的发展目标。尽管《立法法》第10条第3款规定了"需要继续授权的,可以提出相关意见,由全国人民代表大会及其常务委员会决定"。但未明确继续授权的期限有多长,可以延期多少次。值得注意的是,《立法法》第10条第2款在规定"授权期限"时留有空间,该款的规定是"授权的期限不得超过五年,但是授权决定另有规定的除外"。因此,应该在授权决定的规定上做文章,如建议全国人大常委会的授权决定对"授权决定"不作具体规定,或者规定"调整实施有关法律的期限与临港新片区制度创新的进程相衔接",也可以规定授权事项的终止日期由全国人大常委会另行公布。

(三)关于参照经济特区立法问题

国务院批准的《临港新片区方案》明确:"新片区参照经济特区管理。"

437

有的专家学者据此认为,新片区"参照"经济特区也即"参照"经济特区授权立法,新片区因而获得经济特区授权立法的权利。相关实务部门请求全国人大常委会支持授权在临港新片区行使经济特区立法权。这是又一项特殊的"立法授权"。围绕该事项有几个具体的问题值得研究:

其一,如何理解"参照经济特区管理"的含义。《临港新片区方案》并未明确"经济特区管理"的含义。1980年8月26日第五届全国人大常委会第十五次会议批准的《广东省经济特区条例》第1条确定的立法目的是"为发展对外经济合作和技术交流,促进社会主义现代化建设"。《条例》二十多条条文涉及客商在特区的注册和经营、优惠办法、劳动管理、组织管理。经过40年的改革开放,中国的利用外资环境出现了根本性的变革,对外资的鼓励、促进规定远远超出《广东省经济特区条例》的规定。与此同时,有关外资、外贸、金融的自由度、开放度,自贸试验区、临港新片区已经大大超出了经济特区。因此,"参照经济特区管理"本身并不具有明显的实际意义,真正的意义在于能否引申出"参照经济特区立法"的特殊立法权。

其二,"参照经济特区管理"是否等同于"参照经济特区立法"。应该说两者不能画等号,全国人大及其常委会对于经济特区立法权的设立有严格的程序。1981年11月26日第五届全国人大常委会第二十一次会议审议国务院关于建议授权广东省、福建省人民代表大会及其常务委员会制定所属经济特区的各项单行经济法规的议案,通过《全国人民代表大会常务委员会关于授权广东省、福建省人民代表大会及其常务委员会制定所属经济特区的各项单行经济法规的决议》,为了使广东省、福建省所属经济特区的建设顺利进行,使特区的经济管理充分适应工作需要,更加有效地发挥经济特区的作用,决定授权广东省、福建省人民代表大会及其常务委员会,根据有关的法律、法令、政策规定的原则,按照各该省经济特区的具体情况和实际需要,制定经济特区的各项单行经济法规,并报全国人民代表大会常务委员会和国务院备案。实践表明,设立经济特区由全国人民代表大会制定专门法律,授权经济特区立法权由全国人大常委会专门作出决定。因此,国务院批准的《临港新片区方案》无法成为临港新片区享有参照经济特区立法权的依据。《临港新片区方案》同时规定:"新片区的各项改革开放举措,凡涉及调整现行法律或行政法规的,按法定程序经全国人大或国务院统一授权后实施。"从上海市人大常委会法工委等部门与全国人大常委会法工委请示、沟通的情况来看，全国人大常委会法工委更关注的是参照经济特区管理产生哪些具体的立法需求，哪些法律需要暂时调整适用，而非一揽子授予"参照经济特区管理"的抽象的立法权。

其三，"参照"与"适用"有何区别。经济特区立法权的最大优势是可以变通适用。《立法法》第74条规定："经济特区所在地的省、市的人民代表大会及其常务委员会根据全国人民代表大会的授权，制定法规，在经济特区范围内实施。"第90条规定："经济特区法规根据授权对法律、行政法规、地方性法规作变通规定的，在本经济特区适用经济特区法规的规定。"这表明经济特区立法权的"适用"有严格的条件，必须经全国人民代表大会授权。依照法律常识，"适用"都有严格的限制性要求，"参照"适用无疑也有限制性条件，而且对"参照"适用的限制应该更严。

因此，满足与"参照经济特区管理"相应的立法需求有两个立法路径，一是就制度创新的具体事项编制需要暂时调整法律适用的清单，由全国人大常委会作出授权决定。二是请求全国人大常委会就上海市人大及其常委会制定专门适用于临港新片区的地方性法规作出授权，经授权的该类地方性法规可以对国家法律、行政法规作变通规定。

（四）关于设立上海国际商事法院问题

上海市高级人民法院对设立上海国际商事法院的必要性作了充分论证，在前期的沟通、请示中，中央各相关单位对此表示全力支持。根据《人民法院组织法》第15条规定："专门人民法院包括军事法院和海事法院、知识产权法院、金融法院等。专门人民法院的设置、组织、职权和法官任免，由全国人民代表大会常务委员会规定。"因此，这一需求的实现路径是全国人大常委会作出规定，且实现这一需求不存在法律障碍。但是，为顺利推动这项工作，拟对设立上海国际商事法院的必要性进一步论证。2014年8月31日第十二届全国人大常委会第十次会议通过《关于在北京、上海、广州设立知识产权法院的决定》，在决定草案审议过程中，部分人大常委会组成人员对设立知识产权法院的必要性予以关注，提出是否有一种争议种类就需要设立一类专门法院的疑问。上海已经依法设立了海事法院、运输法院、金融法院、知识产权法院等专门法院，而金融、知识产权都属于"商事"

的范畴,这几个专门法院的管辖范围是否交叉、重合,与上下级法院如何对接,是否便利当事人诉讼,诸如此类的问题需要提出针对性的论证意见。

(五)关于参照海南自由贸易港法问题

相关部门建议全国人大常委会在海南自由贸易港法附则条款中明确,包括临港新片区在内的经国家批准的具有自贸港性质的特殊经济功能区可以参照适用。鉴于全国人大常委会已经明确海南自由贸易港法由全国人大常委会制定,这是一条临港新片区争取特殊立法权的捷径,具有一定的可行性。但是,以这种方式争取特殊立法权难度较大,尚无这方面的先例。事实上,参照适用海南自由贸易港法另有他途。2015 年 3 月 10 日,第十二届全国人大第三次会议审议《立法法修正案决定(草案)》,草案增设规定设区的市的地方立法权。在审议中,有的代表团和有的代表要求将 2012 年设立的海南省三沙市纳入赋予设区的市地方立法权的范围,也有代表要求将广东省东莞市、中山市,甘肃省嘉峪关市也纳入赋予设区的市地方立法权的范围。全国人民代表大会法律委员会经研究认为,赋予三沙市设区的市地方立法权是可以的,建议在修改决定中规定,广东省东莞市、中山市,甘肃省嘉峪关市和海南省三沙市,比照适用《立法法修正案决定》关于赋予设区的市地方立法权的有关规定。①2015 年 3 月 15 日第十二届全国人大第三次会议通过关于修改《中华人民共和国立法法》的决定,该决定在第 46 条(即决定最后一条)中规定:"广东省东莞市和中山市、甘肃省嘉峪关市、海南省三沙市,比照适用本决定有关赋予设区的市地方立法权的规定。"该条同时规定:"本决定自公布之日起施行。《中华人民共和国立法法》根据本决定作相应修改,重新公布。"然而,根据该决定作相应修改后重新公布的《立法法》第 72 条第 2 款仅规定了设区的市的人民代表大会及其常务委员会的立法权,该条款中未相应地增加修正案决定第 46 条的规定:"广东省东莞市和中山市、甘肃省嘉峪关市、海南省三沙市,比照适用本决定有关赋予设区的市地方立法权的规定。"事实上,作为不设区的广东省东莞市和中山市、甘肃省嘉峪关市、海南省三沙市行使设区市的地方立法权,

---

① 参见 2015 年 3 月 12 日第十二届全国人大法律委员会关于《中华人民共和国立法法修正案(草案)》审议结果的报告。

所依据的是全国人大通过的关于修改《立法法》的决定,而非《立法法》的规定。

这一立法例给我们的启示是,按照全国人大以往的立法例,在一部法律的立法过程中,扩大法律适用特定的、具体的地域范围,可以在立法草案的审议报告、法律修正案决定中作出规定,而正式公布的法律条文中可以不出现扩大适用该法律的地域名称。为此,倘若请求全国人大常委会在海南自由贸易港法附则条款中明确临港新片区可以参照适用海南自由贸易港法有难度,可以借鉴《立法法》修改时赋予不设区的市地方立法权的立法例,在法律草案的审议报告中作出相应的规定。按照立法学理论,法律案的审议结果报告与法律本身具有同样的法律效力。

临港新片区的制度创新,标志着上海自贸试验区的改革探索进入了深水区,各项先行先试的举措也进入了换挡加速期。面对临港新片区法治保障工作中出现的新情况、新问题、新需求,需要准确识变、科学应变、主动求变,精准施策,靶向发力,破除条条框框的束缚、破除思维定势的束缚、破除路径依赖的束缚,充分运用立法智慧,为上海自贸试验区、临港新片区的制度创新构建完善的法治保障体系。

图书在版编目(CIP)数据

自贸试验区法治创新与实践探索:以上海自贸试验
区的实践为视角/丁伟著.—上海:上海人民出版社,
2021
(新中国法制建设与法治推动丛书;第 1 辑)
ISBN 978 - 7 - 208 - 16917 - 3

Ⅰ.①自…　Ⅱ.①丁…　Ⅲ.①自由贸易区-社会主义
法治-建设-研究-上海　Ⅳ.①D927.513

中国版本图书馆 CIP 数据核字(2021)第 011573 号

责任编辑　夏红梅
封面设计　孙　康

上海文化发展基金会资助项目

新中国法制建设与法治推动丛书(第一辑)
自贸试验区法治创新与实践探索
——以上海自贸试验区的实践为视角
丁　伟　著

出　　版　上海人民出版社
　　　　　(200001　上海福建中路 193 号)
发　　行　上海人民出版社发行中心
印　　刷　常熟市新骅印刷有限公司
开　　本　720×1000　1/16
印　　张　28.5
插　　页　2
字　　数　414,000
版　　次　2021 年 1 月第 1 版
印　　次　2021 年 1 月第 1 次印刷
ISBN 978 - 7 - 208 - 16917 - 3/D·3699
定　　价　110.00 元